역사 선생님도 믿고 보는 ———

이인석 한국사

일러두기

- 인명과 지명은 국립국어원 표준국어대사전과 외래어 표기법을 따르되 이미 굳어진 고유 명사의 경우 관례에 따라 표기했습니다.
- 잡지, 신문 등의 간행물과 단행본은 『　』로 묶고, 기사, 논문, 권 등은 「　」로, 기타 문헌 외 그림 등 예술 작품은 〈　〉로 묶었습니다.
- 중국어와 일본어 지명·인명 등은 원어의 발음대로 표기했습니다. 다만 이미 우리말 표기로 굳어진 중국어 고유 명사의 경우 한자 표기를 따랐습니다.

역사 선생님도 믿고 보는
이인석 한국사 2

ⓒ 이인석, 2020

초판 1쇄 발행일 2020년 5월 20일

지은이 이인석
책임편집 박혜리·신준수　**디자인** 디자인수·정현주　**지도·일러스트** 홍지연
펴낸이 김혜선　**펴낸곳** 서유재　**등록** 제2015-000217호
주소 (우)04034 서울 마포구 잔다리로7길 18(서교동 377-20) 501호
전화 070-5135-1866　**팩스** 0505-116-1866　**대표메일** outdoorlamp@hanmail.net
종이 엔페이퍼　**인쇄** 성광인쇄

ISBN　1권 979-11-89034-28-3 04910
　　　　979-11-89034-26-9(세트)

이 도서의 국립중앙도서관 출판예정도서목록(CIP)은 서지정보유통지원시스템 홈페이지(http://seoji.nl.go.kr)와 국가자료종합목록 구축시스템(http://kolis-net.nl.go.kr)에서 이용하실 수 있습니다.
(CIP제어번호: CIP2020018172)

역사 선생님도 믿고 보는 ─────

이인석 한국사

2

임진왜란부터
3·1운동까지

─────◆─────

이인석 지음

서유재

역사의 '주인공'이 되어 만나는 한국사

역사를 다룬 드라마나 영화, 소설은 끊임없이 나옵니다. 역사적인 사건이 주는 감동을 사람들과 함께 느끼기 위해서이기도 하고, 애국심을 심어 주기 위해, 때로는 정치적 의도에서 역사를 소재로 한 다양한 작품이 만들어져 오고 있지요.

그러나 가장 큰 이유는 역시 '역사가 재미있는 이야기'이기 때문일 것입니다. 역사에서 재미를 느낄 수 없었다면, 사람들이 흥미를 가지고 보지 않았다면 그 많은 작품이 나올 수가 없었겠지요.

왜 사람들은 역사를 재미있어 할까요?

사람들이 살아온 삶이 그대로 녹아 있기 때문이 아닐까 생각해 봅니다. 역사는 나와 내 이웃이 살아왔고 살아갈 모습을 볼 수 있는 이야기, 바로 여러분이 주인공인 이야기입니다.

그런데 성적을 올리기 위해, 합격을 위해 읽은 역사 교재도 재미가 있나요? 역사 교과서를 읽으면 졸음이 달아난다는 학생이 과연 있을까요?

이유가 뭘까요? TV 사극에도, 역사 소설에도 사람이 있는데 교재와 교과서에는 사람은 없고 사실만 늘어놓고 있기 때문은 아닐까요?

그래서 저는 독자들이 이 책에서 사람이 살아 있음을 느꼈으면 합니다. 한 발짝 뒤에서 역사를 바라보는 구경꾼이 아니라 함께 부딪치고 뒹구는 주인공으로서 이 책을 보면 정말 기쁘겠습니다.

내가 지구에 처음 나타난 인류라면 거친 자연 환경을 어떻게 견뎌 냈을지, 내가 정도전이라면 권문세족에 맞서 새로운 나라를 만드는 꿈을 어떻게 이뤄 냈을지, 안중근이라면 이토 히로부미를 죽이기 위해 얼마나 고민했을지, 여운형이었다면 목숨을 아끼지 않고 새 나라를 만들기 위해 얼마나 노력했을지를 주인공의 마음으로 함께 슬퍼하고 기뻐했으면 합니다.

외우고 배우는 역사에서
흥미를 살리며 읽어 나가는 역사로!

분명 한국사를 배웠는데, 그렇게 달달 외웠는데, 왜 아직도 모르는 것이 있을까요? 흥미를 갖고 스스로 찾아서 공부한 것이 아니라 점수를 받기 위해 무조건 외웠기 때문은 아닐까요? 한국사를 배우며 왜 이 사건이 일어났고, 왜 이 사람은 그 순간에 이런 선택을 하였는지 생각해 본 적이 없기 때문은 아닐까요?

이 책은 여러분이 무조건 외웠던 그 많은 한국사 지식을 그저 되짚기보다는 흥미를 살리며 스스로 읽어 나가도록 초점을 맞추었습니다.

그동안 교과서를 만들면서 가장 아쉬웠던 것은 교과서 한 권으로는 혼자 읽고 이해하기 힘들다는 점이었습니다. 검정 교과서는 국정 교과서에 비해 본문 서술은 물론 다양한 사진과 자료 등을 이용하여 수준을 한 단계 높였습니다. 그렇지만 검정이라는 한계 때문에 여전히 어렵습니다.

그래서 저에게는 한국사 교과서를 마음껏 쓰고 싶은 꿈이 있었습니다. 검정을 의식하지 않고, 그렇다고 교과서라는 틀을 완전히 부수지는 말고, 교사가 설명을 하지 않아도 아이들이 읽고 이해할 수 있는 교과서. 의무가 아니라 재미로 읽고 싶은 교과서. 스스로 생각하고 자기만의 눈을 가지는 데 도움이 되는 교과서. 꿈 같지만 이런 교과서를 만들고 싶었습니다. 이런 꿈을 얼마나 이루었는지는 여러분이 책을 읽고 평가해 주시기 바랍니다.

다양한 사료로 여러 관점을 조명하는 역사 프리즘

이 책에는 '정답'이 없습니다. 사람에 따라서 삼국 통일을 보는 관점이 다른데, 태종에 대한 평가가 같을 수 없는데…… 어떻게 '정답'이 있을 수 있나요? 다른 것이 잘못된 것일까요? 다름이 더 자연스러운 것이 아닐까요? 저는 이 책을 읽는 독자들이 '정답'을 찾으려 하지 말고 저 사람은 '왜 저렇게 생각하고 주장하지?'라고 생각해 볼 수 있게 되길 바랍니다.

이 책에는 자료와 사진은 물론 다양한 코너와 칼럼이 있습니다. 본문을 이해하고 스스로 공부할 수 있게 하기 위함입니다.

이를 통해 '내가 알고 있는 역사'가 아니라 다른 주장, 다른 생각도 있을 수도 있음을 알게 되기를 바랍니다.

이 책을 내기까지 많은 사람들로부터 도움을 받았습니다.

제일 먼저 전국역사교사모임 선생님들께 깊은 감사를 드립니다. 그분들이 없었다면 이 책은 나오지 못했을 것입니다. 함께 고민하며 조언을 아끼지 않은 역사넷 신준수 선생께도 깊은 감사를 드립니다. 끝으로 재미없는 남편과 아빠를 늘 곁에서 응원해 준 우리 가족에게 고맙다는 이야기를 하고 싶습니다.

2020년 봄,

이인석

2장

제국주의와 근대화를 위한 노력

3장

자주독립을
향한 꿈과
3·1운동

임진왜란	정유재란	대동법 경기도에 시범 실시	일본과 국교 재개 (기유약조)
1592년	1597년	1608년	1609년

1811년	1801년	1796년	1791년	1776년
홍경래의 난	관노비 해방, 신유박해	수원 화성 완공	신해통공으로 금난전권 폐지	규장각 설치

1818년	1860년	1861년	1862년
정약용, 『목민심서』 저술	최제우, 동학 창시	김정호, 〈대동여지도〉 제작	임술 농민 봉기

통치 체제의 재정비와 서민 문화의 성장

임진왜란부터 조선 후기까지

❶ 동아시아 국제 전쟁이 일어나다 ❷ 병자호란이 일어나다 ❸ 왜란과 호란 뒤 대외 관계는 어떻게 전개되었을까? ❹ 통치 체제를 다시 정비하다 ❺ 수취 체제를 정비하다 ❻ 붕당 정치가 전개되다 ❼ 탕평 정치와 세도 정치 ❽ 서민 문화가 성장하다 ❾ 농민 봉기가 일어나다 ❿ 조선 후기, 경제가 발달하다 ⓫ 조선 후기의 사회 변동 ⓬ 조선 후기, 새로운 학문 경향이 나타나다 ⓭ 조선 후기, 새로운 사상이 등장하다

허준, 『동의보감』 편찬	인조반정	정묘호란	병자호란
1610년	1623년	1627년	1636년

1763년	1750년	1712년	1708년	1659년
고구마 전래	균역법 실시	백두산정계비 세움	대동법, 전국 실시	1차 예송

동아시아 국제 전쟁이 일어나다

동북아시아 정세가 변화하다

16세기 중반 무렵 동북아시아 정세가 크게 변화하였다. 명은 정치가 어지러워지고 재정 위기가 오면서 국력이 약화되었다. 반면 만주 지역의 여진족은 흩어진 부족을 통합해 갔고, 일본은 무로마치 막부가 약화되면서 전국적으로 내란이 일어났다.

조선은 명종이 왕위에 오르자마자 을사사화가 일어나 정치가 큰 혼란에 빠졌다. 여기에 명종의 어머니 문정 왕후의 후원을 받은 윤원형이 권력을 휘두르며 온갖 부정부패를 저질렀다. 엎친 데 덮친 격으로 북방에서는 여진족이 자주 국경을 침략하였다. 한동안 잠잠하던 왜구도 무로마치 막부가 약화되면서 다시 나타났다. 3포 왜란과 을묘왜란 등이 일어난 것도 이와 관련이 있다.

이 시기 왜구는 조선 연해뿐만 아니라 중국과 동남아시아까지 넘나들었다. 이들은 밀무역을 하면서 중국과 동남아시아 연해안에 집단 거주지를 마련할 정도로 세력이 강했다. 구성원도 일본인, 중국인, 한국인 등다양해졌다. 중국인이 이끄는 왜구도 적지 않았다. 조선은 물론 명도 언

을사사화
인종의 외삼촌 윤임과 명종의 외삼촌 윤원형 사이에 권력 다툼이 일어나 윤임 일파가 숙청당한 사건.

제든 도적떼로 돌변할 수 있는 왜구로 큰 타격을 입었다. 일본도 명과 공식적인 무역로가 막히면서 피해를 입었다.

이 무렵 중국 경제는 정치적 혼란에도 불구하고 활기차게 움직이고 있었다. 농업은 물론 상공업이 크게 발전하였다. 대외적으로도 동아시아 상업권이 형성되어 무역이 활발하게 이루어졌다. 중국, 일본, 이슬람 상인은 물론 신항로가 개척된 뒤 유럽 상인들도 여기에 참여하였다.

이런 변화에 대응하여 조선 정부는 국방을 전담하는 비변사를 설치하고 국경 경비도 강화하였다. 하지만 오랜 평화에 젖은데다 붕당 갈등으로 개혁은 제대로 되지 않았다. 국방력은 방군수포가 일반화되면서 더욱 약화되었다.

방군수포
군역을 지는 대신 베를 내게 하는 제도.

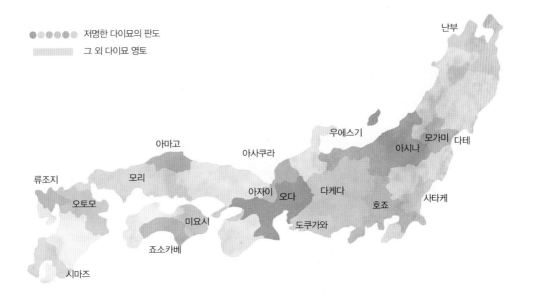

●●●●●● 저명한 다이묘의 판도
▓▓▓▓▓▓ 그 외 다이묘 영토

난부
우에스기
모가미 다테
아마고
아사쿠라
아시나
류조지
모리
아자이 오다 다케다
호조
사타케
오토모
미요시
도쿠가와
죠소카베
시마즈

전국 시대 일본 다이묘의 세력 분포(1570년경)
일본은 15세기 중반부터 16세기 후반까지 정치, 사회적으로 큰 변화를 겪었다. 센고쿠 시대(전국 시대)라 부르는 이 시기 각 지역에는 크고 작은 다이묘들이 경쟁하고 있었다. 다이묘는 일본 무사 계급의 영주들을 의미한다. 100년이 넘는 분열 시기를 사실상 평정한 사람은 오다 노부나가였다. 하지만 전국 통일을 눈앞에 둔 채 부하의 배신으로 죽고, 도요토미 히데요시가 일본 통일을 완성하였다.

전쟁이 일어날지도 모른다는 위기 의식은 16세기 말 오다 노부나가를
이은 도요토미 히데요시가 일본을 통일하면서 더욱 커졌다. 100년이 넘
는 내란이 끝났다는 소식에 조선 정부는 일본에 사신을 보내 정세를 살
폈다. 그렇지만 붕당 간 대립으로 상황을 제대로 파악하지 못해 대비책
을 세우지 못하였다.

한양, 20일 만에 함락당하다

일본을 통일한 도요토미는 중국은 물론 인도까지 정복하겠다는 야망
을 공공연히 나타냈다. 마침내 1592년 봄 일본군은 명을 정벌하는 데 필
요한 길을 내 달라며 조선을 침략하였다. 일본이 통일된 지 채 1년도 안
된 때였다. 여기에는 여전히 막강한 힘을 가진 다이묘들을 약화시키고,
불만 세력의 관심을 밖으로 돌리려는 속셈도 있었다. 서양의 진출로 갈
수록 규모가 커지고 있던 동아시아 무역로를 장악하려는 목적도 작용하
였다.

전쟁이 시작되자 조선은 힘 한번 제대로 쓰지 못하고 무너졌다. 부산
에 상륙한 왜군은 20일 만에 한양을 점령하였다. 조정이 제구실을 하
지 못하고 병력 동원 체제가 무너졌기 때문이다. 무기 정비도 제대로 되
어 있지 않았다. 반면 일본군은 전국 시대 동안 수많은 전투를 치른 경험
에 무장도 잘 갖추고 있었다. 특히 전쟁 초기에 조총이라는 신무기는 공

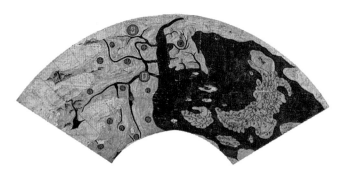

도요토미의 황금 부채
도요토미 히데요시가 사용한 황금 부채에는 조선·일
본·명나라 지도가 그려져 있다. 이것을 보면 도요토
미가 명을 정벌하겠다는 말이 허풍이 아니었음을 알
수 있다.

포의 대상이었다. 신립이 이끈 최정예 기마병 부대가 탄금대에서 패전한
원인도 조총 때문이었다.

광해군, 세자가 되어 임시 조정을 이끌다

임진왜란이 일어나자 선조는 남인이었던 유성룡을 4도 도체찰사로 임
명하여 조정을 이끌게 하였다. 힘든 상황에서도 유성룡은 조정을 안정시
키고 민심을 수습하는 데 있는 힘을 다했다. 원군을 보낸 명과 관계도 잘
유지하여 임진왜란을 승리로 이끄는 데 큰 공을 세웠다.

한편 왕이 한양을 버리고 피난을 가자 민심은 들끓었고 조정도 흔들렸
다. 백성들은 경복궁에 불을 지르고 일부는 일본군에 투항하였다. 심지어
군사를 모으기 위해 함경도와 강원도로 갔던 왕자 임해군과 순화군을 잡
아 일본군에 넘기기도 했다. 이런 혼란을 수습하기 위해 조정 대신들은 왕
에게 광해군을 세자로 책봉할 것을 건의하였다. 서자이고 둘째 아들이었
지만 신망이 높았던 광해군을 후계자로 정해 정국을 안정시키고 민심을
다독이기 위해서였다. 선조도 내키지는 않았지만 여기에 동의하여 광해
군을 세자로 책봉하였다.

평양을 버릴 만큼 상황이 나빠지자 선조는 명에 원군을 요청하고 조정
을 둘로 나눴다. 왕은 의주로 가고 광해군이 남아서 임시 조정을 이끌게
한 것이다. 광해군은 의주로 피난 간 선조를 대신하여 전국을 돌아다니
며 전란 수습에 나섰다.

의병이 일어나고, 수군이 제해권을 장악하다

관군이 제대로 힘을 쓰지 못하자, 일본군이 가장 먼저 쳐들어온 경상
도를 시작으로 전국에서 의병이 일어났다. 농민이 주축이 된 의병을 이
끈 사람들은 전직 관리, 유학자, 승려 등이었다. 이들은 적은 병력이었지
만 향토 지리에 익숙한 점을 활용하여 일본군을 배후에서 괴롭혔다. 특

히 곽재우, 정인홍 등 조식의 제자들은 누구보다 일찍 의병을 일으켜 크게 활약하였다.

바다에서는 수군이 잇달아 승리하며 제해권을 장악하였다. 조선 수군의 주력이었던 경상도 수군은 전쟁 초에 무너졌다. 하지만 이순신과 이

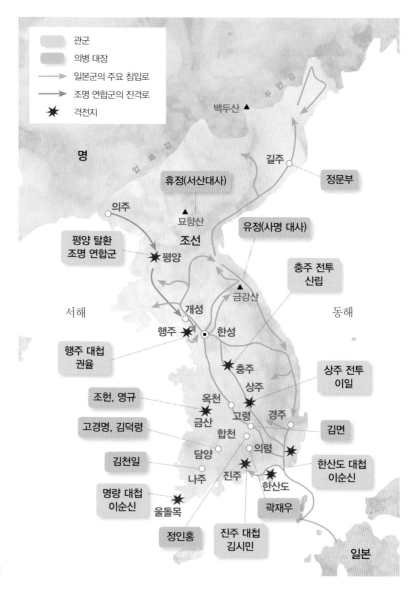

관군과 의병의 활약

억기가 이끄는 전라도 수군은 흔들리지 않고 연전연승을 거두었다. 수군이 승리할 수 있었던 요인은 우선 판옥선이라는 튼튼한 함선과 성능이 뛰어난 화포가 있었기 때문이었다. 조총은 일본군이 앞섰지만 화포 성능은 조선이 월등히 뛰어났다.

전쟁이 일어나기 1년 전에 전라 좌수사에 부임한 이순신은 수군을 훈련시키고 함선과 무기를 철저하게 정비하였다. 특히 멀리서 적선을 공격하는 전법을 구상하고 화포 발사 훈련에 많은 공을 들였다. 화포는 엄청난 위력을 갖고 있었다. 하지만 정확성이 떨어지고 조총처럼 한 번 발사를 하면 준비하는 시간이 필요하였다. 초급 장교 시절 화포장을 지낸 그는 누구보다도 이를 잘 알고 있었다. 그래서 개발한 전법이 바로 적 함대를 둘러싸고 화포를 쏘아 명중률을 높이는 것이었다. 한산도 대첩에서 펼친 학익진 전법이 바로 그것이다. 일본 전선에 비해 속도는 느리지만 회전 반경이 짧은 판옥선도 이런 전법을 구사하는 데 큰 도움이 되었다. 물론 조선 육군도 화포를 가지고 있었다. 하지만 실전에 사용할 준비를

화포장
화포 부대를 지휘하는 장교.

• 이순신 장군은 어떻게 생겼을까?

서로 다른 생김새로 그려진 충무공 초상

두 초상화는 모두 충무공을 표현한 것이다. 이상범 화백이 그린 왼쪽 영정은 충무공 이순신 종가에서 보관하다 도난당했다. 이순신 초상화로 추정하고 있는 오른쪽 그림은 동아대 박물관이 소장하고 있다.

충무공 얼굴 생김새에 대한 가장 구체적인 기록은 무과 급제 동기였던 고상안(1553~1623)이 남긴 것이다. "동갑인 이순신 통제사와 함께 여러 날을 지낸 적이 있다. 말솜씨와 지혜는 난리를 평정할 만한 재주를 가졌다. 하지만 얼굴은 풍만하거나 후덕하지 못하였다. 관상으로 볼 때도 입술이 뒤집혀 복을 갖추지 못한 장수라고 생각했다."

하지 않아 실제 전쟁에서 제대로 활용하지 못하였다

전세를 역전시키다

전쟁에서는 군량이 중요하였다. 일본군은 육군이 곧장 한양으로 가고, 수군이 남해와 서해로 올라와 전쟁 물자를 조달하려는 작전을 세웠다. 이를 위해 제해권과 곡창 지대인 전라도를 차지하는 것이 중요하였다. 하지만 이 계획이 조선 수군에 의해 어그러지면서 전체 작전이 빗나가게 되었다.

제해권을 빼앗기자 일본군은 전라도로 진격하려 하였다. 일본 육군이 전라도로 갈 수 있는 길은 두 군데였다. 하나는 낙동강과 남강을 따라가는 길이고, 다른 하나는 충청도 금산에서 전라도 전주로 넘어가는 길이다.

처음 경상도에서 전라도로 가는 길목을 막아선 것은 곽재우, 정인홍 등이 이끄는 의병이었다. 이들은 적은 병력이었지만 효과적인 유격전으로 일본군이 제대로 진격하지 못하게 막았다. 하지만 일본군은 여기에 굴하지 않고 1592년 가을 3만 명이 넘는 병력으로 전라도를 공격할 교두보이자 요충지인 진주성으로 몰려들었다.

진주성이 가진 중요성을 잘 알고 있던 진주 목사 김시민은 8천여 명 병사와 함께 화포를 비롯한 무기를 정비하고 방어 준비를 철저히 하였다. 또한 성 밖에 있던 곽재우, 최경회 등이 이끄는 경상도와 전라도 의병 만여 명과 긴밀히 연락을 하였다. 여기에 남녀노소를 가리지 않고 병사를 도운 성 안 백성들의 헌신으로 일주일 동안 벌어진 치열한 전투에서 승리하였다. 권율이 이끄는 관군과 의병 들도 이치에서 전주로 가던 일본군을 물리쳤다. 이치 대첩

전라도를 지켜 냄으로서 전쟁 양상은 바뀌었다. 수군과 의병에 발목이 잡혀 있던 일본군은 군량 보급이 제대로 되지 않자 평양에서 더 나가기 어려워졌다. 조선 정부는 본격적으로 전열을 재정비하고 의병을 관군

에 편입하여 전투력을 강화했다. 명에서 이여송이 이끄는 5만여 명 지원
군도 도착했다. 명은 안팎으로 어려웠지만 전쟁이 자국으로 번지는 것을
막기 위해 참전을 결정했다.

1593년 1월 명군과 조선군은 평양을 탈환하는 데 성공하였다. 기세가
오른 명군은 한양으로 진격하다 경기도 고양 부근 벽제관에서 패하고 말
았다.

한숨 돌린 일본군은 한양에 병력을 집결시키고 요충지인 행주산성을
공격하였다. 행주산성에는 권율이 이끄는 조선군이 명군을 도와 한양으
로 진격하기 위해 주둔하고 있었다. 조선군과 의병은 화차, 비격진천뢰
등 각종 무기를 적절히 활용하여 일본군을 물리쳤다. 일본군이 물러나자
권율도 성을 나와 본진에 합류하였다.

일본군은 불리한 상황에 전염병마저 돌자 한양을 버리기로 하고 휴전
을 제의하였다. 하루라도 빨리 일본군을 몰아내고 싶었던 조선은 여기에
반대하였다. 하지만 벽제관 전투 패배로
자신감을 잃은 명군은 강화 회담에 응하
여 휴전에 합의했다. 일본군은 남해안으
로 철수하고 포로로 잡은 임해군, 순화군
을 돌려보냈다.

남쪽으로 내려온 일본군은 부산, 울산
등 남해안 일대에 왜성을 쌓고 장기전에
대비하였다. 일본군이 물러나자 명군은
한양을 비롯한 전주, 대구, 상주, 남원 등
에 부대를 배치하였다. 조선 관군과 의병
도 영남 일대에 포진하였다. 얼핏 명군과
조선군이 일본군을 에워싸고 금방이라도
쳐들어갈 모양새였지만 명군은 공격할

김시민 영정(왼쪽)과 곽재우 장군 기마도(오른쪽)
진주성 전투를 승리로 이끈 진주 목사 김시민은 마지막 날 총탄을 맞아 전사
하였다. 시호는 이순신과 같은 충무이다. 일본은 어떤 전투보다 진주성 전투
를 훨씬 비중 있게 기록했고, 김시민을 높이 평가했다. 그만큼 이 패배를 아
프게 여기고 있다는 뜻이다.
곽재우는 남강을 넘어 전라도로 가려는 일본군을 공격하여 큰 타격을 입혔
다. 이 정암진 전투가 육지에서 조선이 거둔 최초의 승리이다. 이 승리는 일
본군의 호남 진출을 막는 결정적인 계기가 되었다.

마음이 없었고, 조선군이 함부로 움직이지 못하게 막았다.

일본군은 한편으로 명과 강화 회담을 하면서 전 병력을 동원하여 진주성을 공격했다. 일본군이 아직 막강한 전력을 가지고 있음을 보여 주고, 전라도로 진격하는 길목을 확보하기 위해서였다.

진주성에 있던 조선군과 백성들은 몇 배나 많은 적군을 일주일 넘게 막아 냈다. 하지만 명군도 조선군도 도와주러 오지 않아 결국 함락되고 말았다.

일본군은 비록 승리했지만 조선의 완강한 저항에 적지 않은 피해를 입었다. 게다가 강화 회담을 깨고 싶지 않았기 때문에 전라도 진격을 단념하였다. 진주성 전투 뒤 명과 일본은 강화 회담을 다시 시작했고, 일부 군대만 남기고 대부분 철수시켰다.

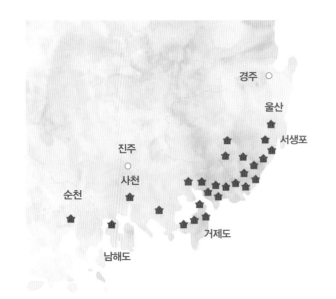

1598년의 왜성 분포
왜군은 조명 연합군에 밀리자 동·남해안 일대에 일본식 성곽을 쌓았다. 임진왜란과 정유재란 동안 축조된 왜성은 약 40여 개 정도이다.

경주 ○
울산
서생포
진주 ○
사천
순천
거제도
남해도

정유재란, 일본군 다시 치고 올라오다

　강화 회담은 3년 가까이 계속되었다. 하지만 명과 일본이 서로 다른 속셈을 갖고 있었기 때문에 결국 깨지고 말았다. 명은 일본군이 물러나면 도요토미를 일본 왕으로 삼고 조공 무역을 허락한다는 조건을 내걸었다. 일본은 명의 공주를 도요토미의 후비로 삼고 한반도를 둘로 나누자고 요구하였다.

　회담을 하는 동안 조선은 훈련도감을 설치하여 중앙군의 편제와 훈련 방법을 바꾸었다. 속오법을 시행하여 지방군 편제도 개편하였다. 또 화포를 개량하고 조총도 자체 제작하였다. 한편 붕당 사이 갈등과 대립은 여전하였고 민란도 일어났다. 명군에게 군량미를 비롯한 군수품을 조달하는 것도 큰 문제였다. 때로는 명군이 일본군보다 더 큰 피해를 입히기도 하였다.

　1597년 강화 회담이 깨지자 도요토미는 다시 조선 침략을 명하였다.

속오법
병사 5명으로 꾸리는 '오'를 기본 단위로 삼고, 2오를 1대, 3대를 1기, 3기를 1초, 5초를 1사, 3사를 1부, 5사를 1영으로 부대를 편성하는 방법. 꼭 1영을 구성한 것이 아니라 형편에 따라 부대 규모를 달리하였다.

〈정왜기공도병〉 중 일부
〈정왜기공도병〉은 명나라 종군 화가가 두루마리에 그린 전투도를 바탕으로 다시 만든 병풍 그림이다. ❶은 1598년 10월에서 11월 초에 벌어진 순천 왜성 전투이고, ❷는 11월 18일∼19일 노량 해전을 그린 부분이다. ❸은 일본군 잔당을 소탕한 남해도 왜성 정벌 장면이고, ❹는 명 황제에게 승전 보고를 하는 장면이다.

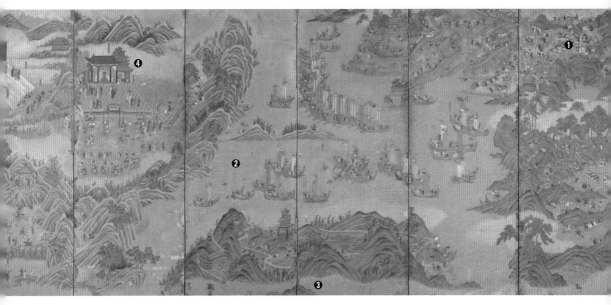

총 병력은 임진왜란과 맞먹는 약 15만 명이었고, 지휘관은 가토, 고시니 등 임진왜란 때 조선을 침략했던 장수들이었다. 3월 중순부터 일본군은 본격적으로 바다를 건너왔다. 이들은 왜성에 있던 일본군과 함께 남해안 일대에 주둔하였다. 정유재란이 일어난 것이다.

이에 맞서 명은 다시 원병을 보내 평양과 한양, 남원, 전주, 충주 등에 군대를 주둔시켰다. 조선은 이원익, 권율을 중심으로 요충지를 방어하고 전국에서 새로 군사를 모았다. 이 무렵 이순신이 해임되고 원균이 통제사에 임명되었다.

원균이 이끄는 조선 수군은 부산으로 오는 일본 수군을 막으려 하였지만 실패하였다. 오히려 7월 칠천량에서 일본 수군에 참패를 당하고, 원균을 비롯한 전라 우수사 이억기, 충청 수사 최호 등 주요 지휘관이 전사하였다.

조선 수군이 무너지자 도요토미는 육군은 호남 내륙으로, 수군은 해안을 따라 올라가 전라도를 차지하고 한양을 공격하게 하였다. 임진왜란 때 실패를 교훈 삼아 전라도에 집중한 것이다. 일본 육군은 남원, 전주 전투에서 조명 연합군을 물리치고 전라도를 점령하였다.

전라도를 차지한 일본 육군은 한양으로 진격하였고, 제해권을 장악한 일본 수군은 서해안을 돌아 한양으로 진격할 태세를 갖추었다. 하지만 조명 연합군은 충청남도 직산에서 한양으로 가던 일본군을 격퇴^{직산 전투}하였다. 명은 평양성 전투, 행주산성 전투와 함께 직산 전투를 '조선 3대 대첩'으로 여긴다. 9월 16일 진도 앞바다 명량에서는 다시 수군을 이끌게 된 이순신이 기적 같은 대승을 거두었다. 일본 수군은 전열을 정비하고 충청도로 올라간 조선 수군을 추격하여 영광까지 쫓아갔다. 하지만 직산 패전 뒤 일본 육군이 명군과 조선군에게 밀리고, 명 수군이 온다는 풍문이 돌아 북진을 포기하였다. 육로와 해로가 모두 막히자 일본군은 울산에서 순천까지 성을 새로 쌓거나 고쳐서 주둔하였다.

명군과 조선군은 병력을 보강하고 정비하여 일본군을 압박하였다. 이순신은 1598년 2월 고금도에 자리를 잡고 수군을 재건하였다. 7월에 명수군도 합류하였다. 두 나라의 육군과 해군은 함께 일본군을 공격하였지만 큰 성과를 거두지는 못했다. 버티던 일본군은 1598년 가을 도요토미 히데요시가 죽자 서둘러 철수했고, 11월 노량 해전을 끝으로 7년에 걸친 전쟁은 끝이 났다.

왜란, 동아시아를 바꾸다

임진왜란은 동아시아 정세에 큰 영향을 미쳤다. 우선 침략을 당한 조선은 국토가 황폐해졌고 수많은 사람들이 죽거나 다쳤다. 양안과 호적도 대부분 불타 국가를 운영하기 어려웠다. 불국사, 서적, 실록 등 수많은 문화재가 불탔고 수만 명이 포로로 잡혀갔다.

16세기 여진 세력(왼쪽)과 누르하치 초상화
16세기 여진은 해서 여진, 건주 여진, 야인 여진 등으로 나뉘어 있었다. 이들은 서로 동질감을 가지지 못했고, 주변에 있던 몽골, 조선, 명 등이 대립을 부채질하고 있었다. 16세기 말 건주 여진 출신 누르하치는 동아시아 정세 변화를 틈타 다른 부족을 통합하고 만주어를 만들어 동질감을 회복하여 갔다. 마침내 1618년 대금(후금)을 세웠다.

일본은 도요토미 정권이 무너지고 도쿠가와 이에야스가 권력을 잡아 에도 막부를 세웠다. 일본군은 전쟁 중에 수많은 문화재를 약탈하고 기술자와 학자 등을 납치해 갔다. 일본 활자 인쇄와 도자 문화를 발전시킨 사람들은 바로 이들이었다. 퇴계 성리학이 일본에 전해진 것도 이때였다. 특히 이삼평을 비롯한 도공들이 발전시킨 일본 도자기는 유럽에 수출되어 큰 인기를 끌었다.

명은 조선에 대군을 파병하면서 국력이 더욱 약해졌다. 그 틈에 만주 지역에서는 여진족이 급속히 세력을 넓혀 나갔다. 뒷날 후금을 건국한 누르하치는 조선에 원군을 보내겠다는 제안을 할 정도였다. 명으로서는 임진왜란으로 여진족의 성장을 누를 수 있는 기회를 놓친 것이다.

• 참빗과 얼레빗

참빗

얼레빗

1592년 11월 조선을 방문한 명나라 사신 사헌이 류성룡에게 물었다. "조선 사람들이 왜적은 '얼레빗(梳子)' 같고 명나라 군사는 '참빗' 같다고 하던데 사실입니까?" 곤란한 질문에 류성룡은 이렇게 대답했다. "그것은 과장된 소문일 겁니다. 예부터 군사가 주둔하는 곳에는 가시덤불이 난다고 했습니다. 소소한 피해 정도야 어찌 없을 수가 있습니까. '참빗'이라뇨. 천만에 그럴 리가 없소이다. 참새들의 입방앗거리이니 믿지 마십시오."

－『서애집』(16권, 잡저)

류성룡은 둘러댔지만 '왜병은 얼레빗처럼 대충 쓸어가는 약탈을 하는 반면 명나라 파병군은 참빗처럼 싹쓸이한다'는 소문은 과장된 말은 아니었다. 임진왜란 기록을 살펴보면 침략군인 왜병이 오면 오히려 조선 백성이 모이고, 구원군인 명군이 오면 조선 백성들은 모두 달아난다는 말이 여러 곳에 나오기 때문이다.

명군 지휘관들은 걸핏하면 '군량을 제때 주지 않으면 철군하겠다'고 으름장을 놓고, 군량을 제때 공급하지 못했다고 조선 고위 관리를 곤장으로 치기도 하였다. 심지어 조선을 직접 통치해야 한다는 주장도 서슴지 않았다.

임진왜란의 결정적 전투, 이치 대첩

임진왜란 3대 대첩은 일반적으로 한산도 대첩, 진주 대첩, 행주 대첩을 꼽는다. 그런데 『선조수정실록』을 보면 일본군은 이치 전투에서 패배한 것을 가장 뼈아프게 보고 있다. 이 패배로 전라도를 손에 넣지 못하였기 때문이다.

일본군은 해군과 경상도 의병 때문에 전라도 진격길이 막히자, 충청도 금산에 집결하여 감영이 있는 전주성으로 진격하려고 하였다. 옥천에서 의병을 일으킨 전 보은 현감 조헌이 승병장 영규와 함께 이를 막기 위해 금산으로 갔지만 패배하고 말았다.

금산에서 전주로 가려면 웅치와 이치 고개를 넘어야 했다. 이를 잘 알고 있던 관군과 의병은 웅치와 이치에 진을 치고 있었다. 권율이 이끄는 관군과 의병은 웅치가 뚫리는 위기를 맞았지만 이치는 끝까지 지켜 냈다. 이치 전투를 승리로 이끈 권율은 전라도 관찰사로 승진하였다.

한편, 웅치를 돌파한 일본군은 전주성 부근까지 왔다 후퇴하였다. 이유는 근거지였던 금산이 위험하다는 첩보가 왔기 때문이다.

이치 전투가 벌어지기 전, 권율은 의병장 고경명이 이끄는 부대를 금산성으로 진격하게 하였다. 금산성이 함락되면 일본군으로서는 진퇴양난에 빠지기 때문에 이치와 웅치에서 후퇴하리라 예상을 한 것이다. 원래 의병 7천여 명을 이끌고 의주로 올라가던 고경명은 일본군의 전라도 공격 소식을 듣고 권율을 돕기 위해 금산으로 진격하였다. 금산성 전투에서 고경명 부대는 관군과 협조가 제대로 이뤄지지 않아 크게 패배하였다. 고경명과 둘째 아들 고인후도 전사하였다. 장남 고종후는 가까스로 아버지와 동생의 시신을 수습하고 후퇴했다. 고종후는 제2차 진주성 전투에 참여하여 끝까지 분전하다 전사했다.

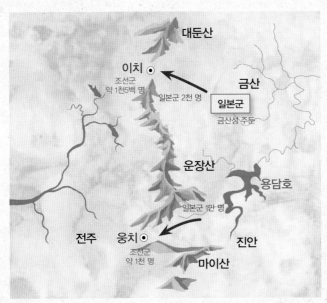

이치와 웅치의 위치
금산에서 전주를 가려면 웅치와 이치 고개를 지나야 한다. 두 고개는 전라도의 중요한 길목이었다.

조총과 화포의 대결

임진왜란 때 각각 일본과 조선의 무기였던 조총과 화포는 총구로 화약을 넣어야 탄환을 발사할 수 있었다. 이 때문에 조총도 화포도 한 번 발사하면 다시 총알을 장전하는 데 시간이 걸렸다. 게다가 조총은 유효 사거리가 50m 정도로 짧았다. 만약 육전에서 보병과 기마병이 벌판에서 맞붙으면 조총은 큰 약점을 가질 수밖에 없었다. 한 번 발사한 뒤 기마병이 전속력으로 다가오면 속수무책으로 당할 수밖에 없기 때문이다. 그러나 일본군은 이미 일본 내 전투에서 이런 약점을 극복하는 방법을 알고 있었다. 3열로 조총 부대를 배치하고 번갈아 쏘는 방법이 바로 그것이었다. 1열이 쏘고 3열 뒤로 빠지면 2열이 발사를 하였다. 2열이 1열 뒤로 빠지면 3열이 쏘았다. 탄금대 전투에서 신립이 이끈 기마병은 여진족과 전투에서 패배를 모르던 군대였다. 험준한 조령을 버리고 탄금대 벌판에서 일본군을 맞이한 것도 기마병으로 단번에 일본군을 박살낼 자신이 있었기 때문이었다. 하지만 왜군은 3열 전술로 거꾸로 기마대를 전멸시켰다.

해전에서도 마찬가지였다. 일본 전투선은 배 밑이 뾰족한 반면 판옥선은 넓적하였다. 이 때문에 속도 면에서 일본 전투선이 훨씬 빨랐다. 게다가 일본 수군은 근접전에 능하였고, 상대방 배에 뛰어들어 벌이는 백병전이 장기였다. 반면 조선 수군의 주력 무기인 활은 조총에 비해 사거리가 서너 배 길었다. 화포 성능도 뛰어났다. 따라서 조선 수군으로서는 멀찌감치 떨어져 포격전을 벌여야 승산이 있었다. 문제는 화포의 명중도가 떨어진다는 것과 다시 장전할 시간이 필요하다는 것이었다. 만약 화포가 빗나가고 일본 전투선이 전속력으로 다가오면 일본군에게 유리할 수밖에 없었다.

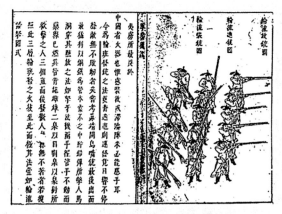

윤반발총지법(輪班發銃之法)
3열 사격법은 일본만 시행한 것이 아니다. 1638년 중국 명에서 간행한 『군기도설』에 수록되어 있는 조총 연속 사격법에 대한 설명과 그림을 보면 명도 3열 사격법을 시행하였음을 알 수 있다. 명은 화승총도 일본보다 앞서 16세기 초에 받아들여 실용화하였다.

조총을 든 병사
등에는 장전용 막대를 지고, 팔에는 심지(화승)를 두르고 있다

이 문제를 해결하기 위해 이순신이 연습하고 또 연습한 전술이 일자진이었다. 적 함대를 가운데에 몰아넣고 일렬로 늘어서서 포격하면 명중률이 떨어지는 약점을 보완할 수 있었다. 학익진은 일자진을 잇달아 펼친 것이다. 여기에 판옥선은 속도는 떨어지지만 회전 반경은 일본 전투선에 비해서 짧은 장점을 가지고 있었다. 이 점을 이용하여 배 왼쪽에 있는 화포를 쏘고 배를 한 바퀴 돌려 오른쪽 화포를 쏘았다. 그사이 왼쪽 화포는 다시 장전을 하고 발사 준비를 하였다. 이렇게 하면 화포를 쉬지 않고 발사할 수 있고, 일본 전투선과 거리도 확보할 수 있었다. 그런데 이런 전술을 효과적으로 사용하기 위해서는 돌격선이 필요하였다. 적진을 흩뜨리고 유인하는 데 필요했기 때문이다. 바로 이런 돌격용으로 만든 것이 거북선이었다. 거북선은 판옥선에 지붕을 올리고 송곳을 꽂아 적이 뛰어오르지 못하게 하였다. 포격전을 기본 전술로 하는 조선 수군의 주력 함선은 어디까지나 판옥선이었다. 거북선은 한두 척만 있으면 충분하였다.

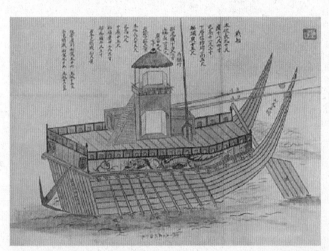

판옥선(위)과 일본 전투선 이타케부네(아래)

판옥선은 두꺼운 소나무로 만들었고 바닥이 평평하여 뾰족한 이타케부네에 비해 속도가 크게 떨어졌다. 반면 훨씬 튼튼하여 갑판 위에서 화포를 쏠 수 있었고 방향 전환이 쉬웠다. 일본 함선은 삼나무를 얇게 펴서 만들었고 바닥이 뾰족하여 빠르게 이동할 수 있었다. 반면 선체 강도가 약하여 화포를 사용하기 어려웠고 회전 반경도 컸다.

병자호란이 일어나다

광해군, 전후 복구를 위해 노력하다

왜란이 끝나고 북인들은 유성룡을 탄핵하고 정권을 잡았다. 누구보다도 활발하게 의병 활동을 한 덕분에 북인들은 정국의 주도권을 잡을 수 있었다. 그런데 1606년 인목 왕후가 영창 대군을 낳자 북인 세력은 둘로 쪼개졌다. 소북이라 불린 쪽은 적자인 영창 대군에게 왕위를 물려줘야 한다고 주장했고, 대북이라 불린 쪽은 세자인 광해군이 왕위를 이어야 한다고 주장했다. 대북은 대체로 의병에 적극 참여한 세력이었다. 선조는 영창 대군에게 마음이 있었지만 건강이 나빠져서 1608년 광해군이 왕위를 물려받았다.

광해군은 서자이고 둘째 아들이라는 약점을 가지고 있었다. 그럼에도 왕위에 오를 수 있었던 이유는 무엇보다 임진왜란에서 임시 조정을 이끈 공이 컸기 때문이었다. 물론 일본군을 물리치는 데 합심한 북인의 지지도 큰 힘이 되었다.

광해군은 우선 토지 대장과 호적을 정비하였다. 국가 재정을 안정시키고 국방을 강화하기 위한 조처였다. 흐트러진 민심을 다독이는 일도 대단

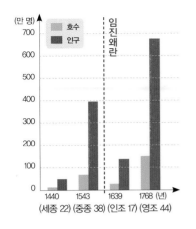

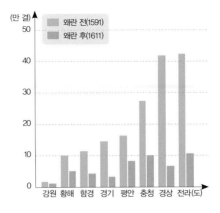

1543년 조선 정부가 파악한 인구는 416만여 명이었다. 임진왜란과 병자호란을 거친 1639년에는 152만여 명으로 줄었다. 농경지도 임진왜란 직전 150만 결에서 전쟁 끝난 직후 30만여 결로 줄어들었고, 1611년(광해군 3)에도 크게 달라지지 않았다.

임진왜란 전후 인구와 농경지 면적 변화

히 시급했다. 이를 위해 경기도에 대동법을 실시하고 『동의보감』을 편찬하게 하였다. 질병에 필요한 약재와 처방을 한눈에 알아볼 수 있게 정리한 『동의보감』 덕분에 전쟁으로 퍼진 병을 치료하는 데 큰 도움이 되었다. 대동법은 공납 제도를 토지를 기준으로 쌀을 내게 바꾼 것이다. 이로써 땅이 없는 농민들은 세금 부담이 줄었고, 국가 재정에도 도움이 되었다.

공납
각 지역에서 나는 특산물을 세금으로 거두는 제도.

또한 창덕궁, 경희궁 등을 다시 짓고 『신증동국여지승람』, 『용비어천가』 등도 다시 간행하였다. 전쟁 때 활약한 충신과 절개를 지킨 열녀 등을 발굴하는 일도 하였다. 왕권을 강화하고 성리학적 가치관을 다잡아 사회 질서를 다시 세우려 한 것이다.

그러나 무리한 토목 공사로 경제에 부담이 되고 민심이 점차 떠나갔다. 사대부들도 북인 정권의 권력을 강화하기 위한 강압적 통치에 반발하였다. 특히 영창 대군 살해와 인목 대비 폐위는 이들이 등을 돌리는 결정적 빌미가 되었다.

중립 외교를 펼치다

임진왜란이 끝난 뒤 세력이 더욱 커진 여진은 1616년 후금을 세우고

명을 압박하였다. 명은 후금을 공격하는 한편 조선에 군사를 보내 달라고 요청하였다. 대부분의 신하들은 명의 요구를 들어주어야 한다고 주장하였다. 사대 관계를 맺고 있었고, 임진왜란 때 구원군을 파견한 은혜를 갚아야 한다는 이유였다. 하지만 광해군은 강성해지고 있던 후금과의 충돌을 피하려는 신중한 외교를 펼쳤다. 어쩔 수 없이 지원군을 보내면서도 지휘관이었던 강홍립을 불러 상황을 보고 대처하라고 지시한 것이다. 강홍립은 명군이 잇달아 패배하고 조명 연합군도 대패하자 항복하여 더 이상의 피해를 막았다. 그 뒤 명은 계속 후금과 전쟁을 하면서 지원군을 요청하였다. 그때마다 광해군은 국제 정세를 살피며 신중한 중립 외교로 두 나라 사이의 전쟁에 휘말리지 않았다.

〈양수투항도(강홍립 항복도)〉
명 지원병으로 출정했다가 전사한 김응하 장군을 기리기 위해 편찬된 『충렬록』에 실린 그림이다. 청 태종 앞에 강홍립과 또 다른 장수를 비롯한 부하들이 무릎을 꿇고 있다.

인조반정이 일어나다

광해군은 왕위에 오른 뒤 균형 잡힌 인사로 붕당 간 대립을 막으려 하였다. 하지만 북인의 반발로 성과를 거두지 못하였다. 여기에 왕위에 오른 뒤에도 정통성 시비에 시달렸다. 여러 차례 역모 사건이 일어나 친형인 임해군과 영창 대군이 잇달아 죽임을 당한 것이 이를 잘 보여 준다.

이 때문에 서인을 중심으로 한 반대파들은 성리학적 가치관을 내세우며 광해군의 정치를 비판하였다. 결국 1623년 이들은 광해군과 북인 정권이 거듭된 실정으로 신망을 잃자 반정을 일으켰다. 명분은 사대의 의리를 저버리고 유학 윤리에 어긋나는 행동을 했다는 것이었다.

반정
어지럽고 잘못된 것을 바로잡는다는 의미로, 폭정을 일삼는 왕을 내쫓고 새로운 국왕을 세우는 일. 오늘날의 쿠데타와 유사하다. 세조의 계유정난, 중종 반정이 여기에 해당한다.

후금, 조선으로 쳐들어오다

반정으로 왕위에 오른 인조와 서인 정권은 친명배금 정책을 추진하였다. 이에 후금은 1627년 광해군의 원수를 갚는다는 명분으로 쳐들어왔다.^{정묘호란} 후금군은 황해도 북쪽까지 이르렀으나 조선의 저항도 만만치 않았다. 인조는 강화도로 피신하고 각지에서 관군과 의병 들이 적에 맞서 싸웠다. 후금은 전쟁이 길어지자 형제의 맹약을 맺고 돌아갔다. 조선보다는 중국을 차지하는 것이 더 중요했기 때문이다. 조선도 전쟁을 계속하기 어려웠기 때문에 강화를 맺었다. 하지만 인조와 서인으로서는 반정 명분에 큰 타격을 입을 수밖에 없었다.

이후 후금은 요서와 내몽골을 차지하고 1636년 국호를 청으로 바꾸었다. 청이 조선에 군신 관계를 요구하자 조정은 둘로 나뉘었다. 현실적으로 이 요구를 받아들여야 한다는 주장도 있었지만 오랑캐에 굴복할 수 없다는 주전론이 대세였다. 결국 청 태종은 명을 치기 전에 배후를 안정시키려고 직접 군사를 이끌고 조선을 침략하였다.^{병자호란}

조선은 결사 항전을 외쳤으나 2주 만에 한양이 함락당하고 말았다. 인조는 남한산성으로 가서 농성을 하였지만 45일 만에 성을 나와 청과 굴욕적인 화의를 맺었다. 소현 세자와 봉림 대군, 항전에 앞장섰던 주전파 신하를 비롯하여 수많은 사람들이 청에 끌려갔다. 두 차례 호란으로 서북 지방은 물론 한양도 쑥대밭이 되었고, 임진왜란 뒤 이뤄진 복구 노력도 물거품이 되고 말았다. 게다가 오랑캐로 여겨 온 여진족과 군신 관계를 맺은 사실은 조선인에게 커다란 충격을 주었다.

삼전도비(서울 잠실)

인조는 삼전도에서 청 태종 앞에 무릎을 꿇고 항복을 하게 된다. 삼전도비는 이때 청나라가 세운 비석으로, 원래 이름은 대청황제공덕비이다. 청이 조선에 출병한 이유와 조선이 항복한 사실, 그 후 청 태종이 바로 군사를 돌려 조선을 다시 살게 하였음을 칭송하는 글이 적혀 있다. 비석 앞면 왼쪽에는 몽골 글자, 오른쪽에는 만주 글자, 뒷면에는 한자로 쓰여 있다.

3

왜란과 호란 뒤 대외 관계는
어떻게 전개되었을까?

『연행록』
1699년 호조 참판 강선이 11월 3일 서울을 출발하여 이듬해 3월 20일 귀국하며 남긴 사행 기록이다. 연행사가 남긴 공식, 비공식 연행록을 모두 합치면 500종이 넘는다.

조선 정부, 청에 연행사를 보내다

조선은 청과 사대 관계를 맺은 뒤 연행사라 불린 사신을 파견하였다. 연행사는 명나라에 사신을 보낼 때처럼 정기와 부정기 사절이 있었다. 정기 사절은 처음에는 1년에 4번이었지만 청이 수도를 북경으로 옮긴 뒤에는 1번만 갔다. 정사와 부사는 정3품 이상의 고위 관리나 종친이 맡았다. 기록을 맡은 서장관은 4품에서 6품 사이에서 뽑았다. 수행원을 모두 합치면 200~300명 정도였다. 한양에서 북경까지 대개 50~60일이 걸렸고 북경에서 여섯 달까지 머물 수 있었다. 보통은 오고 가고 머무는 것을 합쳐 5~6개월 정도 걸렸다.

사절단은 공적인 외교 활동을 하며 개인적으로 중국 학자와 만나 교류했다. 북경에 머물 때는 서점과 명승지, 고적 등을 방문하기도 하였다. 귀국하면 이렇게 보고 들은 것은 국왕에게 보고하고 기록으로 남겼다. 『열하일기』처럼 개인적으로 기행문을 쓰기도 하였다. 연행사는 1894년까지 모두 507회 갔고, 청에서 파견한 사절단은 169회 왔다.

❶ 북경 유리창

유리창은 조선 후기 지식인들이 중국의 최신 학술 정보를 파악하고 중국 문인들과 교류하는 곳이었다. 여기에서 최신 서적들을 비롯하여 선진 문물, 골동품들, 소비재들을 들여왔다.

❷ 산해관 동라성

연행사 일행이 동쪽 나성 앞에 있는 다리를 건너고 있다.

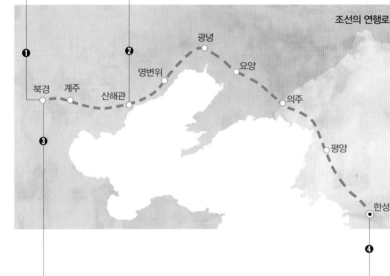

조선의 연행로

❹ 아극돈 〈봉사도〉

청나라 사신 접견도이다. 1725년 (영조 원년) 3월에 경종을 조문하고 새 왕을 책봉하는 사신으로 온 아극돈이 남긴 20폭 가운데 하나이다. 청나라 화공이 그리고 아극돈이 쓴 시를 써넣었다. 왼쪽에 조선 왕이 앉아 있고, 오른쪽에 청 사신이 앉아 있다.

❸ 북경에 도착한 연행사

연행사 일행이 북경성 동문(조양문)으로 말을 타고 들어가고 있다.

북벌론에서 북학론으로

병자호란 때 끌려간 소현 세자와 봉림 대군은 8년 만에 돌아왔다. 두 사람은 함께 볼모 생활을 했지만 청에 대한 생각이 달랐다. 소현 세자는 청과 서양 문물에 대해 우호적인 태도를 갖고 있었다. 서양인 선교사를 만나기도 하고 귀국을 할 때는 망원경, 자명종, 천구의 등을 가지고 왔다. 인조와 서인들은 이런 소현 세자를 탐탁하게 여기지 않았다.

반면 봉림 대군은 반청 의식을 강하게 갖고 있었다. 소현 세자가 귀국한 지 3달도 안 되어 갑자기 죽자 인조는 장례를 간소하게 치른 뒤 소현 세자의 아들이 아닌 봉림 대군을 후계자로 삼았다. 이 사람이 효종이다. 명에 대한 의리를 지키고 오랑캐에 당한 치욕을 씻어야 한다는 분위기와 딱 맞는 선택이었다. 효종은 즉위하자마자 북벌을 최우선 과제로 삼아 군대를 기르고 무기와 성을 정비하고 수리하였다. 송시열, 송준길, 이완 등 서인들도 북벌을 적극적으로 지지하였다. 하지만 속내는 조금 달랐다. 효종이 순수한 복수심에서 북벌을 추진했다면 서인은 패전 책임을 피하고 정권을 유지하려는 목적이 강했다. 북벌 운동은 효종의 죽음과 함께 사실상 끝이 났다. 국가 재정이 어려웠고 청이 중국을 확실히 장악하면서 세력이 강성해졌기 때문이다.

북벌 운동은 숙종 때에 청에서 반란이 발생한 틈을 타 다시 일어났다. 하지만 반란은 곧 진압되었다. 여기에 청은 중국의 전통문화를 보호하며 발전시키고 서양 문물도 받아들여 문화가 크게 융성하였다. 이에 따라 조선에서는 청을 배척하지만 말고 발전된 문물을 받아들여야 한다는 북학론이 나타났다.

정계비를 세우고 국경을 확정하다

세종 때 설치한 4군 6진 가운데 4군은 세조 초에 폐지하고 거주민을 철수시켰다. 6진과 달리 산세가 험하고 여진족들의 침탈을 막아 내기 어려웠기 때문이다. 폐4군이라 불리던 이 지역에 다시 관심을 가진 시기는 17세기 중반 무렵이었다. 살기가 어려워진 사람들이 하나둘 들어가 인구가 늘어났고, 왜란과 호란 이후 전후 복구를 하면서 북방 영토에 대한 관심이 높아졌기 때문이다.

한편 청도 자신들의 본거지인 만주에 관심을 가지고 있었다. 특히 백두산을 장백산이라 부르며 성스러운 산으로 여기고 있었다. 1677년에는 만주 지역을 봉금 지역으로 선포하여 한족이 함부로 이주하지 못하게 막았다. 하지만 자연재해와 굶주림, 도적 떼를 피해 몰래 들어오는 한족이 갈수록 늘었다. 국경 지역에 살던 조선인들도 압록강과 두만강을 건넜다. 17세기 후반에는 국경을 넘는 조선인이 늘어나 만주족과 충돌하는 일이 심심찮게 발생하였다. 특히 백두산 일대에서 산삼을 캐거나 사냥을 하다 청 관리를 죽이는 일도 있었다.

이에 청은 조선에 백두산 일대 경계를 분명히 하자고 요청하였다. 백두

백두산 부근 영역과 정계비 위치
네르친스크 조약으로 확정된 국경선 정계비. 지금은 없어진 정계비에는 이렇게 적혀 있었다. "오라총관 목극등이 황제의 명을 받들어 국경을 조사하려고 여기에 와서 살펴보았다. 서쪽은 압록강이며, 동쪽은 토문강이므로 분수령 위에다 돌에 새겨 표식으로 삼는다."

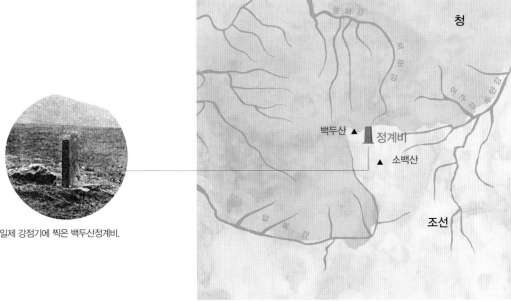

일제 강점기에 찍은 백두산정계비.

산 천지에서 서쪽은 물줄기가 바로 이어져 압록강이 된다. 하지만 동쪽은 두만강으로 바로 이어지지 않는다. 이리저리 미루던 조선은 1712년숙종 38 강희제가 공식적으로 조서를 보내자 이를 받아들였다. 두 나라 관리는 백두산 일대를 답사하고 압록강과 토문강으로 국경을 확정짓고 정계비를 세웠다. 정계비는 백두산 천지에서 동남쪽으로 약 4km 떨어진 곳에 만들었다.

청이 이렇게 국경 문제에 민감하게 반응한 것은 러시아 때문이기도 하였다. 17세기 중반 러시아는 아무르강과 우수리강 유역까지 진출하였다. 하지만 이제 막 중국을 차지한 청은 아무르강까지 대규모 군대를 보내기 어려웠다. 청은 조선에 지원군을 요청하였고, 조총으로 무장한 조선군은 청군과 합세하여 러시아 군을 격파하였다. 효종으로서는 청의 요청을 거부할 수 없어 두 차례 지원군을 보낼 수밖에 없었다.

17세기 후반 중국을 확실하게 장악한 청은 본격적으로 러시아를 공격하였다. 1689년 청은 네르친스크 조약을 맺어 더 이상 러시아가 동쪽으로 오는 것을 막았다. 북만주 국경을 확정지은 청은 1712년 조선과 국경 문제도 매듭지었다. 만주 전체 경계를 분명히 한 것이다. 조선도 정계비를 세운 뒤에 더 적극적으로 북방 지역을 개척하였다. 1787년정조 11에 장진부를, 1823년순조 23에는 후주부을 설치하였다. 1869년고종 6에는 자성군과 후창군을 세워 폐4군 지역 행정 구역을 다시 복구하였다.

통신사를 파견하다

조선은 임진왜란 이후 일본과 교류를 중단하였다. 일본은 전쟁이 끝난 뒤 도쿠가와 이에야스가 도요토미 세력을 물리치고 에도에 막부를 세웠다. 에도 막부는 경제 교류와 선진 문물 수용을 위해 쓰시마 도주를 통하여 국교를 재개하자고 요청했다. 반대하는 사람도 많았지만 에도 막부가 포로 송환 등에 성의를 보이자 교류하기로 결정하였다. 1609년 쓰시마

도주와 맺은 기유약조로 부산포에 왜관을 다시 설치했다. 하지만 인원과 교역 물량은 이전보다 더욱 제한하였다. 서둘러 관계를 회복한 까닭은 여진족이 강성해진 상황과 관련이 있었다.

일본 에도 막부는 쇼군^{우두머리}이 직위를 이어받으면서 조선에 통신사 파견을 요청하였다. 통신사는 300~500명으로 이루어졌다. 정사와 부사, 서장관은 학식과 문장이 뛰어난 관리가 맡았다. 이들은 연행사에 비해 품계가 낮았다. 수행원 가운데에는 화가, 음악가, 의사 등 다양한 분야의 전문가들이 있었다. 이 때문에 일본 유학자와 문인을 비롯하여 각 분야 전문가와 교류가 이루어졌다. 통신사는 외교 사절 역할만 아니라 두 나라가 문화 교류를 하는 기회가 되기도 한 것이다. 담배, 고추, 고구마, 토

조선 통신사가 오고 간 길
통신사는 대체로 쇼군이 있는 에도까지 갔지만 때로 도쿠가와 이에야스의 무덤이 있는 닛코에 가기도 하였다.

마토 등이 들어온 통로이기도 하였다.

통신사는 해로와 육로로 에도를 오가는 동안 융숭한 대접을 받았다. 크고 작은 배 약 1,400척과 1만여 명이 동원되었다. 그 비용은 막부가 아니라 지나는 길에 있는 지방 영주^{다이묘}들이 맡았다. 접대비는 해당 번이 1년 동안 쓸 비용과 맞먹었다. 이를 통해 쇼군은 자신의 권위를 과시하고 다

〈조선 통신사 행렬도〉 중 정사 부분
약 15미터 두루마리로 된 행렬도에는 통신사 일행은 물론 마중 나온 일본인 등 다양한 인물들의 옷차림과 깃발, 무기, 기물 등이 그려져 있다.

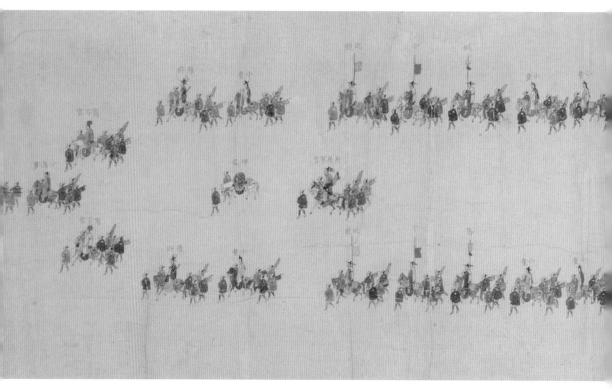

이묘를 통제한 것이다. 에도 막부가 다른 막부 체제에 비해 중앙 집권적
이었기 때문에 가능한 일이기도 하였다. 통신사는 임진왜란 뒤 19세기 초
까지 12회 파견되었다. 통신사도 연행사처럼 갔다 온 뒤 보고 들은 것을
기록으로 남겼다.

정사

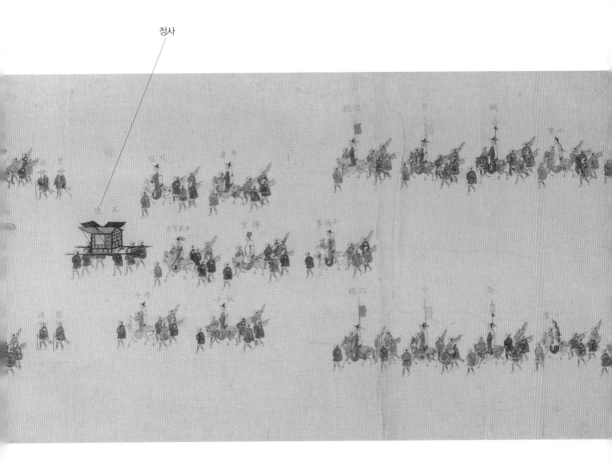

4

통치 체제를
다시 정비하다

비변사를 확대 강화하다

왜란과 호란으로 조선은 통치 질서가 크게 흔들렸다. 전후 복구도 제대로 되지 않고 개혁도 원활히 이뤄지지 않았다. 지주제는 더욱 확산되고 조세 부담도 늘어났다. 여기에 자연재해가 겹치면서 농토를 떠나는 농민들이 갈수록 늘어났다. 당연히 왕실과 지배층에 대한 불만이 높아질 수밖에 없었다.

이를 심각하게 받아들인 정부와 사대부들은 비변사 기능을 강화하여 권력을 집중시켰다. 우선 국경 문제가 터질 때만 임시로 모이던 비변사를 상설 기관으로 바꾸었다. 왜란과 호란이 끝난 뒤에는 최고 통치 기구로 국방은 물론 외교, 재정, 인사 등 모든 국정을 총괄하였다. 지방 행정도 비변사 당상들이 맡아서 처리하였다. 구성원도 3정승을 비롯한 고위 관리로 확대하였다. 의정부와 6부는 있으나마나 한 기관이 되었고, 상대적으로 왕권도 약화되었다.

비변사의 역할이 커지면서 주요 인사들이 한자리에서 중요한 국정 현안을 논의하고 해결할 수 있어 행정 효율이 높아졌다. 위기 상황이 닥치

당상
정3품 이상 고위 관료.

면 신속하게 대처할 수 있었다. 하지만 견제와 균형을 이루기는 어려워져 자칫 독단으로 흐를 염려가 있었다. 이 때문에 왜란과 호란이 끝난 뒤 비변사의 권한을 축소하고 정부 각 기관의 기능을 회복시키자는 주장도 있었다.

그러나 비변사는 전후 복구와 국방력 재건을 명분으로 그대로 존속되었고 권한은 갈수록 강화되었다. 지배층이 급변하고 있는 국내외 상황에 재빨리 대응하려고 했기 때문이었다. 한편으로 변화에 따른 개혁보다는 통제와 압박으로 대처하려는 뜻이기도 했다.

보은 법주사 봉교비

속리산 법주사 수정교 앞에 있는 비석이다. '(속리산에 들어와) 유흥을 즐기지 말고 승려를 함부로 잡역에 동원하지 말라'는 왕명이 새겨져 있다. 왕명을 내린 주체는 비변사이다. 비변사가 국정 주요 안건은 물론 사소한 일도 관여하였음을 알 수 있다.

중앙군, 5군영 체제로 정비하다

두 차례 전쟁을 치르며 조선에서는 무엇보다 군사 조직을 정비하여 국방력을 강화할 필요성이 높아졌다. 정부는 호란을 거치면서 왜란 때 만든 훈련도감에 이어 어영청, 총융청, 수어청을 만들어 중앙군을 정비하였다. 숙종 때에는 금위영을 설치하여 5위 체제를 대신할 5군영 체제를 갖추었다. 훈련도감은 수도 방위와 국왕을 호위하는 핵심 부대였다. 어영청과 금위영은 도성 수비를, 총융청과 수어청은 북한산성과 남한산성에서 서울 외곽을 방어했다.

5군영 가운데 4영은 조선 전기처럼 대부분 의무병으로 구성되어 있었다. 하지만 훈련도감은 월급을 받는 직업 군인으로 구성된 상비 부대였다. 비용은 삼수미라 하여 토지 1결에 2.2두씩 거둬 충당하였다. 부대는 조총 부대와 활과 화살로 무장한 사수, 창과 칼을 가진 살수로 조직하였다. 삼수병은 임진왜란 때 경험으로 새로운 부대 편성과 훈련의 필요성을 절감하여 만든 조직이다.

전투가 벌어지면 먼저 조총 부대가 나서 적을 제압하였다. 총알을 다시 장전하는 동안 사수가 활을 쏘아 적이 몰려드는 것을 막았다. 만약 접근전이 벌어지면 살수가 나섰다. 각 무기가 갖고 있는 장점을 살려 효과

두
쌀 한 두는 쌀 한 말과 같다. 한 말은 약 18리터이다.

적으로 적을 제압할 수 있게 한 것이다. 이런 전술은 임진왜란 때 명군이 사용한 방법으로 중국 남부에서 왜구를 물리치면서 만들어졌다.

지방군, 속오법으로 정비하다

지방군도 다시 정비해야만 했다. 조선 전기 지방 방어 체제인 진관은 삼포왜란, 을묘왜란을 겪으며 문제점이 드러났다. 각 진관별로 해당 지역을 지키는 방법으로는 외적의 규모가 커지면 막기가 힘들었기 때문이다. 이에 정부는 수령들이 군사를 이끌고 지정된 방어 지역으로 모이게 하고, 중앙에서 장군을 파견하여 지휘하게 하였다. 이를 제승방략 체제 1588년 실시라 한다. 그러나 유사시에 장군이 제때 오지 않으면 군사들이 흩어질 염려가 있었다. 게다가 여러 지역의 군사를 한군데로 모았기 때문에 후방 지역에는 군사가 없게 된다. 만약 대규모 외적이 쳐들어와 1차 방어선이 무너지면 2차로 방어할 수 있는 방도가 없게 되는 것이다. 임진왜란 때 조선군이 급격히 무너진 원인이 바로 여기에 있었다.

전쟁 뒤 조선 정부는 다시 진관 체제를 복구하고 속오법으로 지방군을 정비하였다. 속오군이라 불린 지방군에는 양반부터 노비까지 모두 편성되었고 평상시에는 하던 일을 하다가 적이 침입하면 소집되었다. 군사 훈련은 주로 농한기에 하였고, 따로 무관을 뽑아 파견하였다. 문신이었던 수령 대신 무관에게 훈련을 맡겨 군사력을 강화하려 한 것이다. 그러나 수령의 반발과 재정 부족 등으로 얼마 가지 않아 수령이 지휘에서 훈련까지 모두 맡게 되었다. 여기에 양반이 속오군에서 빠지면서 상민과 노비들만 남게 되었다.

비변사, 최고 행정 기관이 되다

조선은 건국 초부터 외침에 대비하여 영의정, 좌의정, 우의정과 원로 재상 및 병조 판서, 국경 지방에서 주요 관직을 지냈던 관리들에게 군사 대책을 자문했다. 1510년(중종 5) 3포 왜란이 일어나자 이들을 긴급하게 소집하였고, 이어 비변사라는 임시 기관을 만들었다. 1555년(명종 10) 을묘왜변을 계기로 비변사는 상설 기관이 되었고, 1592년(선조 25) 임진왜란이 일어나자 최고 행정 기관으로 나랏일을 이끌게 된다.

• 비변사의 구성

비변사는 도제조, 제조와 부제조 및 실무를 담당한 낭청 및 서리로 구성되었다. 도제조는 현직이나 전직 정승이 맡도록 했다. 도제조와 함께 비변사 회의에 참석할 수 있는 제조와 부제조를 비변사 당상이라고 하였다. 정원은 정해지지 않았고, 적을 때는 10여 명 많을 때는 50명을 넘기도 하였다.

당상은 예겸 당상과 전임 당상이 있었다. 예겸 당상은 특정 관직과 관련해 자동적으로 임명되는 당상이다. 공조를 제외한 육조 판서, 대제학, 유수, 군영대장 등 모두 14명 정도였다. 전임 당상은 관직에 상관없이 비변사에 근무하며 운영을 주도하는 자리로, 8도를 하나씩 맡아 일을 처리하는 구관 당상, 비변사의 전체적인 업무를 주관하는 유사 당상이 있었다.

• 비변사가 권력을 장악할 수 있었던 까닭은?

비변사는 다른 부서와 달리 상피 규정을 적용받지 않았다. 권세가들은 비변사 당상을 오랜 기간 차지하고 친인척들을 당상으로 만들 수 있었다. 혈연관계로 맺어진 권력 집단이 중앙 정치를 좌우할 수 있게 된 것이다. 대부분 예겸 당상도 비변사의 추천으로 임명되었으므로 비변사에서 뽑는 셈이었다. 이 때문에 어떤 세력이 정권을 잡아 비변사의 주요 직책을 차지하면 정치적으로 몰락하지 않는 한 꾸준히 권력을 유지할 수 있었다.

비변사는 군사, 국가 재정, 주요 관직의 인사, 지방 행정 등 중앙과 지방의 각급 관청에서 보고하는 사안을 논의하여 처리 방침을 결정하고 국왕에게 보고해 승인받았다. 결재된 사안은 다시 행정 실무를 맡은 각급 관청에 내려졌다. 따라서 비변사를 장악한 정치 세력은 통치 실권을 장악할 수 있게 되어 있었다. 게다가 사안을 결정하는 일은 집권 세력에 속한 몇몇 인물들이 하였고, 회의는 비공개로 사관조차 참석할 수 없었다. 국왕도 시간이 지날수록 비변사의 결정에 관여하기 어려웠다. 좋게 보면 기관이 자율성을 가지게 된 것이고, 나쁘게 보면 국왕을 허수아비로 만들 수 있었던 것이다.

5

수취 체제를
정비하다

왜 수취 체제를 정비하려 했을까

임진왜란과 병자호란을 거치면서 농촌은 심각하게 파괴되었다. 수많은 농민들이 죽거나 다치고 피난을 가면서 농경지는 황폐화되었다. 굶주림과 질병까지 널리 퍼져서 농민들은 더욱 살기가 어려워졌다. 양안과 호적마저 불타 버려 세금도 제대로 걷을 수 없었다. 당연히 사회 안정을 위한 시책을 제대로 펼 수 없었다. 일부 양반 지주들은 이를 이용하여 헐값으로 땅을 사들여 소유지를 늘려 나갔다.

살기가 어려워진 농민들은 벽보를 붙여 불만을 나타내거나 세금과 지대 납부를 거부하였다. 도적도 늘어났고 일부는 수십 명씩 떼를 지어 부잣집을 습격하기도 하였다. 이를 해결하기 위해 정부는 토지 개간을 장려하고 양전 사업을 실시하였다. 아울러 수취 체제를 개편하여 국가 재정을 확보하고 조세 부담을 줄여 민심을 다독이려 하였다.

공납을 대동법으로 바꾸다

먼저 조선 정부는 공납 제도를 개혁하려 하였다. 원래 그 부담이 무거

방납
관리나 상인 들이 백성을 대신
해 공물(특산물)을 내고 이자를
붙여 그 대가를 받던 일.

윘고 방납의 폐단이 갈수록 심해져 농민들을 크게 괴롭히고 있었기 때문이다. 일찍이 조광조와 이이, 유성룡 등이 특산물을 쌀로 내게 하자는 수미법을 주장하기도 했지만 많은 반대에 부딪혀 시행되지 못하였다. 개혁안은 임진왜란을 겪으며 특산물 징수가 어려워져 국가 재정이 악화되자 다시 논의되기 시작하였다. 마침내 1608년 대동법이란 이름으로 경기도에 시범 시행되었다. 농민의 부담을 덜어 주어 민심을 수습하는 것도 중요한 목적이었다. 상공업이 발전하면서 시장에서 특산물을 구입할 수 있는 여건이 마련된 일도 한몫하였다.

공납은 집을 기준으로 특산물을 낸 것이다. 반면 대동법은 토지 소유 면적에 따라 쌀, 삼베나 무명, 동전 등을 납부하는 방식이다. 이 때문에 토지를 많이 가진 사람은 부담이 늘어나고, 땅이 적거나 없는 사람은 부담이 줄거나 아예 없어졌다. 당연히 지주의 반대가 엄청 심했다. 방납으로 이익을 보던 사람들도 반대하였다. 이들은 대개 양반이거나 지배층이었다. 대동법이 전국에 실시되기까지 100년이 걸린 것은 이들의 반대가 얼마나 심했는지를 잘 보여 준다.

대동법은 효종 때 김육의 강력한 주장에 따라 1651년 충청도로 확대

대동법 확대 과정

평안도, 함경도와 제주도는 잉류 지역으로 대동법이 실시되지 않았다. 잉류란 거둔 조세를 서울로 보내지 않고 현지에서 쓰게 한 것이다. 평안도와 함경도는 사신 접대비와 군사비로 썼고, 제주도는 논이 거의 없고 바닷길이 험해 조세를 서울로 보내지 않았다.

▨▨▨ 대동법 실시 지역

광해군 1년(1608)
→ 경기도

인조 1년(1623)
→ 강원도

효종 2년(1651)
→ 충청도
효종 9년(1658)
→ 전라도

숙종 3년(1677)
→ 경상도
숙종 34년(1677)
→ 황해도

되었다. 이어 1658년 전라도, 1677년 경상도에도 실시되었고, 마침내 1708년 황해도에 실시하여 전국으로 확대되었다. 세금을 서울로 보내지 않는 함경, 평안, 제주도는 대동법 실시 대상 지역이 아니었다. 일부 산간 지방에서는 쌀 대신 베나 동전을 걷었다. 대동미는 화폐 보급에 따라 점차 대동전으로 바뀌었다.

대동법 실시로 국가 재정은 안정되고 농민들의 조세 부담도 가벼워졌다. 하지만 별공과 진상은 남아 있었고, 지주들이 세금 부담을 소작인에게 떠넘기는 문제가 나타났다. 한편 대동법을 실시하면서 왕실과 관청에 물자를 조달하는 공인이 등장하였다. 공인은 시장에서 많은 물품을 구매하였고, 농민들도 세금을 내기 위해 토산물을 시장에 내다 팔았다. 수공업도 따라서 발전하였다. 이렇게 물품의 수요와 공급이 늘어나면서 상품화폐 경제가 한층 발전하였다.

• 애덤 스미스의 조세 원칙과 조선의 세금 제도

① 공평의 원칙 - 국민은 각자의 능력에 비례하여 비용을 부담해야 한다.
② 명확의 원칙 - 각 개인이 부담해야 하는 조세는 명확해야 하며 관리가 마음대로 액수를 결정하지 말아야 한다.
③ 편의의 원칙 - 납세자가 가장 편리한 시기 및 방법으로 세금을 부과하고 징수해야 한다.
④ 최소 징세비의 원칙 - 세금을 걷을 때 징세 비용을 최소화해야 한다.

- 애덤 스미스의 조세 원칙

'경제학의 아버지'라 불리는 영국의 애덤 스미스는 『국부론』 제5편에서 '조세 4대 원칙'을 제시하였다. 지금 미국, 영국을 비롯한 여러 나라들이 시행하고 있는 조세 방침은 바로 이 원칙에 바탕을 둔 것이다.
세종 때 토지 비옥도에 따라 셋으로 나누던 것을 전분 6등제로 세분화하고, 풍흉에 따라 연분9등제를 실시하기로 한 정신도 이 원칙과 다를 바 없다. 조선 후기에 대동법 등 세금 제도를 개혁하려고 한 방향도 마찬가지이다.

전세를 고정시키다

대동법은 효과가 입증되자 1624년에는 강원도로 확대되었다. 하지만 지주들이 많은 다른 도들은 반대가 심해 실시하기가 쉽지 않았다. 이런 가운데 정부는 1635년 전세를 풍흉에 관계없이 1결당 4~6두씩 내게 하는 영정법을 시행하였다. 연분 9등법에서 최고 20두를 낸 것을 생각하면 엄청나게 줄여 준 것이다. 하지만 이미 15세기 말 무렵에는 사실상 작황을 조사하지 않고 4~6두를 거두고 있었다. 영정법은 이런 관행을 법으로 확정한 것이다.

그렇다고 아무런 효과가 없는 것은 아니었다. 법으로 정하면 세금 징수 과정에서 부정을 원천적으로 막을 수 있었다. 법으로 정한 만큼 언젠가 세금이 오르지 않을까 하는 걱정도 사라졌다. 조세 저항이 줄고 거둬들일 세금 규모를 짐작할 수 있어 재정 운영을 안정적으로 할 수 있게 되었다. 하지만 땅이 없는 농민에게는 아무런 혜택이 돌아가지 않았다.

균역법, 군포 부담을 균등하게 하다

군역을 포로 대신 내게 하는 방군수포는 시간이 갈수록 점점 확산되었다. 1541년에는 정부가 이를 제도화하여 군적수포제를 실시하였다. 이에 따라 군역을 면제받는 양반들을 제외하고 상민들은 16개월에 2필씩 군포를 내는 납포군이 되었다. 비록 군적이 있다고 해도 실제로 병사는 없는 것이나 다름없었다. 그 실상은 임진왜란 때 고스란히 드러났다.

왜란과 호란 이후 군적이 제대로 정비되지 않고 기관마다 거두는 액수가 달랐다. 징수 기관도 통일되지 않아 이중 삼중으로 군포를 내기도 하였다. 여기에 수령과 아전의 부정으로 대부분 규정보다 많은 군포를 냈다. 부담을 이기지 못한 농민들은 도망을 가거나 양반이 되어 군역을 피하였다. 이들이 져야 했던 군포는 친척이나 이웃에게 떠넘겨져 큰 사회 문제가 되었다.

이를 해결하기 위해 호포론, 결포론 등 여러 방안을 놓고 오랫동안 논의하였다. 호포론은 양반과 일반 백성을 가리지 않고 호를 기준으로 군포를 걷자는 안이었다. 결포론은 과세 기준을 호에서 토지로 바꾸자는 안이었다. 두 방안을 따르면 군적수포제보다 훨씬 공평한 과세를 할 수 있었다. 하지만 지주이자 동시에 신분 질서를 지키려는 양반들이 이를 받아들일 리가 없었다. 대동법보다 더 오랜 기간 논의를 하였지만 결론을 못 내린 까닭이기도 하였다.

결국 1750년 정부와 지배층들은 군포의 부담을 줄이고 고르게 하는 정도에서 합의하였다. 1년에 군포 1필만 부담하게 하는 균역법이 그것이다. 대신 줄어든 재정을 보충하기 위해 결작이라 하여 토지 1결당 미곡 2두씩을 거뒀다. 양반 행세를 하며 군포를 내지 않던 부유한 상민에게 선무군관이란 칭호를 주고 군포 1필을 내게 하였다. 왕실이 거두던 어장세와 선박세 등도 정부 수입으로 돌렸다. 결국 근본적인 개혁을 피하는 대신 줄여 준 세금을 왕실과 지배층들이 조금씩 나눠 부담하는 데 합의한 것이다.

어쨌든 균역법 실시로 농민들이 내는 군포는 줄어들었다. 하지만 신분 질서가 그대로 있는 한 상황은 다시 나빠질 수밖에 없었다. 인징과 족징에 죽은 사람과 어린아이까지 군포를 물리는 황당한 일도 벌어졌다. 결작을 소작인에게 떠넘기는 지주들도 많아졌다.

어장세와 선박세
어장세는 양식업자나 어부에게 부과된 세금. 선박세는 배를 소유한 사람에게 부과된 세금이다.

인징과 족징
죽거나 도망을 가서 군포를 받지 못하게 되었을 경우에 이를 그 이웃이나 친족에게 대신 물게 하는 것을 말한다.

김육, 줄기차게 대동법 확대를 주장하다

군자가 이 세상에 태어나면 힘써 학문을 닦아 배운 바를 시행해야 한다. 하늘이 내린 도덕을 수양하여 관직을 받는 것은 자신의 이익과 명예를 위한 것이 아니다. 공부한 것을 실천하여 백성들에게 도움이 되고자 함이다.

관직의 높고 낮음을 따질 것 없이 진실로 그 뜻을 시행하려면 성현이 한 말을 법으로 삼아야만 한다. 만약 한 고을에 시행하면 한 고을의 백성이 편안하고, 한 나라에 시행하면 한 나라의 백성이 편안하며, 온 천하에 시행하면 온 천하의 백성이 편안해져야 한다.

－『잠곡유고(潛谷遺稿)』(호서대동절목 서문)

김육
중국 화가 맹영광이 1640년대에 그린 초상화.

이 글은 잠곡 김육(1580~1658)이 1651년(효종 2)에 온갖 반대를 물리치고 대동법을 호서(충청도) 지방에 확대 시행하면서 발표한 글이다. 서문 첫 대목에서 김육은 학문을 하는 궁극적 목적은 백성을 위한 것이라고 밝혔다. 이 말대로 그는 평생을 관념적인 이념이 아니라 실질적으로 백성을 위한 정책을 펴는 데 노력하였다. 특히 줄기차게 대동법을 전국에 확대하자고 주장하였다.

김육은 1609년(광해군 1) 성균관 동료들과 함께 김굉필, 정여창, 조광조, 이언적, 이황 등을 문묘에 배향하자고 주장하였다. 북인들은 이 명단에 자신들의 스승이었던 조식이 빠지자 크게 반발하였다. 여기에 굴하지 않고 김육은 1611년 북인이 이황을 심하게 욕하는 상소를 올리자 앞장서서 북인 영수 정인홍을 탄핵하다 문과 응시 자격을 박탈당했다. 은거하여 학문을 닦던 그는 1623년 인조반정 뒤 다시 벼슬에 나갔다.

벼슬살이를 시작한 지 몇 년 지나지 않아 1627년에 정묘호란을 겪었다. 1636년 명나라에 사신으로 가서 북경에 머무는 동안 병자호란이 일어나 인조가 항복했다는 소식을 들었다. 명은 꺼져 가고 청이 무서운 기세로 중국을 제압하는 국제 질서의 변화를 몸소 본 것이다.

1638년 충청도 관찰사가 되자 충청도에 대동법을 시행할 것을 건의하였다. 1608년 경기도에 처음 실시된 대동법은 효과가 입증되어 1624년(인조 2) 강원도로 확대되었다. 하지만 대지주와 토호, 상인 등이 강력하게 반발하여 다른 지역으로 확대되지 못하고 있었다. 같은 서인 관료들도 반대하는 사람들이 훨씬 많았다. 충청도에 기반을 갖고 있던 송시열, 김집, 송준길 등은 김육을 왕안석에 비유하며 성토하였다. 왕안석은 송나라 때 개혁을 주도하다 보수파에 밀려 쫓겨난 관리로, 조선 사대부 사이에서 왕안석과 같다는 것은 큰 모욕이었다. 반대파에 밀려 확대되지 못하던 대동법은 김육이 70세가 넘은 나이에 영의정이 되면서 충청도에서 실시되었다. 일부 지방은 곡물이 아닌 무명이나 베, 동전으로 대신하는 제도도 만들어졌다. 다시 관직에 나가면서 왕에게 대동법 시행을 약속하라고 한 집념과 정열로 이룬 성과였다. 두 번째 영의정이 된 1654년, 그는 대동법을 호남에 확대하려고 하였다. 하지만 반대파들은 여전히 많았고, 그가 죽으면서 전국 실시는 보류되었다.

6

붕당 정치가
전개되다

붕당 정치와 공론

붕당은 특정한 학문적, 정치적 입장을 가지고 있는 집단으로 오늘날 정당과 비슷하다. 붕당은 사림들이 16세기 중반 선조가 왕위에 오르면서 불거진 개혁과 정국 운영에 대한 노선 차이에서 시작되었다. 직접적인 계기는 이조전랑 추천을 둘러싼 심의겸과 김효원 사이에 불거진 갈등이었다. 김효원은 심의겸의 동생이 후임자 물망에 오르자 외척이라며 추천을 거부하였다. 이 시비는 결국 사림의 분열로 이어져 김효원을 지지한 쪽은 동인으로, 심의겸을 지지한 쪽은 서인으로 갈렸다.

붕당 정치에서 사림들이 중요시한 것은 공론이었다. 공론은 많은 사대부들이 참여하여 논의한 끝에 모아진 여론이다. 이 때문에 언론 기관인 3사의 비중이 더 높아졌고 산림이 중요한 역할을 하였다. 산림은 학문과 인품이 뛰어나 벼슬을 하지는 않지만 사림들의 존경을 받고 있던 유학자로 대표적으로는 정인홍, 송시열, 허목 등을 들 수 있다. 산림이 한 말은 공론 형성에 큰 영향을 미쳤고 국가 정책에 반영되었다. 서원과 향교도 공론을 모으는 곳으로 중요한 구실을 하였다.

이조전랑
이조정랑(정5품)과 좌랑(정6품)을 함께 이르던 말이다.

향촌 양반들이 적극적으로 공론 형성에
참여하고, 모아진 공론에 따라 중앙 정계 관
료들이 정치를 한다면 정국은 안정될 것이
다. 물론 공론이 반드시 옳다고 할 수는 없
다. 하지만 다른 붕당이 내세운 주장이라도
인정할 만한 것은 받아들일 수 있는 자세가
되어 있다면 큰 문제는 없었다. 얼마든지 자

송시열(왼쪽)과 허목(오른쪽)
송시열(1607~1689)은 노론의
정신적 지주로 정조 때 그의 문
집이 『송자대전』이라는 이름으
로 간행되었다. 송자는 공자, 주
자처럼 그를 성인으로 존숭했
다는 뜻이다.
허목(1595~1682)은 남인의 핵
심 인물로 2차 예송에서 남인이
승리한 뒤 우의정에 올랐다.

신들의 공론을 바로잡을 수 있었기 때문이다. 그러나 견제와 균형의 원
칙이 무너지면 붕당 정치는 당쟁으로 치달을 수밖에 없었다. 공론이 아
니라 자기 붕당만의 주장과 이익을 앞세워 상대방을 제압하려고 할 것이
기 때문이었다.

붕당 정치를 펼치다

16세기 중반 붕당이 만들어지면서 처음에는 대체로 동인이 정국을 주
도했다. 서인이 1589년 정여립 모반 사건을 계기로 동인을 몰아붙였지
만 오래지 않아 동인이 주도권을 되찾았다. 이때 서인을 어느 정도 누를
것인지를 놓고 동인이 남인과 북인으로 갈라졌다. 온건한 처리를 주장한
남인이 우세하였지만 임진왜란이 끝난 뒤 북인이 정권을 잡았다. 의병을
일으켜 왜란을 이겨 내는 데 앞장섰기 때문이었다. 북인은 다른 붕당을
배제하고 권력을 독차지하다 인조반정으로 몰락하였다. 그 뒤 반정에 앞
장선 서인이 정국을 주도하고 남인이 참여하는 붕당 정치가 전개되었다.

서인들은 비변사는 물론 5군영까지 장악하였다. 그렇지만 공론을 무
시하고 권력을 독점하다 몰락한 북인을 거울 삼아 남인을 정권에 참여시
켰다. 정책을 결정하고 인사를 할 때도 공론을 적극적으로 받아들였다.
효종은 서인 산림이었던 송시열, 송준길을 중용하였다. 하지만 남인 산
림이었던 허목과 윤선도 등도 우대하였다. 이런 견제와 균형을 바탕으로

정여립 모반 사건
정여립이 실제로 모반을 계획
했는지는 확실치 않다. 어쨌든
서인이었던 정철이 사건을 처
리하면서 동인을 몰아세워 많
은 사람들이 처형되거나 유배
보내졌다. 이 사건으로 동인은
큰 타격을 받았고, 호남 출신의
관계 진출도 어렵게 만들었다.

대동법을 확대 실시할 수 있었고 북벌을 추진할 수 있었다.

서인과 남인은 정치 사상이 달랐다. 서인은 양반 사대부들이 정치를 이끌어야 한다고 보았다. 반면 남인은 왕권을 강조하였다. 두 당은 붕당 정치 질서를 지키려 노력했기 때문에 전쟁 뒤 흐트러진 사회 질서를 되찾고 경제를 되살려 나갈 수 있었다. 이런 형국은 17세기 중반까지 그런대로 유지되었다.

예송과 환국이 일어나다

예송
예법에 관련된 논란.

두 당의 공존은 예송이 벌어지면서 금이 가기 시작했다. 1차 예송은 효종이 죽은 뒤 인조의 두 번째 왕비, 즉 효종의 계모가 얼마 동안 상복을 입어야 하는지를 둘러싸고 벌어졌다. 예송은 단순히 상복을 입는 기간을 둘러싼 문제가 아니었다. 예는 조선 왕조의 기본 규범이었기 때문에 예송은 사회 질서와 정치적 지향에 대한 논쟁이었다.

효종은 인조의 차남이었다. 서인은 국왕이라 해도 차남은 차남으로 보고 상복 입는 기간을 정해야 한다고 주장하였다. 남인은 차남이지만 왕위를 계승했기 때문에 장남같이 대우해야 한다고 주장하였다. 결국 예송은 왕실과 사대부에 똑같은 예를 적용할지에 대한 논쟁이었다. 동시에 효종의 왕위 계승에 대한 정통성과 관련된 문제이기도 하였다. 1660년 현종 1 1차 예송에서는 서인의 주장이 받아들여졌다. 하지만 효종의 비가 사망한 1674년현종 15 2차 예송에서는 남인의 주장이 받아들여져 정치 주도권이 남인에게 넘어갔다.

두 차례 예송을 거치며 두 당 사이 대립은 갈수록 심해졌다. 2차 예송으로 정권을 잡은 남인은 북벌을 다시 주장하면서 세력을 강화해 갔다. 서인 일부도 북벌에 찬성하였다. 2차 예송이 끝나고 얼마 뒤 숙종이 왕위에 오르면서 갈등은 더욱 깊어졌다. 숙종은 집권 당파를 한꺼번에 바꾸는 방식으로 정국을 운영하였다. 이를 환국이라 한다. 환국은 3차례 일어

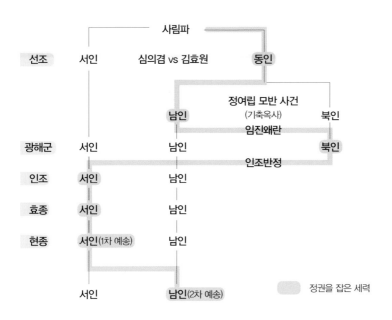

		사림파		
선조	서인	심의겸 vs 김효원		동인

정여립 모반 사건
(기축옥사)

		남인		북인

임진왜란

광해군	서인	남인		북인

인조반정

인조	서인	남인	
효종	서인	남인	
현종	서인(1차 예송)	남인	
	서인	남인(2차 예송)	

정권을 잡은 세력

효종의 계모 자의 대비는 얼마나 상복을 입어야 하나?
(효종은 인조의 차남, 장남은 소현 세자)

붕당	기준	1차 : 효종 사망	2차 : 효종비 사망
남인	장남에 준함	3년	1년
서인	차남에 준함	1년	9개월

▨▨▨ 채택된 주장

붕당 정치의 전개와 예송 논쟁

당시 예법으로는 사대부 집안의 장남이 죽으면 그 어머니는 3년 동안, 차남이 죽으면 1년 동안 상복을 입어야
했다. 첫째 며느리가 죽었을 때에는 시어머니가 1년, 둘째 며느리부터는 9개월 동안 상복을 입었다. 1차 예송은
서인의 승리로 끝났다. 하지만 현종의 입장에서 보면 남인의 주장이 마음에 들었을 것이다. 아직 왕위에 오른
지 얼마 되지 않아 실권을 장악하고 있던 서인의 주장을 인정할 수밖에 없었을 뿐이다. 왕실을 무시하는 서인
에 대한 불만은 2차 예송에서 남인 편을 든 것에서 잘 드러난다.

났다. 2차 예송으로 정권을 잡은 남인은 북벌을 다시 주장하면서 세력을 강화해 갔다. 서인 일부도 북벌에 찬성하였다.

1680년^{숙종 6} 숙종은 남인이 권력을 남용한다며 서인에게 정권을 넘겼다.^{경신환국} 다시 집권한 서인은 정국 운영에 대한 의견 차이로 노론과 소론으로 나뉘었다.

송시열이 이끈 노론은 대의명분을 강조하였다. 소론은 윤증을 중심으로 실리를 중시하고 북방 개척을 주장하였다. 정국을 이끌던 노론은 장희빈이 낳은 경종이 세자가 되는 것을 반대하다 밀려났다.^{기사환국} 남인이 다시 정권을 잡았지만 5년 만에 장희빈이 사사되면서 정권은 다시 노론

• 숙종의 '역사 바로 세우기'

숙종(1661~1720)은 1674년에 왕위에 올라 1720년까지 약 46년간 왕위에 있었다. 1691년(숙종 17) 2월 숙종은 세조의 왕위 찬탈을 비판하며 단종에게 충절을 지킨 사육신을 복권시키라고 분부하였다. 이 명령은 엄청난 풍파를 불러일으켰다. 사육신은 그동안 반역자로 낙인이 찍혀 있었기 때문이다.

물론 사육신에 대한 재평가 시도가 처음은 아니다. 중종 반정 뒤 조광조를 중심으로 하는 사림들은 '사육신이 비록 죄를 지었다고 해도 절의는 처벌할 수 없다. 따라서 그들을 난신으로 버려두지 말고 절의를 숭상하여 후세에 권장하여야 한다'고 주장하였다. 그렇지만 기묘사화로 이런 주장은 수면 아래로 가라앉았다. 그 뒤에도 '사육신은 당대의 난신이나 후세의 충신'이라며 사면 복권을 해야 한다는 주장이 있었다. 하지만 세조와 훈구파의 자손들이었던 역대 왕들과 지배층들은 사육신 사건을 반란 사건으로 받아들였다.

그런데 왕이 앞장서서 사육신을 복권시키려 하자 조정이 발칵 뒤집힌 것이다. 이 명령이 이루어진 시기는 그해 12월이었다. 이는 사육신 복권에 대한 반발이 만만치 않았음을 잘 보여 준다. 또한 숙종은 1681년(숙종 7)단종의 지위가 격하되었을 때의 칭호인 노산군을 노산 대군으로, 1698년에는 노산 대군에서 단종으로 올렸다. 죽은 지 232년 만에 왕의 지위를 회복시킨 것이다.

1705년(숙종 31)에는 명 태조와 임진왜란 때 조선을 도와준 명 신종을 제사하는 대보단을 창덕궁 안에 설치하였다. 1707년에는 이순신 사당에 '현충'이라는 호를 내리고 1709년에는 의주에 강감찬 사당을 세웠다.

이런 '역사 바로 세우기'는 국내 상황은 물론 청을 비롯한 대외 관계와 깊은 관련이 있었다. 무엇보다 대내외적인 변화에 대응하여 왕권을 강화하려 한 의도가 가장 컸다고 할 수 있다. 숙종이 사육신을 복권하면서 절의(節義)의 숭상을 강조하고, '사육신의 복권은 세조가 남긴 뜻이다'라고 주장한 데에서 이를 알 수 있다.

에게 넘어갔다.^{갑술환국} 마지막 환국으로 남인은 정권에서 완전히 밀려나고, 소론은 노론을 견제하며 기회를 엿보고 있었다.

환국으로 집권 당파가 바뀌면 권력을 잡은 세력은 상대방을 가혹하게 보복하고 탄압하였다. 집권 붕당은 비변사의 고위 관직을 독점하였다. 붕당 질서가 무너진 것이다. 3사는 상대 붕당을 비판하는 데 앞장섰고, 이조와 병조 전랑은 인사권을 자기 붕당 사람들을 심는 데 이용하였다.

붕당 정치의 변질은 겉으로는 서인과 남인의 공존 관계가 깨졌기 때문이다. 하지만 근본 원인은 17세기 후반의 사회·경제적 변화에 있었다. 농업 생산력이 높아지고 상품 화폐 경제가 발달함에 따라 상민층이 점차 성장하였다. 중인들도 목소리를 높이기 시작하였다. 신분제와 지주제로 지탱해 온 사회 질서를 유지하는 것이 점점 더 어렵게 되었다. 이런 상황은 집권층이 권력을 더 집중하여 통제를 강화해야 한다는 생각을 하게 만들었다.

궁녀는 전문직 공무원이었다

궁녀는 왕과 왕비를 비롯한 궁궐에서 생활하는 사람들이 어려움 없이 지낼 수 있게 돌보는 임무를 맡고 있다. 딱히 정해진 인원이 없었고, 모셔야 하는 왕실 구성원에 따라 적게는 200여 명 많게는 800명 정도였다. 궁녀는 왕비가 이끄는 내명부 소속으로, 5품에서 9품까지 품계를 받았다. 대개 5, 6품의 직책을 가진 궁녀를 상궁이라 하였고, 그 아래 품계를 가진 궁녀를 나인이라 불렀다.

궁녀는 엄격한 규율과 위계 질서를 갖고 있었다. 궁녀 전체를 통솔하는 제조상궁 아래 재산을 관장하는 부제조상궁, 언행을 감독하고 감찰하는 감찰 상궁, 왕자와 공주를 돌보는 보모 상궁 등이 있었다. 같은 상궁이라 해도 소속과 맡은 일에 따라 격이 달랐다. 빨래하는 세답방 상궁이 가장 낮았고, 왕과 왕비의 신변을 보호하고 시중을 드는 지밀 상궁이 가장 높았다.

궁녀는 법률상으로 공노비에서 뽑아야 했다. 하지만 집안 형편이 어려운 양인들도 들어왔다. 대개 먼저 입궁한 궁녀가 추천을 해서 들어온 경우가 많았다. 20~30대에 처음 들어온 경우도 있지만 일반적으로 첫 입

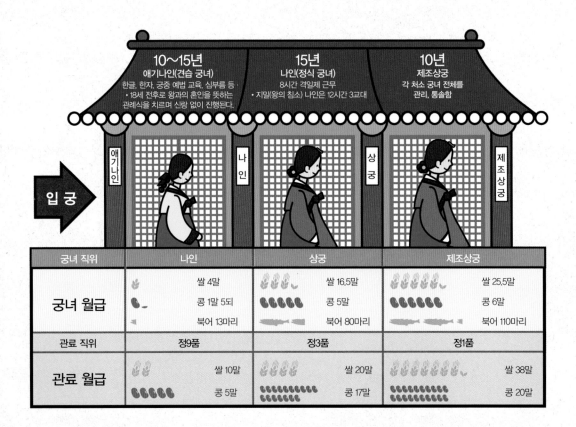

궁녀 직위	나인		상궁		제조상궁	
궁녀 월급		쌀 4말		쌀 16.5말		쌀 25.5말
		콩 1말 5되		콩 5말		콩 6말
		북어 13마리		북어 80마리		북어 110마리
관료 직위	정9품		정3품		정1품	
관료 월급		쌀 10말		쌀 20말		쌀 38말
		콩 5말		콩 17말		콩 20말

궁 시기는 4~6세에서 12~13세였다. 가능한 어린아이를 뽑아야 궁궐 생활에 적응하기 쉬웠고 가르치기도 편했기 때문이다. 일종의 견습 궁녀였다. 이들은 『동몽선습』, 『소학』, 『내훈』 등을 공부하고 붓글씨 궁체까지 배웠다.

견습 궁녀는 15세가 되어 관례를 치루면 정식 궁녀가 되었다. 종9품 나인이 정5품 상궁이 되려면 지밀 나인은 25년, 그 외에는 35년 정도 걸렸다. 그러나 왕이나 왕세자와 하룻밤을 함께 보내면 바로 상궁이 되었고, 후궁이 될 수도 있었다. 이를 승은을 입는다고 하였다. 이 때문에 궁녀들은 승은을 받기 위해 노력하였다. 당연히 가능성이 가장 높은 궁녀는 지밀 나인과 상궁이었다.

궁녀들은 왕과 왕비가 함께 잠잘 때 옆에서 숙직을 서고, 바느질, 자수, 음식, 아이 양육, 빨래, 잔치 준비 등 궁중 의식과 생활에 필요한 모든 일을 도맡아 하였다. 근무는 일반적으로 하루씩 교대하였다. 월급으로 쌀, 콩, 북어 등을 받았고 1년에 두 번 옷값을 받았다. 이 돈으로 궁녀들은 논과 밭, 집 등을 사들이기도 하였다.

각 처소에는 궁녀 말고 방 청소나 개인 심부름을 하는 방자, 음식을 장만하는 취반비, 물 긷는 무수리, 세숫물이나 목욕물을 담당한 수모, 심부름 및 청소를 하는 파지 등이 소속되어 있었다. 궁녀 개인에게는 심부름하는 하녀와 옷 짓는 침모가 배정되었다.

7

탕평 정치와
세도 정치

탕평론이 제기되다

붕당 정치 질서가 무너지자 정국이 불안정해지고 왕권도 흔들렸다. 얼핏 환국으로 왕권이 강화된 것처럼 보였지만 사실은 아니었다. 왕권은 붕당 사이에 세력 균형이 이루어졌을 때 더 안정될 수 있었다. 이에 붕당 정치의 순기능을 되살려 정국을 안정시키고 왕권을 강화해야 한다는 주장이 나왔다. 이를 탕평론이라 한다. 숙종은 공평한 인사 관리로 탕평을 이루겠다고 하였다. 그러나 편당적인 인사로 탕평을 이루지 못하고 스스로 환국을 불러오고 말았다.

숙종이 죽자 왕위 계승을 놓고 소론과 노론이 격돌하였다. 노론은 경종이 장희빈의 아들이므로 왕위를 계승해서는 안 된다고 주장했지만 경종은 소론의 적극적 지지에 힘입어 왕위에 올랐다. 원래 병약하던 경종은 왕위에 오른 뒤 병이 갈수록 깊어져 정무를 제대로 볼 수 없는 지경에 이르렀다. 이때 소론은 노론 지도자들을 처단하고 정권을 완전히 틀어쥐었다. 하지만 4년 만에 경종이 죽으면서 상황은 완전히 바뀌었다. 영조가 왕위를 잇자 소론의 일부 과격파들은 영조의 어머니가 무수리이므로 왕

무수리
궁중에서 청소, 빨래 등 허드렛일을 하던 여자 종.

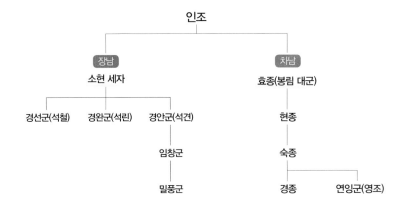

인조부터 영조 대의 가계도

소현 세자는 1645년 5월 청에서 귀국한 지 두 달 만에 갑자기 죽었다. 아들이 있었지만 인조는 폐세자라 부르면서 동생 봉림 대군을 세자로 책봉했다. 이듬해 소현 세자의 세자빈 강씨가 인조 독살 혐의로 사약을 받았고, 세 아들 석철, 석린, 석견은 제주도로 귀양을 갔다. 이때 나이가 12살, 8살, 4살이었다. 석철과 석린은 그해 죽었고, 석견은 효종이 즉위한 뒤 복권되었다. 임창군은 1724년에 사망했다.

으로서 정통성을 인정할 수 없다며 반란을 일으켰다. 이들이 왕으로 받든 밀풍군 탄은 인조의 장남인 소현 세자의 증손자였다. 예송 논쟁에서 보듯이 효종과 후계 왕들은 '차남'으로 왕위를 계승한 것에 큰 부담을 안고 있었다. 반란 세력이 밀풍군 탄을 옹립[1728]한 것은 인조의 차남인 효종의 왕위 계승에 대한 정당성에 시비를 건 셈이었다.

앞서 숙종은 효종·현종·숙종에 걸친 3대 혈통만이 후대에 왕위를 계승할 수 있다고 선언하였다. 삼종혈맥이란 이 원칙은 왕실이 왕위 계승의 정당성에 신경을 쓰고 있었음을 잘 보여 준다. 현실적으로는 밀풍군을 경계하는 조처였다. 경종은 병약하였고, 영조는 어머니의 출신 성분과 숙종의 아들인지에 관한 비판과 의심을 받고 있었기 때문이었다. 결국 이 원칙은 한편으로 영조를 왕위에 오를 수 있게 하였고, 다른 한편으로 그만큼 왕실의 권위가 튼튼하지 않음을 보여 주고 있었다.

영조, 탕평책을 실시하다

붕당 대립이 왕권의 정통성까지 문제 삼자 영조는 붕당을 없애겠다고 선언하였다. 먼저 각 붕당의 사상적 지주였던 산림의 존재를 인정하지 않았다. 붕당의 지지 기반이었던 서원도 대폭 정리하였다. 이조전랑이 후임과 3사의 관리를 추천하던 관행마저 없앴다. 공론의 왜곡을 막아 정쟁을 막겠다는 의도였다. 영조는 여기에 뜻을 함께하는 탕평파들을 적극적으로 후원하여 정국을 이끌게 하였다. 탕평파는 노론 온건파와 소론 온건파가 중심을 이루었다.

이런 탕평 정치에 힘입어 노론과 소론 사이에 어느 정도 세력 균형이 이뤄졌다. 왕권도 강화되고 정국은 안정되었다. 이를 바탕으로 영조는 균역법을 실시하여 군역 부담을 줄이고 가혹한 형벌을 없애거나 개선하였다. 또한 『속대전』과 『속오례의』, 『동국문헌비고』 등을 편찬하였다. 법과 국가 의례, 문물 제도 등을 시대 변화에 따라 다시 정비한 것이다. 신문고도 다시 설치하고 자주 궁 밖에 나가 직접 백성의 억울함을 풀어 주려고 노력하였다.

그러나 영조의 탕평책은 강력한 왕권으로 당쟁을 억누른 것에 지나지 않았다. 당쟁은 없어지지 않았고, 사실상 노론이 정국을 주도하였다. 특히 외척 세력이 강해졌다. 영조를 대신하여 정치를 하던 사도 세자가 소론을 비호하다 뒤주에 갇혀 죽은 사건도 이와 무관하지 않았다. 이들은 사도 세자의 아들 정조가 왕위에 오르지 못하게 갖은 노력을 했지만 실패하였다.

정조, 탕평 정치를 발전시키다

정조는 영조를 이어 국왕이 주도하는 탕평 정치를 계승·발전시켰다. 먼저 자신이 왕위에 오르는 것을 반대하던 세력을 제거하고 당파와 관계 없이 인재를 등용하였다. 정조가 높이 평가한 인재는 의리와 시비가 분명한 사람이었다.

또한 자신이 하고자 하는 정치를 뒷받침하기 위해 규장각을 설치하고 초계문신제를 실시하였다. 규장각은 집현전처럼 국왕 직속의 학술 및 정책 연구 기관이었다. 사실상 비서실 기능을 하며 과거와 교육까지 맡았다. 초계문신은 과거에 급제한 37살 이하 젊은 문신들을 뽑아 40살까지 재교육하여 친위 세력으로 기른 관리이다. 여기에는 유학 경전의 뜻을 깊이 탐구하여 성리학적 통치 질서를 바로 세우려는 정조의 뜻도 들어 있었다. 규장각은 갈수록 확대되어 승정원, 홍문관, 예문관이 하는 일을 흡수하였다. 정약용, 서유구, 홍석주, 김조순 등 내로라하는 학자와 관료가 규장각 출신이기도 하다.

정조는 장용영이라는 친위 부대도 길렀다. 노론의 손아귀에 들어가 있는 5군영에 맞설 군사력이 필요하였기 때문이다. 이를 바탕으로 정조는 자신이 꿈꾼 정치적 이상을 실현하기 위해 수원에 화성을 건설하였다. 수령이 향약을 주관하게 하여 지방 사림의 영향력도 약화시켰다.

또한 광산 개발을 장려하고 육의전을 제외한 시전 상인이 가진 특권을 없앴다. 시전이 무허가 상인^{난전}을 단속할 수 있는 권리를 없앤 이 조치^{통공정책}로 상업 활동의 자유가 확대되었다. 공노비 해방을 추진하고 서얼 출신 학자를 규장각 검서관에 등용하기도 하였다. 문화와 학문 발전에도 힘을 쏟았고, 『속대전』에 이어 『대전통편』을 간행해 법령을 정비하였다.

〈규장각도〉(김홍도)

그림 가운데 있는 큰 2층집이 규장각이다. 2층에는 주합루라는 현판이 있는데, 주합은 우주와 하나가 된다는 뜻으로 자연의 이치에 따라 국가를 다스리겠다는 의지를 담고 있다.
규장각은 역대 국왕의 글과 글씨를 보관하고 각종 서적을 수집하고 편찬하는 일도 맡았다. 수집한 장서가 8만 권이 넘었고 무예서, 인물 이야기 등 다양한 책도 펴냈다. 이 책을 관리하고 편찬하는 실무를 맡은 하급 관리가 검서관이다. 서얼 출신인 박제가, 이덕무, 유득공, 서이수 등이 바로 그들이다.

영조에 이은 정조의 탕평책으로 정국은 어느 정도 안정되었고 왕권이 강화되었다. 여러 가지 개혁 정책으로 백성의 생활도 상당히 나아졌다. 하지만 제도나 권력 구조에 대한 근본적인 개혁은 없었다. 국왕의 정치적 역량에 의지하는 정국 운영은 불안정할 수밖에 없었다. 결국 왕과 측근 세력에게 집중된 정치 권력은 세도 정치의 싹이 되어 버렸다.

세도 정치가 전개되다

정조에 이어 순조가 어린 나이에 즉위하면서 권력은 외척 세력에 넘어갔다. 순조, 헌종, 철종까지 3대에 걸쳐 60년 넘게 이어진 세도 정치가 시작된 것이다. 환국과 탕평 시기에는 일당이 독재를 하는 경우는 있었다. 하지만 세도 정치는 일당도 아닌 특정 가문이 권력을 독점하였다. 정조가 끌어안으려고 했던 소론과 남인, 지방 양반 들은 권력에서 밀려나 한직을 돌거나 향촌으로 내려갔다. 탕평 정치 시기까지 그나마 유지되던 붕당 질서가 완전히 무너져 버린 것이다. 탕평을 하면서 당파 이익만 좇는다고 공론을 모을 수 있는 길을 모두 없애 버린 결과이기도 했다.

세도 정치기 가문별 비변사 당상 역임자 수(순조~철종 시기)

세도 가문은 비변사를 비롯한 호조, 선혜청의 요직을 독점하였다. 대동법과 균역법으로 거둬들이는 세금을 관리한 선혜청은 호조보다 더 큰 재정 담당 기구였다. 여기에 장용영을 해체하고 5군영의 지휘권을 완전히 장악해 반대 세력을 눌렀다. 견제 세력이 없는 가운데 세도 가문은 부정부패를 일삼았다. 국가 기강이 허물어져 세도 가문에 줄을 대지 않고는 과거에 합격하기 어려웠고, 이들은 관직도 사고팔았다. 관직을 산 사람들은 수단과 방법을 가리지 않고 백성을 수탈하였다. 정부는 암행어사를 파견하여 탐관오리를 단속했지만 이런 구조 속에서 문제를 해결할 수는 없었다.

삼정의 문란으로 국가 재정이 위기를 맞다

지배 체제가 허물어지면서 경제도 무너졌다. 특히 국가 재정의 근간인

• 탕평과 세도 정치

탕평과 세도 정치는 다른 듯 보이지만 비슷한 점도 많았다. 첫째, 수령의 권한을 강화시켜 지방 양반을 억눌렀다. 한 마디로 중앙 집권 체제를 강화한 것이다. 둘째, 견제할 장치나 세력을 약화시켜 권력을 집중시켰다는 공통점이 있다.

탕평과 세도 정치의 차이점은 먼저, 권력을 행사한 주체가 달랐다는 것이다. 탕평은 왕이, 세도는 세도 가문이 권력을 잡았다. 또 다른 점은 탕평 시기에는 그나마 왕과 신하라는 견제 장치가 있었다는 것이다. 탕평 정치 시기에 왕권이 강화되기는 하였지만 왕이 나랏일을 혼자서 할 수는 없었고, 신하들의 협조가 없으면 정치가 불가능한 체제였다. 이 때문에 영조와 정조도 신하들과 협조 관계를 완전히 깰 수는 없었다. 붕당 질서는 깨졌지만 서로 견제하는 장치가 남아 있었던 셈이다. 하지만 세도 정치 시기에는 세도 가문을 견제할 사람이 없었다. 유일하게 이들을 조정할 수 있었던 왕의 세력이 약화되었기 때문이다.

세 번째 차이는 탕평 시기에는 그나마 반대 세력을 포용하려고 하였고, 지방 양반들도 체제 안으로 끌어들이려 했지만 세도 정치 시기에는 그런 노력이 없었다는 점이다. 근대 사회는 중세 사회에 비해 정치, 경제, 사회, 문화 모든 면에서 참여 폭이 확대되었다. 조선도 후기로 갈수록 그런 방향으로 나아가고 있었다. 그런데 세도 가문이 권력을 잡으며 유독 '정치'만 거꾸로 가고 있었던 것이다.

전정, 군정, 환곡 등 삼정이 문란해졌다. 전정은 토지세로, 전세 4두에 대동미 12두, 결작 2두와 삼수미 2.2두 등 모두 20.2두였다. 하지만 각종 명목으로 세금이 늘어나 세금 액수가 규정보다 훨씬 많아졌다. 징수 과정에 부정까지 더해져 농민들을 궁지로 몰았다.

균역법으로 줄어들었던 군포 부담도 다시 증가했다. 신분 질서가 문란해지면서 양반이 늘어나 농민이 내야 할 군포도 갈수록 늘어날 수밖에 없었기 때문이다. 부담을 못 견뎌 도망을 치면 남아 있는 사람이 내야 할 군포는 더 늘어났다. 어린아이나 노인 들, 심지어 기르는 개에게 군포를 물리기도 하였다.

환곡은 농민 생활을 안정시키기 위해 가난한 백성에게 봄에 곡식을 나누어 주고 가을에 거두어들인 구제 정책이었다. 다만 곡물을 보관하면서 쥐나 참새의 피해로 자연히 줄어든 것을 보충하거나 환곡을 운영하기 위해 빌려준 곡식의 10% 정도를 이자로 받았다. 그런데 중앙과 지방 관청, 군영 등은 이 이자 가운데 일부를 떼어 내 모자란 재정을 보충하였다. 생활 안정이 아니라 국가 재정 부족을 메꾸는 것으로 바뀌면서 환곡이 사실상 세금처럼 되어 버렸다. 여기에 강제로 환곡을 떠맡기거나 빌리지도 않았는데 이자를 물리는 일도 생겼다.

삼정 문란으로 세금 부담이 커지자 갖가지 수단으로 양반이 되거나 도망을 치는 사람이 늘어났다. 지방 토호들도 아전과 결탁하여 세금을 면제받았다. 부담은 남아 있는 농민들에게 고스란히 넘어갔고, 견디다 못한 농민들은 도망을 쳤다. 이런 악순환은 정부가 안정적으로 세수를 확보하려고 고을 단위로 내야 할 세금 총액을 정해 놓은 것에 근본 원인이 있었다. 남아 있는 사람들이 고을에 배정된 세금을 어떻게든 모두 충당해야만 했고 시간이 지날수록 부담은 늘 수밖에 없었다.

사도 세자의 비극적인 죽음

사도 세자(1735~1762)는 태어난 지 2년도 안 돼 세자가 되었다. 15살에 영조 대신 나랏일을 처리하다 27살에 뒤주에 갇혀 죽었다.

왜 훌륭한 임금이 될 것이라고 기대를 모았던 사도 세자는 이런 비극적인 죽음을 맞이했을까?

크게 두 가지 주장이 있다. 하나는 사도 세자 개인의 문제에서 비롯되었다는 주장, 다른 하나는 그가 당쟁에 휩쓸린 희생양이었다는 주장이다.

영조는 사도 세자 〈묘지문〉에서 아들을 죽인 이유를 이렇게 밝힌다.

> "(사도 세자는) 성군으로 기대되었다. (하지만 점점 비뚤어져) 거짓말을 밥 먹듯이 하고 불량배들과
> 어울려 나라가 망할 지경에 이르렀노라."

부인이었던 혜경궁 홍씨도 자신의 회고록 『한중록』에 이렇게 적었다.

> "사도 세자가 병환으로 천성을 잃어 스스로 하는 일을 몰랐다. 영조가 사도 세자에게 한 일에는 터럭
> 만큼도 잘못이 없다."

이 밖에 여러 기록이 사도 세자가 심한 정신병으로 죽음을 자초했다는 주장을 뒷받침한다.

한편 사도 세자가 노론과 척을 져 희생됐다는 주장이 있다. 정말로 병이 문제가 되었다면 폐세자를 시키면 그만이지 비참하게 죽일 필요가 없었다는 의문이 남기 때문이다.

영조는 자신을 지지한 노론이 정치를 주도하는 것을 인정하면서 선대왕 경종을 지지했던 소론 가운데 온건파 일부를 등용하였다. 영조의 탕평책을 못마땅히 여긴 노론 강경파는 끊임없이 소론을 탄핵해야 한다고 주장했다. 그런데 사도 세자는 대리청정을 하면서 남인, 소론 등 노론의 반대파를 가까이했다. 노론으로서는 앞날이 불안할 수밖에 없었다.

노론의 불만은 1755년 나주에서 영조의 정통성을 비난하는 벽서 사건이 일어나며 폭발하였다. 노론은 관련자들을 모조리 죽여야 한다고 목소리를 높였고, 영조도 여기에 사실상 동의하였다. 그런데 사도 세자는 노론이 이 기회에 소론을 완전히 제거하기 위해 사건을 부풀렸다고 생각하여 처벌에 소극적인 태도를 보였다. 노론은 벽서 관련자들을 대거 숙청하고 그나마 남아 있는 소론을 정계에서 몰아냈다. 영조도 사도 세자를 대리청정에서 점점 손 떼게 하였다. 하지만 사도 세자가 왕위를 잇게 되면 이 모든 것이 물거품이 된다고 여긴 노론은 영조에게 온갖 모략을 하였다. 영조의 계비 정순 왕후 김씨와 후궁들, 친동생 화평, 화안 옹주도 영조와 사도 세자를 이간질하며 힘을 보탰다. 결국 영조가 여기에 넘어가 사도 세자를 뒤주에 가둬 죽게 만들었다는 것이다.

8

서민 문화가
성장하다

서민, 문화의 주체로 나서다

조선 후기 정치와 경제, 사회가 변화하면서 문화에도 새로운 바람이 불었다. 먼저 중인들이 신분적 한계와 사회적 편견에 도전하기 시작하였다. 이들은 자신들이 원래 양반과 같은 뿌리에서 나왔음을 밝히는 역사책을 편찬하였다. 사회적으로 제대로 인정받지 못했지만 뛰어난 인품과 재능을 가진 중인들을 다룬 전기 책도 발행하였다. 또한 양반들처럼 시사를 만들고 문예 활동을 하면서 시집을 냈다. 이런 활동은 중인들이 미약하지만 전문적 지식인으로서 정체성을 찾아가고 있었음을 보여 준다. 이어 부자가 된 상공업자나 농민을 중심으로 문예 활동에 참여하고 누리는 상민들이 늘어 갔다. 이들은 스스로를 교양인으로 자부하였고, 자식을 서당에 보내거나 서당을 세웠다.

중인과 상민은 신분이 달랐다. 하지만 이들은 양반이 이끌던 사회에서 새로운 변화를 이끌어 낸 주역이었다. 이런 공통점에서 중인과 상민을 합쳐 양반이 아닌 일반 백성이라는 뜻으로 서민이라고 부른다. 서민이 문화 주체로 성장하면서 성리학적 가치관을 강조하던 문화가 점점 약화되었다. 문학 작품의 형식과 내용도 달라졌다. 양반이나 영웅이 아닌 서민이 주인공으로 등장하고 현실 세계가 주요 배경이 되었다. 감정을 숨기지 않고 사회 모순과 비리를 신랄하게 비판한 작품도 많아졌다.

한글 소설과 사설시조가 나타나다

이런 변화를 가장 잘 보여 주는 장르가 한글 소설과 사설시조였다. 한글소설은 17세기 초 『홍길동전』을 시작으로 18세기에는 다양한 주제를 다룬 작품이 나와 큰 인기를 끌었다. 허균이 쓴 『홍길동전』은 서얼 출신 주인공이 도술을 배워 탐관오리를 혼내 주는 내용이다. 서얼 차별 철폐에 대한 공감도 인기를 얻는 데 한몫했다. 여기에 영향을 받아 『전우치전』, 『박씨부인전』, 『곽재우전』 등 도술로 탐관오리를 혼내 주거나 외적을

・향리의 사회적 지위를 말하다, 『연조귀감』

'연(掾)'은 '아전'을, '조(曹)'는 '관아', '관리'로, 연조는 향리를 가리키는 말이다. 상주 지역을 대표하는 향리 가문 출신인 이진흥이 자신의 집안과 다른 향리 가문의 자료를 모아 1777년(정조 1) 무렵 편찬했다. 그 뒤 증손자 이명구가 1848년(헌종 14)에 더 많은 자료를 모아서 목판본으로 간행하였다. 향리가 형성된 배경, 향리들의 업적 등을 기록해 향리가 신분의 제약을 뛰어넘고 사회적 진출을 활발히 하는 분위기를 반영했다.

향리들은 18세기부터 본격적으로 자신의 가문에 대한 역사와 자료를 정리하기 시작하였다. 다루는 대상도 한 가문에서 한 지역, 전체 향리로 늘어났다. 『연조귀감』은 한 걸음 더 나아가 『고려사』를 비롯한 문집·읍지 등을 참조해 대상을 전국으로 확대하였다. 시기도 고려 시대부터 19세기 중엽까지 걸쳐 있다.

이 때문에 향리의 기원을 비롯하여 향리층의 사회·경제적 성장을 토대로 한 향리 지식층의 성장과 의식 변화를 구체적으로 알 수 있다. 이명구가 5대에 걸친 편찬 사업을 마무리하며 노론·소론·남인을 대표하던 학자들에게 서문과 발문을 받았다는 사실이 이를 잘 보여 준다.

『연조귀감』
상하권으로 나뉘어 있다.

물리치는 소설이 유행하였다.

18세기가 되면『심청전』,『홍부전』,『춘향전』등 효도와 형제간 우애, 남녀 사이 사랑을 다룬 소설이 많이 읽혔다. 자기 이익을 위해 약한 자를 괴롭히는 지배층을 골탕 먹이는『토끼전』, 계모는 나쁜 사람이라는 인식을 강하게 심어 준『장화홍련전』도 인기를 끌었다. 특히『춘향전』은 신분을 뛰어넘는 사랑과 탐관오리에 대한 응징 등 다양한 요소로 베스트셀러가 되었다.

사설시조는 3장으로 간결하게 구성된 평시조와 달리 정형화된 형식에 얽매이지 않았으며 주로 서민과 몰락 양반 등 하층민들이 만들어 불렀다. 이들은 짧은 평시조로 자신의 감정을 모두 담을 수 없었다. 가슴에 맺힌 한이나 사회에 대한 불만이 그만큼 많았기 때문이다. 자신의 감정을 있는 그대로 표현한 사설시조는 작가와 제목도 모른 채 사람들 사이에서 불렸다. 금기시되어 왔던 남녀 간의 사랑을 과감하게 드러내거나,

• 탐관오리의 횡포를 풍자한 사설시조

두꺼비 파리를 물고 두엄 위에 치달아 앉아,
건넛산 바라보니 흰 송골매 떠 있거늘 가슴이 서늘하여 풀떡 뛰어 내닫다가 두엄 아래 자빠졌구나.
모쳐라 날랜 낼싀망정 고꾸라질 번하였구나

- 작자미상

'두꺼비'는 지방 양반을, '파리'는 서민 계층을, 그리고 '흰 송골매'는 권세가를 상징한다. 양반(두꺼비)이 평민(파리)을 괴롭히다가 권세가에게 발각될 위기에 처하자 황급히 피하려다 실수를 하고도 자기 합리화를 꾀하는 모습을 우화로 익살스럽게 표현하고 있다.
조선 후기에 유행한 사설시조는 1970년대 미국 뉴욕에서 시작한 힙합처럼 길거리 문화라 할 수 있다. 신분적 질서에 억눌리고 세도 정치에 시달리던 민중들이 정제되지 않은 언어로 하고 싶은 말을 쏟아 내는 형태이다. 사회 비판적인 내용, 세도가들과 양반들을 비웃는 내용, 남녀 사이 사랑 등이 사설시조의 소재가 되었다.

탐관오리의 수탈과 봉건 체제에 대한 불만 등을 통렬하게 고발한 작품들이 많은 사람들에게 공감을 얻었던 것이다.

　한문학에서도 현실 사회를 비판하고 풍자하는 경향이 나타났다. 박지원은 『양반전』, 『허생전』, 『호질』 등에서 양반 사회의 위선과 허구성을 통렬하게 비판하였다. 정약용은 삼정 문란이 농민들에게 얼마나 큰 상처를 주었는지 폭로하는 한시를 남겼다. 바깥출입이 자유롭지 않았던 여성들도 자신들의 신세를 하소연하는 작품을 썼다. 시집살이와 사랑 등 여성들이 겪은 생활 모습을 진솔하게 담은 이 작품들을 내방 가사라 한다.

판소리와 탈춤이 인기를 끌다

　조선 후기에는 상업 발전과 함께 공연 예술이 발달하였다. 그 가운데 가장 큰 인기를 끈 것이 판소리와 탈춤이었다. 판소리는 소리꾼 한 사람이 일정한 줄거리가 있는 이야기를 노래^창와 대사^{아니리}, 몸짓^{너름새}으로 표현

• "홧김에 한 말이야"

완판본 〈열녀 춘향〉에서 월매가 거지꼴로 내려온 어사를 푸대접하는 장면이다.

　　손을 잡고 들어가서 촛불 앞에 앉혀 놓고 자세히 살펴보니 걸인 중에 상걸인이 되었구나. 춘향 어미
　　기가 막혀 "이게 웬일이오?" …… 어사는 짐짓 춘향 어미가 어떻게 하나 볼까 하고 "시장하여 나 죽겠
　　네. 내게 밥이나 한술 주소."
　　"밥 없네." 어찌 밥이 없을까만은 홧김에 하는 말이었다.

　　　　　　　　　　　　　　　　　　　　　　　　　　　　　　　　　　- 완판본 〈열녀 춘향〉(작자 미상)

월매(춘향 어머니)는 만약 어사가 번듯하게 차려입고 나타났다면 이렇게 대하지 않았을 것이다. 읽는 (구경하는) 사람들이 '천출(기생)이라 어쩔 수 없어!'라고 월매를 욕할 수도 있는 장면이다. 이때 작가(소리꾼)가 슬쩍 (감옥에 간 딸 때문에) 홧김에 한 말이라고 월매를 감싸 준다. 작지만 이런 배려에서 조선 후기 상민들이 문화 주체로 등장하였음을 엿볼 수 있다.

소리를 하는 모흥갑
〈평양도십첩병풍〉중 모흥갑 판소리도. 모흥갑은 이름난 판소리 명창으로 19세기 전반에 활동했다. 평양감사의 초청으로 능라도 연회장에서 소리하는 장면이다.

하는 공연이다. 소리꾼은 고수의 북장단에 맞춰 직접적이고 솔직하게 감정을 표현하였다. 공연 분위기에 따라 즉흥적으로 이야기를 빼거나 더하기도 하였다. 청중도 '얼쑤', '그렇지' 등 추임새로 함께 기뻐하고 슬퍼하며 어울렸다. 이 때문에 판소리는 상민에서 양반까지 큰 호응을 얻었고, 궁궐에서도 열렸다. 19세기 후반 신재효는 〈춘향가〉, 〈심청가〉, 〈흥부가〉, 〈적벽가〉, 〈수궁가〉 등 판소리 다섯 마당을 정리하였다.

탈춤은 춤과 노래, 사설로 엮은 가면극이다. 삼국 시대에 시작되어 고려와 조선 시대에 궁중 연희로 이어졌다. 농촌에서도 전통적으로 내려온 축제 때 하회 별신굿 같은 탈춤을 추었다. 하지만 탈춤이 공연 예술로 자리를 잡은 것은 상업 발달과 깊은 관련이 있다.

조선 후기 상품 화폐 경제가 발달하면서 곳곳에 장시가 생겨났다. 장시가 많아질수록 경쟁은 치열해졌다. 상인들은 더 많은 물자와 사람을 모으려고 길거리 공연을 펼쳤다. 그 가운데 대표적인 것이 한양 주변 교통의 중심지였던 양주나 송파에서 공연된 산대놀이이다.

탈춤은 하층민인 말뚝이와 취발이가 주인공이다. 조금씩 다르지만 대부분 주인공이 점잖은 체하는 승려나 양반을 몰아세우는 장면이 나온다.

관객들은 양반의 위선과 허구를 폭로하는 주인공을 보면서 박수를 쳤다. 비록 연희이지만 양반을 조롱하는 장면은 조선 전기라면 상상하기 어려웠다. 서민들은 탈춤을 보며 고달픈 삶에 대한 위안과 함께 사회 비판 의식도 키워 나갔다.

조선 말기에는 남사당패라 불린 유랑 예인 집단들이 전국을 떠돌며 활동하였다. 이들은 광대보다 천대를 받았지만 꼭두대장를 중심으로 엄격한 질서를 유지하였다. 풍물

탈춤 〈김준근〉

과 줄타기, 사발 돌리기 등 여러 가지 공연으로 민중과 함께 기쁨과 서러움을 나누었다.

장시에서 다양한 공연이 이뤄지자 서민 문화는 더욱 폭이 넓어졌다. 이제 장시는 단순한 상업 활동만 하는 곳이 아니었다. 서민들이 문화를 누리고 새로운 것을 보고 듣는 문화 중심지 구실도 하게 되었다. 때로는 봉기를 준비하고 일으키는 곳이기도 하였다.

진경산수화와 풍속화, 그리고 민화가 유행하다

조선 후기 문화에 나타난 변화는 미술에도 영향을 미쳤다. 먼저 자연을 사실적으로 그리는 화풍인 진경산수가 나타났다. 진경산수화를 개척한 화가는 18세기에 활약한 정선이었다. 그는 중국 그림을 본떠 그리던 것에서 벗어나 독자적인 구도와 화법을 새로 만들었다. 나아가 단지 자연을 그리기만 한 것이 아니라 철학을 형상화한 경지에 다다랐다는 평가를 받고 있다. 대표작에는 비가 갠 인왕산을 그린 〈인왕제색도〉와 바위산과 흙산을 적절히 배치하여 태극을 형상화한 〈금강전도〉가 있다.

풍속화는 왕실이나 조정에서 열린 각종 행사 및 생활 모습을 그린 그

신윤복의 〈주사거배〉(위), 김홍도의 〈점심〉(아래 왼쪽), 민화 〈담배 피는 호랑이〉(아래 오른쪽)

림이었다. 정형화된 그림이었던 풍속화는 18세기에 이르러 화가의 개성을 살린 그림으로 거듭났다. 밭일을 하는 아낙네와 짚신 삼는 노인을 그린 윤두서, 새참을 먹는 농민을 그린 조영석이 풍속화의 선구자로 평가받고 있다.

풍속화로 이름을 떨친 화가는 김홍도와 신윤복이다. 김홍도는 농사, 집 짓기, 대장간, 씨름, 서당 모습을 소탈하고 익살스러운 필치로 묘사하였다. 신윤복은 양반의 풍류 생활과 부녀자의 생활, 애정 표현 등을 섬세하면서도 감각적인 필치로 그렸다.

19세기에는 경제력을 갖춘 민중들이 늘어나면서 집 안을 꾸미기 위한 그림 수요가 늘어났다. 하지만 전문 화원은 한정되어 있었고 그림값도 비쌌다. 이 때문에 화원이 아닌 무명 화가가 그린 민화가 유행하였다. 민화는 출세와 장수, 행운을 상징하는 해, 달, 나무, 꽃, 동물, 물고기 등을 소재로 삼았다.

동국진체와 추사체를 새롭게 만들다

서예에서도 다른 분야와 마찬가지로 새로운 흐름이 나타났다. 조선 초기 사대부들은 송설체, 안진경체, 왕희지체 등 중국 서법을 따랐다. 여기에서 벗어나 독창적인 글씨를 쓰기 시작한 때는 16세기 중반 무렵이다. 석봉 한호는 왕희지체를 바탕으로 한 호쾌한 글씨로 중국까지 널리 이름을 알렸다. 하지만 아직 독창적인 서법을 창안하는 데 이르지는 못하였다.

조선 고유의 독자적 서법을 만들려는 시도는 이서$^{1662\sim1723}$에 이르러 본격적으로 시작되었다. 그는 송시열과 송준길의 양송체와 허목의 미수체를 넘어 동국진체라 불리는 독자적인 서법을 만들어 냈다. 동국진체는 윤두서를 거쳐 윤순에 이르러 크게 발전하였다. 윤순은 우리나라와 중국 역대 서체를 연구하여 조선 고유의 서체를 만들어 냈다. 이를 완성한 사람이 이광사[1705~1777]이다. 그의 글씨는 생동감 있고 개성이 넘쳐 우리의 정서를 담고 있다는 평가를 받았다. 김정희[1786~1856]는 뛰어난 금석학자답게 많은 서체를 연구하여 굳센 기운과 고졸한 세련미를 갖춘 추사체를 창안하였다.

● 이광사와 김정희

원교 이광사와 추사 김정희는 조선 후기를 대표하는 서예가이다. 이광사는 소론 출신으로 양명학자였다. 영조 때 노론이 소론을 공격할 때 큰아버지와 함께 귀양을 갔다 죽었다.

김정희는 노론 출신으로 금석학자였다. 1819년 급제한 뒤 삼사의 언관을 거쳐 1836년(헌종 2)에 성균관 대사성과 병조 참판, 이조 참판 등을 역임하였다. 그러나 1840년(헌종 6) 안동 김씨의 핵심 세력과 틀어져 제주도로 유배를 가서 1848년 풀려난다. 이때 한국과 중국의 필체를 연구하여 추사체를 만들었다.

제주도 유배길에 대흥사에 들른 추사는 대웅전에 걸린 원교의 글씨를 보고 이렇게 혹평하였다. "사람들이 저 글씨를 흉내 내는 바람에 국제적인 감각을 잃어버렸다. 조선의 글씨를 망친 게 이광사인데 어찌 이광사의 글씨를 버젓이 걸어놓을 수 있는가?" 비록 귀양을 가고 있었지만 김정희는 국내는 물론 청까지 이름을 떨친 국제적인 엘리트였다. 그런 추사가 보기에 개성이 강하고 향토색 짙은 글씨가 촌스럽게 보인 것이다. 추사는 바로 원교의 현판을 떼어 내게 하였다. 그 후 귀양에서 풀려 서울로 돌아가려던 김정희는 다시 대흥사에 들러 그렇게 혹평했던 원교의 글씨를 인정하고 다시 걸게 하였다고 한다.

이광사가 쓴 대흥사 대웅보전 현판

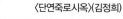

〈단연죽로시옥〉(김정희)
김정희의 예서체 현판 글씨. 단계석 벼루,
차 끓이는 대나무 화로, 시를 지을 수 있는
작은 집이라는 뜻이다.

백자, 공예 기술이 발달하다

조선 후기에는 수공업이 발달하면서 다양한 공예품이 만들어졌다. 백자는 임진왜란으로 많은 도자기 기술자가 일본에 잡혀가 한동안 침체되었다. 하지만 경제가 되살아나 백자를 찾는 사람이 늘어나면서 생산이 다시 활기를 띠게 되었다. 특히 수입에 의존해 온 푸른 안료^{물감}를 국내에서 생산하게 되면서 청화 백자가 유행하였다. 서민들은 여전히 옹기를 많이 사용하였지만 점점 백자를 찾는 사람이 늘어났다. 특히 다양한 모양을 한 문방구가 많이 만들어졌다. 문화의 폭이 넓어지고 교육을 받는 서민이 늘어나면서 문방구에 대한 수요가 늘어났기 때문이다.

서민들 가운데 부자가 늘어나면서 공예품 생산도 증가했고 장롱, 문갑, 함 등 다양한 가구가 만들어졌다. 이들 공예품은 화려하면서도 간결한 멋이 있었다. 때로는 소뿔이나 조개껍질로 화려하게 장식한 화각장이나 나전 칠기가 인기를 끌었다. 공예품 생산이 늘어난 것은 기술 발전과 함께 찾는 사람이 많아졌기 때문이다.

학 · 봉황 · 복숭아 무늬 큰상
나전 칠기 기법으로 만들었다.

백자 청화 매화 대나무 무늬 항아리
청화 백자의 멋을 잘 보여 준다.

겸재 정선과 김창흡

〈인왕제색도〉
비 온 뒤 인왕산의 모습을 그렸다. 산 아래로 안개가 피어오르고 있다. 겸재 정선의 대표작으로 꼽힌다.

진경산수의 대가 겸재 정선(1676~1759)은 장동에서 나고 자랐다. 장동은 인왕산 남쪽 기슭에서 백악산 계곡에 이르는 지역으로 경복궁 서쪽 효자동 · 청운동 일대다. 한양 최고의 거주지로 꼽히며 권세가들이 많이 살았다. 그 가운데 가장 유명한 집안은 흔히 안동 김씨라 불리는 장동 김씨였다.

장동 김씨는 서인을 대표하는 정치가 집안이었다. 숙종 때에는 김수항과 아들 김창집이 잇달아 영의정을 지냈다. 당연히 당쟁의 회오리에서 벗어날 수 없었다. 두 아들이 모두 사약을 받고 죽었다. 하지만 뒷날 김조순을 시작으로 세도 정치를 이끈 집안답게 정계에 강한 영향력을 갖고 있었다. 정치뿐 아니라 김창집과 다섯 동생들은 '육창'이라 불리며 18세기 서울의 학문과 문학, 예술계를 이끌었다. 둘째 김창협은 송시열의 수제자로 탁월한 문장가였다. 셋째 김창흡은 시인으로도 유명하였다. 김창협 형제의 제자들은 호락 논쟁에서 낙론을 이끌었다. 호락 논쟁은 노론 사이에서 인간과 사물의 본성이 같은지 다른지를 두고 벌인 논쟁이다. 이 논쟁에서 인간과 사물의 본성은 같다고 주장한 낙론은 청에 대해서도 유연한 입장을 가지고 있었다. 사람과 사물의 본성이 같다면 오랑캐라 멸시하는 만주족도 우리와 다를 바 없다는 논리가 성립한다.

김창협 형제는 문학과 예술에서 조선의 현실을 중시하는 이론을 전개하기도 했다. 그 이론에서 조선풍을 구현하는 글과 그림이 나왔다고 할 수 있다.

정선은 잘나가는 집안 출신이 아니었다. 비록 양반 가문이었지만 몇 대에 걸쳐 벼슬을 하지 못해 가난하였다. 아버지마저 일찍 돌아가셨다. 이런 어려움을 딛고 진경산수의 대가로 거듭난 데에는 이웃에 살던 장동 김씨의 후원이 큰 역할을 했다. 김창집은 정선을 추천하여 도화서 화원으로 들여보냈다. 양반이 도화서 화원으로 갔

〈금강전도〉
내금강의 특징을 탁월하게 묘사했다고 평가받는 작품.
조선 시대 금강산 그림의 걸작으로 꼽힌다.

다는 데 의문이 있지만 정선이 관리로 출세할 수 있게 도와준 것은 틀림없다. 예술 방면에서 젊은 정선을 진경산수로 이끈 사람은 김창흡이었다. 김창흡은 정선과 시인 이병연과 함께 금강산을 여행했다. 이병연은 이때 정선이 그린 금강산 그림에 시를 붙여 화첩을 만들어 스승 김창흡에게 보냈다. 이렇게 해서 탄생한 『해악전신첩』이 진경산수의 정수였다.

르네상스 시대를 대표하는 예술가 미켈란젤로(1475~1564)를 생각해 보자. 그가 위대한 예술가가 될 수 있었던 것은 메디치가의 로렌초 대공 덕분이었다. 로렌초 일 마니피코(1449~1492)는 1469년부터 20여 년간 사실상 피렌체를 통치한 인물이다. 예술에 관심이 많았던 그는 젊은 미켈란젤로의 재능을 한눈에 알아보고 집으로 데리고 왔다. 미켈란젤로는 이곳에서 위대한 예술가로 자랐고, 로렌초는 죽을 때까지 후원을 아끼지 않았다. 메디치 가문은 미켈란젤로 외에도 보티첼리, 레오나르도 다빈치 등 르네상스 대표 화가들을 지원하였다.

조선에도 메디치 가에 못지않은 가문이 있었다. 세도 가문으로 이름난 벌열 가문이다. 이들의 예술 후원 활동은 한양의 급속한 도시화와 관련이 있다. 한양은 17세기 이후 상업의 발달과 함께 하루가 다르게 번창했다. 길은 넓어지고 저잣거리엔 물건이 넘쳐났다. 서울과 근교에 살면서 여러 대에 걸쳐 벼슬을 지냈던 안동 김씨를 비롯한 벌열 가문의 자제들은 한양의 도시 문화를 이끌었던 주역이다.

정선이 진경산수라는 새로운 화풍을 개척할 수 있었던 것은 바로 안동 김씨의 후원 덕분이다. 그리고 보면 진경산수의 뿌리는 노론이라는 일부 시각이 지나친 것만은 아니다.

9

농민 봉기가
일어나다

세도 정권에 대한 불만이 높아지다

세도 정권 시기 권세가 및 대지주, 대상인 들은 특권적 지위를 이용하여 온갖 비리를 저질렀다. 수탈 대상은 농민만이 아니었다. 부농층, 상인, 수공업자 등도 권세가에게 시달렸다. 이들은 상품 화폐 경제의 발전에 힘입어 큰돈을 벌었다. 일부는 양반 신분을 얻고 관직에 오르기도 하였다. 하지만 대부분은 능력에 걸맞은 사회적 대우를 받지 못하였다. 권세가들은 가난한 농민에 비해 빼앗을 거리가 있는 이들을 이 핑계 저 핑계로 수탈했다.

불만을 품은 양반들도 늘어났다. 권력에서 배제된 채 한직을 돌아다니거나 향촌에 내려가는 양반이 많아졌기 때문이다. 일부는 가난한 농민과 다름없는 처지가 되기도 하였다. 이들을 잔반이라 불렀다. 잔반은 소작지를 얻기 위해 피 튀기게 싸우기도 하였다. 새로운 세상을 꿈꾸거나 봉기를 준비하는 사람도 있었다.

지역 차별 문제도 있었다. 대과는 소과와 달리 지역 안배를 하지 않았다. 조선 후기에 대과 합격자를 가장 많이 배출한 곳은 한양이었다. 이어서 평안도, 경상도 순으로 합격자가 많았다. 하지만 평안도 출신은 합격을 해도 관직에 오르기 힘들었고 승진도 어려웠다. 이런 경향은 세도 정치 시기에 더욱 심했다.

여기에 자연재해와 전염병이 잇달아 전국적으로 떠돌아다니는 사람이 늘어났다. 이들은 도시, 포구, 광산 등에서 품을 팔거나 깊은 산속으로 들어가 화전을 일구었다. 일부는 도적이 되었다. 해안가에는 이양선이라 불리는 서양 선박이 나타나기도 해 위기의식이 더욱 커졌다.

농민들, 불만을 폭발시키다

지배층의 수탈과 비리가 심해질수록 피지배층의 불만은 늘어났다. 처음에는 관청에 시정을 요구하거나 벽보로 억울함을 호소하였다. 야밤에 동헌 뒷산에 올라가 수령의 비리를 큰 소리로 외치기도 하였다.

이런 방법들이 별 효과가 없자 민중들은 더 적극적인 방법을 찾았다. 조세와 지대 납부를 거부하고 집단으로 항의 시위를 벌인 것이다. 저항은 민중이 몰려가 관리나 향리를 폭행하거나 탐학한 양반 집을 약탈하는 단계를 거쳐 마침내 농민 봉기로 나아갔다. 잔반이나 향반, 서얼과 중인, 중소 상인, 부농 등도 봉기에 가담하였다.

홍경래, 혁명을 꿈꾸다

농민 봉기가 처음 일어난 곳은 평안도였다. 평안도는 청과 무역하는 통로로 상공업이 크게 발달하였다. 무역을 하던 상인은 물론 이 지역에서 광산을 개발하여 큰돈을 번 사람이 늘어났다. 재력을 바탕으로 향회 임원이 된 사람도 적지 않았다. 그러나 세도 정권과 지방관들은 이들을 대우하기는커녕 수탈 대상으로 삼았다. 세도 정권 아래에서 권력으로부터 소외됐다는 인식이 불만을 더욱 크게 만들었다.

1811년 몰락 양반이었던 홍경래와 서얼 출신 우군칙 등은 치밀한 준

향회
지방 양반들의 모임.

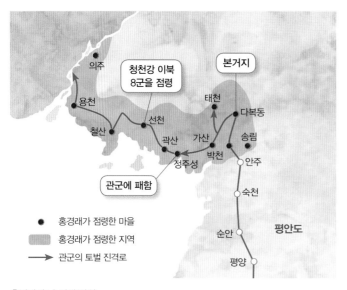

홍경래의 난 전개 범위

비 끝에 봉기를 일으켰다. 명분은 평안도에 대한 지역 차별 철폐와 세도 정권의 타도였다. 여기에 중소 상인 및 향회 임원, 광산 노동자, 농민 등 다양한 사람들이 지지를 보냈다. 홍경래군은 열흘 만에 청천강 북쪽 지역 대부분을 차지하였다. 하지만 점차 관군에 밀려 5개월 만에 진압되었다. 홍경래의 난은 실패로 돌아갔고, 홍경래는 조선 정부와 사대부들에게 줄곧 역적으로 지탄받았다. 하지만 사회 변혁을 꿈꾸던 민중들은 홍경래가 죽지 않고 살아 있다는 불사설을 퍼뜨렸고, 언젠가 새로운 사회를 열어 줄 것으로 믿었다. 홍경래의 난은 다음에 일어난 농민 봉기에도 큰 영향을 끼쳤다.

농민들 봉기하다

세도 정권은 홍경래의 난 뒤에도 크게 달라지지 않았다. 수취 체제의 문제점은 고쳐지지 않았고 수탈은 더 심해졌다. 사회는 여전히 불안한 가운데 전국에서 크고 작은 농민 봉기가 이어졌다.

1862년에 들어오자 진주에서 경상 우병사 백낙신의 탐학에 분노한 농민들이 봉기를 일으켰다. 몰락 양반 유계춘을 중심으로 한 농민군은 관아를 습격하여 백낙신을 무릎 꿇리고 조세 대장을 불태웠다. 부정을 일삼은 향리를 죽이고 지탄의 대상이었던 양반 지주의 집을 불사르기도 했다. 이를 계기로 봉기는 삼남 지방 곳곳으로 번졌고 함경도와 제주도까지 전국적으로 확산되었다. 이해가 임술년이었기 때문에 이 봉기를 임술 농민 봉기라 한다. 임술 농민 봉기가 일어난 주요 원인은 삼정의 문란과 관리의 탐학이었다.

당황한 세도 정권은 무력으로 봉기를 진압하고 주동자를 처벌하였다. 한편 삼정 개혁을 약속하고 암행어사를 파견하여 부정을 저지른 관리를 처벌하였다. 그러나 봉기가 수그러들자 삼정 개혁을 위해 설치했던 삼정 이정청을 얼마 가지 않아 폐지하고 말았다. 세도 정권이 개혁에 대한 의지가 없었음을 공공연히 드러낸 것이다.

임술 농민 봉기는 개혁을 이끌어 내지 못했다. 농민들도 아직 봉건 체제를 부정하는 데까지 나아가지 못했다. 탐학한 향리와 부호를 처벌하기는 했지만 지방관에게는 손을 대지 않은 것이 이를 잘 보여 준다. 지방관은 왕을 대리하여 내려온 존재라 지방관을 욕보이는 것은 왕권에 대한 도전으로 간주되었기 때문이다.

하지만 세도 정권에 엄청난 충격을 주어 이듬해 흥선 대원군이 집권하는 데 큰 영향을 미쳤다. 농민들도 계속된 저항과 봉기 과정에서 의식 수준을 한층 끌어올렸다.

조선 후기의 농민 봉기

- 봉기 지역

박천, 함흥, 황주, 개성, 한성, 광주, 정안, 공주, 은진, 개령, 상주, 안동, 익산, 전주, 거창, 부안, 함양, 단성, 밀양, 울산, 함평, 진주, 창원, 순천, 남해, 장흥, 제주

동해

황해

개령 농민 봉기

진주 농민 봉기

제주 농민 봉기

10

조선 후기,
경제가 발달하다

모내기가 널리 퍼지다

왜란과 호란 뒤 조선 정부는 황무지 개간과 연안 간척을 장려하였다. 이에 힘입어 강화도를 비롯한 서남해 섬과 연안 갯벌이 논으로 바뀌었다. 하지만 많은 인력과 돈, 시간이 들어가는 간척 사업을 일반 농민들이 하기에는 힘들었다. 땅을 더 늘리기도 힘든 농민들은 지금 농사짓고 있는 논에서 어떻게 해서라도 생산량을 늘리는 방법을 찾는 쪽이 현실적이었다. 그것이 모내기였다.

모내기는 새롭게 개발된 방법이 아니었다. 남부 지방 농민들은 일찍부터 모내기를 하고 있었다. 모내기는 논에 볍씨를 직접 뿌리는 직파법과 달리 모를 따로 길러 옮겨 심는 방식이었다. 직파를 하면 볍씨 뿌리는 시기와 보리를 수확하는 시기가 겹쳐 이모작을 할 수 없다. 하지만 모내기는 보리를 거둔 논에 모를 옮겨 심어 이모작을 할 수 있다. 또한 좋은 모만 골라 가지런히 옮겨 심을 수 있어 수확량도 두 배 가까이 늘어난다. 잡초를 제거하는 김매기 횟수를 1/2 이상 줄일 수도 있었다.

모내기의 약점은 모를 옮겨 심을 때 많은 물이 필요하다는 것이다. 우리나라는 봄에 높새바람이 불어 가뭄이 들기 쉽다. 직파는 가뭄이 들어도 이미 논에 볍씨를 뿌려 놓아 비가 오기를 기다리면 되지만 모내기는 모를 옮겨 심을 수 없어 한 해 농사를 망친다. 이 때문에 조선 정부도 모내기를 금지하였다.

모내기는 치명적인 약점과 금지령에도 불구하고 점점 확대되었다. 농민들은 물론 지주들도 더 많은 이익을 올릴 수 있기 때문이었다. 특히 처음에는 지주들이 이모작으로 수확하는 보리에서 지대를 받지 않았다. 소작농들로서는 지주들이 반대해도 모내기에 관심을 가질 수밖에 없었다.

모내기가 확산되면서 자연히 수리 시설에 대한 관심이 높아졌다. 정부도 담당 관청을 다시 설치하고 저수지와 보 등을 정비하거나 새로 만들었다. 농민들도 개천에 보를 쌓아 물 문제를 해결하였다. 18세기 말에는 전국적으로 저수지가 6천 개가 넘었다. 물 문제가 상당 부분 해결되면서 전국 어디에서나 모를 심는 농민들을 볼 수 있게 되었다. 두레나 품앗이와 같은 공동 작업 방식도 확대되었다. 모내기는 많은 일손이 필요하고 짧은 시간 안에 끝내야 했기 때문이다.

견종법이 보급되고 농사 기술이 발전하다

밭에서는 이랑이 아닌 고랑에 씨를 뿌리는 새로운 방법^{견종법}이 퍼져 나갔다. 고랑에 뿌리면 바람이 불 때나 가물 때 유리하여 수확량이 늘어났다. 특히 가을에 씨를 뿌린 보리를 재배하는 데 효과가 컸다. 김매기도 훨씬 쉬워져 노동력도 줄어들었다.

이와 함께 볏짚에 똥오줌을 섞어 만든 퇴비를 비롯한 여러 가지 거름을 사용하여 땅심을 돋웠다. 쟁기와 호미 등 농기구도 개량하였고, 소가 농사에 널리 이용되었다. 이와 함께 기후와 풍토에 맞는 벼 품종을 도입하거나 개발하였다. 이앙법이 일반화되면서 예슈리^{倭水里}와 대초벼^{大裏稻} 같은 모내기에 적합한 품종이 개발되어 보급되었다. 가뭄에 잘 견디고 수

보리를 고랑에 심으면 거름을 효과적으로 이용할 수 있다. 이랑이 바람을 막아 풍해나 동해 피해를 막고 가뭄 피해도 줄여 준다. 이 때문에 습기에 약한 작물은 여전히 이랑에 심었지만 보리는 17세기 이후 견종법이 일반화되었다.

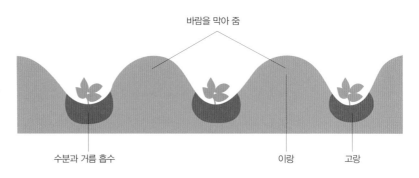

바람을 막아 줌

수분과 거름 흡수   이랑   고랑

두락
씨앗 한 말을 뿌릴 정도의 논밭 넓이를 이르는 말.

확 시기가 이른 올벼 밧오려와 새롭게 전래된 서양벼 등도 소개되었다. 서쪽 지방에서 온 서양벼는 씨앗 1두락을 뿌리면 120~130두를 수확할 수 있어 많은 농가들이 앞다투어 파종을 했다. 밭농사에서도 습기에 강한 품종이 개발·보급되었다. 감자, 고구마, 옥수수 등 새 작물도 들어와 보급되었다.

농법 변화에 맞춰 양반 사대부들도 다양한 농서를 편찬하였다. 신속은 『농사직설』등 조선 전기에 나온 농서를 모아 『농가집성』을 펴냈다. 이 책은 『농사직설』에서 크게 조명하지 않았던 모내기에 대한 내용을 늘렸고 목화 재배법도 보충하였다.

『산림경제』, 『임원경제지』등 양반 사대부들이 농촌에서 사는 데 필요한 지식을 정리한 백과사전도 많이 나왔다. 여기에서는 농사 방법은 물론 원예, 음식 조리법 등 다양한 내용을 정리하고 있다.

농업 경영 방식이 바뀌다

모내기와 견종법으로 일손이 덜어지고 수확량은 늘어나자 농촌 사회가 달라졌다. 지금까지 지주들은 소유지 가운데 일부만 직접 경영을 하고 대부분은 소작을 주었다. 하지만 많은 지주들이 더 이상 땅을 남에게 빌려주지 않았다. 대신 노비나 머슴, 임노동자 등을 부려 직접 경영을 하였다. 이를 광작이라 한다. 광작으로 지주들은 품삯을 뺀 나머지 이익을

『농가집성』
『농가집성』은 1655년(효종 6) 공주 목사 신속이 『농사직설』, 『금양잡록』, 『사시찬요초』, 『구황촬요』를 묶은 농서이다. 단순히 모으기만 한 것이 아니라 시대에 따라 바뀐 내용과 새로운 농법을 보충하였다. 논농사와 함께 조선 후기 농업의 변화를 반영하여 특용 작물에 대한 설명을 덧붙였다.

모두 챙겼다. 일부 농민과 소작농도 경작지를 늘려 부농으로 성장하였다.

하지만 땅이 없는 소작농들의 형편은 더욱 악화되었다. 전에 비해 소작농이 절반만 있어도 충분하였기 때문에 소작을 얻기가 그만큼 어려워진 것이다. 소작을 얻기 힘든 만큼 소작농의 처지는 더욱 나빠졌다. 그만큼 지주에게 시달림을 받을 가능성이 커졌기 때문이다. 조그만 땅을 가진 농민들도 세금과 생활고에 시달리다 땅을 팔 수밖에 없는 처지에 내몰렸다. 이들은 농촌에서 품을 팔거나 도시나 포구, 광산으로 가서 임노동자로 살아갈 수밖에 없었다.

농업 생산성이 높아지자 땅이 가진 가치도 올라갔다. 당연히 땅에 대

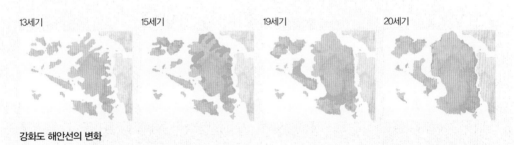

• 강화도 간척 사업

| 13세기 | 15세기 | 19세기 | 20세기 |

강화도 해안선의 변화

강화도는 원래 해안선이 들쑥날쑥하고 여러 개의 섬으로 되어 있었다. 여기에 갯벌이 넓게 만들어져 있었다. 강화도와 육지 사이는 해협이 좁고 물살이 빨랐다. 이 때문에 고려 시대에 몽골군은 눈앞에 강화도를 보고도 넘어가지 못하였다.

강화도 갯벌 간척 사업은 고려 후기부터 시작하여 조선 시대를 거쳐 오늘날까지 이어지고 있다. 고려 시대에는 들쑥날쑥한 만을 메웠고, 조선 후기에는 지금 선두평이라 불리는 곳이 간척되었다. 이곳이 간척되면서 강화도는 한 개의 섬이 되었다.

간척이 강화도에서만 이뤄진 것은 아니었다. 윤선도 집안은 할아버지 윤의중(1524~1590) 때부터 정부에 허가를 받아 진도와 완도에 각각 100만 평이 넘는 엄청난 갯벌을 간척하여 논으로 만들었다. 윤선도가 보길도에 아름다운 정원을 만들 수 있었던 것도 간척으로 엄청난 부를 일구었기 때문이다.

한 관심이 높아지고 땅값도 올랐다. 더 많은 토지를 소유하려는 사람도 갈수록 많아졌다. 너도나도 소유지를 늘렸지만 농민보다는 지배층들이 더 많은 땅을 소유하게 되었다. 개간을 하거나 땅을 살 여유가 있기 때문이었다. 흉년은 이들이 소유지를 늘릴 기회로 작용하기도 하였다. 특히 권세가와 왕실은 권력을 이용하여 갯벌을 불하받아 대규모 농장을 만들었다.

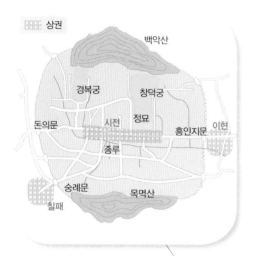

장시가 늘어나고 상업 도시가 발전하다

농업 생산력이 높아지고 도시 인구가 늘어나면서 상업에 새로운 변화가 나타났다. 대동법과 통공 정책은 여기에 기름을 부은 격이었다. 정부의 통제가 약화되고 주도권이 민간으로 넘어가면서 장시 숫자가 크게 늘어났다. 장시는 읍 소재지에서 산골까지 확대되었고 19세기가 되면 전국적으로 1,000여 곳에 이르렀다. 뿐만 아니라 지역

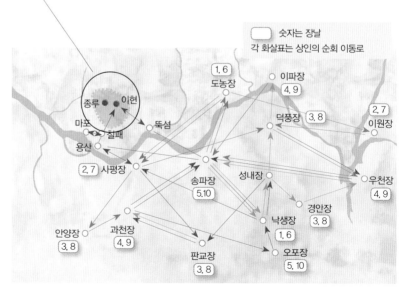

한양의 상권(위)과 조선 후기 장시 구역도(아래)

큰 상권이 들어선 한양은 상업 도시로 번성했다. 장시 구역도는 조선 후기 장시망을 보여 주기 위해 도식적으로 그린 것이다. 송파를 중심으로 보면 송파 – 도농 – 사평 – 안양 – 과천으로 연결된 장시망과 송파 – 낙생 – 성내 – 덕풍 – 이파를 잇는 장시망이 있다. 또 송파 – 도농 – 이원 – 덕풍 – 우천을 다니는 장시망과 낙생 – 사평 – 안양 – 과천 – 송파를 묶은 장시망도 연결된다. 이렇게 이웃 장시망을 이어 가면 전국적인 연계망이 이뤄진다.

별로 큰 장시를 중심으로 연계망이 만들어졌다. 연계망 안에 있는 장시는 돌아가면서 열렸다. 상인이나 지역 주민들은 필요하면 언제든지 장을 이용할 수 있게 되었다.

연계망은 이웃 지역만 아니라 더 먼 곳으로, 나아가 전국적으로 연결되었다. 특정 지역에서 나는 특산품이 전국으로 팔려 나가는 유통망이 만들어진 것이다.

상품 교역 규모가 커지면서 육상과 해상 교통의 요지에 있던 큰 장시들은 상설 시장으로 발돋움했다. 특히 포구는 조세와 상품을 운반할 때 뱃길을 주로 이용하였기 때문에 상업 중심지가 될 수 있었다. 이런 큰 장시가 있던 안성, 은진, 전주, 창원, 평창, 원산, 박천 등은 상업 도시로 발전하였다.

상업 도시로 가장 번성한 곳은 수도 한양이었다. 한양은 전국 유통의 중심지이자 국제 무역의 중심지로 성장하였다. 인구가 빠르게 늘고 도시 공간도 확대되어 한성부가 관할하는 지역이 한강변까지 확대되었다.

확장된 한양 모습과 한강 수로 교통의 발전

수로 교통이 발달되며 한양은 상업 중심지로 빠르게 자리매김했다.

17세기 말 한양 인구는 20만이 넘었다. 종로와 남대문 밖 칠패, 동대문 부근 이현을 비롯하여 용산, 서강, 마포 등 한강을 따라 큰 시장이 들어 섰다. 여기서 대상인과 중간 도매상, 영세 상인 들이 돈을 벌기 위해 서 로 치열하게 경쟁하였다.

많은 사람들이 상업에 종사하였지만 먹고살기 위해 한양에 온 사람도 많았다. 한양이 상대적으로 구휼이 잘되고 일자리가 많았기 때문이었다. 이들은 양반집 하인이나 병졸이 되거나 시장에서 날품을 팔아 생계를 유 지하였다. 한양이 상업 도시가 되면서 개성, 수원, 송파 등 주변 지역들 도 도시로 성장하였다.

사상, 관허 상인에 맞서다

조선 후기 상인들은 크게 관허 상인과 사상이 있었다. 관허 상인은 정 부에서 허가를 받은 상인이다. 시전, 공인, 보부상이 이에 해당한다. 육 의전을 비롯한 시전 상인과 대동법 실시로 등장한 공인은 정부가 필요한 물품을 조달하면서 큰돈을 벌었다. 지방 장시에는 보부상이 농촌에서 필 요한 물품을 공급하였다. 등짐장수라 불린 부상은 목기나 토기 등 일용 품을 지게에 지고 다녔다. 봇짐장사라고도 한 보상은 비교적 값비싼 문 방구나 금·은 세공품을 보자기에 싸서 들고 다녔다. 이들은 전국적으로 조직을 만들어 엄격한 규율을 지키면서 장사를 하였다.

사상도 점점 성장하였다. 통공 정책으로 더욱 힘을 얻은 이들은 국가 의 보호를 받고 있던 관허 상인에 맞서 치열하게 경쟁했다. 한양의 경강 상인, 평양의 유상, 개성의 송상, 의주의 만상, 동래의 내상이 대표적인 사상이었다. 이들은 전국 지방 장시를 연결하는 유통망을 건설하고 지점 을 설치하여 부를 쌓았다. 특히 한강을 무대로 운송업을 하던 경강 상인 은 서울에 쌀과 어물 등을 공급하면서 대상인으로 성장하였다. 개성의 송상은 인삼을 재배·판매하여 큰돈을 벌었다. 의주의 만상과 동래의 내

사상
정부의 허가 없이 장사하는 상 인.

상은 청, 일본과 무역을 하면서 자리를 잡았다. 큰 장시에는 객주와 여각
이 숙박과 금융업을 하면서 물건을 보관하고 매매를 중계하였다.

상인들이 돈을 벌 때 흔히 이용한 방법은 도고라 불린 매점매석이었
다. 물론 아무나 도고를 할 수 없었다. 주로 자본금이 튼튼한 시전 상인,
공인, 경강 상인, 송상 같은 대상인들이 이 방법을 이용하였다. 이들은

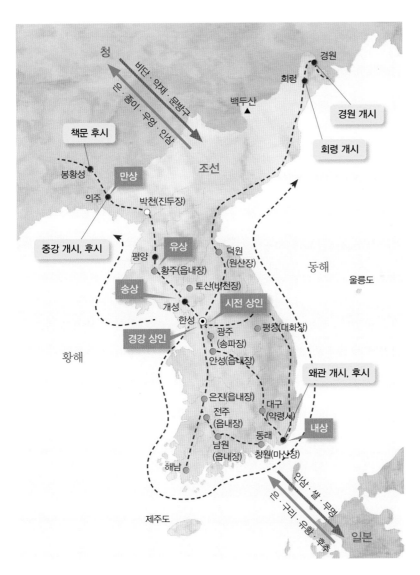

조선 후기 상업과 무역 활동

쌀을 비롯하여 인삼, 무명, 모시, 과일 등 돈벌이가 될 만한 것은 가리지 않고 사들여 큰돈을 벌었다. 하지만 도고는 물가를 올려 중소 상인과 소비자에게 큰 피해를 입혔다. 쌀값이 폭등하자 참다 못한 도시 빈민들은 폭동을 일으키기도 하였다.

대외 무역이 활기를 띠다

조선 후기에는 국내 상업과 함께 국제 무역도 활발하게 운영되었다. 조선과 청은 국경 지역에 개시를 설치하여 공식적으로 무역을 허가하였다. 하지만 개시 무역에서 교역하는 물품과 물량을 통제하였기 때문에 상인들이 몰래 물건을 사고팔았다. 이를 후시 무역이라 하였다. 주로 인삼, 무명, 은 등을 수출하고 비단, 약재, 문방구, 사치품 등을 수입하였다.

일본과 무역은 대부분 왜관에서 이루어졌다. 청과 마찬가지로 개시와 후시 무역이 있었다. 인삼, 쌀, 무명 등을 수출하고 은, 구리, 황, 후추 등을 수입하였다. 인삼은 청과 일본 모두 좋아한 수출품이었고, 구리와 황은 무기를 만들 때 필요하였다.

조선 상인들은 지리적 이점을 활용하여 청과 일본을 연결하는 중계 무역도 하였다. 청은 은을 화폐로 사용하였다. 이 때문에 일본에서 은을 수입하여 중국에 팔고, 대신 청에서 수입한 비단, 명주실 등을 일본에 수출하였다.

후시 무역은 처음에는 금지되었지만 18세기 중반 공식적으로 인정받았다. 이에 따라 규모가 갈수록 커져 대외 무역을 하던 만상과 내상은 송상에 버금가는 대상인으로 성장하였다. 전국을 무대로 상업 활동을 하던 경강 상인, 송상도 중국 및 일본과 무역을 중계하면서 큰돈을 벌었다.

수공업이 발전하다

조선 후기에는 수공업도 크게 발전하였다. 도시 인구가 늘어나고 대동법 실시로 수요가 크게 늘어났기 때문이다. 자연히 수공업자로서는 관청에 소속되는 것보다 세금을 내고 직접 물건을 만들어 판매하는 편이 유리하였다. 민영 수공업 제품은 품질과 가격에서 우위를 차지하였다. 정부도 18세기 말 관청에 장인을 등록하여 물품을 부역으로 생산하게 하는 제도를 폐지하고, 필요하면 품삯을 주고 장인을 고용하였다.

하지만 민간 수공업자는 대부분 스스로 작업장을 가지고 제품을 만들 만큼 자본이 없었다. 처음에는 상인 자본의 지배를 받는 경우가 많아 공인이나 대상인이 생산 자금을 대고 제품을 가져가는 선대제 방식이 유행하였다. 때로 이들은 직접 장인을 고용하여 물품을 만들기도 하였다. 18세기 후반이 되면 직접 물건을 만들어 파는 장인들, 독립 수공업자가 늘어났다.

장인이 물건을 생산하려면 원료 공급은 물론 생산 및 판매 조건이 구비된 지역이 필요하였다. 전문 수공업자들은 이런 지역에 집단으로 모여 작업장을 만들었다. 이를 점촌이라 하였다. 점촌은 상품 화폐 경제가 발전하면서 여기저기에 만들어졌다. 경기도 안성과 평안도 정주는 놋그릇 생산지로 유명해지면서 제품이 전국으로 유통되었다. 일부에서는 기술자 여러 명이 생산 공정을 분업화하여 대량 생산을 하는 공장제 수공업 형태가 나타났다.

농촌 수공업도 부업에서 벗어나 시장에 내다 파는 단계로 나아갔다. 무명과 모시 등을 비롯하여 대나무와 왕골 제품을 많이 생산하였다.

광업에 대한 관심이 높아지다

수공업이 발전하면서 광산물에 대한 수요가 늘어나자 광업에 대한 관심이 높아졌다. 17세기 중반 개인에게 광산 채굴을 허용하자 광산 개발은 더욱 활기를 띠게 되었다. 여기에 청과 조선 사이에 무역량이 크게 늘면서 은광이 많이 개발되었다. 17세기 말 일본에서 수입하는 은이 줄어들자 은광은 더욱 큰 관심을 끌게 되었다. 18세기 중반부터는 금광 개발도 활발하게 이루어졌다.

광산 개발에는 돈이 많이 들고 대규모 인력이 필요하였다. 이 때문에 대규모 자본 조달이 가능한 상인이 덕대에게 경영을 맡기는 형태로 운영되었다. 전문 경영자라 할 수 있는 덕대는 채굴업자, 채굴 노동자, 제련

은점
조선 시대에 은광을 캐서 제련하던 곳.

설점수세
개인이 금·은·동·납 등을 캘 수 있도록 허가하고 세금을 받던 방법.

별장제
설점수세 업무를 대행하는 별장들이 생산량의 일부를 받는 방식.

조선 후기 수공업과 광업

노동자 등을 고용하여 광산을 경영하였다. 자본주의 생산 관계에서 보이는 자본과 경영의 분리, 분업과 협업 방식 등이 나타난 것이다.

많은 광산이 개발되면서 가난한 농민들이 몰려들어 사회 문제가 되기도 하였다. 농업에 지장을 줄 정도가 되자 정부는 광산 개발을 금지하기도 했지만 큰 이익을 얻을 수 있는 광산 개발을 막을 수는 없었다. 오히려 몰래 광산을 개발하는 잠채는 더욱 성행하였다.

화폐, 1차 유통 수단이 되다

상공업이 발전하고 시장이 늘어나자 화폐 사용이 늘어났다. 대동법이 실시되면서 세금과 지대를 돈으로 낼 수 있게 되고 도시 인구가 늘어난 것도 큰 영향을 미쳤다. 화폐는 17세기까지 보조 수단에 머물렀지만 18세기에는 1차 유통 수단이 되었다. 이제 상평통보가 전국적으로 유통이 되고 누구나 화폐로 물건을 사고팔 수 있게 된 것이다. 대상인들은 무거운 동전 대신 환, 어음 등 신용 화폐를 사용하여 대규모로 상거래를 하였다. 상업 자본이 상당한 규모로 축적되었기에 가능한 일이었다.

지금까지 부자는 오직 땅에 관심을 갖고 투자를 하였다. 이제는 돈이 많아도 부자가 될 수 있었다. 돈에 대한 생각이 바뀌자 동전을 재산 축적에 이용하기 시작하였다. 그래서 부자들이 돈을 쓰지 않고 쌓아 두자 유통 화폐가 모자라는 돈 가뭄 현상^{전황}이 나타났다. 전황은 상업 활동에 큰 걸림돌이 되었고 사회를 불안하게 만들었다. 부자들은 이 돈으로 고리대업을 하여 손쉽게 더 많은 이득을 올릴 수 있었다. 하지만 농민들은 더욱 어려운 처지에 내몰렸다. 도둑도 늘어났다.

일부 학자들은 동전 사용을 금지하자고 주장하였지만 이미 유통 경제가 커진 상황에서 현실성이 떨어졌다. 결국 전황은 정부가 더 많은 돈을 찍어 내면서 풀렸다.

돈궤
돈궤는 돈 꾸러미를 담는 궤짝이다. 상평통보가 전국적으로 쓰이기 시작하면서 동전을 보관하기 위해 돈궤를 사용했다.

상품 작물을 재배하고 도조가 나타나다

상품 화폐 경제가 발달하고 도시 인구가 늘면서 시장에 팔기 위해 작물을 재배하는 농민들이 많아졌다. 도시 근교에서는 파, 마늘, 배추, 오이 등을 심어 높은 소득을 올렸다. 담배와 인삼, 목화 등도 널리 재배하였다.

그런데 목화와 담배 농사는 재배와 가공에 많은 노동력이 필요하였다. 집안이 넉넉해 일꾼을 부릴 수 있으면 걱정할 필요가 없다. 하지만 대부분 농가에서는 이런 여유가 없었다. 이런 어려움을 해결한 것이 모내기였다. 직파법으로 재배하면 논에서 잡초를 뽑는 데 바빠 목화밭 잡초를 제거할 시간을 낼 수 없다. 돈이 되는 목화 농사를 하고 싶어도 할 수가 없었다. 반면 모내기를 하면 노동력이 절약되어 그만큼 목화밭에 시간과 노력을 투입할 수 있었다. 꼭 벼, 보리 이모작이 아니더라도 모내기를 할 충분한 이유가 있었던 셈이다. 이 때문에 농민들은 직파를 버리고 한 해 농사를 망칠지도 모를 모내기에 기를 쓰고 매달렸다.

상품 작물 가운데 시장에서 가장 많이 거래된 것은 쌀이었다. 쌀 수요가 늘면서 농민들은 모내기에 더 관심을 갖게 되었다. 18세기에는 밭을 논으로 바꾸는 열풍이 불었다. 전체 논 가운데 30%가 원래 밭이었다고 할 정도였다.

소작농들도 좀 더 유리한 경작 조건을 얻기 위한 투쟁에 나섰다. 그 결과 소작권을 강화하고 지대를 줄이는 성과를 거두었다. 새로운 지대 납부 방식도 생겼다. 지금까지 지대는 대부분 지주와 소작인이 수확량을 1/2씩 나누었다. 이 방식을 타조법이라 한다. 그런데 일부에서 일정 비율이 아닌 일정한 액수를 내는 방식이 나타났다. 이를 도조법이라 한다. 도조로 정해진 액수는 평균 수확량의 1/3 정도였다.

타조법은 지주가 더 많은 지대를 받거나 안정적인 수입을 얻기 위해 소작농을 간섭한다. 반면 도조법은 소작농이 마음껏 농사를 지어 정해진 액수만 납부하면 되었다. 소작농은 작물 품종이나 재배법에 대한 간섭 없이 농사일을 자유롭게 결정할 수 있었다. 지주들도 소작농과의 다툼 없이 흉년에도 일정 수입이 보장된다는 장점이 있었다.

도조법은 일반적인 현상은 아니었다. 버려둔 땅을 대개 소작농이 개간하거나 힘을 보탠 경우에 적용되었다. 이 경우 지주는 소작권도 함부로 빼앗을 수 없었다. 소작농이 기여한 만큼 자기 권리를 차지한 것이다. 이렇게 지주와 소작 관계는 신분적 종속 관계에서 경제적 계약 관계로 바뀌어 갔다.

11

조선 후기의
사회 변동

흔들리는 신분 질서

조선 후기 정치와 경제가 바뀌면서 신분 질서가 흔들렸다. 17세기 후반까지 양반은 전체 인구에서 10% 정도를 차지하였다. 그런데 18세기 전반이 되면 20%에 육박하였다. 이런 경향은 시간이 흐를수록 빨라져 18세기 후반이 되면서 40%를 넘어섰다.

반대로 10~30% 정도를 차지하던 노비는 크게 줄어 10% 아래로 떨어졌다. 상민들은 18세기까지는 대체로 50% 이상을 유지했다. 하지만 19세기 중반에 이르면 40% 아래로 떨어졌다.

양반이 늘어난 이유는 중인과 상민이 양반으로 올

〈자리짜기〉(김홍도)

남편은 자리를 짜고, 부인은 물레질을 하고 있다. 한 푼이라도 더 벌려고 애쓰는 부부의 모습이 애처롭다. 남자가 쓴 사방관은 사대부나 유생 들이 평상시 집에서 쓰던 모자이다. 비록 몰락하여 일을 하고 있지만 양반으로서 자존심을 지키려는 행동으로 볼 수 있다. 뒤편에 있는 아들은 하의를 입지도 못한 채 열심히 공부를 하고 있다. 집안을 다시 일으킬 기대를 하면서 아들에게 일을 시키지 않고 과거 준비를 하게 한 것이다.

라선 데에서 찾을 수 있다. 그럼에도 불구하고 상민 비율이 그다지 줄지 않은 이유는 노비가 그 자리를 메웠기 때문이었다. 신분을 올리는 데는 합법과 비합법적인 방법이 있었다. 합법적인 방법은 군공을 세우거나 정부가 발행한 공명첩을 사는 형태였다. 왜란과 호란 뒤 정부는 재정 부족을 메우기 위해 일정한 돈을 내면 명예 관직 임명장을 주었다. 비합법적 방법은 우선 돈을 주고 양반 족보에 들어가거나 위조하여 양반으로 행세하는 것이다. 수령에게 뇌물을 바치고 향안이나 교안에 이름을 올려 양반 신분을 얻기도 하였다. 물론 신분 상승은 하루아침에 이뤄지지 않았다. 때로는 몇 대에 걸친 노력 끝에 꿈을 이룰 수 있었다.

조선 후기에는 단순히 신분 구성 비율만 바뀐 것이 아니었다. 같은 신분 안에서도 계층 분화가 나타났다. 먼저 양반의 수가 늘어난 만큼 모든 양반이 똑같이 대우를 받지 못하였다. 양반 가운데 정부의 핵심 요직을 차지하고 정치·경제적 특권을 누린 것은 일부 유력 가문 출신이었다. 반면 대다수 양반들은 권력에서 밀려나 향촌에서 위세를 유지할 뿐이었다.

• 양반으로 이름을 올리다

공명첩(왼쪽)과 향안(오른쪽)

공명첩은 정부에서 내린 관직 임명장이다. 이때 관직은 실제로 근무하지 않는 명예직이다. 이름을 적는 곳을 비워 놓았기 때문에 공명첩이라 불렀다. 조선 정부는 국가 재정의 어려움 해소나 구휼 사업을 위해 기부금을 바치게 하였다. 이를 납속이라 한다. 납속을 하면 바친 곡물 액수에 따라 정해진 관직이 적힌 공명첩에 이름을 써서 주었다. 물론 상민과 중인에 비해 양반은 우대를 하여 같은 액수를 바쳐도 양반에게 더 큰 혜택을 주었다.

향안은 양반의 명부를 적은 문서로, 향안에 등록된 구성원을 향원이라 하였다. 향원이 되어야 비로소 양반으로 대우받을 수 있었다. 사진은 1617년(광해군 9)을 시작으로 1712년(숙종 38)까지 약 100년 동안 여섯 차례에 걸쳐 만든 진주 지역 양반의 명부를 적은 향안이다.

아예 상민과 다를 바 없는 처지가 된 양반도 있었다. 잔반이라 불린 이들은 농사를 짓거나 상업과 수공업으로 생계를 유지하였다. 자기 땅이 없어 소작을 하는 처지에 놓인 사람도 있었다.

상민들도 마찬가지였다. 많은 농민들은 땅을 잃고 소작을 하거나 임노동자가 되었다. 이들은 도시에 가서 좌판을 놓고 장사를 하기도 하고, 수공업장이나 광산에서 품을 팔아 입에 풀칠을 하며 살았다. 반면 일부 농민은 광작과 상품 작물 재배로 부농이 되었다. 상업과 수공업으로 큰돈을 번 사람도 있었다. 이들 가운데 적지 않은 사람들이 여러 방법으로 양반이 되었다. 새롭게 양반이 된 이들을 신향이라 불렀다.

향전이 벌어지다

신분 질서가 흔들리면서 양반의 권위는 크게 떨어졌다. 이에 양반들은 문중 서원을 세워 가문을 돋보이게 하고 동족끼리 모여 살면서 결속을 강화하였다. 족보를 만들고 향약을 마을 단위로 만든 것도 지위를 유지하려는 조처였다.

하지만 이런 노력들은 뜻한 대로 성과를 거두지 못하였다. 신향들이 경제력을 바탕으로 향촌 사회에서 영향력을 넓혀 나가고 있었기 때문이다. 이들은 수령과 손을 잡고 향회에 참여하고 점차 간부직까지 차지하였다. 신향과 전통적 양반이라 할 구향은 향촌 주도권을 놓고 치열하게 다투었다. 이를 향전이라 한다.

향전에서 수령들은 대체로 신향에 힘을 실어 주었다. 향촌 지배권을 강화하기 위해서는 구향을 누를 필요가 있었기 때문이다. 이에 힘입어 신향들은 향촌에서 영향력을 넓혀 나갔고, 일부 지방에서는 향회를 장악하기도 하였다. 하지만 신향들도 구향을 완전히 누를 정도로 힘을 가지지 못하였다. 향전이 치열해질수록 향회는 수령을 견제하기 어려워졌다. 신향과 구향 모두 수령의 눈치를 봐야 하기 때문이었다. 결국 향회는 기껏 자문을 하는 기구가 되어 버리고 말았다.

중인, 양반과 같은 대우를 요구하다

이런 변화 속에서 가장 활발하게 신분 상승 운동을 벌인 계층은 중인이었다. 중인들은 전문적 지식은 물론 재력도 있었기 때문이다. 특히 역관들은 청과 외교 업무를 하면서 선진 문물을 누구보다 먼저 알 수 있었다. 일부는 상업과 무역에 종사하여 큰 부자가 되었다.

이를 바탕으로 중인들은 공명첩을 사서 양반 신분을 얻고 관직에 진출하였다. 서얼들은 여러 차례 집단 상소를 올려 3사와 같은 핵심 부서에 임명될 수 있게 해 달라고 요구^{서얼 허통}하였다. 정부도 서얼에 대한 차별을 점차 완화하였다. 정조 때에는 유득공, 이덕무, 박제가 등을 하급 관직이기는 하지만 규장각 검서관에 기용하였다. 검서관은 규장각 관리를 도와 서적을 편찬할 때 교정과 필사를 담당했고, 간행된 서적을 분류·정리하는 작업을 하였다. 순조 때는 호조와 형조의 참의, 수사와 같은 정3품까지 허용되었다. 하지만 세도 정치 아래에서 서얼들의 관계 진출은 쉽지 않았고, 사회적 관습을 단번에 바꾸지는 못하였다. 19세기 중반 무렵에는 서얼의 요구가 상당 부분 받아들여졌고, 마침내 1894년^{고종 31} 갑오개혁에서 서얼 차별은 제도적으로 없어졌다. 이에 자극을 받아 기술직 중인들도 관직 진출 제한을 없애 달라는 집단 상소 운동을 벌였지만 뜻을 이루지 못하였다.

상민과 노비, 신분 상승을 꿈꾸다

상민들도 신분을 상승시키기 위해 많은 노력을 하였다. 양반이 되면 군포를 내지 않아도 되고, 수령과 향리 들이 함부로 수탈을 하지 못하기 때문이었다. 이들이 신분 상승을 위해 주로 이용한 것은 비합법적 방법이었다.

노비들은 군공과 납속으로 양인이 되기도 했다. 하지만 흔히 사용한 방법은 도망이었다. 전에는 도망을 쳐도 갈 곳이 별로 없었다. 하지만 경제가 발전함에 따라 돈을 벌 수 있는 기회가 늘었고 도시와 광산 등 숨어 있을 곳이 많아졌다. 신분을 속이는 것이 그만큼 쉬워진 것이다. 도망친 노비를 찾는다 해도 저항이 심해 포기하는 경우도 늘어났다.

정부도 노비를 풀어 주어 군역과 국가 재정을 보충하는 쪽으로 정책을 바꾸었다. 1731년 영조 때는 아버지가 천인이라도 어머니가 양인이면 자식은 양인이 될 수 있게 법을 바꾸었다. 18세기 후반 정부가 공노비에게 신공 부담을 줄여 주었지만 도망치는 노비는 줄지 않았다. 마침내 19세기 초 순조 때 중앙 관청에 소속된 노비 6만여 명을 해방시켰다. 노비 제도가 점차 해체되어 간 것이다.

이에 따라 신분과 함께 경제력을 중요시하는 사람이 점점 늘어났다. 주인은 어쨌든 노비를 먹이고 입힐 책임이 있었다. 그보다는 차라리 품삯만 주면 되는 임노동자를 부리는 쪽이 좋다는 생각도 확산되었다.

신분 상승을 위한 노력은 신분제를 없애려는 운동이 아니었다. 하지만 신분 질서를 무너뜨려 새로운 사회를 만드는 데 도움을 주었다.

신분 상승의 기회를 잡은 사람들

• 통계로 보는 신분 변화

조선 후기 신분 변화를 호수 기준으로 보여 주는 통계로는 대구와 울산 지역 자료가 남아 있다. 아래 표는 울산 지역 통계로, 18세기 전반 양반이 울산 전체 인구의 20%가 넘었음을 알 수 있다. 조선 전기에 전체 인구의 10%가 양반이었던 것과 비교해 2배 넘는 수치다. 18세기 중반에는 양반이 약 40%가 되었고 19세기 중반에는 무려 60%를 넘었다. 반면 18세기 전반 60% 정도이던 상민은 19세기 중반에는 약 35%로 줄었다. 노비는 18세기 중반 10%가 넘었지만 19세기 중반에는 거의 없어졌다. 물론 이런 변화를 다른 지역으로 확대해서 해석할 수는 없다. 하지만 정도의 차이가 있을 뿐 전국적으로 이런 추세로 변화하고 있었음은 틀림없다.

연대	양반	상민	노비	총호수
1729년(영조 5)	168호(26.3%)	382호(59.8%)	89호(13.9%)	639호(100%)
1765년(영조 41)	225호(41.0%)	313호(57.0%)	11호(2.0%)	549호(100%)
1804년(영조 4)	347호(53.5%)	296호(45.6%)	6호(0.9%)	649호(100%)
1867년(고종 4)	349호(65.4%)	181호(34%)	3호(0.6%)	533호(100%)

• 이만강에서 엄택주로, 다시 이만강으로

이만강은 전의현 소속 공노비였다. 어려서부터 총명하여 같은 마을 선비 신후삼에게 글을 배워 3년 만에 학업에 큰 진전이 있었다. 어느 날 이만강이 신후삼에게 말하였다. "어느 마을에 의지할 데 없이 홀로 살고 있는 처자가 있는데 결혼하고 싶습니다." 이 처자는 집안이 화를 입어 모두 죽고 혼자 살아남았는데 혼기를 놓쳐 결혼하지 못하고 있었다. 신후삼은 처자와 같은 고향이라 이 사실을 잘 알고 있었다. 신후삼은 크게 노하여 꾸짖었다. "천한 주제에 어찌 감히 그런 말을 하느냐? 이제부터 내 집에 발도 들이지 말라!"

이만강은 도망쳐서 떠돌다가 영월에 정착하여 이름을 엄택주로 바꾸고 엄흥도의 후예로 행세하였다. 엄씨는 단종의 시신을 거두어 충의로 이름 높은 집안이었지만 가문이 번창하지 않아 신분을 감추기에 알맞았기 때문이었다. 엄택주 된 이만강은 호장의 딸과 결혼하고 용문사에 들어가 공부를 하였다. 10년 뒤에 나와 고위 관리의 자제들과 사귀면서 과거에 응시할 기회를 엿보았다.

마침내 이만강은 1719년에 증광 생원시에, 1725년에는 증광 문과에 전체 15등이라는 좋은 성적으로 합격하였다. 급제 뒤 연일 현감을 지내고, 1740년(영조 16)에는 제주에서 판관을 지냈다. 벼슬을 그만둔 뒤에는 태백산 기슭 후미진 곳에서 살면서 마을 사람들을 가르쳤다.

1745년(영조 21)에 엄택주의 본래 신분이 들통났다. 과거에 급제한 뒤 신분을 숨기기 위해 부친의 묘에 성묘를 하지 않았다는 사실도 밝혀졌다. 결국 강상의 윤리를 무너뜨린 죄로 흑산도로 유배되었다. 물론 과거 급제 사실도 삭제되고 이름도 이만강으로 되돌려지면서 다시 노비가 되었다.

12

조선 후기, 새로운 학문 경향이 나타나다

실학이 등장하다

인조반정 뒤 서인들은 의리와 명분을 내세워 성리학적 질서를 공고히 했다. 명분론은 병자호란 뒤 더욱 강화되었다. 특히 송시열을 중심으로 한 노론은 주자의 학설을 절대 가치로 내세웠다. 이들은 양명학은 물론 성리학자라 해도 주자와 다른 주장을 하면 사문난적으로 몰아세웠다. 유학의 도리를 어지럽히는 행동을 한 나쁜 놈이라는 의미이다.

교조화된 성리학은 사회 모순을 해결할 수 있는 힘을 잃어버렸다. 이에 공자와 맹자가 활동한 춘추 전국 시대를 주목하면서 성리학의 한계를 극복하려는 움직임이 나타났다. 이들은 실증적 연구 방법으로 문제점을 찾아 사회 모순을 해결하는 방법을 찾으려 하였다. 이런 새로운 학문 경향이자 사회 개혁론을 실학이라 부른다. 이수광, 김육, 한백겸 등이 일으킨 실학은 농업과 상공업 중심의 개혁론, 국학 연구 등으로 확산되었다.

실학이 나타난 배경에는 명말 청초 중국에서 일어난, 사실을 토대로 진리를 찾는 실사구시 학풍과 고증학이 크게 작용하였다. 고증학은 유학사에서 유례를 찾기 어려울 만큼 객관적이고 실증적 연구로 많은 성과를 거두었다. 사학·음운학·문자학 등 다양한 분야로 발전한 고증학은 오늘날 고대 문헌 연구에 필요한 학문적인 토대를 마련했다는 평가를 받고 있다.

중국을 통해 들어온 서양 문물과 학문도 실학 등장에 적지 않은 영향을 주었다. 이때 들어온 서양 문물 가운데 눈길을 끈 것은 천리경^{망원경}, 자명종^{시계}, 곤여만국전도^{세계 지도}, 안경 등이었다. 청나라에서 간행된 각종 서양 서적도 대부분 조선에 들어왔다. 수입된 서양 서적은 『천주실의』 등 천주교 서적과 수학, 천문학, 농학, 측량, 지도와 같은 과학 기술 서적으로 분야가 다양하였다. 실학자들은 이 책들을 읽고 철학뿐 아니라 천문학과 지리학, 기하학 등을 발전시켰다. 서양 천문학은 중국이 세계 중심이 아니라는 인식을 키웠고, 서양 과학 기술은 화성을 만들 때 사용한 거중기처럼 실제로 토목 공사에 이용하기도 하였다.

• 안경, 조선 양반들의 필수품이 되다

〈밀희투전(密戱鬪牋)〉(김득신)
네 사람이 몰래 숨어서 투전 도박을 하고 있다. 안경까지 쓰고 도박에 열중하는 모습이 재미있다.

조선 후기에는 망원경, 자명종, 안경 등 갖가지 서양 물건이 들어왔다. 영조는 왕의 상징인 해를 관측하는 망원경을 보고 "왕의 뜻을 들여다보는 물건"이라 하여 깨뜨려 버렸다. 자명종은 왕실과 일부 양반들만 장식용으로 사용하였다.

그런데 유독 별다른 거부감 없이 널리 쓰인 것이 바로 '애체'라 불린 안경이다. 처음 안경을 중국에 가져온 사람은 포르투갈에 온 상인들이다. 이 안경이 중국을 거쳐 일본과 조선에 들어온 것이다.

물론 처음에는 안경을 좋지 않게 보는 사람이 많았다. 윗사람과 이야기를 하면서 안경을 쓰고 있으면 '불쌍놈'이라고 꾸중을 들어야 했다. 가격도 비싸 아무나 가질 수 없었다. 하지만 책 읽기를 좋아한 양반들에게 안경은 거부할 수 없는 유혹이었다. 흐릿한 글씨도 잘 보이기 때문이었다.

이익이 안경을 처음 만든 사람을 "하늘을 대신해 어진 일을 하였구나"라고 칭송한 사실이 이를 잘 보여 준다. 이어 바느질하는 아녀자, 소설 읽는 서민들까지 안경을 찾았다.

토지 제도를 개혁하여 농민 생활을 안정시키다

농업 중심의 개혁을 주장한 사람 중에는 남인 계열 학자들이 많았다. 대부분 서울과 경기 지역 출신으로 권력에서 밀려나 농촌에서 살았다. 누구보다 농촌 사회의 문제점을 잘 알고 있던 이들은 토지 제도 개혁을 가장 중요하게 여겼다. 그래야만 농민 생활이 안정되고, 이를 바탕으로 조세, 행정, 법률 제도를 개혁하여 나라를 바로 세울 수 있다고 본 것이다.

중농학파의 선구자 유형원1622~1673은 『반계수록』에서 나라를 다시 살릴 방안을 제시하였다. 그는 토지 사유제가 정치와 경제를 어렵게 만드는 근본 원인이라고 보았다. 따라서 모든 땅을 공유화하고 토지를 고루 나눠 주어 자영농을 길러야 한다고 주장하였다. 다만 신분에 따른 분배 면적의 차이는 인정하였다. 또한 과거를 폐지하고 능력에 따른 추천제로 바꾸고 교육 비용도 모두 국가가 부담해야 한다고 주장하였다.

이익1681~1763은 유형원의 토지 제도 개혁 사상을 발전시켜 한전론을 주

• 다산 정약용

정약용은 국가 전반에 걸친 개혁안을 제시한 『경세유표』, 『목민심서』, 『흠흠신서』 등을 비롯하여 『논어』와 『맹자』, 『대학』 등 유교 경전에 대한 해석서와 언어, 지리, 의학 등 다양한 분야에 걸쳐 500권이 넘는 저서를 남겼다.

그가 주장한 정전제는 주나라에서 실시된 토지 제도로 맹자를 비롯한 유학자들이 이상적이라고 여긴 제도이다. 토지를 '정(井)' 자 모양으로 아홉 등분하여 바깥 여덟 구역은 사전으로, 가운데 한 구역을 공전으로 한다. 사전은 여덟 집이 각자 경작하여 먹고살고, 공전은 여덟 집이 함께 농사를 지어 국가에 조세를 바친다. 많은 유학자들은 이렇게 하면 민생이 안정되고 국가 재정도 튼튼히 할 수 있다고 여겼다.

정약용의 진면목을 보여 주는 일화가 있다. 1797년 정약용이 곡산 부사로 부임하자 민란 주모자로 수배 중이던 이계삼이 자수를 하였다. 정약용은 소요를 일으킨 까닭을 듣고 풀어 주면서 이렇게 말하였다. "수령이 잘못을 저지르는 까닭은 아무도 항의하지 않기 때문이다. 만백성을 위해 앞장섰으니 너는 죄가 없다."

정약용 초상

장하였다. 한전론은 한 집이 살아가는 데 꼭 필요한 땅을 영업전이라 하여 사고팔지 못하게 하고, 그 밖의 땅은 매매를 허용하여 점진적으로 토지 소유를 균등하게 하려는 방안이었다. 이렇게 하면 자영농의 생활이 안정되어 나라를 튼튼하게 만들 수 있다는 것이다. 또한 양반들이 과거에만 매달려 당쟁이 일어난다고 보고 농사도 짓게 하자고 제안하였다. 이익은 과거제와 함께 노비제를 비판하고, 사치와 할 일 없이 노는 승려 등이 나라를 좀먹고 있다고 주장하였다. 이런 주장은 기득권을 가진 대부분 양반들에게 많은 비난을 받았다. 하지만 많은 제자들이 그의 사상을 계승하여 성호 학파를 이루었다.

정약용^{1762~1836}은 토지를 한 마을 단위로 공동 소유하고 함께 경작을 하여 일한 만큼 수확량을 나누는 여전제를 주장하였다. 이것을 실현하기 어려우면 현실에 맞게 조정하여 정전제를 실시하자고 제안하였다. 또한 군주를 중심으로 중앙 정치 조직을 개편하고, 행정 효율성을 높이기 위해 8도를 12성으로 개편해야 한다고 주장하였다. 청에서 선진 과학 기술을 받아들여 경제 발전에 적극 이용해야 한다는 제안도 하였다. 이는 북학파의 주장을 받아들인 것으로 그가 실학을 집대성했다고 평가받는 이유이기도 하다.

나라를 부강하게 하려면 상공업을 발전시켜야 한다

중농파와 달리 도시에 살면서 청을 방문한 경험이 있는 집권 노론계 학자 즉 중상파들은 생각이 조금 달랐다. 이들은 토지 제도 개혁도 중요하지만 상공업을 발전시키고 기술을 개발해야 문제를 해결할 수 있다고 보았다.

중상파들이 활동한 시기는 중농파에 비해 대개 50~100년 뒤이다. 그 사이 상품 화폐 경제는 더욱 발전하고 도시 인구도 늘어났다. 이런 변화가 중상파에게 영향을 미쳤음이 틀림없다. 또한 청과 교류가 많아지면서 청과 조선의 현실을 제대로 인식한 것도 중요한 원인이었다. 현실적으로 북벌은 불가능하고 청에서 선진 문물을 받아들여야 한다는 생각이 커진 것이다. 중상파 학자 대부분은 청에 직접 다녀왔다. 이때의 경험으로 이들은 청의 학문 곧 북학을 배워야 한다는 생각을 굳혔다. 그래서 이들을 북학파라 부르기도 한다.

• 홍대용, "궁리하지 말고 측량하라"

하늘과 대지가 어떻게 생겼는지 알고자 한다면 마음으로 탐구해서도 이치로 찾아서도 안 된다. 오로지 기기를 만들어서 측정하고 수학으로 계산하여 추론해야 한다. 기기는 네모난 방형과 둥근 원형의 범주를 벗어나지 않고, 추론 방법은 구고(句股)보다 중요한 것은 없다.

먼저 방위를 분간하고 다음에는 척도를 정해야 한다. 방위를 분간해야 남극과 북극을 측량할 수 있고, 척도를 정해야 대지를 측정할 수 있다. 먼저 지구를 측량한 뒤 모든 천체로 확대해야 한다. 이렇게 한다면 하늘과 대지가 어떤 모습인지 대강은 알 수 있을 것이다.

　　　　　　　　　　　　　　　　　　－ 『담헌서(湛軒書)』(홍대용)

청나라 학자 엄성이 그린 홍대용

구고 그림
고대 중국의 천문 · 수학 서적인 『주비산경』에 실린 구고현 정리

올바른 지식은 감각이나 이성만으로 얻을 수 없다. 과학적인 측정을 가능케 하는 기기를 이용하고 수학을 동원해야 한다. 홍대용은 직접 혼천의를 만들어 천체 운행과 위치를 연구하였고 '지전설'과 '우주무한론'을 주장했다. 지전설은 지구가 자전하여 낮과 밤이 생긴다는 학설로, 홍대용이 이 이론을 펼친 시기는 지동설이 조선에 들어오기 전이었다. 우주무한론은 우주의 끝을 알 수 없다는 주장으로, 당대에는 굉장히 파격적이고 새로운 것이었다.

구고　직각 삼각형을 표시하는 수학 용어. 짧은 변이 구(句), 긴 변이 고(股), 빗변을 현(弦)이라 한다. 홍대용은 『주해수용(籌解需用)』에서 각종 구고를 자세하게 설명하였다.

중상파의 선구자 유수원[1694~1755]은 『우서』에서 상공업을 진흥시킬 구상을 제시하였다. 그는 사농공상에 대한 인식을 고쳐야 한다고 주장하였다. 사농공상을 신분으로 바라보지 말고 전문화된 평등한 직업으로 여기자는 제안이다. 개인이 가진 자질과 능력에 따라 하나를 골라 실력을 발휘하면 부국강병을 이룰 수 있다는 것이다. 또한 대상인을 중요하게 보고 자본을 모아 경영 규모를 키워야 한다고 강조하였다.

홍대용[1731~1783]은 부국강병을 위해서는 기술 혁신과 문벌 제도 폐지, 성리학 극복이 우선 과제라고 주장하였다. 과거제 대신 추천제를 시행하고 8세 이상 모든 어린이를 교육시키자는 제안도 하였다. 과학에 깊은 관심을 갖고 있던 그는 하늘과 땅의 모습은 상상력이 아닌 측량과 수학으로 계산해야 알 수 있다고 주장하였다.

박지원

박지원[1737~1805]은 수레와 선박을 활발하게 이용하고 화폐를 적극적으로 유통시켜야 한다고 주장하였다. 생산과 유통이 중요함을 강조한 것이다.

• 세도 가문과 북학론

조선 후기 정치와 경제의 중심지는 서울과 경기였다. 지방과 격차가 갈수록 커지면서 서울과 경기로 몰려드는 사람들이 늘어났다. 서울 인구는 2배 이상 늘어나고 다양한 직업이 생겼다. 사상과 문화도 지방과 다른 모습을 띠게 되었다. 지방에서는 여전히 의리를 내세우고 성리학적 명분론이 위세를 떨치고 있었다. 그러나 서울과 경기에 살던 양반들은 조금 달랐다. 상업 발전을 눈으로 보고 청에서 오는 문물을 누구보다 먼저 알 수 있기 때문이었다. 이들은 사회적 변화에 따라 명분보다 실용성과 과학성 등을 강조하였다. 실학과 북학이 바로 그것이다. 세도 가문들은 영조와 정조 시대에도 명문 가문으로 고위 관직을 도맡았다. 당연히 오랫동안 서울에서 살았고 청에 갈 기회도 많았다. 경제적으로는 대지주에다 서울을 중심으로 번성한 상공업을 이용하여 재산을 크게 늘렸다. 대외 무역에 대한 관심도 높았다. 이런 점에서 세도 정권은 18, 19세기 상업 발달과 서울의 경제적 번영에 힘입어 성립했다고 볼 수 있다. 홍대용, 박지원, 박제가 등 북학과 실학자들이 세도 가문 출신이라는 것도 당연하다고 하겠다. 인간과 동물의 품성이 같은지 다른지에 대한 논쟁에서 같다는 주장을 한 것도 이들이었다. 사람과 만물의 본성이 같다고 보게 되면 만물에 대한 관심이 높아진다. 당연히 만물을 이용하여 백성을 잘살게 해야 한다는 생각이 나오게 된다.

그는 농업 문제 해결에도 관심을 가지고 토지 소유에 상한을 두는 한전론을 제안하였다. 하지만 농업 문제에 대한 근본적 해결책은 농업 생산력을 높이는 데 있다고 생각하였다. 이를 위해 농기구 개량 등 기술 혁신과 영농 방법 개선, 상품 작물 재배 등을 강조하였다. 또한 『양반전』, 『호질』 등 소설 형식을 빌려 문벌 제도와 양반 제도의 문제점을 신랄하게 비판하였다. 박지원은 실학자답게 좋은 글은 전통적인 문장에 얽매이지 않고 변화한 현실을 인식하고 표현해야 한다고 주장하였다. 청에 다녀온 뒤 쓴 『열하일기』에 이런 생각이 고스란히 드러나 있다. 이 때문에 그는 순수하고 바른 옛날 문체를 되살리려고 한 정조에게 호된 비판을 받았다. 하지만 문체반정의 거센 압력에도 문체 혁신에 대한 소신을 굽히지 않았다.

박제가1750~1805는 네 차례나 청에 다녀왔다. 이 경험으로 선박, 수레, 벽돌 등 청의 선진 기술을 적극적으로 받아들여야 한다고 주장하였다. 특히 대형 선박을 보내 청에서 이뤄지고 있는 국제 무역에 적극 참여해야 한다고 제안하였다. 그는 절약을 강조하던 성리학자와 달리 소비를 촉진해야 한다고 주장하였다. 그래야 기술이 개발되고 생산력을 높일 수 있다는 것이다.

소중화, 우리 문화에 대한 관심을 높이다

실학의 관심이 국학 연구로 넓혀진 것은 청이 중국을 차지한 일과 관련이 있다. 청이 명을 멸망시킨 뒤 조선의 지식인들은 문화적으로 명을 계승한 나라는 조선이라고 자부하였다. 비록 청이 힘으로 중원을 차지했지만 문화적으로는 우리가 중화라는 생각을 갖게 된 것이다. 이를 중국의 중화사상에 빗대어 소중화小中華 또는 조선 중화주의라 부른다. 이런 변화에는 서양 천문학을 접하며 중국 중심 세계관에서 벗어날 수 있었던 것도 한몫했다.

소중화라는 자부심은 우리 문화에 대한 관심으로 이어졌다. 조선의 역사와 지리, 언어에 대한 연구가 봇물을 이루었고, 그림과 문학에서도 독자적인 경향이 나타났다. 한글에 대한 관심도 높아져 『훈민정음운해』, 『언문지』 등 많은 연구 서적이 나왔다. 우리말과 다른 나라 언어를 정리한 방대한 자료집도 나왔다.

새로운 역사서를 편찬하다

안정복은 『동사강목』에서 고조선부터 고려까지 우리 역사를 정통론의 입장에서 다시 정리하였다. 지금까지 역사서가 고증에 소홀하고 내용과 역사관에 문제가 있다고 보았기 때문이다. 이종휘는 『동사』에서 고구려가 백제와 신라에 비해 유학 문화가 훨씬 발달하였고, 넓은 영토를 가진 대국이라고 평가하였다. 유득공은 『발해고』에서 통일 신라와 발해를 남북국 시대로 설정하고 최초로 발해사를 체계적으로 정리하였다.

또한 실증적이고 객관적인 서술로 관련 자료를 모은 역사서도 많이 편찬되었다. 이긍익은 『연려실기술』에서 조선 시대 정치와 문화를, 한치윤은 『해동역사』에서 고조선부터 고려까지 역사를 정리하였다. 특히 『해동역사』는 우리나라는 물론 중국과 일본의 역사서 수백 종에서 자료를 뽑았다. 이런 학문적 경향은 청에서 들어온 고증학에 영향을 받았다. 추사체로 유명한 김정희는 청에서 고증학을 받아들여 대성했다. 그는 실사구시 정신에 입각해 학문적인 체계를 세워 나갔다.

실증적인 역사 연구는 고대 국가의 위치와 강역에 대한 관심으로 이어졌다. 한백겸은 역대 국가의 위치와 주요 지명을 고증한 『동국지리지』를 펴냈다. 정약용은 역대 국가의 위치와 강역 변화 등에 대한 사료를 비교 검토하여 논증한 『아방강역고』를 저술하였다.

지리지와 지도를 편찬하다

국방과 행정 및 산업과 문화에 대한 관심은 지리지와 지도 편찬으로 나타났다. 영조는 전국 군현의 읍지를 모아 『여지도서』를 편찬하였다. 『신증동국여지승람』이 편찬된 뒤 바뀐 전국 군현의 인문 지리적 상황을

• 고증학과 김정희

명나라 말기 양명학은 현실과 동떨어졌다는 비판을 받았다. 많은 양명학자들이 주관적이고 직관적인 방법으로 마음을 연구하고 있었기 때문이다. 이에 대한 반성으로 학문은 실질적인 이익이 되어야 하고, 연구 방법도 객관적이고 실증적이어야 한다는 유학자들이 나타났다. 이 새로운 유학이 고증학이다.

고증학의 등장은 명나라 말기 정치·사회 상황과 깊은 관련이 있다. 유학자들이 국가와 민족의 위기 상황을 타개하려는 고민에서 찾아낸 새로운 길이기 때문이다. 하지만 청이 사상 통제를 하면서 현실 비판적인 면은 실천할 수가 없었다. 대신 고증학은 실증적인 방법으로 문헌 연구를 하여 『사고전서』 등 중국 전통 학문을 발전시키는 데 큰 공헌을 하였다.

고증학은 이덕무, 박제가, 정약용, 김정희, 이규경 등 여러 실학자들에게 영향을 미쳤다. 특히 박제가의 제자로 북학파를 이은 김정희는 고증학의 대가로 평가받고 있다. 그는 20대 초반에 청나라에 가서 고증학을 배울 때 금석학도 함께 배웠다. 그때까지 우리나라 학자들은 돌이나 금속에 기록된 금석문을 취미로 연구하였다. 김정희는 이를 비판하면서 금석학을 취미가 아니라 경학과 역사학 연구에 반드시 필요한 학문으로 발전시켰다. 그가 이룬 대표적인 성과는 북한산비가 신라 진흥황 순수비임을 밝혀낸 것이다.

그때까지 북학산비는 무학 대사나 고려 태조의 비로 알려져 있었다. 몸소 북한산에 올라 과학적이고 객관적으로 순수비임을 밝혀낸 과정은 『금석과안록』에 정리되어 있다.

김정희 초상

북한산 순수비 측면 비문
신라 진흥대왕 순수비이다. 1816년(병자) 7월 김정희와 김경연이 와서 오른쪽 줄을 읽었다. 1817년(정축) 6월 8일 김정희와 조인영이 함께 와서 자세히 살펴보았더니 알아볼 수 있는 글자가 68자였다.

다시 정리한 것이다. 이중환은 『택리지』에서 자연 현상과 인간 생활의 관계를 과학적인 방법으로 찾으려고 하였다. 정치, 경제, 교통, 인심 등 18세기 중반 조선 사회의 모습을 잘 보여 주는 인문 지리서이다.

정상기는 처음으로 100리를 1척으로 하는 100리 척을 사용하여 〈동국 지도〉를 만들었다. 정확한 축척 방법의 적용으로 국토의 윤곽을 실제와 매우 비슷하게 그릴 수 있었다. 서울에서 각 지역까지 거리와 방향도 정확하였다. 이를 이어 김정호는 산맥, 하천, 포구, 도로를 정밀하게 그린 〈대동여지도〉를 만들었다. 도로에는 10리마다 눈금을 매겨 지역 간 거리를 쉽게 알 수 있게 하였다. 〈대동여지도〉는 손으로 그린 다른 지도와 달리 관아, 역참, 창고 등을 기호화하여 목판에 새겼다. 상업이 발달하여 사람과 물자 이동이 많아지면서 지도에 대한 수요가 많아졌기 때문이다.

이와 함께 중국에서 서양인이 만든 〈곤여만국전도〉와 같은 세계 지도가 들어왔다. 새로운 세계 지도는 조선 후기 지도 제작 기술을 발전시키고 중국 중심의 세계관을 바꾸는 데 영향을 미쳤다.

과학 기술이 발전하다

실학과 함께 과학 기술에 대한 관심도 다시 높아졌다. 청과 교류가 활발히 이루어지면서 중국과 서양 과학 기술이 들어온 것도 영향을 미쳤다. 박세당은 『색경』에서 벼농사를 비롯하여 과수, 원예 등 우리 농촌 환경에 맞는 종합적인 농사 기술을 소개하였다. 홍만선은 『산림경제』에서 집 짓기, 농업과 임업, 축산, 식품 가공과 저장 등 농촌 생활에 필요한 모든 것을 정리하였다. 서호수가 편집한 『해동농서』는 조선의 전통적 농학 기술에 중국의 농업 기술을 받아들여 농학을 체계화하려고 하였다.

의학에서는 허준이 임상 의학 백과사전 격인 『동의보감』을 편찬하였다. 이 책은 병에 따라 처방을 풀이하고 있어 치료에 활용하기 편하였다. 조선뿐 아니라 일본과 중국에서도 여러 번 출판되었다. 이제마는 『동의 수세보원』에서 체질을 4개로 나누고, 같은 병이라도 체질에 따라 치료 방법을 달리해야 한다는 사상 의학 체계를 수립하였다. 정약용은 홍역에 대한 의서들을 종합하여 홍역의 증상과 치료법을 정리하였다. 이 책에서 그는 천연두를 예방할 수 있는 에드워드 제너의 우두법을 소개하였다.

천문학에서는 청에서 사용하던 시헌력을 도입하였다. 시헌력은 중국 전통 역법에 서양 천문학을 참고하여 만들었다. 이 때문에 태음력에 태양력의 원리를 적용하여 24절기와 하루의 시각을 정밀하게 맞출 수 있었다. 김석문과 홍대용은 지구가 자전한다고 주장하였다. 특히 홍대용은 지구가 둥글고 자전하는 속도는 벼락보다 빠르다고 하였다. 18세기가 되면 지구가 둥글다는 것은 많은 지식인에게 더 이상 새로운 사실이 아니었

• 화성, 당대 과학 기술의 역작

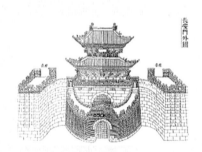

『화성성역의궤』의 〈장안문외도〉

『화성성역의궤』는 수원 화성을 만드는 모든 과정을 담은 책이다. 축성 계획부터 정문인 장안문을 비롯한 성문과 방어 시설의 조감도, 재료의 출처 및 용도, 예산 및 임금 계산, 시공 기계, 재료 가공법, 공사 일지 등이 상세히 기록되어 있다. 이 덕분에 한국 전쟁 때 큰 피해를 입은 성을 완벽하게 복원할 수 있었다.

수원 화성은 1794년 1월에 착공하여 1796년 9월에 완공하였다. 이 시기에는 총과 대포를 주력 무기로 사용하고 있었다. 전통적인 성곽으로는 이 무기를 막기 어려웠다. 이 때문에 정조는 동서양 기술 서적을 참고하여 새로운 형태의 성을 만들려고 하였다. 그 결과 돌로 만든 성곽과 벽돌로 만든 공심돈, 망대, 옹성 등 동서양 군사 방어 시설의 장점을 딴 성이 탄생했다.

정조와 정약용 등 화성 건축을 담당한 사람들은 과학 기술이 현실에 도움이 된다고 보았다. 필요하면 청과 서양 과학 기술도 적극적으로 도입하려고 하였다. 기본 계획은 물론 거중기, 녹로 등 새로운 건축 기구를 만들 때도 정약용은 서양 기술 서적을 참고하였다. 실제로 새 기구 덕분에 건축 비용과 기간을 크게 줄일 수 있었다. 이 점에서 수원 화성은 조선 후기 과학 기술의 꽃이라 할 수 있다.

다. 이는 중국 중심의 세계관에서 벗어나 조선도 세계의 중심이 될 수 있다는 인식을 갖게 만들었다.

백과사전을 만들다

사회 개혁론에서 과학 기술까지 다양한 학문이 발전하면서 백과사전들이 편찬되었다. 여러 분야의 수많은 지식을 분류하고 항목별로 설명할 필요가 있었기 때문이다. 실증적 연구 태도와 고증학에 대한 관심도 이런 흐름에 적지 않은 영향을 미쳤다.

이수광의 『지봉유설』을 시작으로 이익의 『성호사설』, 이덕무의 『청장관선서』, 서유구의 『임원경제지』, 이규경의 『오주연문장전산고』 등이 대표적인 백과사전이다. 가장 늦게 만들어진 『오주연문장전산고』는 60권에 무려 1400개가 넘는 항목을 다루고 있다. 천문, 의학, 역사, 지리, 농업, 서학, 병법, 광물, 초목, 어류, 곤충, 음악 등 방대하다. 조선의 학문 수준이 그만큼 발전하였기 때문에 가능했다. 물론 청나라와 서양 학문의 수용도 큰 역할을 하였다.

『성호사설』
성호 이익의 개인 저술이지만 3,000개 넘는 항목으로 글을 정리하여 백과사전의 성격을 가지고 있다.

『청장관선서』
청장관 이덕무의 개인 저술로, 다채로운 학문과 많은 자료를 제공하는 백과사전.

『임원경제지』
농촌의 생활 전반을 다룬 정책서. 전원생활을 하는 선비에게 필요한 지식과 기술, 기예와 취미 등을 다룬 백과사전으로 생활 과학서라 할 수 있다.

실학의 의미와 한계

실학은 사실을 토대로 진리를 탐구하는 실사구시의 성격을 가진 학문이다. 조선의 문화와 역사에 관심을 가진 민족적 성격도 띠고 있었다. 여기에 조선 후기 사회의 문제점을 바로잡으려는 개혁적 성격도 강하였다. '군주의 권력은 백성에게 나왔고, 군주라도 백성의 뜻에 어긋나면 바꿀 수 있다'는 정약용의 말처럼 근대 지향적인 성격도 가지고 있었다.

하지만 이들이 외친 주장은 국가 정책에 적극 반영되지 못하였다. 중농파는 세도 정치 시기에 정권에서 밀려났고, 중상파도 집권 노론이기는 하지만 주류가 아니었다. 성리학이 여전히 조선을 지배하고 있었고, 집권층은 제대로 된 개혁을 하려고 하지 않았다.

지도, 땅을 알면 세상이 보인다

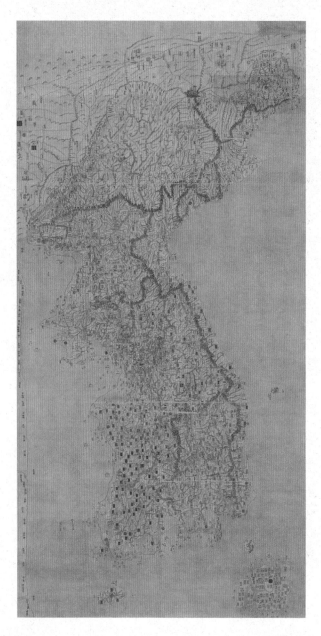

조선 후기에는 상업 경제가 발달하면서 다양한 지도가 만들어지고 보급되었다. 지도를 만든 주체도 정부가 주도한 전기와 달리 민간이었다. 지도 수준도 명, 청에서 들어온 서양 지도와 지도 제작 기술을 이용하여 전기 지도를 뛰어넘었다. 조선 후기 지도의 한 획을 그은 사람은 동국지도를 만든 정상기(1678~1752)이다.

이를 토대로 1861년 김정호는 목판본 〈대동여지도〉를 만들어 대중들이 쉽게 이용할 수 있게 하였다.

• 〈동국대지도〉

동국대지도는 현존하지 않는 정상기의 동국대전도를 바탕으로 만든 지도이다. 가로 147cm, 세로 272cm에 이르는 큰 지도로 축척(100리를 1자로 한 100리 척)을 본격적으로 활용해 만든 전국 지도이다. 백두산에서 금강산을 거쳐 지리산으로 이어지는 백두대간과 여기에서 갈라진 정맥을 특별히 강조했다. 도별로 고을 색을 달리하였고, 산은 초록색, 하천은 푸른색, 큰길은 붉은 선, 봉화대는 빨간색 등으로 구분하여 쉽게 알아볼 수 있게 하였다.

•〈대동여지도〉

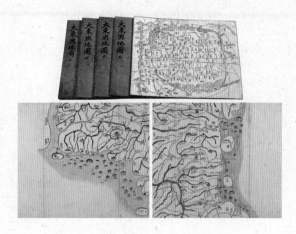

〈대동여지도〉는 1861년 김정호가 목판으로 간행한 전국 지도이다. 우리나라 전체를 남북 120리 간격, 22층으로 나누고 각 층을 동서 80리 기준으로 접고 펼 수 있게 병풍처럼 만들었다. 이를 모두 이으면 세로 약 6.7m, 가로 약 3.8m의 초대형 지도가 된다. 산줄기와 물줄기가 상세하고 정확하게 표현되었고, 다양한 정보가 기호로 표시되어 있다. 교통로에는 10리마다 점을 찍어 이용자가 여행에 편리하게 쓸 수 있게 하였다.

•〈곤여만국전도〉

〈곤여만국전도〉는 1602년 명에 온 마테오 리치가 그린 지도이다. 곤여는 땅을 가리키는 말로 〈곤여만국전도〉는 세계 지도라는 뜻이다. 이 지도는 1645년 소현 세자가 선교사 아담 샬에게 받아 국내에 처음 가져왔다. 마테오 리치는 지도를 원으로 그렸는데, 그 까닭을 이렇게 말했다. "땅과 바다는 본래 원형이고 합쳐져서 하나의 둥근 공 모양을 하고 있음을 보여 주고 싶었다." 지구는 둥글기 때문에 모든 나라가 중심이 될 수 있음을 알려 주려 한 것이다. 〈곤여만국전도〉와 함께 알레니의 〈만국전도〉, 페르비스트의 〈곤여전도〉 등 서양식 세계 지도가 소개되었다. 〈만국전도〉와 〈지구전후도〉 등은 모사를 하거나 목판본으로 제작되었다. 〈곤여만국전도〉의 아래 판본은 도호쿠 대학에서 소장하고 있다.

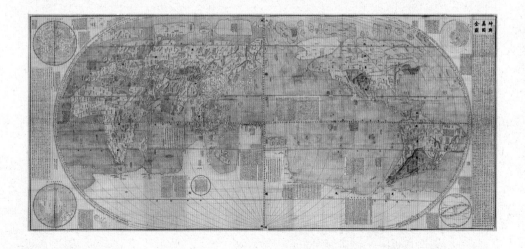

13

조선 후기,
새로운 사상이 등장하다

예언 사상과 미륵 신앙이 유행하다

조선 후기 정치와 경제가 변화하면서 봉건 질서가 흔들리고 사회가 점점 불안해졌다. 세도 정치 시기 부패와 수탈이 도를 넘으면서 불안은 갈수록 커져 갔다. 게다가 가뭄이 이어지고 전염병이 돌아 힘없는 백성들을 더 고통스럽게 만들었다. 해안가에는 심심찮게 나타난 이양선이 사람들을 놀라게 하였다.

사회가 불안해지고 살기가 팍팍해지자 민심은 갈수록 나빠지고 곳곳에서 도적이 나타났다. 조직적으로 부잣집을 털거나 조운선까지 약탈하는 일도 있었다. 이런 위기 상황을 타개하기 위해 일부 양반들은 나름대로 개혁 방안을 내놓았다. 하지만 집권층과 대부분의 양반들은 성리학적 질서를 강화하여 이를 막는 데 급급하였다.

반면 농민들 사이에는 말세가 왔다거나 왕조가 바뀔 것이라는 소문이 돌았다. 특히 민중을 구원하고 새 세상을 열 진인이 나온다는 예언이 번져 나갔다. 조선 왕조 멸망을 예언한 『정감록』은 금서가 됐음에도 계속 영향력이 커져 갔다. 일부 양반들이 변란을 꾀할 때도 민란을 일으킬 때

진인
원래 도교에서 진리를 깨달은 사람을 부르는 말로 구세주를 뜻한다.

118

도 이를 이용하였다. 미래불인 미륵이 나와 세상을 구원할 시기가 되었
다는 믿음도 널리 퍼졌다. 구세주가 올 것이라는 기대감을 이용하여 난
을 일으키거나 민중을 속이는 무리들도 나타났다. 무당에게 복을 비는
사람도 갈수록 늘어 갔다. 이런 불안한 심리는 양반들도 마찬가지였다.
어떤 지역이 살 만한 곳인지를 다룬 『택리지』가 인기를 끈 사실이 이를 잘
보여 준다.

『정감록』이나 미륵 등 새로운 세상을 꿈꾸는 예언에는 후천개벽 사상
이 들어 있었다. 후천은 지금과 달리 모두가 똑같이 잘사는 세상이고 개
벽은 천지가 처음으로 새로 생기는 것, 어지러운 세상이 뒤집혀 다시 평
화로워짐을 의미한다. 힘들고 괴로운 이 세상이 무너지기를 기다리던 민
중에게 후천개벽 사상은 적지 않은 위안이 되었다.

서학, 학문에서 신앙으로

서학은 17세기 전후 조선에 알려지기 시작하였다. 중국에 간 사신들

• 『정감록』은 어떤 책인가?

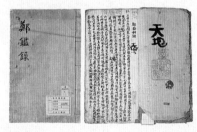

『정감록』

『정감록』은 『송하비결』, 『격암유록』과 함께 조선 시대 3대 예언서
로 꼽히고 있다. 언제 누가 만들었는지는 알 수 없다. 대체로 양
란 뒤 사회 불안이 커지는 가운데 나온 것으로 보고 있다. 조선
왕조를 부정하는 내용 때문에 금서로 지정되어 인쇄본은 없다.
다만 민간에 필사본으로 은밀하게 전해져 왔다. 이 때문에 판본
마다 내용이 조금씩 다르다.

주요 내용은 '전쟁이 일어나도 안전하게 지낼 수 있는 곳'과 '정
도령이 조선 왕조를 무너뜨리고 계룡산에 새 왕조를 세운다'는
것이다. 처음에는 전쟁이 일어나도 안전한 곳을 찾고 싶은 사람들에게 인기를 끌었고, 후기로 갈수록 조선 왕조
에 불만이 있는 사람들 사이에 퍼져 나갔다. 반란이나 민란 등 19세기 민중 운동은 대부분 『정감록』을 이용하고
있고, 동학을 비롯한 신흥 종교 운동도 『정감록』과 크든 작든 관련을 가지고 있다.

은 서양인 선교사들과 교류하면서 천리경, 자명종 등을 가지고 왔다. 서양 과학 서적을 비롯하여 천주교 교리서도 들어왔다. 많은 관리와 사대부 들은 서가에 서양 서적을 갖고 있을 정도였다. 사대부들이 서학에 호기심을 가진 이유는 대부분 실용적 가치 때문이었다. 특히 천문·역법·수리 시설 등 농업과 관련된 분야에 관심이 많았다.

천주교도 서학의 하나로 일부 지식인들이 학문적으로 연구하였다. 호기심의 대상이던 천주교는 18세기 중반 무렵 신앙으로 관심을 끌게 되었다. 마침내 18세기 후반 사회 개혁을 고민하던 일부 남인 학자들이 스스로 신자가 되었다. 선교사가 오기 전에 신앙을 갖게 된 경우는 다른 나라에서 찾아볼 수 없는 일이었다.

• 최초의 천주교 순교자, 윤지충

〈윤지충 바오로, 대노한 종친들〉
윤지충이 모친상을 유교가 아닌 천주교 예법으로 치르자 종친들이 몰려와 크게 화를 내고 있다. 탁희성 화백의 성화이다.

윤지충(1759~1791)은 전라도 진산군(충청남도 금산군)의 내로라하는 양반 집안에서 태어났다. 내종숙 정약용을 통해 천주교 신앙을 알게 돼 1787년 이승훈에게 세례를 받았다. 1790년 베이징 교구장이 제사 금지령을 내리자 유학자들이 죽은 사람의 혼이 깃들어 있다고 여긴 신주를 불살랐다. 1791년 여름 어머님이 돌아가시자 외종사촌 권상연과 함께 가톨릭 예식으로 장례를 치렀다. 분노한 종친들은 손가락질을 하였고, 소문이 퍼지자 정조는 진산 군수에게 체포령을 내렸다. 죄목은 도덕을 어지럽히고 무부무군(아버지도 없고 임금도 없다)의 사상을 믿었다는 것이었다. 갖은 고문에도 천주교 신앙을 버리지 않자 1791년 12월 8일 두 사람은 전주 남문 밖에서 참수형을 당하였다.

지금 윤지충의 집터에는 진산 성당이, 참수당한 곳에는 전주 전동 성당이 세워졌다. 두 사람과 함께 병인박해까지 순교한 천주교 초기 신자 124명은 2014년 복자로 추대되었다. 복자는 천주교회가 성인 다음으로 거룩한 삶을 살았거나 순교하였다고 인정한 사람이다.

천주교는 예수 앞에 모두 평등하고 내세에는 영생을 누릴 수 있다고 가르쳤다. 이 때문에 신분제 사회에서 고통받던 중인과 상민 들 사이로 점점 번져 나갔다. 특히 남녀 차별에 시달리던 많은 부녀자들이 신자가 되었다. 신자가 늘어나면서 일부 천주교도들이 유교 제사 의식을 거부하는 일이 벌어졌다. 급기야 1791년 윤지충이 어머니 장례를 외사촌 권상연과 함께 가톨릭 의식으로 치르다 참수형을 당했다. 이 사건을 계기로 정부는 천주교를 성리학적 질서에 어긋나는 사교로 규정하고 탄압하였다. 하지만 정조 때는 천주교에 대해 비교적 관대하였다.

박해가 본격화된 때는 순조가 즉위한 다음이었다. 권력을 잡은 노론 강경파들은 천주교도 수백 명을 처형하며 대대적으로 탄압하였다. ^{신유박해} 황사영이 북경에 있던 프랑스인 주교에게 박해 상황을 알려 프랑스 군대를 청하려 한 사실이 발각되면서 탄압은 더욱 심해졌다.

천주교에 관대하던 정부 정책이 탄압으로 바뀐 이유는 천주교 신자가 많아져 사회 질서에 위협이 된다고 여겼기 때문이다. 하지만 정치적으로 정조 때 세력을 키운 남인을 탄압하려는 속셈도 깔려 있었다. 남인은 정조 때도 천주교와 관련하여 여러 차례 공격을 받았지만 정조의 비호로 넘어갈 수 있었다. 그렇지만 신유박해로 이가환, 정약용 등 중심 인물들이 죽거나 귀양을 가면서 정계에서 완전히 밀려나고 말았다.

그러나 박해에도 불구하고 천주교 교세는 오히려 커져 갔다. 19세기 전반에는 조선 교구가 세워지고 프랑스 선교사들이 들어와 활동하였다. 김대건, 최양업 등 조선인 신부도 탄생하였다. 조선 정부의 탄압도 계속되어 1839년에는 프랑스 신부 3명과 많은 신자들이 죽임을 당하였다. 몇 년 뒤에는 김대건 신부도 처형되었다.

동학, 새로운 세상을 꿈꾸다

19세기 중엽 삼정의 문란으로 농민들의 분노가 하늘을 찌르고 있었다.

최제우 유허비(왼쪽)와 최시형(1827~1898, 오른쪽)
동학은 사람이 곧 하늘이니 모두가 평등하고 차별이 없어야 한다는 인내천 사상을 내세웠다. 최시형은 사람이 마음대로 귀천을 나눔은 하늘을 거스르는 것이며 우리 도인은 차별을 없애고 선사의 뜻을 받들어 생활해야 한다고도 가르쳤다.

천주교 교세가 확장되고 이양선이 자주 나타나면서 서양 세력에 대한 위기 의식도 크게 높아졌다. 이렇게 봉건 질서가 한계를 드러내고 있었지만 성리학은 해결 방안을 내놓지 못하였다. 정부도 근본적인 방안을 제시하지 못하고 있었다.

이에 1860년 경주에서 몰락한 양반이었던 최제우가 새로운 세상을 열기 위해 동학을 창시하였다. 그는 성리학적 질서를 부정하면서 서학에 대해서도 강한 경계심을 갖고 있었다. 서학은 인위적이고 파괴적이어서 평화로운 세계를 만들 수 없다고 여겼다. 최제우는 서학을 물리치겠다는 의지를 담아 새 종교를 동학이라고 하였다.

동학은 인간은 모두 한울님을 모시며 사람이 곧 하늘이라는 사상을 갖고 있었다. 따라서 인간은 모두 존엄하고 평등하기 때문에 신분 차별은 하늘을 거스르는 것이라고 가르쳤다. 노비 제도를 폐지하고 어린아이도 며느리도 존중해야 한다는 생각은 여기서 나온 것이다. 또한 지금 세상은 운이 다했고 곧 새로운 세상이 열린다고 예언하였다. 민중의 변혁 의지가 담긴 후천개벽 사상을 동학이 받아들인 것이다.

이 때문에 동학은 세도 정권의 폭정에 시달리던 민중들 사이로 빠르게 확산되었다. 놀란 정부는 세상을 어지럽힌다는 이유로 동학을 사교로 규정하고 최제우를 처형하였다. 한동안 숨을 죽이던 동학은 2대 교주 최시형이 교리를 정리하고 조직을 정비하여 교세를 확장시켜 나갔다.

경상도에서 창시된 동학은 삼남 지방에 널리 퍼졌다. 특히 지배층의 수탈이 아주 심한 호남 지방에서 크게 유행하였다. 교세가 커지자 동학은 교조 신원 운동을 벌여 공식적으로 종교로 인정을 받으려는 운동을 전개하였다.

동학과 천주교의 평등 사상은 후천개벽 사상과 맞물려 19세기 조선 후기 사회를 변화시키는 데 큰 구실을 했다. 양반 중심의 사회 질서는 민중들이 새로운 생각을 갖게 되면서 더 빨리 무너져 갔다. 주로 양반들이 누리던 문화 혜택도 상민까지 확산되어 갔다. 이제 상민들은 자신들이 주인공으로 등장하려 하였다. 양반 중심의 사회 질서를 무너뜨리고 조선 후기 사회를 변화시키는 데 큰 구실을 한 것이다.

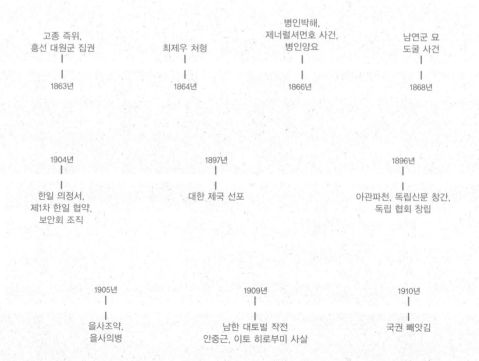

고종 즉위,		병인박해,	
흥선 대원군 집권	최제우 처형	제너럴셔먼호 사건,	남연군 묘
		병인양요	도굴 사건
1863년	1864년	1866년	1868년

1904년	1897년	1896년
한일 의정서,	대한 제국 선포	아관파천, 독립신문 창간,
제1차 한일 협약,		독립 협회 창립
보안회 조직		

1905년	1909년	1910년
을사조약,	남한 대토벌 작전	국권 빼앗김
을사의병	안중근, 이토 히로부미 사살	

2

제국주의와 근대화를 위한 노력

흥선 대원군 집권부터 국권 침탈까지

❶ 자본주의가 성립하다 ❷ 제국주의 국가, 아시아와 아프리카를 침략하다 ❸ 아시아와 아프리카, 제국주의에 맞서다 ❹ 청과 일본, 근대화를 위해 노력하다 ❺ 흥선 대원군, 조선을 정비하다 ❻ 조선, 세계 질서 속에 들어가다 ❼ 개화 정책을 추진하다 ❽ 임오군란과 갑신정변이 일어나다 ❾ 농민들, 새로운 세상을 꿈꾸다 ❿ 갑오개혁을 단행하다 ⓫ 독립 협회와 대한 제국 ⓬ 국권을 빼앗기다

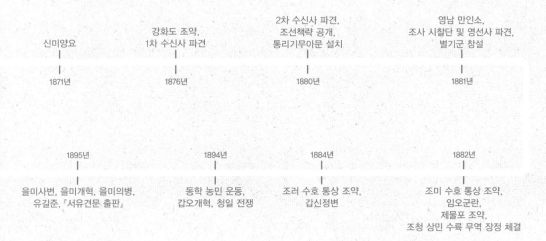

신미양요

1871년

강화도 조약,
1차 수신사 파견

1876년

2차 수신사 파견,
조선책략 공개,
통리기무아문 설치

1880년

영남 만인소,
조사 시찰단 및 영선사 파견,
별기군 창설

1881년

1895년

을미사변, 을미개혁, 을미의병,
유길준, 『서유견문 출판』

1894년

동학 농민 운동,
갑오개혁, 청일 전쟁

1884년

조러 수호 통상 조약,
갑신정변

1882년

조미 수호 통상 조약,
임오군란,
제물포 조약,
조청 상민 수륙 무역 장정 체결

1

자본주의가
성립하다

서유럽, 도시가 발전하다

중세 말 서유럽에서는 농업 생산력이 높아지고 상업과 수공업이 발전하였다. 제한적이기는 해도 봉건 영주나 교회로부터 자율적 행정권을 보장받은 도시도 생겨났다. 물론 아무나 도시에 살 수 없었고 모든 구성원이 평등하고 자유롭지는 않았다. 시민권을 갖고 있는 자유인은 도시 전체 주민 가운데 2~3%에 지나지 않았다. 도시도 봉건 영지처럼 소수의 지배층이 다스리는 특권 사회였다. 상업이나 수공업도 길드 제도로 운영되었다. 길드에서는 작업 시간이나 작업의 종류, 상품의 질 등이 세세하게 규정되었다. 길드에 속하지 않은 사람은 물건을 만들지도 팔지도 못했다.

하지만 봉건 사회 질서에 큰 변화가 생긴 것은 분명하였다. 변화는 상공업이 발달할수록 더욱 빨라졌다. 상인들은 폐쇄적인 길드로는 커진 시장과 늘어난 수요를 충족시킬 수 없자 다른 방법을 찾기 시작하였다. 이들은 길드의 제약이 없는 농촌으로 진출하여 농민이나 수공업자에게 원료와 생산 도구를 빌려 주고 제품을 만들게 했다. 그 제품을 국내외 시장에 내다 판 것이다.[선대제] 나아가 노동자를 공장에 모아 분업과 협업으로 제품을 생산하기도 하였다.[매뉴팩처]

상업 혁명이 일어나다

신항로가 개척되면서 변화는 더욱 빨라졌다. 상인들은 동아시아, 아메리카와 교역하기 위해 새로운 형태의 회사를 만들었다. 자본을 공동으로 출자하여 함께 운영하는 주식회사가 그것이다. 그 시초가 네덜란드 동인도 회사였다. 네덜란드는 암스테르담에 세계 최초로 증권 거래소를 세워 금융 시장도 열었다. 이에 힘입어 17세기 동방 무역을 장악한 네덜란드는 유럽 제1의 경제 강국이 되었다. 자극을 받은 프랑스와 영국도 무역 회사를 세우기 시작했다. 이 점에서 네덜란드 상인들은 근대 유럽을 자본주의 경제로 이끈 주역이었다고 할 수 있다.

여기에 신대륙에서 엄청나게 많은 금·은이 들어와 유럽을 뒤흔들었다. 당시 유럽은 금과 은으로 화폐를 만들어 사용하고 있었다. 이 때문에 화폐 가치가 떨어지면서 물가가 폭등하였다. 이를 가격 혁명이라 한다. 가격 혁명은 임금 노동자나 지대 등 고정 수입을 받는 지주들에게는 큰 타격을 주었지만 상공업자들에게는 많은 이익을 안겨 주었다.

국내외 상업 발전은 결국 중세 봉건 경제 체제를 무너뜨렸다. 중세 말까지 번영하였던 남부 독일의 은 광산이 쇠퇴한 것이 이를 상징적으로 보여 준다. 경제가 자본주의 체제로 변화하면서 정치와 사회도 크게 바뀌었다. 여기에는 십자군 전쟁과 흑사병 유행도 큰 영향을 끼쳤다.

흑사병
페스트균이 일으키는 전염병. 14세기 중반 유럽에서 흑사병으로 무려 2,000만 명이 사망했다.

흑사병으로 유럽 전체 인구 가운데 1/3이 죽었다. 노동력이 모자라 임금이 크게 오르자 지주들은 큰 타격을 입고 봉건 제도가 흔들렸다. 교황이 주도한 십자군 운동은 한때 큰 호응을 얻었고 예루살렘도 점령하였다.

은 유입에 따른 가격 혁명

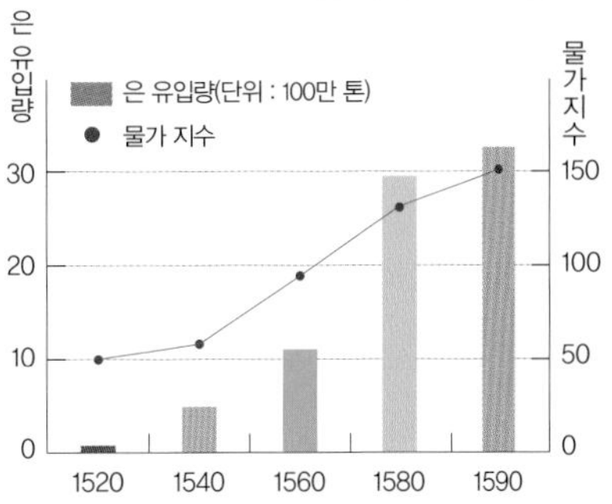
은 유입량
물가 지수
은 유입량(단위 : 100만 톤)
물가 지수
30
20
10
0
150
100
50
0
1520
1540
1560
1580
1590

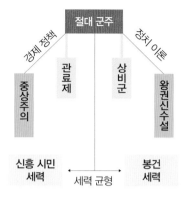

절대 왕정의 구조

하지만 갈수록 당초 목적에서 벗어났고, 예루살렘마저 다시 이슬람 손으로 넘어갔다. 십자군 전쟁이 실패로 끝나자 이를 주도하였던 교황과 봉건 영주의 세력이 약화되었다. 이 틈을 타서 국왕은 관료제와 상비군제를 도입하여 중앙 집권 체제를 강화해 갔다. 절대 군주가 통일 국가를 다스리기 위해서는 행정 업무를 담당할 관료와 언제든지 동원할 수 있는 상비군이 필요하였다. 상인 자본가들은 관리가 되거나 재정을 뒷받침하며 국왕을 도왔다. 분권적인 봉건 체제보다는 중앙 집권 국가가 자신들의 경제 활동에 유리하다고 판단하였기 때문이다.

마침내 유럽 사회는 16~18세기 국왕이 절대 권력을 갖는 절대 왕정 시대를 맞이하였다. 왕의 권리는 신에게 받은 것이라는 왕권신수설과 국가가 경제 활동에 적극적으로 개입하는 중상주의 이론이 절대 왕정을 뒷받침했다. 봉건 영주들은 여전히 귀족으로 특권을 누렸지만 더 이상 봉건 체제만큼의 정치 권력을 누리거나 왕권에 맞설 수는 없었다.

이런 변화를 주도한 사람은 신분이 아닌 능력으로 부를 쌓은 상업 자본가들이었다. 하지만 사회에서는 여전히 신분이 중요했고 사적 소유권은 보장되지 않았다. 자본가들은 귀족과 교회가 특권을 누리는 절대 왕정 체제에서 아직 2등 시민일 뿐이었다.

산업 혁명, 새로운 세상을 열다

자본주의는 18세기 산업 혁명을 거치며 본격적으로 발전하였다. 산업 혁명은 영국에서 시작되었다. 영국은 18세기 식민지 쟁탈전에서 승리하여 넓은 식민지를 차지하였고, 세계 무역의 패권을 장악해 많은 자본을 축적하였다. 1688년 명예혁명 뒤 입헌 군주제의 토대가 마련되어 정치와 사회도 안정되었다.

이에 힘입어 18세기 초부터 영국의 산업은 기계 발명과 기술 혁신으로 크게 발전하기 시작하였다. 당시 영국에서는 인도산 면직물이 큰 인기를 끌면서 면직물 공업의 수요가 폭발적으로 늘어났다. 1733년 존 케이의 '나는 북플라잉 셔틀. Flying Shuttle'을 시작으로 1764년 하그리브스의 제니 방적기, 1779년 크럼프턴의 뮬 방적기, 1785년 카트라이트의 역직기가 잇달아 발명되었다. 그 결과 질 좋은 실과 면직물을 대량으로 생산할 수 있게 되었다.

문제는 기계를 움직이는 동력이었다. 당시 가장 많이 사용한 동력은 수력으로, 장소에 제약을 받을 수밖에 없었다. 동력 문제는 1780년대 제임스 와트가 석탄 탄광에서 사용하던 증기 기관을 개량하면서 해결되었다.

충분한 동력이 확보되자 공장제 기계 공업은 기계·금속·제철·석탄 산업 등 모든 분야로 확산되었다. 때마침 곡물 수요가 크게 늘어나자 제2차

• 캘리코와 산업 혁명

단위 : 백만 파운드

— 인도에서 유럽으로 수출된 면포
— 영국에서 아시아로 수출된 면포

18세기 영국을 비롯한 유럽에서 '캘리코'라 불린 인도산 면직물이 큰 인기를 끌었다. 캘리코는 옷뿐만 아니라 커튼, 방석, 침대, 모자, 앞치마 등 여러 생활용품으로 쓰이면서 서민들 사이에도 빠르게 퍼졌다.

캘리코가 인기를 끌자 영국의 모직물과 견직물 산업은 큰 타격을 입었다. 일자리를 잃어 생계를 위협받던 직공들은 1719년 6월부터 떼를 지어 돌아다니며 캘리코를 쓰고 있는 사람들을 습격하였다.

그러나 19세기가 되자 캘리코 수입은 크게 줄었다. 영국이 산업 혁명으로 값싸고 질 좋은 면직물을 생산하였기 때문이다. 영국이 인도를 지배하면서 인도를 면화 재배지로 만들고, 영국산 면직물이 인도 면직물 산업 기반을 무너뜨린 것도 중요한 이유였다.

모네는 1876년부터 이듬해 겨울까지 생라자르 역에서 흰 증기와 연기를 뿜으며 들어오는 증기 기관차를 다양하게 담아 냈다. 연기를 건강을 해치는 매연이 아니라 발전의 상징으로 받아들였음을 알 수 있다.

인클로저 운동이 일어났다. 더 많은 곡물 생산을 위해 지주들이 울타리를 두르고 대규모 농장을 만든 것이다. 많은 농민들이 경작지를 잃고 농촌 노동자가 되거나 도시로 몰려갔다. 사람들이 늘어나자 임금은 낮아졌고, 도시 공장들은 값싸게 풍부한 노동력을 확보하게 되었다. 여기에 영국은 동력과 기계에 필요한 석탄과 철 등 지하자원도 풍부하였다.

이에 힘입어 영국의 산업 생산량은 엄청나게 증가했다. 18세기 동안 석탄은 3배, 철은 15배, 직물은 40배 이상 생산량이 많아졌다. 공장이 늘고 산업 규모가 커지자 원료와 제품, 철광석과 석탄을 수송하기 위해 교통수단도 크게 변화하였다. 영국은 물론 유럽 전역에 철도가 놓이고 증기 기관차가 화물과 사람을 실어 날랐다. 증기 기관차의 속도도 갈수록 빨라졌고 힘도 좋아졌다. 뿜어져 나오는 증기는 공해가 아니라 발전의 상징이었다.

자본가, 시민 혁명을 이끌다.

산업 혁명은 전 유럽으로 퍼져 나가면서 유럽 사회를 크게 변화시켰다. 산업이 발전하면서 인구가 폭발적으로 늘어나고 도시화가 빠르게 진행되었다. 수많은 사람들이 일자리를 찾아 공장 지대와 도시로 몰려들었다. 1750년 무렵 영국은 전체 인구 가운데 약 70%가 농업 인구였다. 그런데 100년 만에 농업 인구가 약 22%로 줄었다. 반면 1800년에서

1900년까지 런던 인구는 거의 5배로 늘었다. 유럽이 농촌 중심의 농업 사회에서 도시 중심의 산업 사회로 바뀐 것이다. 세력을 크게 키운 자본가와 임금 노동자가 귀족과 농민을 대신하여 사회 주역이 되었다.

근대 자본주의는 18세기 후반 영국, 미국, 프랑스에서 일어난 시민 혁명으로 더욱 확고히 자리를 잡았다. 시민 혁명을 주도한 자본가들은 인간은 어떤 것에도 구속받지 않고, 행복과 안전을 누리기 위해 자유로이 판단하고 행동할 수 있어야 한다고 주장하였다. 자유주의가 인간의 생존 방식, 정치 운영의 법칙, 경제 활동의 기본 원리가 되면서 소유권은 국가 권력도 함부로 빼앗을 수 없는 기본권이 되었다. 이제 자본가들이 마음껏 경제 활동을 할 수 있는 튼튼한 기반이 마련된 것이다.

자본주의의 그늘

산업 혁명 뒤 자본가들은 더 많은 돈을 벌기 위해 서로 치열하게 경쟁하였다. 살아남지 못하면 다른 기업에 흡수될 수밖에 없었기 때문이다. 끝없는 자유 경쟁으로 기업 이윤은 갈수록 낮아졌다. 기업가들은 이를 이겨 내기 위해 공장 설비를 확대하고 생산량을 계속 늘려 나갔다. 시장의 규모를 생각하지 않는 이런 방식은 '과잉 생산'이라는 자본주의의 고질적인 병폐를 가져왔다. 이 때문에 주기적으로 불황이 찾아올 수밖에 없었다.

또한 도시화가 진행되면서 주택, 위생 등 여러 가지 도시 문제가 나타났다. 대도시에는 노동자 계급이 모여 사는 집단 주거지가 생겼다. 공장 옆이나 하천가 등에 자리 잡은 빈민가는 도로 포장도 안 되어 있고 쓰레기가 넘쳐 났다. 목욕탕은 없었고 화장실은 10여 세대가 함께 사용하였다. 침대 1개를 번갈아 사용하는 좁은 집에 여러 명이 살다 보니 숨이 막힐 지경이었다. 이들은 저임금

〈런던 빈민가〉(귀스타브 도레)
1830년대 말 농촌에 살던 지주의 평균 수명은 50~52세였다. 하지만 맨체스터, 리버풀 등 공업 도시에 살던 노동자의 평균 수명은 15~19세였다. 원인은 주로 티푸스, 결핵, 콜레라, 성홍열 등 전염병으로 많은 어린아이들이 사망했기 때문이었다.

에 장시간 노동으로 녹초가 될 때까지 일했다. 부녀자와 어린아이도 먹고살기 위해 일을 해야 했다. 그나마 불황이 닥치면 일자리를 잃고 굶주림의 희생물이 되었다.

노동자, 단결권을 쟁취하다

노동자들은 강한 불만을 가졌지만 겉으로 드러내기 힘들었다. 항의라도 하면 바로 일자리를 잃어버리기 때문이었다. 일자리를 구하는 노동자가 넘쳐 나 자본가들은 언제든지 사람을 구할 수 있었다. 이런 상황에서 노동자들이 기계를 부수는 등 급진적 행동을 하게 되면서 계급 갈등이 심해져 큰 사회 문제로 떠올랐다.

하지만 폭력적인 행동은 호응을 얻지 못하고 자본가와 국가의 탄압을 받아 좌절되고 말았다. 노동자들은 권리를 확보하기 위해 집단적이고 조직적인 행동이 필요함을 점차 깨달았다. 기계를 파괴하는 대신 생산을 중단시키는 방법을 이용하기 시작한 것이다. 노동조합을 결성하여 요구를 관철시키려고도 하였다.

이에 맞서 자본가와 국가는 단결 금지법을 만들었다. 노동자의 단결과 단체 행동을 "인위적인 것, 불온한 것, 혼란스러운 것"으로 규정한 것이다.

〈차티스트 시위〉(로버트 윌슨, 1848년)
『빅토리아 여왕의 생애』에 실린 삽화이다. 차티스트 운동은 1838년부터 1840년대 후반까지 일어난 최초의 노동자 운동으로 민주주의의 중요한 원칙을 제시했다는 의의가 있다. 차티스트는 노동자들이 내세운 〈인민헌장(People's charter)〉에서 유래했다. 〈인민헌장〉에는 21세 이상 남자에게 투표권 부여, 무기명 투표, 의원에 대한 재산 자격 제한 폐지, 의원에게 세비 지급, 인구 비례에 따른 평등한 선거구 확정, 매년 선거 시행 등의 내용이 있다.

심지어 노동자가 2명 이상 술집에 앉아 이야기하는 것도 못 하게 하였다.

하지만 노동자들은 여기에 굴하지 않고 치열하게 저항하였다. 수많은 노동자들의 희생과 노력 끝에 1824년 영국 의회는 단결 금지법을 폐지하였다. 1833년에는 공장법을 만들어 어린이와 청소년의 노동을 금지하거나 제한하였다.

노동 운동의 성장과 함께 성인 남자의 보통 선거와 무기명 비밀 투표 등을 요구하는 차티스트 운동도 일어났다. 자본주의가 갖고 있는 해악과 모순을 해결하기 위해 사회주의도 등장하였다. 유럽 여러 나라도 노동자의 생활을 개선하여 사회적 통합을 위한 노력을 하였다. 하지만 개혁은 자본주의 체제에서 한계가 있을 수밖에 없었다.

민족주의가 확산되고 국민 국가가 탄생하다

이와 함께 민족주의도 퍼져 갔다. 시민 혁명이 일어나기 전 프랑스는 겉으로만 통일된 나라였다. 각 지방은 서로 다른 말을 썼고 같은 민족이라는 생각도 없었다. 그런데 시민 혁명으로 프랑스어가 국어로 보급되고 모두가 똑같은 정치적 권리를 갖는 국민이라는 생각이 퍼져 나갔다. 이런 의식이 각국으로 번지면서 민족주의가 성장하였다. 특히 나폴레옹이 일으킨 침략 전쟁으로 자유주의와 함께 유럽 각국으로 민족주의가 확산되었다.

민족주의는 이민족의 지배에서 벗어나거나 분열된 나라가 근대 국민 국가로 통일되는 원동력이 되었다. 수십 개 국가로 쪼개져 있던 독일은 나폴레옹의 지배를 받으며 민족의식이 높아졌다. 1818년에는 프로이센을 중심으로 독일 관세 동맹이 결성되어 독일 연방 국가들 사이에 관세가 철폐되었다. 1866년에는 프로이센이 오스트리아를 물리치고 북독일 연방을 성립시켰다. 이어 1871년에 프랑스를 격파하고 독일 제국을 선포함으로써 통일을 완성하였다. 독일보다 더 많은 나라로 나뉘지고 외세의 간섭을 받던 이탈리아도 통일을 이루었다.

2

제국주의 국가,
아시아와 아프리카를 침략하다

과학 발달과 제2차 산업 혁명

19세기 중엽 과학이 눈부시게 발전하였다. 진화론, 에너지 보전 법칙, 공간 이론, 양자론, 세포론 등 현대 과학의 기본을 이루는 이론들이 이때 정립되었다. 발명가들은 다이너마이트, 전화, 백열등, 자동차 등 수많은 제품을 만들었다. 여기에 전기와 석유가 새롭게 동력원으로 사용됨에 따라 생산력이 비약적으로 높아졌다. 19세기 후반에 일어난 이런 변화를 제2차 산업 혁명이라 한다. 제2차 산업 혁명을 이끈 나라는 미국과 독일 등 후발 자본주의 국가들이었다. 이들은 20세기 전반에 이르러 철강, 자동차, 전기, 화학 등 분야에서 영국을 앞지르기 시작하였다.

제2차 산업 혁명으로 중공업, 화학, 기계, 섬유 공업 분야에서 엄청난 생산 규모를 가진 대기업이 나타났다. 대기업들은 중소기업을 흡수하거나 합병한 뒤 카르텔, 트러스트 등으로 독점 체제를 수립하였다. 카르텔은 기업들이 협정이나 계약을 체결하여 시장을 독점하는 방법이다. 트러스트는 기업들이 합동하여 독점적 대기업을 형성하는 것이다. 대표적으로는 미국에서 1879년 약 40개 석유 회사가 스탠더드 석유 트러스트를 결성한 일을 들 수 있다. 스탠더드 석유는 석유 제품의 판매 가격 통제, 공급량 제한 등으로 석유 시장을 독점하였다.

독점 자본주의와 제국주의

대기업들은 엄청난 규모로 공장을 만들기 위해 많은 자본이 필요했다. 이들이 금융 자본과 손잡고 국내 경제를 장악하면서 독점 자본주의가 나타났다. 중소 자본은 몰락하고 많은 사람들이 일자리를 잃었다. 굶주림과 실업은 커다란 사회 문제로 떠올랐다. 1870~1880년 유럽을 강타한 불황은 이런 상황을 더욱 악화시켜 폭발 직전에 이르렀다.

이런 위기를 타개하기 위해 각국은 자유 경쟁과 자유 무역을 포기하였다. 대신 국가가 시장을 관리하고 무역을 보호하는 방식으로 경제 운영 정책을 바꾸었다. 나아가 독점 자본가들과 손잡고 해외로 진출하여 아시아, 아프리카 등을 식민지로 삼았다. 이렇게 독점 자본주의를 배경으로 약소 국가를 군사력으로 지배한 것을 제국주의라 한다.

• 록펠러와 스탠더드 오일

스탠더드 오일(Standard Oil)은 1870년 록펠러가 세운 석유 회사이다. 사업 방해, 가격 인하 등으로 경쟁 회사들을 망하게 하거나 인수하여 1890년 미국 내 시장의 약 90%를 차지하였다. 1911년 반 트러스트법(반독점법)으로 뉴저지 스탠더드 오일(엑슨), 캘리포니아 스탠더드 오일(셰브론), 뉴욕 스탠더드 오일(모빌) 등 34개 독립 회사로 해체되었다. 제2차 세계 대전이 종식된 후 세계 석유 업계를 지배하고 있던 7개 회사 가운데 5개

록펠러와 스텐더드 오일 공장

가 스탠더드 트러스트에서 분리된 회사이다. 그 가운데 엑슨과 모빌이 1999년에 합병하여 세계 최대 석유 기업, 엑슨모빌이 되었다.

제국주의를 앞장서 이끈 나라는 자본주의가 가장 먼저 발전한 영국과 프랑스였다. 뒤늦게 국가 통일을 이룬 독일과 이탈리아에서는 배타적이고 침략적인 민족주의가 제국주의로 나타났다. 두 나라 제국주의자들은 국가 위신과 경제력을 높이기 위해서 해외 식민지를 가져야 한다고 생각하였다.

제국주의자들은 식민지 지배를 정당화하기 위해 진화론을 인간 사회에 적용한 사회 진화론을 내세웠다. 자연에서 강자가 생존하듯이 인간 사회에서도 강대국이 약소국을 지배하는 것이 당연하다는 주장이었다. 우수한 백인이 미개한 지역에 문명을 전달해야 한다는 '책임감'도 한몫하였다. 영국 시인 키플링[1865~1936]은 이를 '백인의 부담'이라고 하였다. 많은 제국주의 열강의 국민들도 실업과 사회 갈등을 해결할 수 있다고 여겨 침략 정책을 지지하였다.

제국주의 국가들의 해외 진출과 식민지 획득 경쟁은 교통과 통신이 발달함에 따라 더욱 열기가 높아졌다. 독일과 이탈리아, 미국과 러시아, 그

**그림 〈식민지를 지배하는 방식〉(토머스 하이네)과
1914년 아프리카 식민지 분포 양상**

위 그림은 유럽 제국주의 국가들이 아프리카 원주민을 어떻게 착취하는지 풍자한다. 왼쪽에서 입에 술을 부어 넣는 상인, 압착기를 돌려 아프리카 원주민을 쥐어짜 동전이 나오게 하는 군인, 성경을 읽어 주는 성직자가 그려져 있다. 19세기 후반부터 20세기 초반, 유럽 제국주의 열강들은 아프리카를 식민지로 만들어 아프리카의 역사와 전통, 부족의 특성 등을 무시하고 편리한 대로 식민지 분할선을 그었다. 이 분할선이 훗날 제2차 세계 대전 뒤 그대로 국경선이 되었다. 오늘날 아프리카 국가가 겪고 있는 국경 분쟁, 지역 분쟁, 종족 분쟁 등은 제국주의 열강들이 제멋대로 그은 선에 1차적인 원인이 있다.

지배국

- 벨기에
- 프랑스
- 독일
- 이탈리아
- 포르투갈
- 스페인
- 영국
- 독립국

리고 일본이 새로이 가담하면서 경쟁은 한층 치열해졌다. 이들 후발 자본주의 국가들은 자국의 산업이 발전하고 자본 규모가 커질수록 더 많은 식민지를 확보하려고 하였다.

그러나 식민지 대부분은 이미 선진 자본주의 국가가 차지하고 있었다. 이 때문에 식민지를 둘러싸고 제국주의 국가 사이에 경제·정치적 대립이 심화될 수밖에 없었다. 결국 이러한 대립은 제1차 세계 대전이 일어나게 만들었다.

제국주의 열강의 아시아·아프리카 침략

제국주의 열강들은 19세기 중반부터 아프리카 내륙을 본격적으로 침략하기 시작하였다. 리빙스턴, 스탠리 등 당대 탐험가들이 알아낸 아프리카에 대한 정보가 큰 힘이 되었다.

• 탐험가 리빙스턴

리빙스턴은 1813년 스코틀랜드에서 노동자의 아들로 태어났다. 중국으로 의료 선교를 가려고 했지만 아편 전쟁으로 포기하고 1841년 남아프리카에 갔다. 선교와 함께 원주민 문화에 관심을 갖게 된 그는 1849년 내륙 깊숙이 탐험을 시작하였다. 칼라하리 사막을 지나 은가미호, 잠베지강을 발견하고, 1855년에는 빅토리아 폭포를 발견하였다.

탐험가로서 이름을 얻은 그는 1858년 영국 정부의 후원으로 중앙아프리카 탐험 대장이 되어 잠베지강 유역을 조사하였다. 이때 포르투갈 상인들에게 잡혀 있던 흑인 수백 명을 풀어 주었다. 이 사건으로 포르투갈에 항의를 받은 영국 정부가 탐험 중지 명령을 내려 귀국하였다. 1866년 왕립 지리학회의 부탁으로 다시 탐험에 나서 1871년 탕가니카호 언저리의 우지지에 도착하였다. 여기서 열병에 걸려 연락도 끊기고 죽기 직전에 이르렀다. 11월 스탠리가 이끄는 수색대를 만나 극적으로 구조되었지만 이미 병들고 지쳐 2년 뒤 사망하였다.

어떤 사람들은 리빙스턴이 탐험에 나선 이유가 아프리카 원주민을 돕기 위해서라고 한다. 하지만 그도 아프리카에 기독교를 전파하고 그들을 문명화시켜야 한다는 '의무감'을 가지고 있었다. '의무'를 다하기 위해서는 선교사들이 더 넓은 지역으로 들어갈 수 있는 길을 찾아야 했고 그 길을 따라 선교사는 물론 상인과 군인도 들어갔다. 결국 리빙스턴이 탐험한 땅은 모두 영국 식민지가 되었다.

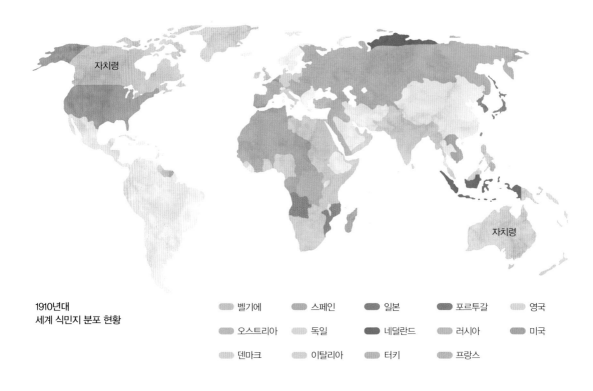

자치령

자치령

**1910년대
세계 식민지 분포 현황**

⬤ 벨기에　　⬤ 스페인　　⬤ 일본　　⬤ 포르투갈　　⬤ 영국

⬤ 오스트리아　⬤ 독일　　⬤ 네덜란드　⬤ 러시아　　⬤ 미국

⬤ 덴마크　　⬤ 이탈리아　⬤ 터키　　⬤ 프랑스

　　영국은 아프리카 식민지 쟁탈전의 주도권을 잡기 위해 종단 정책을 추진하였다. 남아프리카와 이집트를 거점으로 삼고 남북으로 연결하는 식민 지대를 만들려 한 것이다. 프랑스는 북서부 알제리를 거점으로 삼아 사하라를 거쳐 동남쪽 마다가스카르섬까지 동서로 잇는 횡단 정책으로 맞섰다. 독일, 이탈리아, 벨기에 등도 아프리카 분할 경쟁에 뛰어들었다. 그 결과 20세기 초에는 라이베리아, 에티오피아를 뺀 아프리카 전체가 유럽 열강의 식민지가 되고 말았다.

　　제국주의 열강들은 아시아도 경쟁적으로 침략하였다. 인도를 놓고 프랑스와 치열한 경쟁을 벌이던 영국은 1763년 프랑스와 벌인 7년 전쟁에서 승리한 뒤 인도를 독차지하였다. 이어 아프가니스탄과 버마^{미얀마}를 점령하여 식민지로 삼았다. 싱가포르와 말레이반도도 영국 식민지가 되었다. 프랑스는 인도차이나반도를, 네덜란드는 인도네시아를 차지하였다.

이어 유럽 열강들은 중국에도 손을 뻗쳐 반식민지로 만들었다. 일찍이 시베리아로 진출한 러시아는 19세기 후반에 베이징 조약으로 연해주를 얻었다. 내친김에 러시아는 1861년 쓰시마 한가운데 있는 이모자키에 상륙하였다. 하지만 영국이 강력하게 항의하자 쓰시마 점령 계획을 포기하였다. 19세기 중반 일본을 개항시킨 미국도 중국과 한국 등 아시아 진출에 큰 관심을 갖고 있었다.

제국주의 열강들은 오스트레일리아와 뉴질랜드를 비롯한 태평양에 있는 섬들도 분할 점령하였다. 미국은 서부 개척이 끝나자 태평양으로 진출하여 하와이를 차지하고, 에스파냐를 물리치고 괌과 필리핀을 식민지로 삼았다.

식민지가 된 아시아, 아프리카 국가와 민족은 자신의 역사와 고유한 문화를 잃어버리고 고통과 차별을 받아야 했다. 제국주의 열강들이 정치·경제적 지배만이 아니라 사회·문화까지 바꾸려 하였기 때문이다.

3

아시아와 아프리카, 제국주의에 맞서다

샤카

줄루 왕국은 오늘날 짐바브웨, 잠비아, 모잠비크, 보츠와나, 나미비아, 남아프리카공화국을 포함한 거대한 제국이었다. 샤카(?~1828)는 조그만 왕국 줄루를 거대한 제국으로 만들어 아프리카의 나폴레옹이라 불린다. 정복 전쟁에서 승리하면 패배한 부족의 비전투원까지 몰살했다. 이 때문에 '강력한 군주'와 '악랄한 지배자'라는 상반된 평가가 뒤따른다.

줄루 왕국, 영국에 맞서다

제국주의 열강의 식민지 쟁탈전은 19세기 초 절정에 달하였다. 영국은 자국 영토보다 100배가 넘는 광대한 지역을 식민지로 만들었다. 전 세계에 걸쳐 있는 식민지 때문에 '해가 지지 않는 제국'으로 불렸다. 프랑스는 자국 영토보다 20배가 넘는 식민지를 차지하였고, 뒤늦게 이 대열에 합류한 독일도 5배가 넘었다.

이에 맞서 아시아와 아프리카 국가와 민족들은 용감히 싸웠다. 저항은 제국주의 침략이 강화될수록 더욱 강렬해졌다. 비록 내부 분열과 열강의 강력한 무력에 밀려 식민지가 되었지만 이들은 투쟁을 멈추지 않았다.

오늘날 남아프리카에 있던 줄루 왕국은 영국의 항복 권유를 거절하였다. 1879년 1월에 벌어진 첫 전투에서 줄루 왕국은 큰 희생을 치렀지만 불굴의 정신으로 승리하였다. 하지만 이어진 전투에서 무기의 열세를 극복하지 못하고 패배하고 말았다. 마침내 7월 줄루 왕국의 수도 울룬디가 함락되고

13개 작은 나라로 분할당하였다. 6개월 남짓한 전쟁에서 죽은 줄루 족 전사만 1만 명이 넘었다.

무굴 제국, 역사 속으로 사라지다

인도 무굴 제국은 18세기 사실상 시크교국, 마라타 동맹, 마이소르 왕국 등으로 나눠졌다. 이 무렵 영국은 동인도 회사를 앞세워 인도를 놓고 프랑스와 치열하게 경쟁하였다. 1757년 영국은 플라시 전투에서 프랑스를 물리치고 인도를 본격적으로 식민지로 만들어 갔다.

껍데기만 남은 무굴 제국은 여기에 제대로 대응하지 못했다. 하지만 지역 왕국들은 영국 침략에 나름대로 대책을 세워 나갔다. 특히 남부 마이소르 왕국은 내정을 개혁하고 프랑스를 비롯한 국내외 여러 나라와 손을 잡으려 하였다. 위험을 느낀 영국은 교묘한 분열 정책과 함께 마이소르 왕국을 공격하였다. 결국 1757년부터 세 차례에 걸친 치열한 전쟁 끝에 마이소르 왕국은 1799년 멸망하고 말았다.

중부 마라타 동맹과 북부 지역 왕국들도 항쟁에 나서 100년 가까이 끈질기게 영국에 맞섰다. 1857년에는 영국 동인도 회사에 고용된 인도 병사인 세포이들이 봉기하였다. 세포이들은 마이소르 전쟁, 마라타 전쟁에서 크게 활약하면서 항쟁 직전에는 수십만 명에 달하였다. 하지만 차별 대우와 서구화 정책에 대한 불만이 높아지면서 영국에 대항했다. 이 세포이 항쟁은 무굴 제국 황제를 비롯한 많은 인도인들이 지지하였다. 하지만 동인도 회사를 지지한 사람들도 많았다. 일부 지역은 중립을 지켰다.

영국은 영국에서 온 증원군과 네팔 용병 구르카, 시크교도 등을 투입하여 세포이를 무자비하게 진압하였다. 세포이 항쟁을 무력으로 짓밟은 영국은 동인도 회사를 해체하고 영국 정부가 인도를 직접 다스리기로 하였다. 1877년 영국 빅토리아 여왕이 인도 왕을 겸하면서 무굴 제국은 역사 속으로 사라졌다.

베트남, 프랑스에 끈질기게 저항하다

프랑스는 19세기 초부터 중국 진출을 위한 교두보로 베트남에 관심을 갖고 있었다. 1862년 프랑스는 먼저 베트남 남부를 빼앗은 뒤 1883년에는 북부마저 장악하였다. 베트남은 남북 갈등과 권력 다툼으로 제대로 대응하지 못하고 프랑스의 보호국이 되고 말았다. 프랑스는 1885년에 종주권을 주장하던 청을 물리치고 베트남을 완전히 손아귀에 넣었다. 베트남 황제는 지위를 유지했지만 이름뿐이었다.

프랑스는 무거운 세금과 부역, 소금, 알코올, 아편을 전매하여 베트남

• 판보이쩌우와 『월남망국사』

요동·여순의 포성이 없었더라면 우리 국민은 여전히 프랑스 외에는 어떤 세계가 있는지 몰랐을 것이다. 러일 전쟁 이후 1904년에 와서야 서구와 아시아의 경쟁, 황인종과 백인종의 쟁투는 급기야 우리의 잠을 깨워, 프랑스에 복수하고 베트남의 광복을 그리게 했다.

－『월남지사옥중기』(판보이쩌우)

판보이쩌우와 『월남 망국사』

판보이쩌우(1867~1940)는 베트남 중부 지역에서 태어나 전통적인 유학 교육을 받고 일찍이 근왕 운동(프랑스를 내쫓고 베트남 황제를 옹립하려는 저항 운동)에 참여하였다. 1904년에는 베트남 유신회를 조직하고 젊은이들을 일본에 유학을 보내는 동유 운동을 벌였다. 1905년, 독립운동 자금과 무기를 구입하기 위해 일본에 갔다가 이듬해 중국 개혁가 량치차오(1873~1929)를 만났다. 량치차오는 두 사람이 나눈 대화 내용과 쩌우가 쓴 베트남 멸망, 독립 투쟁사를 『월남망국사』로 출판하였다. 이 책은 우리나라에서도 1906년 현채가, 1907년에는 주시경과 이상익이 번역 출판하였다. 『월남망국사』는 초등학생들까지 읽을 정도로 베스트셀러가 되었고, 1909년 치안에 문제가 된다며 금서 처분을 당했다.

일본에 머물던 판보이쩌우는 1908년 프랑스의 요청을 받은 일본 정부의 강제 퇴거 명령으로 태국으로 쫓겨났다. 신해혁명이 일어나자 중국 광둥으로 가서 1912년 베트남 광복회를 조직하였다. 중국 곳곳을 돌아다니며 프랑스 저항 운동을 이끌다 1925년 상하이에서 프랑스 비밀경찰에 체포되어 베트남으로 송환되었다. 사형 선고를 받았지만 베트남 민중의 거센 항의로 풀려나 가택 연금되었다. 1940년 9월 일본의 베트남 침공 후 한 달 뒤에 숨을 거뒀다.

을 수탈하였다. 뿐만 아니라 베트남 전통 문화를 파괴하고 프랑스 문화를 강요하는 식민지 정책을 폈다.

이에 맞서 베트남인들은 끈질기게 저항하였다. 먼저 남부 지방 농민들이 프랑스와 봉건 관리에 맞서 무장 봉기를 일으켰다. 1885년에는 주전파 관리와 재야 유생들이 황제의 호소에 호응하여 군사를 일으켜 프랑스군을 공격하였다. 이들은 변변한 무기도 없이 농촌과 밀림 속에서 치열하게 게릴라전을 벌였다. 하지만 월등한 무력을 앞세운 프랑스군에게 진압당하고 말았다.

프랑스는 베트남을 여러 지역으로 나눠 지배하였다. 안남은 응우옌 황실이 지배했지만 사실상 프랑스가 보낸 총독이 통치하는 보호령이었다. 북부 지역 통킹은 프랑스와 베트남이 공동 지배하는 보호령이었다. 남부 코친차이나는 직접 지배했다.

중국, 아편 전쟁에서 패배하고 홍콩을 빼앗기다

청은 17세기 후반 해외 무역을 금지한 정책을 풀었다. 한족의 반란이 가라앉고 남부 해안 지역이 경제적 어려움을 겪고 있었기 때문이다. 그렇다고 서양을 대등한 무역 국가로 인정한 것은 아니었다. 어디까지나

• 유럽에 대한 청의 시각

1792년 청 황제 건륭제는 영국의 통상 확대 요구에 대해 영국 사신 메카트니에게 이렇게 답했다. "천조(중국)는 물산이 풍부하여 없는 것이 없어 외국 오랑캐 나라에서 물건을 수입할 필요가 없다. 그런데 천조가 생산한 차, 자기, 생사 등이 서양 각국과 너희 영국의 필수품이라 한다. 내가 이를 불쌍히 여겨 (마카오에) 양행을 개설하여 일용에 도움을 받고 아울러 이윤을 보게 한 것이다."
중국인들은 스스로를 중화라 부르고 주변 다른 민족을 오랑캐로 생각하는 중화사상을 가지고 있었다. 외국과 교류할 때에도 그들이 중화를 사모하여 조공을 드린다는 의미로 받아들였다. 건륭제가 한 말에서도 서양을 오랑캐로 보는 중화사상이 잘 드러난다.

아편 폐기 과정을 지켜보는 임칙서(상상화)

임칙서는 석회에 아편을 담갔다가 바다에 버렸다. 아편은 석회와 소금을 만나면 화학 반응으로 못 쓰게 된다.

조공 형식으로 무역을 허락하였고, 무역항도 광동의 광저우 등 4곳으로 제한하였다. 얼마 가지 않아 무역항은 광저우 한 곳만 남게 되었다.

대외 무역은 청 정부가 무역 독점권을 인정한 공행을 통해서만 할 수 있었다. 공행은 관청을 대신하여 관세를 걷는 책임도 맡고 있었다. 관세는 높지 않았지만 공행은 부가세를 멋대로 부과하였다. 수입 면화는 관세보다 6~7배를 거두었고, 수출 차는 3~4배나 되었다. 게다가 유럽 상인들은 머물 수 있는 기간과 행동도 통제를 받았고, 건의도 공행을 통해서만 할 수 있었다. 당연히 불만을 가질 수밖에 없었다.

청과 유럽의 무역을 주도한 상인은 영국의 동인도 회사였다. 동인도 회사는 차, 도자기, 비단 등을 수입하고 모직물, 면직물 등을 수출하여 큰 이익을 올렸다. 하지만 유럽은 청과 무역에서 늘 적자를 보았고, 무역 대금으로 막대한 은을 지불해야 했다.

영국과 유럽 여러 나라는 이런 무역 구조를 개선하기 위해 여러 번 사절단을 파견하였다. 별다른 성과가 없자 영국은 인도에서 재배한 아편을 몰래 팔아 무역 적자를 해소하려 하였다. 아편 밀무역으로 상황은 완전히 바뀌었다. 중국은 차를 팔아서 들여온 은보다 더 많은 은을 아편 구입 대금으로 지불하였다. 막대한 은이 빠져나가자 청은 물가가 크게 올라 살기가 힘들어졌고 국가 재정도 나빠졌다. 더욱이 아편은 강한 중독성과 환각성으로 중국 사회에 큰 문제가 되었다.

청은 1839년 임칙서를 광저우에 보내 아편을 몰수하고, 영국 상인들에게 아편 무역을 하지 않겠다는 서약을 요구하였다. 이를 빌미로 영국은 자유로운 통상을 요구하며 전함을 보내 청을 공격하였다. 제1차 아편 전쟁 전쟁에서 패한 청은 1842년 영국과 난징 조약을 체결하여 홍콩을 떼어 주고 상하이 등 5개 항을 개항하였다. 자유 무역을 인정하고 관세 자주권도 보장받지 못한 불평등 조약이었다. 이듬해에는 영사 재판권과 최혜국 대우를 인정하였다. 이어 청은 다른 서양 열강과 비슷한 불평등 조약을 맺었다.

하지만 개방이 된 뒤에도 무역량이 기대만큼 늘어나지 않자 영국은 1857년 프랑스와 연합하여 제2차 아편 전쟁을 일으켰다. 태평천국 운동으로 청이 위기에 빠진 틈을 노린 것이다. 전쟁 구실은 영국 국기 모독 사건과 프랑스 선교사 피살 사건이었다. 실제 이유는 난징 조약 뒤 영국을 비롯한 열강들이 청 정부에 추가로 요구한 사항을 들어주지 않았기 때문이다. 추가 요구 사항은 자유로운 내륙 여행, 항구 추가 개방에 이어 중국 전역 개방, 베이징 공사 상주, 포교의 자유 등이었다.

영국 안에서도 이런 작은 일로 전쟁을 하는 것은 부끄러운 일이라고 반대가 많았다. 하지만 어떻게든 기회를 만들려고 한 영국은 프랑스를 끌어들여 광저우를 공격하였다. 연합군은 이듬해 베이징의 관문인 톈진을 점령하고, 1860년 10월에는 베이징에 쳐들어갔다. 다급해진 청은 러

태평천국 운동
1851년 홍슈취안이 청조를 타도하고 한족 국가를 세우자며 일으킨 운동. 토지를 골고루 분배하고 남녀 차별을 없애겠다고 하여 큰 호응을 받았다.

• 글래드스턴, '나는 이 부끄러운 전쟁에 반대한다'

1840년 4월 영국 의회는 중국 파병 문제로 격론을 벌였다. 젊은 하원 의원이었던 글래드스턴(1809~1898)은 파병에 반대하며 이렇게 외쳤다. "나는 이처럼 바르지 못한 전쟁, 우리 대영 제국에 영원히 씻을 수 없는 불명예를 안겨 줄 이런 전쟁을 여태껏 들어 본 일이 없다." 하지만 보수당 정권은 파병을 밀어붙여 파병 결의안은 9표 차로 통과되었다. 뒷날 글래드스턴은 보수당에 맞서 자유당을 이끌며 4차례나 수상을 지냈다. 맞수였던 보수당 당수 디즈레일리와 달리 영국 왕실이 수여하는 백작 작위를 끝내 받지 않고 '위대한 평민'으로 일생을 마쳤다.

글래드스턴(왼쪽)과 디즈레일리(오른쪽)

시아의 중재를 받아들여 베이징 조약을 맺고 열강의 요구 사항을 들어주었다. 또한 영국은 홍콩섬 맞은편 주룽반도를 얻고, 러시아는 연해주 지역을 차지하여 조선과 국경을 맞대게 되었다.

일본, 페리에게 굴복하다

일본은 에도 막부가 세워진 뒤 서양 열강과 교역을 금지하는 외교 정책을 실시하였고 네덜란드 상인에게만 무역을 허락하였다. 쇄국 정책에 대한 비판 여론이 점점 커지는 가운데 18세기 말 러시아를 비롯한 서구 열강들이 통상 관계 수립을 요구하였다.

통상 수교 거부 정책을 유지하던 일본은 아편 전쟁에서 청이 패배했다는 소식에 큰 충격을 받았다. 때마침 1853년 여름 미국 페리 제독이 군함을 이끌고 에도 막부가 있던 도쿄만 앞에 나타났다. 미국은 중국 진출을 위한 교두보로 삼기 위해 일본에 관심을 갖고 있었다.

• 녹둔도는 어디에?

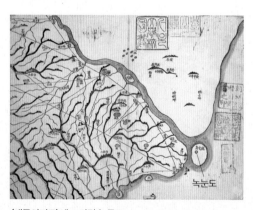

〈대동여지도〉에 그려진 녹둔도

대동여지도 2첩 1면에는 두만강 하류에 작은 섬, 녹둔도가 그려져 있다. 1750년대 초에 만든 해동지도에는 녹둔도가 삼각주로 표시되어 있다. 이순신 장군이 여진족의 습격을 막지 못해 백의종군하게 하게 만든 섬이다. 녹둔도는 그 뒤 모래가 쌓이면서 중국 쪽 육지와 이어졌다. 베이징 조약으로 연해주가 러시아로 넘어가면서 녹둔도도 러시아 땅이 되었다. 1889년(고종 26) 이를 알고 청에 항의하였지만 돌려받지 못했다. 북한은 소련과 국경 회담을 열었지만 해결하지 못했고, 대한민국 정부도 1990년 소련과 수교 뒤 반환을 요구하였지만 소용이 없었다.

페리 제독(왼쪽)과 제독이 가져온 모형 기차
미국은 화친 조약을 맺은 뒤 요코하마 영빈관에 약 100m 철로를 깔고 실물 크기의 1/4로 만든 기차를 달리게 하였다. 개항이 진보와 번영을 가져다줄 것이라는 믿음을 심어 주기 위한 조처였다. 하지만 왼쪽 그림에서 엿볼 수 있듯, 페리를 처음 본 일본인들은 그를 우호의 사절이 아닌 재물을 강탈하는 요괴처럼 받아들였다.

  페리는 나가사키로 가라는 막부의 요구를 거부하고 통상을 요구하면서 함포 사격으로 위협하였다. 에도 막부는 이듬해 다시 찾아온 페리와 3월 미일 화친 조약을 맺었다. 1858년에는 영사 재판권과 협정 관세를 인정하는 미일 수호 통상 조약을 체결하였다. 이어 영국, 러시아, 네덜란드, 프랑스와 비슷한 통상 조약을 맺었다.

• 근대화를 위한 두 길

아시아, 아프리카 국가와 민족들은 제국주의 침략에 저항하는 한편 근대 국가를 세우기 위해 끊임없이 노력하였다. 이들은 크게 두 가지 방법으로 근대화를 추진하였다. 하나는 중국의 양무운동처럼 고유 제도와 문화를 유지하면서 서양 기술을 받아들이자는 것이다. 다른 하나는 중국의 변법자강 운동과 일본의 메이지 유신처럼 서양의 정치 제도와 문화를 적극적으로 받아들이자는 것이었다.

양무운동은 이홍장 등 청의 집권층이 이끈 근대화 운동이다. 이들은 중국의 정치 제도를 유지한 채 서양의 군사 및 과학 기술은 받아들여 국력을 강화하려 하였다.

변법자강 운동은 캉유웨이 등 개혁파 하층 관리들이 중심이 되어 벌인 근대화 운동이다. 양무운동과 달리 서양 과학 기술뿐 아니라 서양의 정치 제도를 적극 받아들여 중국을 개혁하려 하였다.

메이지 유신은 미국에 강제 개항을 당한 뒤 근대화의 필요성을 절실히 느낀 하급 사무라이들이 주도하였다. 이들은 서구의 정치, 경제, 법, 과학 기술 등 모든 제도를 적극 받아들여 일본을 서구화하고자 했다. 그 목표는 중앙 집권적 근대 국가 건설과 자본주의, 산업화였다.

4

청과 일본,
근대화를 위해 노력하다

태평천국 운동을 일으키다

18세기 후반 청은 정권 다툼과 부정부패로 나라가 흔들리고 있었다. 농민들은 무거운 세금에 지주의 토지 겸병과 수탈로 고통받고 있었다. 여기에 강제로 개항한 뒤 지불한 막대한 전쟁 배상금은 농민들을 더욱 힘들게 만들었다. 배상금은 결국 농민이 부담하였기 때문이다.

특히 배상금 부담이 다른 지역보다 컸던 광둥 지역은 개항으로 대외 무역의 중심이 상하이로 이동하면서 경제 상황이 더욱 어려워졌다. 홍슈취안이 고향인 광둥에서 기독교 종교 단체라 할 수 있는 배상제회를 만든 것이 바로 이 무렵이었다.

1851년 홍슈취안은 배상제회를 토대로 청조를 타도하고 한족 국가를 세우자며 태평천국 운동을 시작하였다. 태평천국은 토지를 골고루 분배하고 남녀 차별을 없애겠다고 약속하여 농민들에게 큰 호응을 받았다. 2년 만에 강남 지역 대부분을 차지한 태평천국은 난징을 수도로 삼았다. 이어 창강^{창장}을 넘어 북쪽으로 진출하였다. 위기를 맞은 청은 군대를 보냈지만 제대로 막지 못하였다.

중국번, 이홍장 등 한인 관료와 지주층은 전통 질서를 지키기 위해 향용을 조직하여 태평천국 진압에 나섰다. 향용은 필요에 따라 정부의 허가를 받아 임시로 만든 의용병 같은 군대이다. 정규군과 달리 특정 지역 출신들로 이뤄졌고, 그 지역 유력자라 할 수 있는 신사들이 지휘관을 맡았다. 정부의 허가를 받았지만 사실상 사병이나 다름없었다. 서양 열강들도 청나라 편을 들어 태평천국을 공격하였다. 태평천국이 반외세 성향을 보이고, 이미 차지한 권리를 지켜야 했기 때문이었다. 결국 태평천국 운동은 수세에 몰렸고, 1864년 난징이 함락되면서 실패하였다.

서양 기술을 배워 근대화를 이루자

대내외적인 위기를 맞은 청 조정은 개혁을 해야 한다는 생각이 커져 갔다. 태평천국을 진압하는 데 앞장섰던 한인 관료들은 그 필요성을 더 강하게 느끼고 있었다. 이들은 전통적인 체제는 유지하면서 군사력을 강

• 〈천조 전무 제도〉와 여권 신장

"천하의 토지는 천하의 사람들이 함께 경작하는 것이므로 천하의 사람들이 모두 황상제의 커다란 복을 받아서 토지가 있으면 함께 경작하고, 음식이 있으면 함께 먹으며, 옷이 있으면 함께 입고, 돈이 있으면 함께 쓰며, 장소에 따라 불균형이 있거나 풍족한 생활을 할 수 없는 자가 없도록 한다."
- 〈천조 전무 제도〉(중국 근대정치사상 논저선집, 중화서국, 1986)

〈천조 전무 제도〉는 태평천국이 1853년 난징을 점령하고 발표한 개혁 조치이다. 주요 내용은 '지주의 토지를 몰수하여 남녀노소 구분 없이 균등하게 분배한다. 관직은 신분에 관계없이 모든 사람이 평등하게 맡는다. 여성 억압을 상징하는 전족을 폐지한다. 여성을 관리로 채용하고 여군을 조직한다' 등이다. 남녀를 구별하지 않고 차별 없는 세계를 만들고자 한 강령은 민중들에게 큰 호응을 얻었다.

실제로 태평천국에서는 여자들에게 그때까지 상상도 할 수 없었던 일이 일어났다. 과거 시험에 응시하였고 장원을 차지하기도 하였다. 관리나 군대 지휘관도 될 수 있었다. 토지를 분배받고 재혼도 할 수 있었다. 여기에 놀란 지주들과 전통 윤리와 질서를 지키려는 사람들은 태평천국을 진압하는 데 발 벗고 나섰다.

화하고 산업을 일으켜 부강한 나라를 만들려 하였다. 이를 중체서용이라고 하였고, 이를 주도한 세력을 양무파라 불렀다.

양무운동이 가장 먼저 힘을 기울인 것은 서양식 무기와 탄약을 만드는 군수 공업이었다. 1860년대 초부터 1894년까지 전국에 세워진 군수 공장은 무려 24개였다. 이어 조선, 제철, 석탄, 면방직 공장이 들어서고 전신, 철도 등 교통 통신 시설도 만들어졌다. 그 결과 청은 1890년대에 근대 공업의 기초를 확립하였다. 산업 시설과 함께 서양식 학교를 세워 기술 인력을 기르고 많은 유학생을 서양 여러 나라로 보냈다. 서양식 무기와 군함으로 무장한 육군과 해군도 육성하였다.

그러나 청 조정을 장악한 보수파의 견제로 행정과 정치 제도 개혁이

양무운동으로 변화된 중국

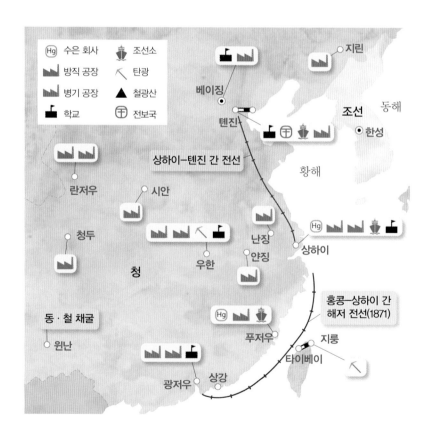

150

후베이 창포창
후베이 창포창은 상하이 강남 제조국, 톈진 기기국과 함께 양무 운동 시기 3대 병공창으로 손꼽힌다. 각종 소총과 야포, 탄약, 기관총, 지뢰 등을 생산하였고, 중일전쟁과 국공 내전 때까지 중국 최대의 군수 공장의 하나였다.

제대로 이루어지지 않았다. 이 때문에 양무운동은 중앙 정부의 체계적인 계획이 아니라 지역별로 진행되었다. 군대도 통일성 없이 지역별로 마치 사병처럼 운영되었다. 기업 경영도 관청의 간섭이 심해 효율성이 떨어졌다. 이런 약점은 청프 전쟁¹⁸⁸⁴과 청일 전쟁¹⁸⁹⁴~¹⁸⁹⁵의 패배에서 그대로 드러나 양무운동은 사실상 중단되고 말았다. 근본적인 개혁 없이 근대화를 이루려는 중체서용 방식이 한계를 드러난 것이다.

법을 바꾸지 않고는 부국강병을 이룰 수 없다

청은 일본과 전쟁에서 패배하면서 1895년 4월 시모노세키 조약을 맺었다. 조선에 대한 종주권을 포기하고 랴오둥반도와 대만을 넘기는 굴욕적 내용이었다. 중국인들은 분노하였고, 캉유웨이 등 개혁적 지식인들은 군사와 산업이 아닌 정치 제도 개혁을 주장하였다. 청도 일본 메이지 유신 같은 개혁을 해야 부국강병을 달성할 수 있다는 것이다. 이를 변법자강이라고 한다. 게다가 열강이 중국 분할을 본격화하고 경제 침탈을 강화하자 청 조정 안팎에서 위기감이 높아졌다.

마침내 1898년무술년 4월, 11대 황제 광서제는 캉유웨이의 주장을 받아들여 변법을 단행무술변법하였다. 주요 개혁 내용은 정치 제도의 개혁, 개혁파 관리 임용, 상공업 진흥, 서양식 학교 설치와 자유로운 의복 제도, 언론 자유 확대 등이었다. 하지만 급진적인 개혁은 서태후를 비롯한 보수파의 반발을 불러일으켜 8월 4일 정변^{무술정변}이 일어났다. 광서제는 연금되고, 개혁파 관료들은 처형당하였으며, 캉유웨이는 일본으로 망명하였다.

의화단, 외세 배격 운동을 벌이다

열강의 침략이 강화되고 기독교가 확산되면서 민중들은 비밀 결사를 만들어 외세 배척 운동을 벌였다. 특히 산둥 지방을 중심으로 세력을 키운 의화단은 청을 도와 서양인을 물리치겠다는 '부청멸양'을 내걸고 교회와 철도를 공격하고 선교사를 살해하였다.

1898년 4월에 시작된 의화단 운동은 갈수록 세력이 커졌다. 청 조정은 이들을 사교로 탄압하면서도 한편으로 지원하였다. 1900년 6월에는 의화단이 베이징에 들어가 외국 공관을 포위 공격하였다. 서태후는 백성의 지지를 받고 있는 의화단을 이용하여 서양 열강에 맞서려 하였다. 이에 러시아, 일본, 독일, 영국, 미국, 이탈리아, 오스트리아, 프랑스 8개국 연합군이 베이징을 점령하고 의화단을 진압하였다. 서구 열강은

의화단이 뿌린 격문에 그려진 〈사저참양도〉(왼쪽)와 프랑스 신문 『Le Petit Parisien』의 삽화(오른쪽)
〈사저참양도〉에서 십자가에 매달린 채 화살을 잔뜩 맞은 돼지는 예수를, 목이 베이는 양은 서양 세력을 뜻한다.
프랑스 신문에 실린 삽화는 의화단원들이 철도를 파괴하고 있는 모습이다.

청 조정을 압박하여 거액의 배상금을 물리고 베이징 부근에 군대를 주둔시킨다는 신축 조약을 맺었다. 이 사건으로 중국의 반식민지 상태가 더욱 심화되었다.

의화단 운동이 실패하자 개혁 운동은 혁명파와 입헌파로 나누어졌다. 혁명파는 쑨원을 중심으로 중국 동맹회를 만들어 청조 타도를 주장하였다. 이들은 삼민주의 이념을 바탕으로 공화정 수립 운동에 나섰다. 해외 유학생과 신식 교육을 받은 청년들이 뜻을 함께하였다. 반면 캉유웨이를 비롯한 대부분 지식인과 관료 들은 청조를 중심으로 한 입헌 군주제를 주장하였다. 서태후 등 보수 세력도 왕조를 유지하기 위해서 더 이상 개혁을 미룰 수 없다고 인식하였다. 이들은 입헌파가 내세운 주장에 따라 의회 개설, 과거제 폐지, 신군 창설 등을 주요 내용으로 하는 개혁을 단행하였다.

쑨원, 신해혁명을 일으켜 아시아 최초로 공화국을 세우다

의화단 운동으로 지불할 배상금과 개혁을 추진하는 데는 엄청난 돈이 필요했다. 청 조정은 세금을 크게 늘리고 민영 철도를 국유화하여 이를 담보로 차관을 들여와 해결하려 했다. 철도 국유화 조치에 반대하여 전국에서 반대 투쟁이 일어났다. 특히 1911년^{신해년} 9월 쓰촨 주민들은 대규모 무장 봉기를 일으켰다. 청 정부는 이를 진압하기 위해 군대를 동원하였다.

하지만 10월 10일 우창에서 혁명파가 지원하는 군대가 봉기하면서 상황이 완전히 달라졌다. 신해혁명이 시작된 것이다. 혁명은 중국 전역으로 확대되어 대부분 지방 정부가 독립을 선언하였다. 1912년 1월 지방 정부의 대표들은 난징에 모여 쑨원을 임시 대총통으로 선출하고 중화민국의 수립을 선언하였다.

놀란 청 정부는 사실상 북양군을 장악한 위안스카이에게 혁명을 진압하도록 요청하였다. 이홍장이 창설한 북양군은 당시 가장 강력한 군대였다. 내각 총리대신이 된 위안스카이는 정부와 군사 실권을 완전히 장악하고 혁명파 진압에 나섰다.

하지만 그는 더 이상 청 왕조를 유지할 수 없다고 판단하였다. 북양군과 치른 전투에서 잇달아 패배한 혁명파도 협상에 나섰다. 마침내 두 세력은 임시 대총통을 위안스카이가 맡는 대신 황제를 퇴위시키기로 하였다.

마침내 2월 11일 마지막 황제 선통제가 퇴위하고 중화민국이 수립되었다. 수천 년을 이어온 왕정이 무너지고 아시아에서 처음으로 공화국이 탄생한 순간이었다. 2월 15일에는 위안스카이가 임시 대총통으로 선출되었다.

신해혁명의 전개

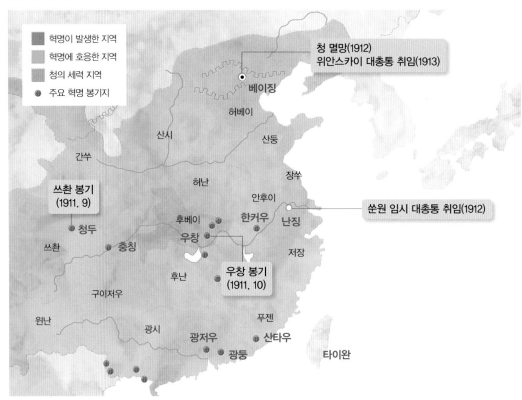

3월 10일 위안스카이는 난징이 아닌 베이징에서 중화민국 대총통에 취임하였다. 혁명파의 근거지를 피해 권력을 차지하려 한 것이다. 이런 야망은 황제 체제의 부활 시도로 이어졌다. 이를 위해 일본의 협조를 얻고자 제1차 세계 대전이 한창이었던 1915년 5월에 일본의 21개조 요구를 받아들였다. 하지만 국내외에서 일어난 반발로 꿈을 이루지 못하고 죽었다. 그 뒤 각지에서 군벌이 일어나 중국은 더욱 혼란한 상황으로 빠져들었다.

신해혁명은 많은 한국인들에게 적지 않은 영향을 미쳤다. 특히 신해혁명이 조선의 독립을 당겨 주리라는 열망으로 중국 혁명 운동에 뛰어든 이들이 적지 않았다.

● 중국 혁명의 아버지, 쑨원

쑨원(1866~1925)은 태평천국이 일어났던 광둥성에서 태어났다. 어린 시절 하와이로 건너가 의학을 배우고 병원을 차렸다. 그러나 조국이 위기에 빠진 것을 보고 혁명에 투신하였다. 청일 전쟁이 한창이던 1894년 무렵에 혁명 단체를 조직하였고, 의화단 운동이 일어나기 전에 두 차례 무장 봉기를 주도하였다. 1905년 일본 도쿄에서 여러 혁명 단체를 통합하여 중국 동맹회를 결성하였다. 중국 동맹회는 '만주족을 몰아내고 중화를 회복하며 민국을 세운다'라는 목표를 분명히 하였다. 그는 신해혁명으로 중화민국을 수립하고 임시 총통이 되었으나 청조를 무너뜨리기 위해 위안스카이에게 대총통 자리를 내주었다. 그 뒤

신해혁명 100주년 기념식
신해혁명 100주년을 맞아 중국 정부는 북경인민대회당에서 성대하게 기념식을 열었다.

위안스카이에 맞서 공화정을 지키고 군벌로 쪼개진 중국을 통일하기 위해 노력하였다. 1919년 5·4운동에 큰 자극을 받아 위로부터의 혁명이 아닌 국민과 함께하는 혁명으로 노선을 바꾸었다. 중국동맹회를 비롯한 혁명 조직을 중국 국민당으로 개편한 것도 이 때문이었다. 1923년에는 코민테른과 손을 잡고 중국 공산당과 제1차 국공 합작을 하였다. 그 뒤 북벌에 나서 군벌을 타도하고 국민혁명을 이루기 위해 백방으로 노력하였다. 1925년 시국 수습을 위한 국민대표회의에 참석하기 위해 베이징에 갔지만 병으로 죽음을 맞이하였다.

일본, 에도 막부가 무너지다

일본은 개항 뒤 면직물을 비롯한 외국 상품이 들어오고 명주실과 차의 수출이 크게 늘어났다. 두 품목은 일본 내에서도 소비량이 많아 대량 수출로 물가는 오르고 비단 직조 산업은 큰 타격을 입었다. 여기에 세금도 늘어나면서 생활이 어려워진 민중들은 개항을 추진한 막부에 불만을 갖게 되었다.

에도 막부에 대한 비판이 거세지자 개항 반대 세력들은 존왕양이 운동을 일으켰다. 막부를 타도하여 허수아비였던 천황을 받들고 서양 오랑캐를 물리치자는 것이었다. 이 운동을 이끈 세력은 사쓰마 번과 조슈 번이었다. 두 번은 에도 시대 전체 260여 번 가운데 10위 안에 드는 경제력과 강력한 군사력을 갖추고 있었다. 하지만 1862년 영국 함대의 공격을 받은 사쓰마 번이 먼저 굴복하고, 이듬해 조슈 번도 시모노세키 해협을 봉쇄하다 서양 열강의 함대에 참패를 당하였다.

서양 열강의 힘을 알게 된 두 번은 입장을 바꿔 개항을 받아들였다. 대신 막부를 타도하는 데 힘을 쏟았다. 앙숙이었던 두 번은 에도 막부가 조슈 번을 정벌하자 동맹을 맺었다. 마침내 두 번은 1868년 에도 막부를 폐지하고 메이지 국왕을 중심으로 새로운 정권을 세웠다.

일본, 메이지 유신을 단행하다

메이지 정부는 근대 국가를 목표로 대대적인 개혁을 추진하였다. 먼저 다이묘들이 다스리던 번을 없앴다. 대신 번을 통폐합하여 40여 개 현으로 지방 행정 조직을 정비하고 지방관을 파견하였다. 중앙 집권 체제를 수립하며 신분제도 폐지하였다. 무사만의 특권이었던 성씨를 모든 국민들이 가질 수 있게 되었고, 머리 모양과 복장도 자유롭게 할 수 있었다. 결혼과 직업 선택의 자유가 주어졌다. 동시에 병역과 납세 의무를 지게 되었다. 새롭게 창설된 육군과 해군은 징병제로 소집된 일반 국민으로 구성되었다. 또한 전국의 토지를 조사하고 조세 제도를 근대적으로 개정하여 국가 재정을 안정시켰다.

이와 함께 문명 개화를 내세우며 일상 생활과 교육을 서구식으로 바꿔 나갔다. 프랑스 제도를 바탕으로 소학교에서 대학교까지 학교를 세우고 새로운 시대에 필요한 지식을 가르쳤다. 특히 소학교는 의무 교육이었다. 일본은 달력도 태양력으로 바꾸었고 머리 모양도 서구인처럼 단발을 하라고 장려하였다. 단발은 문명 개화의 상징으로 여겨져 1890년대가 되면 남성 대부분이 상투를 잘랐다.

메이지 정부는 경제를 일으키기 위해 서양 근대 문물을 적극적으로 도입하였다. 서양식 공업 기술을 들여와 근대적 공장을 세우고 일본 은행을 설립하여 금융 제도를 정비하였다. 우편, 철도 및 운송, 전신 등도 도입하였다. 서양의 선진 문물을 소개하고 국내 소식을 전하는 신문과 잡지도 잇달아 창간되었다.

1871년 메이지 정부는 신정부를 이끄는 핵심 관료와 유학생으로 이뤄진 대규모 사절단을 미국과 유럽에 보냈다. 이들은 1년 10개월 동안 미국, 영국, 러시아, 프러시아 등 12개국을 돌아보고 왔다. 이들이 조사해

메이지 헌법 반포
메이지 헌법은 1889년(메이지 22년) 공포되었고, 이듬해 시행되었다.

온 교육, 과학 기술, 문화, 군사 등 여러 방면의 정책과 지식은 일본 근대화에 큰 힘이 되었다. 사절단은 불평등 조약을 개정하는 것도 중요한 목표였지만 성과를 거두지 못하였다. 국제 질서의 냉혹함과 국력을 키워야 함을 뼈저리게 느낀 이들은 더 적극적으로 유신을 추진하였다.

일본, 제국주의로 나가다

메이지 유신으로 일본은 근대 국가로 탈바꿈하였다. 하지만 봉건적 특권을 잃어버린 무사들은 여기저기서 반란을 일으켰다. 농민들도 새로운 병역과 교육 제도가 부담이 되었고 근대화로 세금도 늘어나 불만을 갖게 되었다.

일본 정부는 반란을 무력 진압하는 한편 불만을 가라앉히기 위해 대외 진출을 시도하였다. 여기에는 제국주의 열강들처럼 해외 시장을 개척하려는 목적도 있었다. 1874년 일본은 류큐국의 표류민이 대만인에게 살

개혁 명칭	양무운동	메이지 유신
중심 인물	증국번, 이홍장 등 한인 신사층	사쓰마 번, 조슈 번 등의 하급 무사들
근대 개혁에 기여한 점	군수 산업 분야에서 시작하여 광공업, 면업, 전신선과 철도 부설 등으로 범위를 넓혀 나가 1890년대에 어느 정도 근대 공업의 기초를 마련하였다.	메이지 정부는 번을 폐지하고 현을 설치했으며 중앙에서 지방에 관리를 파견하여 중앙 집권 체제를 확립하였다. 또한 신분제를 폐지하고 징병제와 신식 교육을 실시하는 등 근대 서양 문물을 적극적으로 수용하여 서구 열강과 대등한 국민 국가를 이룩하기 위해 노력하였다.
한계	중국의 전통적인 체제를 유지하면서 서양의 기술만을 배우려는 중체서용을 개혁의 원칙으로 삼았다. 게다가 전체적인 계획이 부족하고 기업의 경영도 관이 주도하는 방식으로 진행되어 근대적 개혁으로는 많은 한계를 지니고 있었다.	근대적 개혁으로 봉건적 특권을 잃은 무사들이 반발하자, 이를 무마하기 위하여 메이지 정부는 대만, 류큐, 조선 등을 침략하였다. 한편 자유 민권 운동이 발전하면서 민중의 힘에 의한 민주주의적 변혁의 가능성이 나타나기도 하였다. 하지만 일본 정부는 이를 진압하면서 일본 민중을 동아시아에 대한 침략과 적대의 길로 내몰았다.

양무운동과 메이지 유신 비교

해당한 사건을 빌미로 대만을 침략하였다. 나아가 청과 일본 두 나라에 조공을 바치던 류큐를 강제로 합병하여 오키나와현으로 삼았다. 이듬해에는 운요호 사건을 일으켜 조선을 침략하였다. 조선 침략은 대만 침략 전에 계획되었지만 권력층의 갈등으로 미루어졌다. 1878년에는 도쿄에서 남쪽으로 1,000km 떨어진 오가사와라 제도를 차지하였다.

한편 상인과 지식인 들을 중심으로 참정권 확대, 의회 개설, 헌법 제정을 요구하는 자유 민권 운동이 일어났다. 정권에서 밀려난 일부 세력들도 여기에 가세하였다. 메이지 정부는 이를 탄압하는 한편 관 주도로 1889년 일본 제국 헌법을 공포하고 의회를 개설하였다. 당연히 메이지 헌법은 자유 민권 운동에서 요구한 개인의 권리를 보장하지 않았다. 절대 권력을 가진 국왕을 중심으로 국가 권력을 강화하는 구실을 하였다. 이후 일본은 대외 팽창 정책을 더욱 강화하여 나갔다.

5

흥선 대원군, 조선을 정비하다

흥선 대원군, 정권을 잡다

19세기에 들어와 조선 왕조는 세도 정치의 폐단이 드러나며 정치 기강이 무너졌다. 뇌물을 주고 관직을 사는 경우가 일반화되었고, 부정부패가 만연하였다. 자연재해도 자주 일어나고 전염병이 유행하여 많은 백성들이 목숨을 잃거나 떠돌이가 되었다.

사회가 불안해지자 예언 사상이 유행하였다. 정부의 단속에도 왕조 교체나 새로운 세상이 올 것이라는 예언은 농민들 사이로 퍼져 나갔다. 여기에 삼정 문란으로 더 이상 견디기 어려워진 농민들이 1862년 전국에서 봉기하였다. 하지만 세도 정권은 위기에서 벗어나는 데 관심이 있었을 뿐 근본적인 해결책을 내놓지 못하였다.

게다가 18세기 말부터 서양 선박이 연해안에 나타나 해안을 탐사하여 사람들을 놀라게 하였다. 증기선에 대포로 무장한 서양 선박은 우리 배와 모양이 달라 이양선이라 불렀다. 이양선을 타고 온 서양 세력은 19세기 중반에는 통상을 요구하기 시작하였다.

조선 정부는 필요할 경우 이들에게 물과 식량은 공급하였다. 하지만 통상 요구는 단호히 거절하였다. 통상은 청과 상의를 해야 하는 중대한 사항이라는 것도 좋은 거절 구실이었다. 이 말은 단순한 핑계가 아니라 사실이기도 했다. 조선은 청과 책봉 관계를 맺고 있었기 때문이다. 서양 선박이 표류해 오면 조선은 청에 알리고 표류한 서양인은 청으로 보냈다.

1860년에는 영국 프랑스 연합군에게 베이징이 함락되고 청 황제가 피난을 갔다는 소식이 전해졌다. 이 소문은 청을 종주국으로 받들고 있던 조선 사회를 엄청난 충격 속으로 몰아넣었다. 시골로 내려가거나 산속으로 도망간 사람, 십자가를 가지고 다니거나 천주교 신자에게 잘 보이려고 한 사람이 생겼다는 것이 이를 잘 보여 준다. 연해주를 차지한 러시아가 두만강을 건너와 통상을 요구하자 위기 의식은 더욱 높아졌다.

나라 안팎으로 위기감이 높아지자 집권층 안에서 개혁을 주장하는 사람들이 늘어났다. 서양 열강의 침략을 물리치기 위해서도 내부 개혁이 필요하다는 것이었다. 이런 가운데 철종이 죽자 고종이 12세 어린 나이에 왕위에 올랐다. 안동 김씨는 고종의 생부 흥선 대원군을 탐탁하게 여

• 베이징이 함락된 날, 서울 모습은 어땠을까?

(1860년 베이징 함락 소식을 듣자) 관료들은 연락도 없이 출근을 하지 않고, 권세 있는 자와 부유층은 낙향하거나 산속으로 피난 가기도 하였다. 백성들 가운데는 천주교도를 가장하여 서양 오랑캐들의 학살을 피하려고 광분하는 사람도 있었고, 천주교도들에게 환심을 사려고 아부하는 자도 있었다. 민심이 소란하고 낙향자가 많자 철종은 혼란을 누그러뜨리기 위해 청 황제가 피신해 있는 열하에 문안사를 보내고, 좌의정 박규수에게 좋은 의견을 내놓도록 하였다.
- 『은자의 나라 한국』(그리피스)

『은자의 나라 한국』은 미국인 그리피스(1843~1928)가 쓴 한국 역사책이다. 제1부 고대사 · 중세사, 제2부는 정치 · 사회, 제3부는 근세사 · 현대사로 이루어져 있다. 1882년(고종 19)에 발행되었다. 그는 1870년부터 일본에서 동양학을 연구하다 한국에 관심을 갖게 되었다. 외국인이 쓴 한국사 가운데 가장 흥미 있고 포괄적인 저술로 평가받고 있다. 군데군데 잘못된 곳도 있지만 당시 분위기를 잘 보여 준다.

기지 않았지만 급박한 상황에 끝까지 반대할 수 없었다. 어린 고종을 대신하여 정권을 잡은 흥선 대원군은 개혁을 단행하였다. 왕권을 강화하여 세도 정치로 허물어진 통치 질서를 제자리로 돌리고 민생을 안정시키는 것이 목표였다.

흥선 대원군, 통치 체제를 재정비하다

흥선 대원군은 먼저 당파와 지역, 신분을 가리지 않고 인재를 등용하였다. 이어 비변사를 사실상 폐지하여 세도 가문의 힘을 약화시켰다. 대신 의정부와 삼군부의 기능을 되살려 정치와 군사 업무를 맡게 하였다. 서양 열강의 위협에 대비하여 수군을 강화하고 훈련도감의 군사력도 보강하였다. 청에서 서양의 화포 기술도 도입하였다. 또한 사회 변화에 맞춰 통치 체제를 재정비하기 위해『대전회통』과『육전조례』등 새로운 법전을 편찬하였다.

흥선 대원군은 삼정을 개혁하여 국가 재정을 튼튼히 하고 민생도 안정시키려 하였다. 먼저 전정을 바로잡으려 토지 대장에서 빠진 토지를 찾아내고, 권세가와 토호 들이 농민에게 땅을 함부로 빼앗지 못하게 하였다. 일부 지역에는 양전도 실시했다. 군정의 폐단은 과세 기준을 호로 바꾸고 양반도 군포를 내는 호포법을 시행하여 바로잡았다. 신분 차별은 여전하여 양반호가 평민호에 비해 세금을 적게 냈다. 하지만 납부층이 늘어나면서 국가 재정에 도움이 되었다. 평민들은 모두가 군역 부담을 진다는 점에서 호포법을 반겼지만 양반들은 심하게 반발하였다. 농민을 가장 괴롭혔던 환곡은 사창제를 운영해 문제점을 개선하려 하였다. 면 단위로 관청이 운영하던 방식을 바꿔 리 단위로 사창을 만들고 덕망 있고 경제적으로 여유로운 사람을 뽑아 운영을 맡긴 것이다. 이 조치로 지방관과 토호의 수탈과 부정을 어느 정도 막을 수 있었다.

또한 부패한 정치 세력의 근거지였던 서원을 대폭 정리하고 토지와

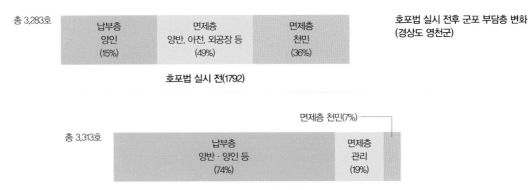

총 3,283호

| 납부층 양인 (15%) | 면제층 양반, 아전, 외공장 등 (49%) | 면제층 천민 (36%) |

호포법 실시 전(1792)

호포법 실시 전후 군포 부담층 변화
(경상도 영천군)

면제층 천민(7%)

총 3,313호

| 납부층 양반 · 양인 등 (74%) | 면제층 관리 (19%) |

호포법 실시 후(1872)

노비를 몰수하였다. 이 무렵 서원은 국가 재정을 좀먹고 백성을 수탈하여 큰 원성을 사고 있었다. 흥선 대원군은 영조의 서원 개혁 정책을 이어 600개가 넘는 서원 가운데 47곳만 남기고 모두 철폐하였다. 서원 철폐로 흥선 대원군은 왕권을 강화하고 국가 재정을 튼튼히 하였으며 백성들에게 많은 박수를 받았다. 하지만 보수 양반층의 엄청난 반발은 정치적으로 큰 부담이 되었고, 훗날 권력을 내놓는 원인으로 작용하였다.

경복궁을 다시 짓다

경복궁은 조선 왕조의 정궁이지만 한양에 있던 경복궁을 비롯한 궁궐들은 임진왜란으로 대부분 불타 버렸다. 전쟁이 끝난 뒤 선조와 광해군은 창덕궁을 비롯한 여러 궁궐을 다시 세웠다. 하지만 경복궁은 불탄 채 버려져 있었다.

흥선 대원군은 세도 정치로 당에 떨어진 왕실의 권위를 다시 세우기 위해 경복궁을 중건하였다. 규모도 불타기 전보다 훨씬 크고 웅장하게 설계하였다. 공사를 시작하자 세도 정치에 환멸을 느낀 사람들은 적극적으로 지지하였다. 관리와 종친, 백성 들은 스스로 원납전이라는 기부금을 내고, 자진해서 공사장에 가 일을 돕는 사람도 있었다.

순조롭게 진행되던 공사는 큰불이 나면서 위기를 맞이하였다. 공사 기

정궁
임금이 상주하며 정사를 돌보던 궁.

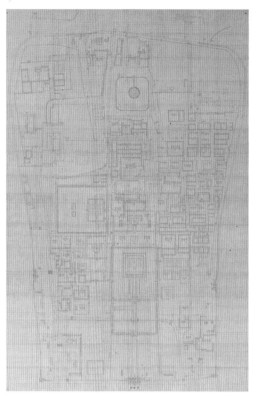

〈북궐도형〉

경복궁 중건 뒤 만들어진 건축 배치도이다. 주요 건물 이름과 공포 형식. 칸수. 기둥 높이와 간격 등을 작은 글씨로 적어 넣었다. 경복궁 복원에 중요한 단서가 되었다.

간도 길어지면서 공사비가 예상을 훨씬 웃돌자 원납전을 고을 단위로 할당하여 강제로 거두었다. 기부금이 아니라 세금처럼 바뀐 것이다. 한양 도성문을 출입하는 사람들에게 통행세를 걷고, 물품에 세금을 매겼다. 국유림이 아닌 사유림에서 목재를 조달하기도 했다. 심지어 양반의 묘지에 있는 나무까지 베어 갔다. 백성들도 강제로 공사에 동원되었다. 특히 고액 화폐인 당백전을 발행하여 경제에 큰 타격을 주었다. 당백전은 명목 가치는 100전이었지만 실질 가치는 20전 정도밖에 되지 않아 물가 폭등을 불러왔다.

경복궁은 8년 만에 완공되어 1872년 고종은 창덕궁에서 경복궁으로 거처를 옮겼고 왕실의 위엄을 되찾았다. 하지만 무리한 중건으로 양반은 물론 백성들 모두에게 원성을 사게 되었다.

프랑스군을 물리치다

흥선 대원군은 내정 개혁과 함께 서양 열강의 움직임을 주의 깊게 보고 있었다. 특히 동북아시아로 세력을 뻗쳐 오는 러시아에 관심을 갖고 있었다. 러시아는 겨울에 얼지 않는 항구를 얻기 위해 한반도로 진출하고 싶어 했다. 이를 대비하여 흥선 대원군은 프랑스 선교사를 통하여 프랑스와 손을 잡으려 하였다.

이 무렵 천주교는 정부의 금지 정책에도 불구하고 교세를 꾸준히 키우고 있었다. 특히 프랑스 선교사들이 들어와 포교를 하면서 신자가 더욱 늘어났다. 천주교 신자가 2만 명이 넘자 보수 양반층은 성리학적 질서를 위협하는 천주교에 대한 대책을 요구하였다. 당연히 통상 수교도 강력하게 반대하고 있었다. 이런 분위기에서 프랑스를 끌어들이려는 정책은 비판을 받을 수밖에 없었다. 천주교를 인정하고 통상을 하겠다는 뜻으로 여겨질 수 있었기 때문이다.

정치적 기반이 튼튼하지 않았던 흥선 대원군은 엄청난 부담을 느끼지 않을 수 없었다. 기대와 달리 프랑스와 교섭도 제대로 되지 않았다. 마침내 조선 정부는 1866년 봄 천주교 신도 수천 명과 프랑스 선교사 9명을 처형하였다. ^{병인박해}

프랑스는 이를 구실로 통상 개방을 요구하며 1866년 9월 중국에 주둔하던 극동 함대를 파견하였다. 프랑스군은 한강 하구를 봉쇄, 강화읍을 점령하고 약탈과 살인을 저질렀다. 그러나 한양으로 진격하던 프랑스군은 한강 연안 수비를 강화한 조선군에게 문수산성에서 패배를 당하였다. 이어 강화도에 들어와 정족산성에 주둔한 조선군을 물리치려다 큰 타격을 입었다. 프랑스군은 조선군이 완강하게 저항하자 한 달 만에 강화도에서 철수하였다. 퇴각하던 프랑스군은 강화읍과 외규장각 등을 불 지르고 의궤를 비롯한 귀중한 도서와 금, 은 등을 약탈해 갔다. ^{병인양요}

외규장각으로 향하고 있는 프랑스군. 당시 전쟁에 참여한 군인 앙리 쥐베르가 그린 기록화이다.

의궤
나라에서 중요한 의례를 행할 때 후세가 참고하도록 그 일의 경과를 자세하게 적은 책.

미국과 벌인 작은 전쟁

1866년 여름 대포와 총으로 무장한 미국 상선 제너럴셔먼호가 대동강을 거슬러 평양에 올라와 통상을 요구하였다. 평안도 관찰사 박규수는 국법에 어긋난다며 이를 거절했다. 하지만 이들은 육지로 올라와 관리를 감금하고 대포와 총을 쏘았다. 사람들이 죽고 다치자 격분한 평양 관민은 배를 불태워 버렸다. 제너럴셔먼호가 침몰하자 미국은 군대를 보내 배상과 통상 조약 체결을 요구하기로 하였다. 그러나 1865년 링컨 대통령 암살 여파로 자국의 사정을 수습해야 했고 1867년에는 프랑스가 공동 파병을 거절함에 따라 뒤로 미뤄졌다.

이 무렵 조선과 통상 수교에 가장 적극적이었던 미국은 1868년 독일 상인 오페르트를 앞세워 통상을 요구하였다. 그는 이미 두 차례 통상 요구를 거절당한 경험이 있었다. 오페르트는 이번에는 충청남도 덕산군에 있는 흥선 대원군의 아버지 남연군의 무덤을 파헤치기로 하였다. 프랑스 선교사의 조언에 따라 유해를 미끼로 뜻을 이루려고 하였던 것이다. 여기에 들어가는 자금은 중국 주재 미국 공사의 주선으로 미국인 자본가가 지원하였다. 하지만 지역 주민의 강력한 반발로 실패하고 말았다. 도굴 사건은 조선인에게 큰 충격을 주어 서양인에 대한 반감은 더욱 커졌고,

• 프랑스는 왜 외규장각 의궤를 정식으로 돌려주지 않는가

외규장각 의궤

2011년 외규장각 의궤가 한국으로 돌아왔다. 불법 약탈 문화재를 정식으로 환수한 게 아니라 5년마다 갱신하는 조건부 임대 방식이었다. 지금 의궤는 국립중앙박물관에 있지만 엄밀하게 말하면 우리 것이 아니다. 그렇게 돌려받으려고 노력했던 이 귀중한 유물을 우리 문화재로 등록할 수도 없다.

왜 프랑스는 약탈 문화재라는 것을 인정하면서도 '반환'하지 않았을까? 혹시 의궤를 계기로 다른 나라들도 자국 유물을 돌려 달라고 하면 루브르 박물관이 텅 빌까 걱정했을까? 사실 루브르는 물론 대영 박물관을 비롯한 열강들이 자랑하는 박물관 전시품 가운데 태반은 다른 나라 유물이다. 이집트 로제타석, 바빌론 함무라비 법전 비석, 그리스 파르테논 신전을 장식했던 조각들 등, 셀 수도 없이 많은 유물이 약탈된 문화재이다. 대영 박물관은 이집트의 로제타석 반환 요구에 이렇게 말하였다.

"우리는 이집트의 문화재를 소장한 것이 아니라, 세계 문명의 일부를 갖고 있을 뿐이다."

물론 약탈 문화재를 무조건 돌려준 사례도 있다. 오스트레일리아는 1977년 파푸아뉴기니에 약탈한 문화재 17점을 반환했고, 미국은 유대인이 뺏긴 문화재를 무조건 반환하기로 결정했다. 이스라엘은 시나이반도를 점령하고 약탈한 이집트 유물 수백 점을 반환했다. 2005년 이탈리아는 에티오피아에 약탈한 오벨리스크를 돌려주었고, 프랑스도 2018년 과거 식민지였던 베냉에서 빼앗아 온 문화재 23점을 반환하였다.

천주교 탄압과 통상 수교 거부 정책을 더욱 강화시켰다.

제너럴셔먼호 사건 뒤 미국은 배상금 지불과 통상 조약 체결을 여러 차례 요구하였지만 거절당하였다. 여기에 중국을 통한 교섭도 진전이 없자 1871년 미국은 군함을 동원하여 강화도를 침략하였다. 병인양요 뒤 국방 준비를 철저히 한 조선군은 미국 함대가 강화 해협에 들어서자 포격을 시작하였다. 전투는 우세한 무기를 앞세운 미국군에게 일방적으로 밀려 초지진과 덕진진이 함락당했다. 어재연이 이끄는 조선군은 여기에 굴하지 않고 광성보에서 끝까지 물러서지 않았다. 결국 어재연 장군을 비롯한 300여 명은 전사했고 광성보를 빼앗기게 되었다. 하지만 미국은 조선 군민의 거센 저항과 조선 정부의 단호한 통상 거부 의지를 알고 물러갔다. 신미양요

어재연 장군기
1871년 신미양요 때 미군에 빼앗긴 어재연 장군기. 장수를 나타내는 '수' 자가 쓰인 가로세로 각각 4.5m의 대형 깃발로, '수자기'라 부른다. 미국 해군 사관학교 박물관에 보관하다 2007년 임대 형식으로 들여와 전쟁기념관 현관에 전시하였다. 지금은 강화 전쟁박물관에서 볼 수 있다.

프랑스와 미국의 침략을 물리친 조선 정부는 국방을 강화하고 전국에 척화비를 세워 통상 수교 거부 의지를 분명히 밝혔다. 서울 종로를 비롯하여 많은 사람들이 다니는 곳에 세운 척화비에는 '서양 오랑캐가 침범하는데 싸우지 않으면 화친하는 것이다. 화친을 주장하는 것은 나라를 팔아먹는 짓이다'라는 경고문이 새겨져 있었다.

•흥선 대원군을 어떻게 평가할까

흥선 대원군

흥선 대원군은 과감한 개혁으로 통치 제제를 재정비하고 왕권을 강화하려는 목표를 상당 부분 이루었다. 국가 기강이 바로잡히고 민생도 어느 정도 안정되었다. 하지만 시대 변화에 걸맞은 개혁이 아니라 조선 왕조의 체제를 재정비하는 데 머물렀다는 한계가 있다. 대외적으로는 프랑스와 미국에 맞서 굴복하지 않고 나라를 지킨 점을 높이 평가 받을 수 있다. 하지만 개화를 늦춰 근대화를 추진할 기회를 놓쳤고 외세 침탈을 가속화시켰다는 비판도 받고 있다.

6

조선,
세계 질서 속에 들어가다

조선, 일본과 강화도 조약을 맺다

흥선 대원군이 통상 수교 거부 정책을 펴고 있던 때 작지만 반대하는 주장도 있었다. 부국강병을 이루고 서양 열강의 군사적 침략을 피하기 위해 통상 개국을 해야 한다는 것이다. 통상 개국론은 1873년 흥선 대원군이 물러나고 고종이 직접 정치를 하면서 점점 힘을 얻어 갔다.

한편 일본은 메이지 유신 뒤 새로운 정부가 들어섰으니 조선에 외교 관계를 다시 맺자고 요구하였다. 하지만 조선 정부는 황제가 제후에게 보낸 것 같은 외교 문서 내용을 문제 삼아 관례에 어긋난 일이라며 거절하였다. 이에 일본 정부 안에서 조선을 정벌하자는 의견이 들끓었지만 바로 실행하지는 않았다. 기회를 보던 일본은 조선 정부의 외교 정책에 변화가 생긴 것을 알고 1875년 군함 운요호를 강화도로 보냈다. 미국의 무력에 굴복해 개항한 경험을 본떠 무력 시위에 나선 것이다.

운요호가 허락도 받지 않고 강화 해협에 접근하자 강화 수비대는 위협 사격을 하였다. 기다렸다는 듯이 운요호는 맹렬한 포격으로 초지진을 부수고 영종도에 상륙하여 살인과 약탈을 저질렀다. 이듬해 일본은 운요호

강화도를 공격하는 일본군을
그린 보도 판화

사건의 책임을 조선에 돌리고 군함을 보내 통상 조약을 강요하였다.

이 요구에 두 차례 양요처럼 항전을 하자는 목소리가 여전히 컸다. 하지만 무력 대응이 힘들고 통상 개국을 더 미룰 수 없다는 목소리가 힘을 얻어 개항을 하기로 하였다. 여기에는 조선과 일본의 충돌을 피하려고 하였던 청의 권유도 크게 작용하였다. 청은 남하하는 러시아를 견제하기 위해서 일본과 분쟁을 피하려 하였다.

강화도 조약, 조선의 주권을 침해하다

결국 조선은 1876년 2월 준비를 제대로 하지 못한 채 일본과 조일 수호 조규를 맺었다. 이어 그해 8월에는 '조일 수호 조규 부록'과 '조일 무역 규칙'을 맺었다. 이 조약을 강화도에서 맺었기 때문에 보통 강화도 조약이라 부른다.

조일 수호 조규는 조선이 처음으로 외국과 맺은 근대적 조약이었다. 하지만 일본의 군사적 위협 속에서 맺은 불평등 조약이었다. 12개조로 된 수호 조규 제1조는 조선이 자주국임을 규정하였다. 이 조항은 일본이 조선과 청의 관계를 고려하여 특별히 넣은 것이다. 청의 종주권을 부인하여 앞으로 조선에 간섭하는 것을 막기 위해서였다. 또한 부산을 비롯

강화도 조약의 체결 장소였던 강화도 연무당과 조선 대표들

한 2개 항구를 개항하고 연해 측량을 허용하였다. 일본인이 개항장에서 저지른 범죄를 일본 관리가 심판한다는 치외 법권 조항도 있었다. 부록에는 일본 화폐의 통용, 개항장에 일본인이 자유롭게 살 수 있는 거류지 규정 등을 규정하였다. 조일 무역 규칙에서는 곡물의 무제한 수출과 무관세 무역 등을 허용하였다.

일본이 부산 외에 개항장으로 고른 2개 항구는 인천과 원산이었다. 한

조일 수호 조규
제1관　조선국은 자주의 나라이며, 일본과 평등한 권리를 갖는다.
제7관　일본국 항해자가 자유롭게 연안을 측량함을 허가하도록 한다.
제9관　양국의 인민은 각자 임의로 무역을 한다. 양국 관리는 조금도 이에 관여하지 않을 것이며 제한을 설정하거나 금지하지 못한다.
제10관　일본국 인민이 조선국 지정의 각 항구에 머무르는 동안에 만약 죄를 범한 것이 조선국 인민에게 관계되는 사건일 때에는 모두 일본국 관리가 심의한다.
부록 제7관　일본국 인민은 본국에서 통용되는 여러 화폐로 조선국 인민이 보유하고 있는 물자와 교환할 수 있다.
조일 무역 규칙 제7칙　일본국 정부에 소속된 선박들은 관세를 납부하지 않는다.

양과 가까운 인천은 정치적 목적, 원산은 러시아를 견제하기 위한 군사적 목적이 강했다. 연해 측량으로 일본은 앞으로 개항할 항구와 군사 작전을 펼 때의 상륙 지점을 파악할 수 있었다. 조선 땅에서 저지른 사건을 조선의 법으로 처벌하지 못한다는 치외 법권은 심각한 주권 침해였다. 일본 화폐의 통용과 무관세 무역도 경제적으로 엄청난 파급 효과를 가진 조항이었다. 일본의 경제적 침투를 막을 수 있는 제도적 장치를 할 수 없게 되었기 때문이다. 나아가 조선 경제가 일본 경제에 예속되는 계기가 되었다. 또한 조약의 유효 기간이나 폐기에 대한 조항도 없어 군사력이 우세한 일본이 원하는 만큼 조약을 유지할 수 있게 되었다.

『조선책략』

『조선책략』은 청국 주일 공사관 참찬관 황준헌이 지은 것이다. 하지만 개인 의견이라기보다는 청국 정부의 의견이라고 봐야 한다. 핵심은 러시아의 남침을 막기 위해 친중국과 결일본, 연미국을 하라는 것이다. 나아가 영국·프랑스·독일·이탈리아 등에게 문호를 개방하라는 권고가 담겨 있다. 그리고 산업과 무역을 진흥시키고 기술을 습득해야 한다는 부국강병에 대한 구체적인 방법을 제시하였다.

서양 열강과 통상 조약을 체결하다

조선 정부는 강화도 조약을 맺은 뒤 바로 일본에 수신사를 파견하였다. 1880년에는 2차로 김홍집을 수신사로 파견하였다. 김홍집은 5개월 동안 머물면서 일본 정부의 사정과 근대 문물을 시찰하였다. 일본에 주재하던 청 외교관을 만나 국제 정세에 대한 의견도 나눴다. 김홍집은 귀국

조약	체결 국가	연도	조약	체결 국가	연도
조미 수호 통상 조약	미국	1882년	조프 수호 통상 조약	프랑스	1886년
조영 수호 통상 조약	영국	1883년	조오 수호 통상 조약	오스트리아	1892년
조독 수호 통상 조약	독일	1883년	조벨 수호 통상 조약	벨기에	1901년
조이 수호 통상 조약	이탈리아	1884년	조덴 수호 통상 조약	덴마크	1902년
조러 수호 통상 조약	러시아	1884년			

조선이 열강과 맺은 조약

하면서 청이 조선 외교가 나갈 방향을 제시한『조선책략』을 가지고 왔다.

이 책에서 청은 '조선은 아시아의 요충으로 열강들이 서로 탐을 내고 있다. 특히 남하 정책을 추진하던 러시아가 깊은 관심을 갖고 있다. 따라서 조선에게 러시아를 막는 것보다 더 급한 일은 없다. 이를 위해 중국을 비롯하여 일본, 미국과 손을 잡아야 한다'며 미국과 수교를 권유하였다.

미국과의 수교는 강화도 조약 체결 전 박규수가 주장한 적이 있었고, 『조선책략』이 들어오면서 다시 관심을 끌게 되었다. 일찍이 조선에 관심을 가진 미국도 이 무렵 다시 조선에 진출하려고 하였다. 먼저 미국은 일본에 주선을 부탁하였다. 하지만 일본이 적극적으로 나서지 않자 청에 요청하였다. 청은 러시아와 일본을 견제하고 강화도 조약으로 타격을 입은 종주권을 회복하려 적극적으로 나섰다. 1881년 청에 파견된 영선사 김윤식은 청의 외교 책임자 이홍장을 만나 이 문제를 매듭지었다.

마침내 1882년 조선은 서양 열강 가운데 처음으로 미국과 수호 조약을 맺었다. 이 조약도 치외 법권과 최혜국 대우를 규정한 불평등 조약이었다. 최혜국 조항은 조약 상대국을 어떤 나라보다 우대한다는 대표적인 불평등 조항이었다. 이 조항으로 미국은 조약 체결 당시 얻지 못한 특

조미 수호 통상 조약(1882)

제4조 조선인으로서 재조선 미국인에게 범행한 자는 조선이 조선 법률에 따라 처벌하고, 미국인으로서 조선인의 생명 · 재산을 손상케 한 자는 미합중국의 영사 또는 해당하는 권능을 가진 기타 관리가 미합중국 법률로 체포하고 처벌한다.

제5조 무역을 목적으로 조선에 오는 미국 상인 및 상선은 모든 수출입 상품에 대하여 관세를 지불해야 한다. 관세 부과권은 응당 조선국 정부에 속한다.

제14조 양 조약국은 이후에 조선이 어느 때든지 어느 국가나 어느 나라 상인 또는 인민에 대하여 항해, 통상, 정치, 기타 어떠한 통교에 관련된 것임을 막론하고 본 조약에 의하여 부여되지 않은 어떤 권리 또는 특혜를 허가할 때에는 이와 같은 권리 특권 및 특혜는 미국의 관민상인(官民商人)에게도 무조건 균점(均霑)된다.

혜도 다른 나라들이 얻으면 저절로 가질 수 있게 되었다. 다만 강화도 조약과 달리 분쟁이 일어나면 서로 도와준다는 거중 조정 규정과 관세권을 인정하고 있다. 청은 조약을 주선하면서 조선이 청의 속국임을 밝히려 했지만 미국의 반대로 조약문에 넣지 못하였다.

이후 조선은 임오군란을 계기로 청과 조청 상민 수륙 무역 장정을 맺었다. 여기서 청은 조선을 속국으로 규정하여 형식적인 사대 관계를 실질적인 종속 관계로 바꾸려 하였다. 이어서 청의 알선으로 조선은 영국, 독일을 비롯하여 이탈리아, 프랑스 등과 외교 관계를 맺었다. 러시아는 청을 거치지 않고 직접 수교하였다. 이들과 맺은 수교 조약도 모두 불평등 조약이었다. 특히 프랑스와 수교하면서 사실상 천주교 포교 자유를 인정하였다.

이로써 조선은 중국 중심의 체제에서 벗어나 만국 공법에 기반을 둔 세계 질서 속에 들어가게 되었다. 이제 조선은 청, 일본, 서구 열강들의 틈바구니에서 어떻게 살아남을 것인지 시험대에 오른 것이다.

조선과 미국의 엇갈린 기대

강화도 조약으로 조선의 종주국으로서 체면을 구긴 청은 이를 만회하려고 하였지만 쉽지 않았다. 이에 청은 조선 정부에 서구 열강과 수호 조약을 체결할 것을 주선하였다. 이들을 끌어들여 러시아와 일본을 견제하려 한 것이다. 강화도 조약으로 타격을 입은 종주국의 지위를 되찾으려 한 것도 중요한 목적이었다. 이때 조선과 수교에 가장 큰 관심을 보인 나라가 미국이었다. 미국 제독 슈펠트는 1879년 부산에 와서 일본 공사를 통해 통상을 요청하였다. 별다른 성과가 없자 그는 중국에 가서 이홍장에게 주선을 요청하였다.

좋은 기회라 생각한 이홍장은 이를 받아들이고 조선 정부에 적극적으로 수교를 권유하였다. 이홍장은 1882년 1월 영선사로 온 김윤식과 몇 차례 만나 조선과 미국의 수교 문제를 상의하였다. 하지만 조약 체결과 내용은 대부분 미국 전권 대표 슈펠트와 회담에서 결정하였다. 두 사람의 회담에서 가장 문제가 된 것은 종주권 문제였다. 이홍장은 조선이 중국의 속국임을 조약에 넣자고 주장하였다. 반면 슈펠트는 조선에 자주권이 있다면서 반대하였다. 속국을 인정하면 조선에 대해 청과 계속 상의를 해야 하기 때문이었다. 결국 두 나라는 조약과 별도 문서에 속국임을 밝히자는 선에서 타협을 하였다.

이홍장은 1882년(고종 19) 3월 마건충과 정여창을 미국 전권 대표 슈펠트 제독과 함께 인천에 보냈다. 두 사람의 알선으로 조선 정부는 신헌과 김홍집을 보내 4월 6일 수호 통상 조약을 체결하였다. 조선은 회담장 천막만 쳤다고 할 정도로 조약 체결은 마건충과 정여창이 주도하였다. 국제 조약을 맺을 때는 국기가 필요하였지만 당시 조선은 국기가 없었다. 청은 자국이 사용하던 황룡기를 동쪽을 상징하는 푸른색으로 바꿔 걸게 하였다.

고종과 개화 관료, 지식인들은 미국을 어떻게 생각하였을까. 조미 수호 조약을 추진한 조선 관리들은 미국 전권 대표 슈펠트 제독에게 이렇게 말하였다. "서양 열강은 믿을 수 없다. 지금 우리가 가장 두려워하는 것은 일

이홍장(1823~1901)

이홍장은 스승이었던 증국번과 함께 태평천국의 난을 진압하는데 큰 공을 세웠다. 청 조정을 이끌던 증국번이 죽은 뒤 북양대신이 되어 국권을 장악하면서 정계의 실력자가 되었다. 양무운동을 주도하면서 아시아 최강이라 불린 북양함대를 만들었다. 청일전쟁에서 북양함대가 대패한 뒤 발언권이 크게 약화되었다.

조영 수호 통상 조약 체결을 그린 그림
조선과 미국이 통상 조약을 맺을 때에도 이와 흡사했을 것으로
추정된다. 왼쪽 위에 걸린 청의 국기, 천막을 둘러친 회담장 모습
으로 당시 분위기를 짐작할 수 있다. 왼쪽부터 김홍집, 슈펠트 제
독, 조영하, 마건충이 그려져 있다.

본의 침략이다. 이 조약이 침략을 막을 수 있는 굳건한 장벽 구실을 하기 바란다. 만약 그렇지 못하면 외국인
의 한국 입국을 허용할 수 없다." 이에 대해 슈펠트 제독은 이렇게 대답하였다. "이 조약의 목적이 바로 그것이
다."

이 말은 외교적 수사였지만 고종을 비롯한 개화 관료들은 순진하게 그대로 받아들였다. 이들은 미국을 한국이
위험에 처하게 되면 언제든지 도움을 줄 관대하고 공명정대한 나라로 굳게 믿었다.

이런 믿음은 보빙사 정사로 다녀온 민영익이 귀국 보고에서 한 말에도 잘 드러난다. "나는 암흑 세계에서 태어
나서 광명 세계에 갔다. 지금 다시 암흑 세계로 되돌아왔다." 민족 지도자 안창호도 이렇게 말하였다. "한국의
유일한 우방이고 한국에 대해 욕심이 없는 친구가 될 수 있는 나라는 미합중국뿐이다." 개화파로 오랫 동안 미
국에서 지낸 초대 대통령 이승만도 미국을 이렇게 회고하고 있다. "미국은 각기 자신의 권리를 조금도 잃지 않
고 타인의 권리를 추호도 빼앗지 않는다. 다른 사람의 권리를 보호하는 것을 마치 자기 자신의 도의로 여긴다.
이 때문에 미국은 다른 나라 정부의 자유와 권리를 위해 힘써 왔다."

한마디로 이들은 미국을 공평무사하고 우호적인 나라, 세계에서 가장 부유하고 강한 나라로 생각하고 있었
다. 이런 인식은 1897년 고종이 미국 공사 알렌에게 한 말에서도 그대로 드러난다. "나는 미국을 큰형처럼 생
각한다."

정의와 인도주의의 후원자 미국에 대한 인식은 을사조약을 맺을 때까지 이어졌다. 1904년 주한 미국 부영사로
부임한 스트레이트는 이렇게 말하였다. "한국인은 미국이 생명의 보호자라는 환상을 갖고 있는 것 같다."

그 미국이 러일 전쟁에서 일본을 후원하였고, 1905년에는 일본과 밀약을 맺어 조선의 지배권을 인정하였다. 일
본이 조선을 보호국으로 삼고 외교권을 빼앗자 어떤 나라보다 먼저 서울에 있던 공사관 문을 닫았다. 미국 대통
령 시어도어 루스벨트는 러일 전쟁이 막바지로 치닫자 두 나라 대표를 미국으로 불러 강화 조약을 주선하였다.
바로 일본이 조선을 차지하는 것을 인정한 포츠머스 조약이다. 이 공으로 노벨 평화상을 받은 그는 고종이 수호
조약의 거중 조정 규정에 따라 보낸 특사는 만나지도 않았다.

7

개화 정책을
추진하다

개화파가 형성되다

19세기 중엽 통상 수교 반대론이 거센 가운데 통상 개국을 주장하는 사람들이 나타났다. 이들은 '지금 세계 정세가 서구 열강의 요구를 무조건 거부할 수 없게 바뀌었다. 반대만 하다 자칫 비극적인 상황을 맞을 수도 있다. 스스로 문호를 열고 서양 문물과 제도를 받아들여 부국강병을 이뤄야 한다'고 보았다. 북학파의 주장을 이어받은 이들은 청을 오가며 알게 된 서양 문물과 세계 정세로 새로운 생각을 갖게 되었다.

통상 개국론을 편 중심 인물은 박규수와 오경석, 유홍기 등이었다. 박규수는 북학파를 이끈 박지원의 손자이다. 그는 임술 농민 봉기와 제너럴셔먼호 사건을 몸소 겪으며 개혁의 필요성을 누구보다 절실하게 느끼고 있었다. 1872년에는 두 번째로 북경을 방문하여 열강의 위력과 양무운동으로 변화하고 있는 청을 보고 왔다. 오경석은 수석 역관으로 자주 청을 오갔다. 그는 조선도 변해야 한다는 믿음으로 서양 문물을 소개한 『해국도지』,『영환지략』 같은 책을 가지고 왔다. 한의사 유홍기는 오경석이 가져온 책을 보고 새로운 시대를 준비해야 한다는 확신을 갖게 되었다.

이들은 나라를 새롭게 하기 위해 젊은이들에게 개화의 필요성을 전해야 한다고 생각하였다. 이렇게 해서 박규수의 사랑방에 모인 젊은이들이 김옥균, 박영효, 홍영식, 유길준, 서광범 등이다. 대부분 박규수와 같은 노론 명문가 집안 출신이었다. 김윤식은 이들보다 먼저 박규수와 유대치에게 배웠고, 이웃에 살던 김홍집과 어윤중도 자주 사랑방을 찾았다. 한마디로 박규수의 사랑방은 개화의 산실이었던 셈이다.

이들이 성장한 한양은 상품 화폐 경제가 발전하면서 정치뿐 아니라 상업과 문화 중심 도시로 발전하고 있었다. 청, 일본과 교류가 활발해지면서 새로운 문물을 보고 들을 수 있는 기회도 많았다. 여기에 박규수 등에게 북학 사상과 서구의 제도와 기술, 변화하는 세계 정세를 배우면서 개화의 필요성에 공감하게 되었다. 중국 중심의 세계관에서 벗어나 근대 국가를 수립하는 데 뜻을 함께하게 된 것이다. 정계에 진출한 이들은 청과 일본에 사절단으로 가서 변화한 모습을 확인하고 개화에 대해 확신을 갖게 되었다.

정부, 개화 정책을 실시하다

강화도 조약으로 개항을 하였지만 여전히 개화를 반대하는 여론이 높았다. 그렇지만 양무운동의 성과와 수신사가 보고한 일본의 변화는 우리도 개화를 해야 한다는 분위기를 만들었다. 1880년 조선 정부는 의정부 6조와 별개로 양무운동을 본보기 삼아 개화 정책을 총괄하는 새로운 기구로 통리기무아문을 만들었다. 그 아래에는 12사를 두어 외교와 군사, 산업, 교육 등을 맡게 하였다.

또한 군제 개혁을 단행하여 5군영을 무위영과 장어영으로 통합하고, 신식 군대를 기르기 위해 별기군을 두었다. 교련병대로 불린 별기군은 일본인 교관에게 근대식 군사 훈련을 받았다. 이들은 앞으로 근대식으로 개편할 군대를 이끌 핵심 요

별기군
별기군은 장교를 기르기 위한 부대로 기존 구식 군대에 비해 급료나 피복 등 모든 대우가 좋았다. 일본인 교관 호리모토 레이조가 훈련을 맡아 왜별기라는 비아냥을 들었다. 신식 무기를 사용하였고, 훈련도감 병영 가운데 가장 큰 규모였던 하도감(오늘날 동대문디자인플라자)을 사용하였다. 최고 책임자는 젊은 나이였지만 민비의 친정 조카로 핵심 실세였던 민영익이 맡았다.

원으로 우대를 받았다.

통리기무아문은 의정부와 같은 위상을 갖는 기관으로 영의정 이최응이 총리대신에 임명되었다. 그 밖에 경기 감사 김보현, 지중추부사 민겸호, 예조 참판 김홍집 등 정부 핵심 실세들이 당상을 맡았다. 영선사와 조사 시찰단 파견, 신식 군대인 별기군 설치, 서양과 조약 체결 등 굵직굵직한 개화 정책들과 국가의 주요 재정에 관한 문제, 화폐 발행, 금은 광산 개발, 홍삼 관리 등이 여기서 결정되었다.

조선 정부는 개화의 필요성을 알리고 지지를 이끌어 내기 위한 노력도 하였다. 이를 위해 1883년 통리기무아문은 박문국을 설치하고 박영효가 주도하여 『한성순보』를 창간하였다. 10일마다 발간한 『한성순보』는 최초의 근대 신문이었다. 순한문으로 국내 소식은 물론 세계 각국의 정치, 법률, 재정, 과학, 기술, 물가 등 다양한 소식을 전했다.

조선 정부, 청·일본·미국에 사절단을 보내다

개항을 한 뒤 정부는 국정 개혁에 도움이 되는 정보와 자료를 수집하기 위해 여러 나라에 사절단을 보냈다. 강화도 조약을 맺은 뒤 바로 정부는 일본에 김기수를 수신사로 보냈다. 근대적인 외교 관계를 맺고 보낸 외교 사절이어서 이름을 통신사에서 수신사로 바꾼 것이었다. 1차 수신사가 보고한 일본의 근대화는 일본과 국제 정세에 관심을 갖게 하는 계

수신사 김기수 행렬도
1차 수신사로 파견된 김기수 행렬도. 1876년 5월 7일 아침 수신사 일행 76명이 요코하마 역으로 기차를 타러 가는 모습이다. 일본에 있던 『런던 뉴스』 특파원 화가가 스케치했다.

기가 되었다.

1880년에는 김홍집을 2차 수신사로 파견하여 근대 문물 시찰과 함께 강화도 조약 개정 협상을 하게 하였다. 무관세와 곡물 유출 등이 갖고 있는 문제점을 뒤늦게 알고 개정을 하려고 한 것이다. 청나라 외교관과 조선의 외교 정책을 협의하고 『조선책략』을 받아온 것도 이때였다. 일본 정부는 1차 때와 마찬가지로 각종 편의를 제공하고 근대 문물 시찰에 적극적으로 협조하였다. 하지만 강화도 조약 개정에는 성의를 보이지 않았다.

1881년에는 청과 일본에 영선사와 조사 시찰단을 보냈다. 조사 시찰단은 박정양, 어윤중, 홍영식 등 조사 12명과 윤치호, 유길준 등 수행원 및 통역 등 모두 62명이었다. 이들은 약 4개월 동안 정부 기관 및 세관, 산업과 군사 시설은 물론 교육 시설, 도서관, 박물관 등을 두루 살펴보고 보고서를 제출하였다. 여기에는 관제, 군제, 경찰, 우편, 도량형 조세 등 일본의 각종 제도와 외교, 근대화 정책 등이 자세하게 수록되어 있었다. 보고서는 개화 정책을 추진하는 데 큰 도움이 되었고, 조사들은 1881년 7사로 개편된 통리기문아문의 중요 직책에 등용되었다. 윤치호와 유길준은 일본에 남아 최초로 유학생이 되었다.

같은 해 김윤식은 영선사가 되어 미국과 수교 문제를 협의하기 위해 청에 갔다. 국방 강화를 위해 신식 무기 제조 방법을 배우는 것도 중요한 목적이었다. 이를 위해 함께 간 유학생 30여 명은 톈진 기기국에서 근대식 무기 제조법과 군사 훈련법을 배웠다. 이들은 정부의 지원 부족과 임오군란으로 조기 귀국하였지만 청에서 배운 지식은 무기 공장인 기기창을 세우는 밑거름이 되었다.

1883년에는 미국이 공사를 파견하자 답

조사 시찰단

례로 보빙사를 보냈다. 보빙사는 미국 대통령을 만나고 박람회, 병원, 신문사, 육군 사관 학교 등을 시찰하였다. 교육 제도와 우편과 전기 시설, 시범 농장 등도 관심을 갖고 보았다. 이때 경험이 우정국과 전기 시설 도입, 육영 공원과 농무 목축 시험장 등을 세우는 계기가 되었다. 보빙사는 12월에 귀국하였지만, 민영익과 서광범 등은 유럽 각지를 여행하고 1884년 5월에 돌아왔다. 수행원 가운데 유길준은 보스턴에 남아 유학하기로 하였다.

통리기무아문		조사 시찰단		
12사	맡은 일	7사	조사	시찰 부서
사대사(事大司)	사대 문서 취급, 중국 사신 접대, 군무와 주변 정세, 사신 파견	동문사	심상학	외무성
교린사(交鄰司)	교린 문서와 왕래 사신 대접			
군무사(軍務司)	경외(京外) 군대 통솔	군무사	홍영식, 이원회	육군
변정사(邊政司)	변방에 대한 사무 및 인접국 동정 정탐			
기연사(譏沿司)	연해 및 각 포구 출입 선박을 단속			
통상사(通商司)	중국 및 인접국과의 통상 사무를 담당	통상사	이헌영, 민종묵, 조병직	세관
군물사(軍物司)	각종 병기 제조	감공사	강문형	공부성
기계사(機械司)	각종 기계 제조			
선박사(船舶司)	경외(京外) 각종 선박 제조 및 관리			
어학사(語學司)	각국의 언어와 문자를 번역하는 일	전선사	조준영	문부성
전선사(典選司)	인재 선발 및 각 부서 수용 용품에 관한 사무 담당			
이용사(理用司)	경리, 재무 사무를 담당	이용사	박정양	내무성, 농상무성
	법률 사무 담당	율례사	엄세영	사법성

통리기무아문과 조사 시찰단의 관계
통리기무아문은 1880년 12월에 청의 총리각국사무아문을 본떠 설치하였다. 하지만 대외 업무만 담당한 청과 달리 국내외 주요 정책을 결정하였다. 1881년 7사로 개편하였고, 개편된 7사를 실질적으로 이끌 책임자에 조사 시찰단의 조사였던 심상학 · 홍영식 · 이헌영 · 이원회 · 박정양 · 조준영 · 엄세영 등이 등용되었다.

보빙사
1883년 9월 미국에 도착한 조선의 첫 외교 사절이 찍은 공식 기념사진. 정사 민영익과 부사 홍영식, 종사관 서광범이 관복을 입었다. 앞줄 오른쪽 끝은 미국인 로웰. 뒷줄 수행원들은 왼쪽부터 무관 현흥택과 최경석, 수행원 유길준, 고영철, 변수이다.

보빙사 일행은 샌프란시스코, 시카고, 워싱턴을 거쳐 뉴욕을 방문하고 있던 미국 대통령 아서^{Arthur, C. A.}를 접견하고 국서와 신임장을 제출하였다.

신임장
외교 사절을 파견할 때 사절단의 취지 등을 상대국에 통고하는 문서.

• 농무 목축 시험장, 서양 농업 기술을 도입하다

개항 뒤 조선 정부와 지식인들은 서양 근대 농법과 농업 기술에 많은 관심을 갖고 있었다. 농업 생산력을 높여야 농민 경제를 안정시키고 국가 재정을 튼튼히 할 수 있기 때문이다. 1883년 12월 정부는 근대적 농업 기술을 시험 연구하기 위해 농무 목축 시험장을 만들었다. 책임자는 보빙사를 따라 미국에 갔다 온 최경석이었다.

보빙사는 미국에서 농무부를 방문하고 시범 농장도 견학하였다. 근대식 농업 기술과 농기구의 우수성을 확인한 보빙사는 농업 기술자와 교사 파견을 요청하였다. 거금을 들여 근대식 농기구도 주문하였다. 이때 누구보다도 큰 관심을 보인 사람이 호위 무관 최경석이었다.

1884년 봄 미국에서 타작기, 탈곡기, 비료 뿌리는 기계, 보습과 쇠스랑 등이 도착하면서 시험장은 본격적으로 가동되었다. 재배한 작물은 미국에서 가져온 것과 재래종을 포함하여 344종이었다. 그해 수확한 종자는 재배법과 사용법 해설서와 함께 지방 군현에 보내 재배토록 권장했다. 1885년에는 궁중 및 서울에 살고 있는 외국인에게 야채를 공급하기도 했다.

최경석은 농법 개량뿐 아니라 가축의 품종 개량, 사육 방법 개선 및 버터·치즈 생산도 하려 했다. 이를 위해 고종이 내려준 농장 주변 땅에 미국에서 들어온 말·소·젖소·돼지·양을 길렀다. 하지만 1886년 최경석이 갑자기 죽으면서 시험장 운영이 어려워지고 말았다.

그 뒤에도 정부는 2년제 농무 학당을 설립하고 영국인 농학 교사를 초빙하여 토지 개량, 목축, 농지 개간 등을 가르쳤다. 또한 조사 시찰단에 수행원으로 갔다 온 안종수는 『농정신편』을, 갑오개혁 때 농상공부 대신을 지낸 정병하는 『농정촬요』를 편찬하였다.

조선 지식인, 개화사상에 눈뜨다

• 박규수, 개화의 선구자

박규수

박규수(1807~1876)는 북학파 실학자 박지원의 손자이다. 김옥균 · 박영효 · 김윤식 등 개화파의 스승으로, 북학파 실학 사상을 개화 사상에 이어 주는 역할을 했다고 평가받는다.

박규수는 1862년 진주 민란 때 안핵사로 임명되어 백성들 편에서 사태 수습을 위해 노력하였다. 1866년 평안도 관찰사로 있을 때, 미국 상선 제너럴셔먼호를 불태웠다. 1872년 두 번째 청을 방문하였을 때 양무운동으로 변화하고 있는 중국의 모습을 보고 개화의 필요성을 절실히 느꼈다. 귀국 뒤 우의정이 되어 흥선 대원군에게 개국의 필요성을 역설하였으나 뜻을 이루지 못하였다. 운요호 사건 직후 열린 어전 회의에서 "우리가 부국강병을 이루었더라면 어찌 일본이 감히 서울을 엿보며 위협하겠는가"라고 한탄하며 개항의 불가피함을 주장하였다.

• 오경석과 유홍기

오경석(1831~1879)은 8대째 역관을 하던 부유한 집안에서 태어났다. 아버지 오응현은 중국어 역관으로 벼슬이 정2품 지충추부사에 이르렀다. 1846년 어린 나이에 역과에 합격하였고 23살 때 처음 청에 갔다. 이때 서양 세력에 침탈당하는 청을 보고 충격을 받았다. 그 뒤 13차례나 청에 다녀오면서 서양 문물을 담은 각종 서적을 사들였다. 강화도 조약이 체결될 무렵에는 종1품 한학 당상 역관으로 우의정 박규수와 함께 개국을 주장하였다.

오경석(왼쪽)과 유홍기(오른쪽)

유홍기(1831~?)는 역관 집안에서 태어나 한의사가 되었다. 불교를 깊이 공부하였고 유학과 역사에 통달하였다. 이웃에 살던 친구 오경석이 가져온 『해국도지』, 『영환지략』 등을 보고 개화사상을 가지게 되었다. 강화도 조약 이듬해인 1877년에 박규수가 죽고, 1879년에는 오경석마저 병사하자 혼자서 개화당을 이끌었다. 이 때문에 사람들은 유홍기를 '백의정승'이라고 불렀다. 배후에서 지도한 갑신정변이 실패한 뒤 행방불명되었다.

• 개화사상가들의 필독서, 『해국도지』

『해국도지』는 중국 공양학자 위원이 아편 전쟁에서 패한 뒤 위기감을 느끼고 쓴 책이다. 세계 지리서이지만 지리적 영역에만 머물지 않고 세계 각국의 정치, 경제, 역사 등 당시 세계 사정까지 종합적으로 정리하고 있다. 위원은 서양의 침략을 막기 위해서는 서양의 기술을 받아들여야 한다고 주장하였다. 이 책은 중국과 같은 처지에 있었던 조선의 개화 사상가에게 큰 영향을 끼쳤다.

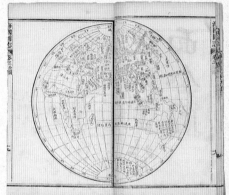

『해국도지』

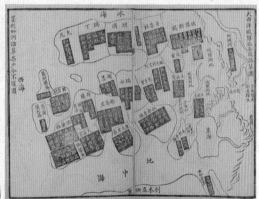

『해국도지』 중 유럽 대륙

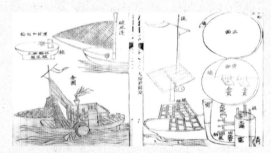

『해국도지』 중 화륜선과 증기 기관의 작동 원리

8

임오군란과
갑신정변이 일어나다

보수파 유학자들, 위정척사 운동을 전개하다

19세기 중엽 천주교가 퍼지고 서양 열강이 침략적으로 접근해 오자 보수 유학자들은 이를 전통 체제를 무너뜨리는 오랑캐로 인식하고 위정척사 운동을 벌였다. 올바른 성리학적 질서를 지키고 나쁜 서양 문물을 배척하자는 것이었다.

1860년대 이항로, 기정진 등 보수 유학자들은 통상 수교를 반대하고 천주교를 금지해야 한다고 강력하게 주장하였다. 통상 반대 운동은 서양의 무력 침략에 맞서 싸우자는 척화주전론으로 이어져 흥선 대원군의 통상 수교 거부 정책을 뒷받침하였다.

이들은 1870년대에 조선과 일본이 강화도 조약을 체결할 움직임을 보이자 왜양일체론을 주장하면서 개항을 강력하게 반대하였다. 개항을 하면 경제가 파탄 나고 자주권을 지킬 수 없으며 전통 윤리가 무너진다는 이유에서였다. 조선 정부는 도끼를 들고 경복궁 앞에서 반대 시위를 하던 최익현을 흑산도로 유배 보냈지만 이들의 신념을 꺾을 수는 없었다.

이들은 1880년대 초반 정부가 개화 정책을 적극 추진하고 『조선책략』

을 유포하자 격렬하게 반발하였다. 1881년 이만손을 비롯한 영남 지방 유생들은 집단으로 척사 상소를 올렸다. 만인소라 불리는 집단 상소에서 이들은 서양 열강과 수교는 절대 안 되고 개화 정책을 추진한 사람들을 처단하라고 요구하였다. 여기에 호응하여 전국에서 상소 운동이 일어났다. 개화 반대 운동은 정부의 탄압에도 좀처럼 꺾이지 않았다. 일본에 조사 시찰단을 보낼 때에도 암행어사처럼 비밀리에 파견해야 할 만큼 기세가 거셌다.

위정척사 운동은 일본과 서양 세력의 침략에 대항하는 반침략 반외세 운동이었다. 하지만 양반 중심의 성리학적 질서를 지키려다 시대에 역행했다는 한계를 갖고 있었다. 이에 따라 전통을 지키면서 부분적으로 서양 문물을 받아들여야 한다고 주장하는 유학자들도 조금씩 늘어났다. 위정척사 운동은 1890년대 일본의 침략이 노골화되면서 항일 의병 운동으로 이어졌다.

구식 군인과 도시 빈민 들, 군란을 일으키다

정부가 개화 정책을 추진하면서 재정 지출이 늘어나 세금이 많아졌다. 일본으로 곡물이 수출되면서 쌀값도 뛰어올랐다. 살기가 어려워지면서 민중들은 개화를 곱지 않은 눈으로 보게 되었다. 특히 구식 군인들은 불만이 더 컸다. 5군영을 개편하면서 많은 군인들이 쫓겨났고 별기군에 비해 차별 대우를 받았기 때문이다.

불만은 1882년 6월, 13개월 만에 지급된 월급에 겨와 모래가 섞여 있자 폭발하였다. 여기에 가난한 도시민들이 합세하여 일본인 교관을 죽이고 일본 공사관을 습격하였다. 나아가 궁궐로 쳐들어가 민겸호, 김보현 등 정부 고관을 살해하였다. 왕비마저 생사를 알 수 없는 상황에 이르자 고종은 흥선 대원군에게 사태 수습을 요청하였다. 흥선 대원군은 통리기무아문과 별기군을 폐지하고 5군영을 부활시켰다.

하지만 민씨 정권의 요청으로 청군이 개입하면서 상황이 바뀌었다. 청은 일본이 개입하기 전에 사태를 수습하려고 신속히 군대를 파견하였다. 흥선 대원군을 사태의 책임자로 지목한 청은 대원군을 자국으로 납치하고 무력으로 군란을 진압하였다.

임오군란을 진압한 청은 군대를 계속 주둔시키면서 본격적으로 조선의 내정을 간섭하기 시작하였다. 우선 조청 상민 수륙 무역 장정을 체결하여 조선을 속국으로 규정하였다. 여기에는 치외 법권과 청 상인의 내

• 명성황후, 죽다 살아나다

이때 급료를 지급하지 않은 지 이미 반년이 되었다. 마침 호남에서 들어온 세미로 밀린 급료를 지급하였다. 선혜청 당상 민겸호의 하인이 선혜청 창고지기가 되어 지출을 담당하였다. 그가 겨를 섞어 미곡을 지급하여 여러 사람들이 크게 노해 구타하였다. 민겸호가 주모자를 잡아 포도청에 가두고 죽이려고 하였다. 여러 사람들이 원통하고 분함을 참지 못해 드디어 들고일어나 민겸호의 집으로 달려갔다. 민겸호는 담장을 넘어 대궐 안에 숨었다. 난병들이 대궐을 침범하였다. 왕비는 밖으로 도망치고 이최응, 민겸호, 김보현이 살해되었다. 대원군에게 군국 사무를 처분하라는 명이 떨어졌다.

– 『매천야록』(황현)

흥선 대원군이 정권을 잡고 있을 때 5군영 소속 군인들은 정상적으로 급료를 받았다. 그런데 고종이 집권하면서 급료가 자주 지급되지 않았다. 군인들은 개화 정책을 추진하면서 돈이 엉뚱한 데로 갔기 때문이라고 여겼다. 왕비가 쓸데없는 곳에 돈을 낭비하고 민씨 정권 고관들이 재물을 탐한 것도 중요한 원인이라고 보았다. 특히 군인 급료를 책임지고 있는 선혜청 당상 겸 병조 판서 민겸호와 전임자이자 호조 판서를 지낸 경기도 관찰사 김보현에 깊은 원한을 가지고 있었다.

군란은 흥선 대원군의 지원으로 더욱 거세져 일본 공사관, 정부 고관 집을 습격하는 데까지 이르렀다. 곧바로 군인들은 궁궐을 습격하였다. 목표는 민씨 정권의 핵심인 왕비였다. 군인들은 민겸호와 김보현을 죽이고 왕비를 찾았지만 궁녀 옷을 입고 도망치는 바람에 놓치고 말았다.

흥선 대원군은 한강 주변을 샅샅이 살폈지만 민비를 찾지 못하자 죽었다고 공포하였다. 성난 민심을 달래고 정권을 확실히 장악하기 위한 조처였다. 충주로 도망쳐서 충주 목사 민응식의 집에 숨어 있던 민비는 대원군이 납치된 뒤 궁궐에 돌아왔다.

군국 사무 국가의 중대한 사무.

륙 진출권 등도 들어 있었다. 또한 청은 조선 정부가 정치·외교 전문가를 보내 달라고 요구하자 마건충과 독일인 묄렌도르프를 정치·외교 고문으로 보내 조선의 내정과 외정에 강한 영향력을 행사하였다. 지금까지 유지된 형식적인 조공−책봉 관계가 아니라 제국주의적 식민지로 만들려고 한 것이다.

마건충
이홍장의 측근으로 임오군란 때 대원군 납치를 주도하였다.

조선 정부, 척화비를 뽑아 버리다

임오군란이 끝난 뒤 정부는 개화 정책을 다시 추진하였다. 고종은 전국에 있는 척화비를 뽑아 버리라는 명령을 내려 국내외에 개화에 대한 확고한 의지를 보였다. 1883년에는 박문국을 설치하여 신문을 발간하고 신식 화폐를 만들기 위해 전환국을 설치하였다. 이듬해에는 근대적 우편 제도를 실시하기 위해 우정국을 세웠다.

한편 1882년에는 박영효를 일본에 3차 수신사로 보내 임오군란 뒷수습을 하였다. 1883년 5월에는 초대 주한 미국 공사 푸트가 부임하였고, 답례로 보빙사를 파견하였다. 보빙사는 민씨 정권의 핵심인 민영익을 비롯하여 홍영식, 서광범 등으로 구성되어 있었다. 조선 정부가 개화 정책을 추진할 의지를 분명하게 한 것이다.

그러나 이런 노력은 임오군란 뒤 청이 노골적으로 내정을 간섭하면서 큰 위기를 맞이하였다. 외교 고문 묄렌도르프는 사실상 조선의 외교를 마음대로 결정하였고, 청은 조선이 미국에 공사를 파견하는 것도 막았다. 종속국이기 때문에 따로 공사를 보낼 필요가 없다는 것이었다.

개화파, 둘로 나눠지다

이런 상황 속에서 개화파들은 개혁의 방향과 외교 정책을 둘러싸고 둘로 갈라졌다. 김홍집, 김윤식, 어윤중 등은 중국의 양무운동을 본받아 점진적 개혁을 추구하였다. 이들 온건 개화파는 대체로 동양의 정신은 유

지한 채 서양의 발달한 기술을 수용하자는 동도서기론의 입장이었다. 외
교적으로는 청과 관계를 두텁게 하여 서양과 일본의 침략에 대응하려 하
였다. 집권 민씨 세력들도 이들과 뜻을 같이하였다.

반면 김옥균, 박영효, 홍영식 등은 일본의 메이지 유신같이 하루라도
빨리 근본적인 개혁을 해야 한다고 주장하였다. 급진 개화파들은 일본
문명 개화론의 영향으로 기술만 아니라 서양의 체제와 사상도 받아들여
야 한다는 입장이었다. 외교에서는 청과 사대 관계를 청산하고 일본, 미
국과 관계를 강화해야 한다고 주장하였다.

두 세력은 개화 정책을 추진하는 과정에서 서로를 공격하고 비판하면
서 불신과 대립이 깊어졌다. 특히 근대 개혁을 추진하기 위해 필요한 자
금 확보 방안을 놓고 심각하게 대립하였다. 민씨 정권과 온건 개화파는
묄렌도르프가 제안한 당오전 발행 계획을 지지하였다. 반면 급진 개화파
는 고액 화폐는 인플레이션만 가져올 뿐이니 일본에서 차관을 들여와 해
결하자고 주장하였다.

고종은 김옥균의 주장을 받아들여 위임장을 주었다. 하지만 민씨 세
력의 방해와 일본의 비협조로 차관 도입에 실패하고 말았다. 여기에 박
영효가 한직으로 밀려나는 등 급진 개화파의 정치적 입지가 갈수록 좁아
졌다. 1883년 초 수신사 임무를 마치고 귀국한 박영효는 한성 판윤에 임
명되었다. 그는 박문국, 순경부, 치도국 등을 설치하여 신문 발간과 신식
경찰 제도의 도입, 도로 정비 사업 등 의욕적으로 개화 시책을 펼쳤다.
그러나 반대파의 견제로 광주 유수로 좌천되었다. 여기서도 신식 군대의
양성에 주력하다 쫓겨나고 말았다. 게다가 1884년 5월 유럽을 거쳐 돌
아온 민영익이 기대와 달리 온건 개화파의 입장을 지지하였다. 민영익은
김옥균, 홍영식, 박영효 등과 친분이 두터웠기 때문에 급진 개화파로서
는 큰 타격이었다.

급진 개화파, 갑신정변을 일으키다

수세에 몰린 급진 개화파는 정변을 일으켜 정권을 장악하려 하였다. 여기에는 청의 내정 간섭과 더딘 개화로 자칫 자주 독립을 유지하지 못할 수 있다는 위기 의식이 크게 작용하였다. 때마침 청이 베트남 문제로 프랑스와 갈등을 빚으며 조선에 파견한 군대 절반을 베트남으로 이동하였다. 거사 계획을 세운 이들은 청군을 막기 위해 미국과 일본 공사에게 도움을 요청하였다. 미국 공사는 거절하였지만 일본 공사는 병력 지원을 약속하였다. 임오군란 뒤 청에 밀리고 있는 영향력을 만회하기 위한 좋은 기회로 본 것이다.

마침내 급진 개화파는 1884년 10월 17일 우정총국 축하연에서 정변을 일으켰다. 이들은 민씨 정권의 고관들을 죽이고 실권을 장악한 뒤 개혁 정강을 발표하였다. 여기에는 청에 대한 사대 외교 폐지, 인민 평등권 확립, 조세 제도 개혁, 내각 제도 수립 등이 담겨 있었다. 동도서기가 아

갑신정변 주역들
왼쪽부터 박영효, 서광범, 서재필, 김옥균이다. 갑신정변 실패로 일본에 망명한 뒤여서 홍영식이 없다. 정변이 실패한 뒤 김옥균의 저택도 불타고, 서재필의 젖먹이 아들은 아무도 거둬주지 않아 굶어죽었다. 살해당한 홍영식이 살던 재동 집은 몰수되어 광혜원이 됐다. 영의정을 지낸 아버지는 자살하고 집안은 풍비박산이 났다. 갑신정변을 주도한 주역의 가족들은 자결하거나 옥사하고 재산도 모두 몰수되었다. 적극 가담자 수십 명도 파살되면서 개화당은 설 자리를 잃었다.

니라 체제 혁신을 통해 근대적인 국민 국가를 수립하려 한 것이다.

그러나 정변은 민씨 정권의 반격과 청군의 개입으로 3일 만에 실패하고 말았다. 일본군은 청군이 공격해 오자 별다른 대응 없이 철수해 버렸다. 김옥균, 박영효 등은 일본에 망명하였고, 홍영식은 끝까지 고종 곁을

• 갑신정변의 14개조 정강

1. 대원군을 즉시 환국하도록 할 것(조공 허례는 의논하여 폐지함).
2. 문벌을 폐지하여 인민 평등의 권리를 제정하고, 사람에게 관직을 택하게 하고 관직으로써 사람을 택하지 말 것.
3. 전국적으로 지조법(地租法)을 개혁하여 아전들의 부정을 막고 백성의 곤경을 구제하며, 더불어 국가 재정을 넉넉하게 할 것.
4. 내시부(內侍府)를 혁파하고, 그 가운데 우수한 재능이 있는 자는 등용할 것.
5. 전후로 부정하여 나라를 병들게 한 것이 두드러진 자는 정죄(定罪)할 것.
6. 각 도의 환곡은 영구히 중단할 것.
7. 규장각을 혁파할 것.
8. 급히 순사(巡査)를 두어 도둑을 막을 것.
9. 혜상공국(惠商公局)을 혁파할 것.
10. 전후로 유배간 자와 금고(禁錮)된 자는 그 사정을 고려하여 석방할 것.
11. 4영(營)을 합하여 하나의 영으로 하고, 영 중에서 장정을 뽑아 근위대를 급히 설치할 것(육군 대장은 우선 세자 궁으로 한다).
12. 무릇 국내 재정은 모두 호조가 관할하고, 그 외의 모든 재정 관청은 폐지할 것.
13. 대신과 참찬(새로 임명한 6명은 지금 그 이름을 쓸 필요가 없다)은 매일 합문(閤門) 안의 의정소(議政所)에서 의논하여 아뢰어 결정하고, 정령(政令)을 반포해 시행할 것.
14. 의정부와 6조 외에 무릇 불필요한 관청은 모두 혁파하고, 대신과 참찬으로 하여금 참작 협의하여 아뢰도록 할 것.

-『갑신일록』

1조는 속방과 종주국의 관계를 폐지하고 완전 자주국을 수립하려는 의도가 담겨 있다. 3조 지조법 관련 조항은 세금 제도를 개혁하여 국가 재정과 민생 문제를 해결하려 한 조항이다. 9조 혜상공국은 보부상을 총괄하던 단체이다. 이들의 특권을 없애 자유로운 상업 발전을 도모했다. 12조 재정 일원화는 각 관청에 나눠져 있는 징세권을 하나로 묶어 국가 재정을 효율적으로 관리하고 집행하기 위한 조항이다.

지키다 살해당하였다. 서광범, 서재필은 일본을 거쳐 미국에 망명하였다.

갑신정변이 실패한 원인은 크게 두 가지이다. 하나는 민중의 지지를 이끌어 내지 못한 점이다. 정권만 잡으면 된다고 생각하여 개혁의 필요성을 알리는 데 소홀히 한 탓이었다. 개혁 정강에 민중들이 가장 바랐던 토지 제도 개혁 등이 빠진 것도 이와 관련이 깊다. 다른 하나는 일본의 군사적 지원에 지나치게 의존한 점이다. 자체 군사력을 동원하기 힘들었지만 제국주의를 제대로 파악하지 못한 것은 분명하다. 이 때문에 민중들은 이들을 외세를 등에 업고 국가 기강을 흔든 역적으로 생각하였고, 개화라는 말을 입에 올리기도 힘들게 만들어 버렸다.

하지만 갑신정변은 자주적 근대 국가를 수립하려는 최초의 개혁 운동으로 큰 역사적 의미를 가지고 있다. 이들이 이루려고 한 개혁 정책은 갑오개혁과 독립 협회 활동으로 이어졌다.

한성 조약과 톈진 조약을 맺다

갑신정변을 진압한 청은 내정 간섭을 더욱 강화하였다. 청군 지휘관 위안스카이는 한양 주재 외교관들이 '조선의 총독'이라 부를 정도로 강력한 영향력을 행사하였다. 내정 간섭이 도를 넘자 고종과 민씨 정권은 러시아와 일본에 접근하였다. 이를 못마땅하게 여긴 위안스카이는 조선 정부의 반대에도 1885년 흥선 대원군을 귀국시켰다. 말을 듣지 않는 고종과 민씨 정권을 압박하기 위함이었다. 실제 그는 흥선 대원군과 손을 잡고 고종의 퇴위를 꾀하기도 하였다. 또한 청은 인천-서울-의주를 잇는 전신선을 설치하고 운영권을 차지하였다. 정변을 진압하는 과정에서 본국과 신속한 연락을 할 필요성을 절감하였기 때문이다.

일본도 1885년 군함과 군대를 이끌고 와 모든 책임을 조선 정부에 돌리며 사죄와 배상을 요구하였다. 조선은 무리한 요구라 항의했다. 하지만 청이 조선과 일본이 충돌하는 것을 피하기 위해 타협을 종용하자 받아들였다. 조선 정부는 일본과 맺은 한성 조약에서 사과 사절단 파견, 배상금과 공사관 신축비 지불, 공사관 경비를 위한 군대 주둔 등을 약속하였다.

한편 갑신정변에서 군사적으로 충돌할 뻔한 청과 일본은 1885년 톈진 조약을 체결하였다. 조약의 핵심은 '조선에서 두 나라는 군대를 모두 철수하되 앞으로 파병할 때는 먼저 알리고 사태가 진정되면 철병한다'는 것이었다. 이 조항이 청일 전쟁의 빌미가 되었다.

영국, 거문도를 불법 점령하고 중립화론이 일어나다

청과 일본의 대립이 점점 심해지자 위기 의식을 느낀 고종은 러시아에 관심을 갖게 되었다. 겨울에 얼지 않는 부동항을 얻기 위해 남하 정책을 추진하던 러시아도 수교에 적극 나섰다. 두 나라는 1884년 수호 통상 조약을 맺고, 이듬해에는 베베르가 초대 러시아 공사로 부임하였다. 러시아에 대한 기대는 청의 간섭이 심해질수록 커졌다.

갑신정변 뒤 청은 노골적으로 내정 간섭을 하였다. 청이 보낸 외교 고문 묄렌도르프마저 걱정할 정도였다. 고종은 여기서 벗어나기 위해 미국과 러시아에 도움을 요청하였다. 미국은 소극적 태도를 보였지만 러시아는 적극적으로 나섰다. 부동항을 얻을 수 있는 좋은 기회였기 때문이다. 두 나라는 러시아가 동해안의 영흥만을 조차하는 대신 군사와 재정 지원을 한다는 밀약을 추진하였다. 이 계획은 청이 러시아와 관계 강화를 조언하였던 묄렌도르프를 쫓아내면서 이뤄지

조차
한 나라가 다른 나라 영토의 일부를 빌려 일정한 기간 동안 통치하는 것.

거문도는 군사 전략상 중요한 길목에 위치하고 있어서 열강들이 탐내는 섬이었다. 영국 해군은 거문도를 '동부 아시아의 주요 전쟁터'로 칭했고, 조미수호 통상 조약을 체결한 미국 전권 대사인 슈펠트는 '동쪽의 지브롤터(이베리아반도 남단의. 지중해로 들어가는 해협 길목의 작은 영국 영토)'라는 별명으로 부르기도 했다.

영국 군인과 거제도 주민들
거문도를 점령한 영국 군인들이 주민들과 함께 사진을 찍고 있다.

거문도에 남아 있는 영국 해군 비석 두 개와 나무 십자가
영국 대사관은 해마다 이곳에 성묘를 하고 부근 초등학교 학생들에게 장학금을 전달하고 있다고 한다.

지 못하였다.

그러나 조선이 러시아와 밀약을 맺는다는 설이 퍼지자 영국은 신경을 곤두세웠다. 러시아가 부동항을 얻게 되면 언제든지 바다로 진출할 수 있기 때문이다. 당시 세계 해상권을 장악하고 있던 영국은 러시아가 부동항을 얻으려 할 때마다 이를 방해하였다. 흑해로 진출하려는 러시아를 막은 크림 전쟁이 대표적이었다. 나이팅게일이 활약한 바로 그 전쟁이다.

1885년 영국은 러시아를 견제하기 위해 거문도를 불법 점령하였다. 거문도는 한반도와 제주도 가운데에 위치한 해상 교통 요충지였다. 조선 정부는 강력하게 항의하였지만 청은 미온적인 태도를 보였다. 러시아가 조선에 진출하는 것을 막는 데 도움이 된다고 봤기 때문이다. 하지만 러시아가 강력하게 반발하고 일본의 움직임도 걱정이 되자 중재에 나섰다. 영국은 러시아가 조선의 영토를 침범하지 않겠다고 약속하자 1887년 거문도에서 철수하였다.

이렇게 제국주의 열강의 대립이 심각해지자 조선을 중립국으로 만들자는 주장이 나왔다. 조선 주재 독일 부영사 부들러는 청, 러시아, 일본 삼국이 보장하는 중립화 방안을 제안하였다. 그러나 청이 반대하자 조선 정부는 별다른 관심을 보이지 않았다. 미국 유학에서 돌아온 유길준도

〈낚시놀이〉(조르주 비고, 1887)
프랑스 화가가 일본 만화 잡지에 실은 만평이다. 조선을 서로 차지하려는 일본·청·러시아를 풍자하고 있다. 물고기에 적힌 'COREE'는 프랑스어로 한국이라는 뜻이다.

자주 독립을 지키기 위해 중립화 구상을 내놓았다. 그는 지금 우리 힘으로 중립화를 할 수 없으니 청의 주도하에 다른 나라의 협조를 얻어 중립화 조약을 체결하자고 주장하였다. 하지만 이런 제안은 제국주의 시대에 실현되기 어려운 주장이었다.

자주독립을 위한 노력을 멈추지 않다

임오군란과 갑신정변 무렵 조선 정부는 안팎으로 큰 어려움에 시달리고 있었다. 이런 어려움 속에서도 조선 정부는 자주독립과 부국강병을 위한 노력을 이어 갔다. 우선 갑신정변으로 중단되었던『한성순보』를 주보로 바꿔 다시 발간하였다.『한성주보』는 국한문으로 일반 서민들도 볼 수 있게 하였다. 한국 신문 최초로 독일인이 운영하던 '세창양행' 광고를 싣기도 하였다. 정부는 근대 서양 학문과 외국어를 가르치는 육영공원과 배재학당, 이화학당, 경신학교 등을 세우거나 후원하였다. 서양식 군사 훈련을 하는 연무 공원 등도 세웠다. 여기에서 일할 고문관, 기술자, 교사 등은 미국과 러시아 등에서 초빙하였다. 서양 농업 기술을 도입하려 농무 목축 시험장을 만들어 운영한 것도 이 무렵이었다.

또한 자주독립국임을 알리기 위해 미국과 일본에 공사관을 개설하였

다. 주미 공사관은 서양 국가에 설치한 최초의 상주 외교 사절이었다. 그
러나 이런 노력은 청의 간섭과 민씨 정권의 무능과 부패로 기대한 성과
를 거두지는 못하였다. 1887년 청은 조선이 미국에 공사를 파견하는 것
을 인정하였다. 종속국이라 공사를 파견할 수 없다는 조처가 국제적인
문제가 되었기 때문이다. 하지만 조선 공사가 파견되면 그 나라에 주재
하는 청 공사에게 보고하고 상의한다는 조건을 달았다. 실제로 초대 주
미 공사 박정양은 이를 어기고 미국 대통령에게 국서를 전달했다가 11개
월 만에 소환당하였다.

세창양행 광고 부분

덕상세창양행고백이 실린 『한성주보』(1886. 2. 22)
한국 최초의 신문 상업 광고. '덕상세창양행고백'은 독일 함부
르크에 본사를 둔 무역 회사인 세창양행의 광고라는 뜻이다.
'고백'은 광고를 중국식으로 표현한 말이다. 수출품과 수입품
목록으로 구성되어 있다. 광고를 보면 회사는 소, 호랑이, 말
등 짐승 가죽과 동전 등을 수출하고 염료, 허리띠, 서양못, 성
냥 등을 수입한다. 그림이나 사진이 없이 글로 지면을 채웠다.

갑신정변의 중심인물

• 비운의 풍운아로 평가받는 김옥균

김옥균은 1851년 충남 공주에서 김병태의 장남으로 태어났다. 7살 때 오촌 아저씨 김병기의 양자가 되었다. 김병기는 안동 김씨의 핵심인 김좌근의 아들로, 홍선 대원군 집권 시기에도 고위 관직을 두루 지냈다.

김옥균은 1870년 무렵 박규수의 문하에서 홍영식, 박영효, 서광범 등과 함께 배우면서 근대 사상에 눈을 떴다. 1872년 알성문과에 장원급제하고 2년 만에 정5품 홍문관 교리가 되었다. 그 뒤 이조 참의, 호조 참판 등 요직을 두루 거쳤다. 1881년 12월 일본에 가서 유력 정치인과 개화 지도자 후쿠자와 유키치 등을 만났다. 그는 메이지 유신으로 바뀐 일본을 보고 조선도 하루라도 빨리 일본과 같은 나라로 만들려는 꿈을 갖게 되었다. 그는 급진 개화파의 지도자답게 행정과 재정을 비롯하여 국방과 경찰, 형사 제도의 개혁, 신분제 폐지, 회사 제도 도입, 관세 자주권의 확립, 농목축업과 어업의 개발, 선진 과학 기술의 도입, 철도 및 기선의 도입, 신교육 실시, 도로의 개선과 정비, 위생 개혁, 종교와 신앙의 자유, 조선의 중립화 등 국정 전반에 관심을 갖고 대대적인 개혁을 주장하였다.

일본에 망명한 뒤에도 정변의 정당성을 밝히기 위해 『갑신일록』을 저술하였다. 삼일천하로 끝난 갑신정변 마지막 날인 19일에 발표한 개혁 정강 14개조가 여기에 실려 있다. 뿐만 아니라 고종에게 계속 상소를 올려 개혁을 위해 끊임없이 노력하였다. 하지만 조선 정부는 계속 사람을 보내 그를 죽이려 하였다. 이용 가치가 떨어졌다고 판단한 일본 정부도 태평양 남쪽에 멀리 떨어진 오가사와라섬으로 강제 추방하기도 하고 삿포로에 연금을 하기도 하였다.

일본 정부에 실망한 김옥균은 1894년 2월 청나라 이홍장과 조선 문제를 상의할 생각으로 상하이로 갔다. 그러나 조선 정부가 보낸 자객 홍종우에게 살해당하고 말았다. 조선 정부는 청의 협조로 주검을 가져와 양화진에서 능지처참하였다. 4개월 뒤 갑오개혁 정부가 들어서면서 사면 복권되었다. 1910년에는 규장각 대제학에 추증되었다.

• 우정 사업의 선구자, 홍영식

1884년 4월 22일 고종은 우정 사업를 시작하라는 지시를 내렸다.

> "각국과 더불어 통상한 이래 안팎의 관계와 교섭이 날로 늘어나 관청, 상인들이 주고받는 통신이 많아
> 지게 되었다. 만약 통신을 적절하게 전하지 않으면 소식과 기맥을 제대로 알 수가 없게 된다. 이에 우
> 정총국을 설립하여 연해의 각 항구에서 왕래하는 서신을 관장하고, 내지(內地)의 우편도 또한 마땅히
> 점차 확장하여 공사의 이익을 거두도록 명하노라."
>
> - 『고종실록』(21년 3월 27일)

현재 정보 통신의 날로 기념되는 이날을 만든 사람 중 한 명이 홍영식이다. 홍영식은 1881년 조사 시찰단으로

일본에 갔을 때 자신의 담당이었던 병제와 함께 우편에도 특별한 관심을 보였다. 1883년 우정사가 설치되자 홍영식은 담당 협판이 되었다. 보빙사로 미국에 갔을 때도 뉴욕의 우체국과 전신국을 시찰하고 고종에게 우편 업무의 개설을 건의하였다. 1884년 4월 우정총국을 창설하고 총판에 임명되었다. 이어 제물포와 부산 등에 분국을 설치하고 우편 업무를 시작하였고, 종로와 남대문 등 10곳에서 우표도 팔았다.

한편 1883년에는 덴마크 전신 회사와 계약을 맺고 전신 통신선 설치 공사를 시작하였다. 일본 규슈 서북쪽 해안에서 쓰시마섬을 연결하여 부산까지 전선을 설치하고, 다시 부산에서 국내로 전선을 연결하여 전신을 설치하는 공사를 체결하려고 하였다.

최초의 우표(위)와 우정총국(아래)

9

농민들,
새로운 세상을 꿈꾸다

민란을 기다리는 농민

1890년 무렵 전국 곳곳에서 민란이 일어났다. 봉기가 일어나지 않는 고을이 드물었고, 농민들은 이웃 고을에서 봉기했다는 소식을 기다렸다. 사태가 이 지경이 된 까닭은 우선 흥선 대원군 때 잠시 바로잡혔던 정치 기강이 다시 무너졌기 때문이다. 개화 정책을 둘러싼 갈등으로 정책을 제대로 펴지 못한 것도 중요한 원인이었다. 개화 정책을 추진하고 일본에 지불한 배상금 등으로 세금이 늘어난 것도 정부와 개화에 대한 불만을 키웠다. 무엇보다 민씨 정권의 무능과 부정부패로 매관매직이 성행하고 삼정이 다시 문란해진 것이 크게 작용하였다.

게다가 임오군란 뒤 청과 일본 상인을 비롯한 외국 상인들이 내륙 시장까지 들어오면서 상황은 더욱 나빠졌다. 영국 면직물 등 외국 공산품이 밀려오고 콩과 쌀 등 곡물이 일본으로 대량 수출되었기 때문이다. 농촌 수공업을 비롯한 국내 수공업이 큰 타격을 입었고, 곡물 가격이 치솟아 경제에 엄청난 타격을 주었다. 일부 지역에서는 방곡령을 내려 곡물 이동을 금지하기에 이르렀다. 쌀값이 오르자 지주들은 돈을 벌었고 소작료를 올려 더 많은 이익을 챙기기도 하였다. 하지만 농민 대부분은 먹고 살기 위해 봄에 고리대로 쌀을 빌릴 수밖에 없었다. 이들은 가을이 되면 높은 이자를 붙여 갚는 악순환을 되풀이하면서 점점 어려운 처지로 내몰렸다.

동학, 교조 신원 운동을 벌이다

사회가 불안해지면서 사회 변혁에 대한 요구가 높아졌다. 평등과 개혁을 강조한 종교와 사상이 유행하고, 새로운 세상에 대한 기대가 백성들 사이에 번져 나갔다. 그 가운데 가장 많은 호응을 얻은 것이 동학이었다. 동학은 교조 최제우가 처형당한 뒤 잠시 위축되었다. 하지만 2대 교주 최시형을 중심으로 경전을 다시 간행하고 교리와 교단을 정비하였다. 마을이나 읍에 접을 두고, 그 위에 몇 개 또는 수십 개 접을 관리하는 포를 두었다. 접에는 접주가, 포에는 대접주가 책임자로 임명되었다.

이에 힘입어 1880년대에 이르러 동학 교세는 크게 확대되었다. 특히 지방관의 수탈과 외세의 침탈이 심했던 삼남 지방은 신자가 폭발적으로 늘었다. 그렇지만 동학은 여전히 사교로 취급되었고, 세력이 커질수록 탄압은 더욱 심해졌다. 일부 지방관들은 아무나 잡아들여 동학 교도라며 재산을 빼앗기도 하였다. 이에 동학은 교조 최제우의 억울한 누명을 풀어 달라는 교조 신원 운동을 벌이기 시작하였다. 동학을 인정하고 탄압을 하지 말라고 요구한 것이다.

1892년 동학 교도들은 충청도 공주와 전라도 삼례에 모여 집회를 열었다. 이듬해에는 동학 지도자들이 직접 서울로 올라가 궁궐 앞에서 상소 운동을 벌였다. 정부가 요구를 받아들이지 않자 최시형, 손병희 등 동학 교단 지도부는 충청도 보은에서 대규모 집회를 열었다. 비슷한 시기 전라도 금구에서도 전봉준, 황하일 등 농민 지도자들이 집회를 열었다. 두 집회도 정부의 회유와 탄압, 순수한 종교 운동으로 이끌려는 교단 지

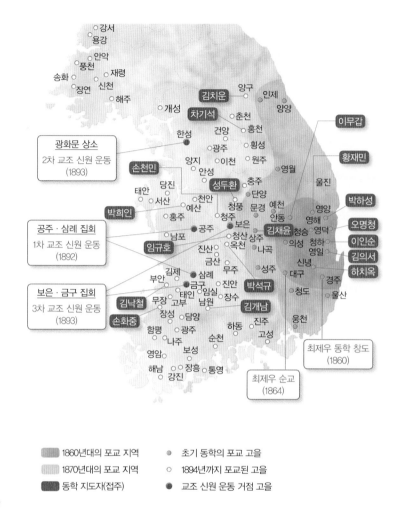

강서
용강
안악
풍천
송화 재령
장연 신천
해주

강구
김치운 양구 인제
개성 차기석 양양
춘천 홍천
한성 건양
광주 횡성
양지 이천 원주
안성 영월
광화문 상소
2차 교조 신원 운동
(1893)
손천민
당진 성두환 충주 울진
태안 서산 천안 단양 예천 영양 박하성
예산 청풍 문경 안동 영해 오명청
박희인 홍주 청주 보은 영덕 이인순
공주·심례 집회 공주 청산 상주 김채윤 청승 청하 영일 김의서
1차 교조 신원 운동 남포 옥천 나곡 의성 신녕 하치옥
(1892) 진산 금산 성주 대구 경주
임규호 금제 무주 울산
부안 삼례 진안
보은·금구 집회 금구 태인 임실 장수 박석규 청도 웅천
3차 교조 신원 운동 무장 고부 남원 김개남
(1893) 김낙철 장성 담양 진주
손화중 함평 광주 하동 고성
나주 순천
영암 보성
해남 장흥 통영
최제우 동학 창도
(1860)
강진

이무갑
황재민

최제우 순교
(1864)

▨ 1860년대의 포교 지역   ● 초기 동학의 포교 고을
▨ 1870년대의 포교 지역   ○ 1894년까지 포교된 고을
▨ 동학 지도자(접주)   ● 교조 신원 운동 거점 고을

동학의 교세 확장

도부의 입장 등으로 목적을 이루지 못하였다.

교조 신원 운동은 처음에는 종교적 운동으로 시작되었다. 하지만 시간이 갈수록 농민들의 바람을 받아들여 탐관오리 처벌과 외세 배격 등 정치적 요구도 하게 되었다. 특히 금구 집회에서는 서울로 진격하자는 주장도 나왔다. 순수한 종교 운동에서 반봉건, 반외세 주장을 내세운 운동으로 확산된 것이다. 이 경험은 농민을 조직하여 대규모 농민 운동으로 발전하는 데 큰 구실을 하였다.

고부 민란과 1차 봉기

1892년 조병갑이 고부 군수에 부임하였다. 그는 다른 지방관처럼 비리를 일삼고 세금을 늘려 농민들을 괴롭혔다. 특히 농민들이 이미 사용하던 보가 있음에도 하류에 다시 새 보를 쌓고 물세를 거두어들였다. 참다못한 농민들은 전봉준을 앞세워 시정을 요구하였지만 소용이 없었다. 마침내 1894년 1월 전봉준, 최경선 등은 사발통문을 돌려 농민을 모아

보
돌이나 나무로 하천을 가로막아 물을 가둔 구조물.

• 〈사발통문〉

'각 마을의 집강(執綱) 귀하'

격문을 사방에 빨리 전달하니 사람들의 논의가 비등하였다. 매일 멸망할 것이라고 노래하던 민중들은 곳곳에 모여서 말하되 "났네, 났어. 난리가 났어", "에이 참 잘되었지. 그냥 이대로 지내서야 백성이 한 사람이나 어디 남아 있겠나" 하며 기일이 오기만 기다리더라. (중략) 그 결의된 내용은 아래와 같다.

• 고부 성을 격파하고 군수 조병갑의 목을 베어 매달 것.
• 군기창과 화약고를 점령할 것.
• 군수에게 아첨하여 인민을 침탈한 탐욕스러운 아전을 쳐서 징벌할 것.
• 전주 감영을 함락하고 서울로 곧바로 향할 것.

- 〈사발통문〉

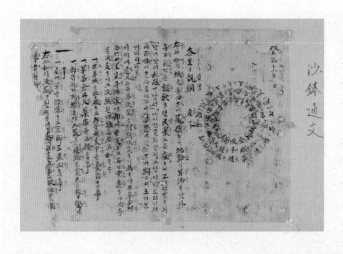

왼쪽 문서는 동학농민군 통문 제1호인 〈사발통문〉이다. 1893년 12월 전봉준을 비롯한 동학 간부 20여 명은 서부면 죽산리 송두호 집에 모여 봉기를 결의하였다. 주모자가 드러나지 않게 사발을 놓고 참가자의 이름을 빙 둘러 가며 적었다. 1968년 12월 전라북도 정읍시 고부면 송준섭의 집 마루 밑 족보 속에서 발견되었다. 서명자 필적과 내용, 문서 서식 등을 들어 이 문서에 의문을 표시하는 의견도 있다.

군수를 내쫓고 원성의 대상이던 새 보를 무너뜨렸다.

놀란 정부는 조병갑을 파면하고 신임 군수를 임명하였다. 따로 안핵
사를 파견하여 민란이 왜 일어났는지를 조사하게 하였다. 농민들은 신임
군수 박원명이 폐정을 고치겠다고 약속하자 일단 해산하였다. 하지만 안
핵사 이용태가 책임을 동학 교도에게 돌리며 주모자와 참가자를 잡아들
이자 민심이 크게 술렁였다.

안핵사의 탄압에 맞서 전봉준은 손화중, 김개남과 손을 잡고 3월에
무장전북 고창에서 봉기하였다. 손화중과 김개남은 동학 대접주로, 전라도
에서 가장 영향력 있는 동학 지도자였다. 동학 농민군은 4월 말 고부를
다시 점령하고 이웃 고을로 가서 백산에 진을 쳤다. 여기서 동학 농민군
은 전봉준을 대장으로, 손화중과 김개남을 총관령으로 지휘부를 구성하
였다.

또한 '사람을 죽이지 말고 물건을 해치지 말라', '충효를 다하며 세상을
구하고 백성을 편하게 하라', '일본 오랑캐를 물리치고 나라의 정치를 깨
끗이 한다', '군대를 몰아 서울에 들어가 권세가와 귀족을 모두 멸하리라'

**동학 농민 운동 백산 봉기
기록화**
백산은 고부읍 북쪽에 있는 높
이 약 50m 정도 되는 작은 구
릉이다. 하지만 넓은 평야 한가
운데에 있고 북쪽으로 동진강
과 만경강이 흐르고 있어 관측
과 방어에 유리한 곳이었다. 관
곡 저장 창고도 있어 군량도 조
달할 수 있었다. 여기서 농민군
은 본격적으로 지휘부를 구성
하고 조직을 갖추었다.

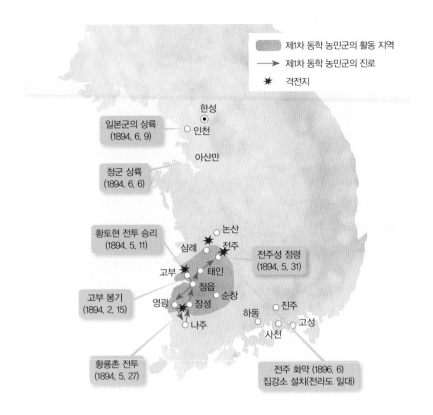

동학 농민 운동 1차 봉기

는 강령을 발표하였다. 4대 강령과 함께 '도탄에 빠진 백성을 구하고, 나라를 튼튼히 하며, 탐관오리를 내쫓고, 외적을 물리치자'는 격문도 발표하여 봉기 이유와 목적을 분명하게 밝혔다. 농민군은 '비록 싸우더라도 되도록 사람을 다치지 않게 한다. 행군할 때 절대 사람과 물건을 해치지 않는다. 효자와 충신이 사는 마을은 10리 안에 주둔하지 않는다'는 약속도 하였다.

농민군은 태안을 거쳐 금구까지 장악하고 5월 11일 황토현에서 전라도 감영군을 물리쳤다. 놀란 중앙 정부가 정예 군사^{경군}를 파견하자 정읍, 고창, 장성 등을 돌면서 민심을 얻고 관아에 있는 무기로 전력을 보강하였다. 마침내 농민군은 장성 황룡촌에서 경군에 승리를 거두고, 여세를 몰아 5월 31일 전라 감영이 있는 전주성을 점령하였다. 그사이 많은 농민들이 합세하였고, 지휘부에도 다양한 출신의 인물이 가담하였다. 동학 농민군이 내건 목표가 가슴에 와닿았고, 새로운 사회가 열릴 것으로 믿었기 때문이다. 관군이 백성들을 괴롭히고 물자를 빼앗는 반면 농민군은 약속처럼 백성들에게 비난받을 일을 하지 않은 것도 중요한 원인이었다.

전주 화약과 집강소, 그리고 교정청

전주는 조선 왕조의 발상지라는 상징성을 가진 곳이다. 전주성 함락 소식을 들은 조선 정부는 임오군란 때처럼 공식적으로 청에 원병을 요청하였다. 청은 6월 6일 급히 충청남도 아산으로 군대를 보내고 톈진 조약에 따라 일본에 파병 사실을 통고하였다. 일본은 이미 파병 요청 사실을 알고 준비를 끝내, 통고를 받자마자 9일 인천으로 군대를 보냈다. 거류민 보호를 내세웠지만 톈진 조약도 좋은 구실이었다. 뜻하지 않은 상황에 당황한 정부는 사태를 빨리 마무리하려고 하였다. 동학 농민군도 조금씩 힘에 부쳐 가고 있었기 때문에 폐정 개혁을 조건으로 전주 화약을 맺었다. 농민군은 전주성에서 나와 해산하였고, 정부는 농민군의 신변 안전을 약속하고 개혁안 일부를 받아들였다.

전주 화약 뒤 농민군은 전라 감사와 협의하여 전라도 각 지역에 농민 자치 조직인 집강소를 설치하였다. 이를 중심으로 농민군은 행정과 치안을 맡아 폐정 개혁에 나섰다. 노비 문서를 불태우고 탐관오리와 악덕 토호를 징벌하였다. 각종 잡세를 폐지하고 부채를 탕감해 주기도 하였다. 일부 양반들은 여기에 반발하였지만 스스로 노비 문서를 불태우는 양반도 있었다. 정부도 교정청을 설치하여 개혁을 추진하고 청과 일본에 군대를 철수하라고 요구하였다.

거류민
남의 나라 영토에 거주하는 사람.

204

청과 일본, 한반도를 놓고 전쟁하다

전주 화약을 맺은 조선 정부는 청, 일본에 철군을 요청하였다. 청은 여기에 동의하였지만 일본은 거절하였다. 오히려 청에게 함께 조선 내정을 개혁하자고 제안하였다. 청이 들어줄 리가 없다는 것을 알면서 침략의 명분을 쌓기 위한 것이었다. 예상대로 일본은 6월 중순 경복궁을 점령하여 친청 정책을 펴던 민씨 정권을 무너뜨렸다. 대신 흥선 대원군을 앞세워 친일적인 개화파 정권을 세우고, 청군을 기습 공격청일 전쟁하였다.

당시 일본은 임오군란과 갑신정변으로 청에게 점점 밀리던 상황이었다. 이를 역전시키기 위해 무기를 개량하고 군비를 확장하면서 청과 전

• 농민군, 양반을 혹독하게 다루다

적당(농민군)은 모두 천민 노예이므로 양반, 사족을 가장 증오하였다. 그래서 양반을 나타내는 뾰족 관을 쓴 자를 만나면 관을 벗겨 빼앗아 버리거나 자기가 쓰고 거리를 돌아다니면서 양반에게 모욕을 주었다. 무릇 집안 노비로서 농민군을 따르는 자는 물론이요, 비록 농민군을 따르지 않는 자라 할지라도 주인을 협박하여 노비 문서를 불사르고 양인으로 인정해 줄 것을 강요하였다. 이들 중 일부는 그 주인을 결박하여 주리를 틀고 곤장과 매를 치기도 하였다. 이에 노비를 가진 자들은 스스로 노비 문서를 불살라서 그 화를 면하였다.

- 「오하기문」(황현)

위 이야기는 집강소 시절 동학 농민군의 모습을 보여 준다. 집강소는 전라도 대부분 고을에 설치되었다. 집강 아래 서기, 성찰 등을 두고 조세 징수와 행정 관련 사무를 처리하였다. 나주, 남원, 운봉 등 집강소 설치에 순순히 따르지 않은 지역도 있었다. 이 지역을 관할하고 있던 김개남은 농민군을 동원하여 집강소를 거부한 관아를 점령했다. 결국 이 지역에도 집강소가 설치되었으며, 김개남은 봉건 세력과 타협을 철저히 거부하고 이 지역 양반들을 혹독하게 다루었다. 현재 유일하게 남아 있는 집강소는 전북 김제시에 있는 원평 집강소로 2015년 복원되었다.

원평 집강소

쟁을 준비하였다. 일본 지식인들도 조선, 중국 등 아시아 국가와 연대하기보다 영국, 미국 등 구미 열강처럼 제국주의 국가로 발전해야 한다며 일본 정부에 동조하였다. 그 결과 전쟁이 시작되자 일본은 예상 밖으로 청군을 밀어붙였다. 청군은 양무운동으로 양성된 근대식 군대였다. 전체 병력과 군비 면에서 일본에 크게 앞서 있었지만 효율적으로 조직을 갖추지 못하였고 훈련에도 소홀해 힘을 제대로 쓰지 못하였다. 풍도 해전과 성환 전투에서 승리한 일본군은 8월 평양 전투에서 대승을 거두었다. 승기를 잡은 일본군은 압록강을 넘어 요동 지역으로 진격하여 11월에는 뤼순항을 함락시켰다. 나아가 이듬해 2월에는 청 북양 해군의 근거지였던 웨이하이를 점령하고 3월에는 베이징이 바라보이는 곳까지 진출하였다.

다급해진 청은 1895년 3월 일본과 시모노세키 조약을 체결하였다. 여기에서 청은 조선이 자주독립국임을 인정하고 종주국의 지위를 포기한다고 선언하였다. 또한 랴오둥반도와 대만을 일본에 넘기고 전쟁 배상금 2억 냥을 지불하기로 하였다. 이 돈은 일본 돈 3억 2천만 엔에 달하는 거액으로 청나라는 3년, 일본은 4년 세출 예산에 해당하였다.

일본이 랴오둥반도를 차지하게 되자 서구 열강들은 우려를 나타냈다. 특히 러시아는 강력하게 반발하였다. 시베리아 횡단 철도를 건설하며 만주로 진출하려는 계획에 중대한 차질을 빚을 수 있기 때문이었다. 러시아는 프랑스, 독일과 함께 동아시아 평화를 위해 랴오둥반도를 청에 돌려주라고 압박하였다.^{삼국 간섭} 굴복할 수 없다는 여론이 들끓었지만 일본은 배상금을 더 받는 조건으로 받아들일 수밖에 없었다. 아직 러시아에 대항하기에는 힘이 벅찼기 때문이다. 삼국 간섭으로 러시아의 영향력이 커지자 조선 지배층 사이에는 러시

시모노세키 조약을 그린 그림
시모노세키 조약의 정식 이름은 청일 강화 조약이다. 이 조약으로 일본은 청에 대해 열강과 동등한 특권을 인정한 통상 조약을 체결하게 됐고, 대만·펑후 열도 등을 차지하면서 제국주의 국가로 변모하게 되었다. 청나라 복장을 한 관리 중 오른쪽 사람이 이홍장이고, 이홍장의 오른쪽 맞은편에 이토 히로부미가 있다.

아와 가까이하려는 사람들이 많아졌다.

삼국 간섭으로 랴오둥반도는 1895년 11월 청에 반환되었다. 그 대가로 프랑스는 광저우만을, 독일은 자오저우만을 손에 넣었다. 특히 러시아는 하얼빈과 다롄을 잇는 철도 부설권을 손에 넣은 데 이어 1898년 뤼순·다롄을 조차하였다. 러시아가 만주로 세력을 확대하자 영국은 웨이하이웨이를 조차하여 대응하였다. 다른 열강들도 청을 압박하여 본격적으로 중국을 분할하기 시작했다.

2차 봉기

김홍집을 수반으로 새로 수립된 정부는 교정청을 폐지하고 군국기무처를 설치하여 대대적인 개혁에 나섰다. 농민들은 여기에 기대를 걸고 있었다. 하지만 일본군이 승기를 잡으면서 내정 간섭이 심해져 국권마저 위태로워졌다. 청일전쟁에서 승리가 확실해지자 일본군은 본격적으로 동학 농민군에 대한 공격에 나섰다. 앞으로 일본이 조선을 지배하는 데 가장 큰 걸림돌이 될 세력이었기 때문이다. 조선 정부도 동학 농민군 진압에 나서고, 많은 지배층들도 동학을 탄압해야 한다고 주장하였다. 일본은 동학 농민군을 공격할 부대를 따로 편성하여 파견하고 조선군 지휘권도 넘겨받았다.

이에 전봉준은 9월 중순 전라도 삼례에서 일본군을 타도하자며 다시 봉기하였다. 여기에 호응하여 전국 각지에서 앞다투어 동학 농민군이 일어났다. 특히 1차 봉기에 참여하지 않았던 최시형을 비롯한 교단 지도부들이 이끄는 북접이 참여하였다. 대체로 충청도 지역을 기반으로 한 북접은 종교 운동을 강조하였고, 전라도를 중심으로 한 남접은 사회 개혁을 중요시하였다. 이 때문에 북접은 남접을 비난하며 1차 봉기에 참여하지 않았다.

10월 중순 손병희가 지휘하는 북접군은 논산에서 전봉준, 최경선이 이끌고 온 동학 농민군 주력 부대와 합세하였다. 농민군은 서울로 진격하다 공주에서 일본군과 관군 연합 부대와 대치하였다. 서울로 가는 길목인 우금치를 차지하기 위해 수차례 용감하게 돌격했지만 정규군의 군사 전략과 우세한 무기를 당해 내지 못했다. 농민군은 결국 수많은 희생자를 내고 11월 초 후퇴하고 말았다. 김개남이 이끈 군사는 따로 서울로 올라가다 청주성에서 패배하였다.

농민군은 그 뒤에도 여러 지역에서 항전을 계속하였지만 큰 희생을 치르며 흩어지고 말았다. 재기를 노리던 전봉준, 손화중, 김개남 등 지도부들도 체포되고 말았다. 일본군과 관군은 동학 접주 등 지도부만 아니라

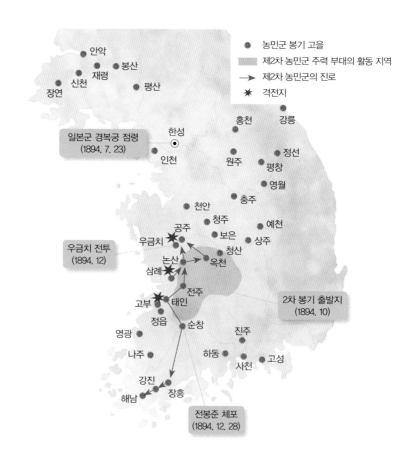

동학 농민 운동 2차 봉기

단순 가담자도 모두 색출하여 처형하였다. 양반과 부호 등이 조직한 민보군도 관군을 도와 농민군을 공격하였다. 살아남은 농민군은 신분을 감추고 숨어 지내다 일부는 의병 운동에 가담하였다.

동학 농민 운동은 봉건 체제를 개혁하고 외세의 침략에 맞선 대규모 투쟁이었다. 이 운동이 우리 역사에서 가장 규모가 큰 운동으로 발전할 수 있었던 것은 동학 교단의 힘이 컸다. 물론 동학 농민 운동은 근대 국가 건설이라는 개혁안을 뚜렷하게 제시하지는 못한 한계도 있었다. 하지만 뒷날 민중이 중심이 된 활빈당 운동이나 항일 의병 운동으로 이어졌고, 갑오개혁에 큰 영향을 끼쳤다.

민중의 희망, 녹두꽃이 지다

전봉준(1855~1895)은 고부 향교 간부를 지낸 전창혁의 아들로 태어났다. 몸은 작지만 야무져 녹두라 불렸다. 아버지는 1893년 조병갑의 탐학에 앞장서 항의를 하다 곤장을 맞고 한 달 만에 죽었다. 집안이 넉넉지 않아 약을 팔기도 하고 훈장을 하기도 하였다. 1890(고종 27) 무렵 사회 개혁을 하자는 뜻에 동감하여 동학에 들어갔다. 얼마 되지 않아 고부 지방 동학 접주로 임명되었다.

1893년 12월 전봉준은 농민들을 대표하여 조병갑에게 탐학을 그만두라는 진정을 올렸지만 소용이 없었다. 그는 동지 20명을 모아 사발통문을 만들고 거사를 맹세하였다. 마침내 이듬해 정월 10일, 1천여 명을 이끌고 고부 관아를 점령했다. 군수는 놓쳤지만 아전을 징벌하고 불법으로 빼앗겼던 곡식을 농민들에게 돌려주었다. 원성의 대상이었던 새 보도 헐어 버렸다.

압송되어 가는 전봉준
체포될 때 정강이 뼈가 부러져 들것에 실려 가고 있다.

2018년 4월 서울 종로구에 세워진 전봉준 장군 동상. 이 자리는 전봉준 장군이 서울로 압송되어 갇혀 있던 전옥서가 있던 곳이다.

봉기가 마무리되자 대부분 농민들은 집으로 돌아갔다. 전봉준은 핵심 측근들과 백산으로 가서 돌아가는 사정을 살피고 있었다. 안핵사가 뒷수습을 멋대로 처리하며 농민들을 탄압하자 다시 봉기할 것을 결심하였다.

1894년 3월 하순 부근 동학 접주에게 통문을 보내 봉기할 것을 호소하자 1만 명이 백산으로 모여들었다. 여기에서 동학 농민군은 조직을 정비하고 4개 행동 강령과 격문을 발표하여 봉기한 뜻을 밝혔다. 단순한 민란이 아니라 농민 전쟁으로 전환된 순간이었다. 그렇다고 동학 농민군이 일사불란한 명령 체계를 세운 것이 아니었다. 전봉준, 손화중, 김개남 등 대장들이 자기 부대를 거느리고 협력 체제를 갖춘 것이다. 이런 약점은 2차 봉기 때 동학 농민군이 서울로 진격할 때 그대로 드러나고 말았다. 전봉준이 이끈 동학군은 공주로 가고, 김개남이 이끈 군사는 청주로 올라갔다. 손화중의 부대는 일본군이 나주로 상륙할 것을 대비하기 위해 나주 부근에 주둔하였다.

농민군은 공주 이인과 포효 등에서 접전을 벌였지만 패배해 후퇴했다. 다시 진열을 가다듬은 농민군, 남·북접 연합군이 우금치에서 일본군과 관군에 맹렬히 맞섰지만 패배하고 말았다.

전봉준은 우금치 전투 패배 뒤 재기를 노리며 금구 원평, 정읍을 거쳐 12월 2일 순창으로 가서 부하였던 김경천의 집에 숨었다. 그러나 김경천이 밀고하여 체포되고 말았다. 붙잡힐 때 집을 빙 둘러싼 관군을 피해 담을 넘어 도망가다 육모방망이에 정강이를 맞아 다리가 부러졌다. 이 때문에 서울에 압송되어 재판에 나갈 때 들것에 실려 가게 되었다. 손화중 등과 함께 재판을 받고 교수형에 처해졌다. 이때 재판을 담당한 법부 대신이 갑신정변을 주도하였던 서광범이다. 김개남은 태인에서 붙잡혀 재판도 없이 처형당하였다. 아마 누구보다 치열하게 사회 개혁을 위해 노력하다 양반들에게 미움을 받았기 때문일 것이다.

우금치 전투에서 농민군은 남·북접 각 1만여 명씩 2만여 명이었고, 정부군과 일본군은 약 5천 명 정도였다. 농민군이 패배한 원인은 전력이 분산됐다는 점과 함께 무기 차이가 컸다는 점을 들 수 있다. 농민군이 가진 총은 심지에 불을 붙여 쓰는 화승총으로 분당 2발 정도에 사정거리가 약 100보였다. 그나마 대부분은 죽창을 가지고 있었다. 반면 정부군과 일본 연합군은 사정거리가 400~500보에 분당 12발을 쏠 수 있는 신형 소총과, 분당 수백 발을 발사할 수 있는 미국제 게틀링 기관총을 갖추고 있었다.

게틀링 기관총

10

갑오개혁을
단행하다

군국기무처와 제1차 갑오개혁

1894년 7월, 일본군은 경복궁을 점령하고 민씨 정권을 무너뜨렸다. 대신 흥선 대원군을 섭정으로 하는 개화파 정권을 세웠다. 섭정이란 국왕을 대신하여 국정을 돌보는 것을 말한다. 하지만 실권은 김홍집을 수반으로 하는 개화파 정권이 갖고 있었다. 일본은 김홍집 내각을 세웠지만 적극적으로 내정 간섭을 하지는 못하였다. 아직 청일 전쟁의 승패가 갈리지 않았기 때문이었다. 이런 상황을 이용하여 김홍집 내각은 갑신정변 때 개혁안에 동학 농민군의 개혁 요구 등을 받아들여 개혁을 단행할 수 있었다.

개화파 정권은 교정청을 폐지하고 군국기무처를 설치하여 대대적인 개혁^{갑오개혁}에 나섰다. 군국기무처는 최고 입법·정책 결정 기구로, 3개월 동안 무려 200건이 넘는 개혁안을 의결하였다. 김옥균을 비롯하여 갑신정변을 주도했던 인물들도 사면하였다.

먼저 지금까지 외교 문서에 사용하던 개국 기년을 국내외 모든 문서에 확대하였다. 이듬해에는 청의 연호 사용을 금지하였다. 그리고 정부와

개국 기년
조선이 건국한 1392년을 기원 삼아 연도를 표시한 것.

왕실을 분명하게 나눠 정부는 의정부가, 왕실 사무는 궁내부가 맡게 하였다. 이 조치로 왕실의 정치 개입을 막고 왕권을 제한하여 권력이 의정부로 집중되었다. 6조는 시대 변화에 맞춰 내무, 외무, 농상 등 8아문으로 개편하였다. 과거제도 폐지하고 새 시대에 맞는 능력을 갖춘 인재를 추천받아 시험으로 뽑는 새로운 관리 임용 제도를 마련하였다.

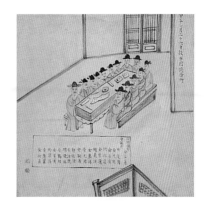

〈군국기무소도〉(조석진, 1894)
군국기무처 회의 모습. 총재 김홍집을 중심으로 박정양, 유길준 등이 참석하였다.

　사회적으로는 신분 차별을 없애고 노비 제도를 폐지하였다. 조혼을 금지하고 과부 재가를 허용하였으며, 고문과 연좌제 등 봉건 악습도 폐지하였다. 공문서는 국문 또는 국한문을 사용하게 하였다.

　경제는 탁지아문에서 모든 재정을 맡게 하여 여러 기관이 조세를 걷는 것을 막고 경제 운영의 효율성을 높였다. 자유로운 상업 활동을 제약하던 각종 상업 규제도 폐지하여 유통 경제에 활력을 불어넣었다. 근대적 화폐 제도를 정립하기 위해 은본위제를 채택하고 모든 세금을 돈으로 내는 금납제를 실시하였다. 도량형도 길이, 부피, 무게를 재는 도량형기를 새로 만들어 전국적으로 통일하였다. 제각기였던 기준을 하나로 하여 관리들의 농간을 막고 조세 행정의 효율성을 높이기 위함이었다.

은본위제
화폐 단위의 가치와 은 일정량의 가치를 동일하게 보는 제도. 당시 국제적으로 은이 화폐로써 통용되고 있었다.

2차 개혁과 일본의 보호국화 시도

　1차 개혁 때 일본은 조선에서 일본 화폐를 사용할 수 있게 만드는 등 김홍집 내각을 계속 압박하였다. 일본의 압박은 8월 평양성 전투에서 승리하면서 본격적으로 시작되었다. 개혁에 소극적이던 흥선 대원군을 물러가게 하고, 갑신정변 때 일본에 망명한 박영효, 서광범 등을 돌아오게 하여 요직을 맡겼다.

평양성 전투
청일 전쟁 때 평양 감영 호위군들이 청군과 함께 일본군과 싸운 전투.

　1894년 12월 김홍집·박영효 연립 내각이 출범하면서 개혁은 좀 더 급진적으로 추진되었다. 제2차 갑오개혁이 시작되면서 군국기무처는 폐지되고 다음 해 1월 고종은 종묘에 가서 독립서고문을 바쳤다. 서고문은 왕이 종묘에 고하는 내용을 쓴 글로, 청과 사대 관계를 청산하고 앞으로 부강한 자주독립국을 만들겠다는 의지를 국내외에 밝힌 것이다. 이와 함께 〈홍범 14조〉를 선포하여 개혁의 기본 방향을 제시하였다. 〈홍범 14조〉는 왕실과 백성이 모두 지켜야 할 정책 지침으로 근대적 헌법의 성격을 갖고 있다. 다음 날에는 윤음^{담화문}을 내려 정부 관리와 대중에게 자주독립 정신을 높이고 개혁에 동참할 것을 호소했다. 이와 더불어 중국 사신을

홍범 14조

1. 청나라에 의존하는 생각을 끊어 버리고 자주독립의 기초를 튼튼히 한다.

2. 왕실 규범을 제정하여 왕위 계승 및 종친과 외척의 본분과 의리를 밝힌다.

3. 대군주는 정전에 나와서 일을 보되 정무는 직접 대신들과 의논하여 결재하며 왕비나 후궁, 종친이나 외척은 정사에 관여하지 못한다.

4. 왕실 사무와 국정 사무는 반드시 분리시켜 서로 뒤섞지 않는다.

5. 의정부와 각 아문(衙門)의 직무와 권한을 명백히 제정한다.

6. 인민의 조세는 모두 법령으로 정한 비율에 따르고, 함부로 명목을 더 만들어 과도하게 징수할 수 없다.

7. 조세의 과세와 징수 및 경비 지출은 모두 탁지아문(度支衙門)에서 관할한다.

8. 왕실 비용을 솔선하여 절약함으로써 각 아문과 지방 관청의 모범이 되도록 한다.

9. 왕실 비용과 각 관청 비용은 1년 예산을 미리 정하여 재정 기초를 튼튼히 세운다.

10. 지방 관제를 서둘러 개정하여 지방 관리의 권한을 한정한다.

11. 나라 안의 총명하고 재주 있는 젊은이들을 외국에 널리 파견하여 학문과 기술을 전수 받아 익힌다.

12. 장관(將官)을 교육하고 징병법을 적용하여 군사 제도의 기초를 확립한다.

13. 민법과 형법을 엄격하고 명백히 제정하여 함부로 감금하거나 징벌하지 못하게 하여 인민의 생명과 재산을 보호한다.

14. 사람을 등용함에 있어 문벌에 구애되지 말고, 선비를 구함에 있어서 조정과 민간에 두루 걸침으로써 인재 등용의 길을 넓힌다.

– 『관보』(1894. 12. 12)

맞아들이던 영은문을 헐고 삼전도비를 한 강에 매립하기도 했다.

나라 이름도 대조선국으로 바꾸고 왕을 대군주라 부르게 하였다. 칭호의 변화와 함께 국왕 전하에서 대군주 폐하로, '과인寡人'은 '짐朕'으로, 왕명에서 칙명으로 바꿨다.

2차 개혁에서는 먼저 내각제를 도입하여 의정부를 내각으로, 8아문을 7부로 개편하였다. 지방 행정 구역도 8도에서 23부로 개편하였다. 또한 재판소를 설치하여 행정권과 사법권을 분리하여 지방관은 행정권만 갖게 되었다. 국방을 강화하기 위해 여러 군대를 하나로 통합하여 훈련대로 다시 편성하였다. 하지만 군대 규모와 장비 등 여러 면에서 자주 국방을 이루기에는 턱없이 모자랐다. 게다가 일본의 요청이 강하게 작용하여 일본인 교관이 훈련을 담당하였고, 친일 성향을 가진 장교들이 많았다.

전국 23부
8도는 인구 분포 및 생활권을 반영하여 23부로, 도 아래 부목 군현은 모두 군으로 일원화하였다. 부 가운데 가장 큰 도시 이름을 부 이름으로 삼고, 부에는 부장관을, 군에는 군수를 두었다. 아관파천 뒤 폐지되었다.

경제적으로는 시전 상인의 특권을 없애고 상리국을 폐지하였다. 혜상공국을 이은 상리국은 보부상단을 관할하던 곳으로 민씨 정권의 후원을 받고 있었다. 상업 자유 확대와 함께 민씨 세력의 약화와 상공업을 활성화하려는 조치였다. 또한 근대적 교육을 위해 도덕과 함께 지식, 체력을 강조한 교육 입국 조서를 발표하였다. 이에 따라 한성 사범학교를 세워 교사를 양성하고 소학교와 외국어 학교 관제를 세웠다.

하지만 개혁은 순조롭게 진행되지 못하였다. 먼저 국왕과 왕실이 내각제 도입으로 왕권이 크게 제약되었다며 불만을 가지고 있었다. 신분 폐

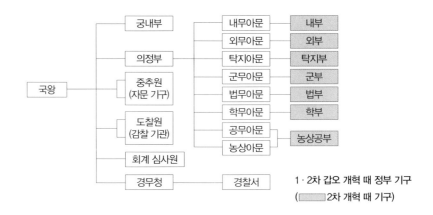

		내무아문	내부
		외무아문	외부
	궁내부	탁지아문	탁지부
	의정부	군무아문	군부
국왕	중추원 (자문 기구)	법무아문	법부
	도찰원 (감찰 기관)	학무아문	학부
	회계 심사원	공무아문	농상공부
	경무청	농상아문	
		경찰서	

1·2차 갑오 개혁 때 정부 기구
(▨ 2차 개혁 때 기구)

지와 노비 해방 등을 받아들일 수 없던 보수파들도 강하게 반발하였다. 개혁 세력 사이에도 방향과 속도 등을 놓고 심한 갈등이 벌어졌다. 결국 박영효는 1895년 4월 김홍집을 밀어내고 총리대신 서리가 되었다. 개혁에 필요한 자금 부족도 큰 문제였다.

이 때문에 개혁이 뒷걸음쳐 홍범 14조를 반포하면서 신분 철폐는 문벌

• 독립서고문

대군주가 종묘를 참배하며 서고문을 올립니다.
개국 503년 12월 12일, 감히 황조(皇祖)와 열성조(列聖祖)의 신령 앞에 고합니다. (중략) 저 소자는 14개 조목의 홍범(洪範)을 하늘에 계신 우리 조종의 신령 앞에 서고(誓告)하노니, 우러러 조종이 남긴 업적을 잘 이어서 감히 어기지 않을 것입니다. 밝은 신령께서는 굽어살피소서.

- <독립 서고문>

고종은 종친과 문무백관을 거느리고 종묘에 가서 자주독립의 뜻을 담은 독립서고문을 읽고 <홍범 14조>를 선포하였다. 이와 더불어 영은문을 헐고 삼전도비를 철거하였다.

1894년 11월 정부는 '법률, 칙령은 모두 국문으로 근본을 삼고 한문이나 국한문을 함께 쓸 수 있다'는 <공문식 14조>를 반포하였다. 1443년 훈민정음을 만든 뒤 451년 만에 한문이 아닌 한글이 국문(나랏글)이 된 것이다. 이 조치로 공문서와 관보에 순한문이나 이두가 아닌 한글과 국한문을 사용하기 시작하였다. 물론 언어 습관은 단시간에 바뀌지 않았다. 하지만 한글과 국한문이 교과서, 신문, 소설 등으로 번지면서 국문 보급에 큰 구실을 하였다. 왼쪽 사진은 관보에 실린 순한글 <독립 서고문>으로, 이 서고문은 순국문, 국한문혼용, 순한문으로 각각 쓰였다.

폐지로 바뀌었다. 개혁이 제대로 이루어지지 않자 민중들이 정부에 걸었던 기대는 점차 실망으로 바뀌었다. 게다가 일본의 간섭이 갈수록 심해지면서 반발은 더욱 커졌다. 상황이 나빠지면서 조선 정부는 일본에 더 의지하게 되고, 일본군과 함께 동학 농민군 진압에 나서게 되었다.

한편 청일 전쟁에서 승리한 일본은 조선을 보호국으로 만들려는 계획을 세웠다. 우선 내무대신 이노우에를 조선 공사로 파견하였다. 여기에 정부 각 부처는 의무적으로 일본인 고문관을 고용해야 하였다. 수십 명에 달하는 일본인 고문관들은 이노우에의 지시를 받아 실질적으로 일본이 바라는 개혁 정책을 추진하도록 압력을 행사하였다. 여기에 개혁을

• 조선 통감이 될 뻔한 이노우에 가오루

이노우에 가오루

이노우에(1836~1915)는 조슈 번 출신으로 이토 히로부미와 어릴 때부터 단짝 친구였다. 열렬한 존왕양이파였던 이노우에는 1862년 에도에 있던 영국 공사관 공격에 이토와 함께 참가하였다. 공격이 실패한 뒤 이듬해 이토와 함께 영국에 갔다. 영국과 서구 열강의 힘을 직접 본 둘은 생각을 바꿨다.

1867년 겨울 메이지 유신이 일어나자 관직에 진출하였다. 1876년 부사로 전권대사 구로다를 도와 강화도 조약을 맺는 데 중요한 구실을 하였다. 1879년 외무상에 임명되어 서양 열강과 맺은 불평등 조약을 개정하기 위해 노력하였다. 우여곡절 끝에 1894년 영국과 조약 개정에 성공하였다.

1882년 임오군란이 일어나자 조선 공사 하나부사를 조정하여 조선 정부를 압박하였고, 1884년 갑신정변이 실패한 뒤에는 전권대신으로 군함 7척과 군대 2천여 명을 이끌고 와 한성 조약 체결을 강요하였다. 1885년 이토가 총리가 되자 외무상·내무상·대장상 등 요직을 두루 지냈다. 1901년에는 이토가 총리 대신에서 물러나면서 후임으로 낙점되었지만 사양하였다.

이런 거물 정치인이 뜻밖으로 1894년 9월 조선 공사로 부임하였다. 한 회사의 사장을 부장으로 발령한 셈이다. 어떻게 일본 정부는 이런 인사를 하였을까?

해답은 그가 조선에 부임한 시기를 보면 알 수 있다. 그가 조선에 온 때는 일본군이 평양 전투에서 청군을 크게 격파한 다음이었다. 결정적 승리를 거둔 일본은 조선을 보호국으로 만들기로 결정하였다. 이 정도면 짐작이 가지 않는가? 그는 단순히 조선 공사로 온 것이 아니다. 조선을 보호국으로 만들고, 조선을 다스리기 위해 온 것이다. 일본이 뜻한 바대로 되었다면 이토가 아니라 그가 초대 통감이 되었음이 틀림없다.

위해 필요하다는 명분으로 일본에서 막대한 차관을 도입하게 하였다. 조선 정부 1년 예산의 절반이 넘는 막대한 차관은 경제적으로 조선을 옥죄기 위한 것이었다.

을미사변과 3차 개혁, 그리고 아관 파천

일본의 압박이 점점 심해지던 1895년 5월 랴오둥반도가 청에 반환되었다.^{삼국 간섭} 동아시아에서 일본의 기세가 꺾이고 러시아의 영향력이 커진 것이다. 이런 상황을 이용하여 고종과 왕후는 러시아에 접근하여 정국 주도권을 되찾으려고 하였다. 우선 일본에서 들여오는 차관 도입을 막고 2차 개혁을 주도한 박영효를 왕비를 암살하려 했다는 혐의로 몰아냈다. 대신 박정양을 비롯하여 이완용, 이범진 등 미국과 러시아와 가까운 인물로 내각을 구성하였다. 또한 친일파가 장악한 훈련대와 별도로 시위대를 만들어 궁궐 경비를 담당하게 하였다. 교관은 미국인 다이가 맡았다.

일본은 계획이 틀어지자 이를 만회하기 위해 무력행사도 서슴지 않겠다는 태도를 보였다. 하지만 아직 러시아와 전쟁을 할 준비가 안 된 일본은 비상한 계획을 세웠다. 바로 친러 정책을 이끌고 있던 왕비를 제거하

건청궁 전경(왼쪽)과 옥호루(오른쪽)
고종은 1873년 친정을 하면서 경복궁 후원에 건청궁을 새로 지었다. 왕이 거처한 장안당과 왕비가 머문 곤녕합 옥호루, 그리고 관문각으로 되어 있었다. 관문각은 1891년 러시아 건축가 세례찬 사바틴의 설계로 서양식 2층 건물(일부 3층)로 개축되었다. 사바틴을 비롯한 외국인 고문들이 여기에 기거하다가 을미사변을 목격하였다.

는 것이었다. 조선 공사도 이노우에에서 군인 출신인 미우라로 바뀌었다.

10월 3일 준비를 끝낸 일본은 조선 정부가 훈련대 해산을 결정하자 8일 경복궁을 습격하여 왕비를 살해하는 만행을 저질렀다.

을미사변 뒤 다시 들어선 김홍집 내각은 유길준 등 친일파가 주도하면서 개혁을 계속 추진하였다. 을미개혁이라 불리는 3차 개혁은 어느 때보다 급진적인 내용이 많았다. 음력을 양력으로 바꾸고 건양이라는 연호를 제정하였다. 단발령을 시행하고, 종두법을 전국적으로 확대 실시하였다. 소학교를 세우고 갑신정변으로 중지된 우편 사무도 다시 실시하였다. 군대도 개편하여 서울에는 친위대를, 지방에는 진위대를 두었다.

이런 급진적 개혁은 국민적 반발을 불러일으켰다. 그렇지 않아도 김홍집 내각이 왕비 시해에 항의는커녕 폐비 조칙을 발표하여 들끓고 있던 민심은 단발령으로 폭발하였다. 전국에서 의병이 일어나 일본군과 친일 지방관을 공격한 것이다. 일본과 친일 정권에 저항하여 일어난 을미 의병은 유학자들이 주도하고 농민들이 호응한 모양새를 하고 있었다.

일본군과 일부 친위대까지 의병을 진압하기 위해 지방으로 파견되자 고종을 감시하는 경비가 느슨해졌다. 이 틈을 타서 고종은 1896년 2월 경복궁에서 빠져나와 정동 러시아 공사관으로 거처를 옮겼다.^{아관 파천} 아관 파천으로 김홍집 내각은 무너지고 개혁은 잠시 중단되었다. 이 과정에서 총리대신 김홍집, 농상공부 대신 정병하, 탁지부 대신 어윤중이 살해당하였다. 내부대신 유길준을 비롯한 고관들은 일본에 망명하였다.

갑오개혁은 조선의 정치, 사회, 경제를 근본적으로 바꾼 개혁이었다. 비록 일본의 강요로 진행되었지만 근대 국가를 만들려는 개화파의 의지와 새로운 사회를 만들려고 한 농민의 꿈이 담겨 있었다. 이 개혁으로 조선은 근대 사회로 나가는 토대가 마련되었고, 독립 협회와 애국 계몽 운동에 큰 영향을 미쳤다.

그러나 일본의 간섭을 배제하지 못하였고, 개혁 주도 세력이 일본에 지나치게 의존한 점은 한계로 지적할 수 있다. 헌법이나 근대적인 법률을 제정하려는 노력이 모자랐고, 군사 제도도 제대로 개혁하지 못한 것 또한 문제점으로 지적할 수 있다. 정치 개혁에 치중하다 상공업 진흥을 위한 노력을 소홀히 했고, 민중의 지지를 이끌어 내기 위한 노력도 부족하였다. 갑신정변 때처럼 토지 제도를 개혁하지 않은 사실이 이를 잘 보여 준다.

황후의 죽음에 가담한 조선인

우범선과 부인 사카이 나카.
가운데가 장남 우장춘이다.

을미사변은 일본이 계획적으로 저지른 만행이다. 우선 삼국 간섭 뒤 외교에는 문외한인 군인 출신인 미우라로 조선 공사를 바꾸었다. 문관보다는 무관이 시해 사건을 지휘하기에 적당하다고 판단한 것이다. 그는 부임한 뒤 시해 계획을 완성하고, 서울 주둔 일본군 수비대를 비롯하여 조선 정부에 파견된 일본인 고문, 한성신보사 사장과 기자, 영사 경찰, 낭인배 등을 동원하여 왕비를 참살하는 만행을 저질렀다.

안타깝지만 여기에는 조선인 협력자와 가담자가 있었다. 개화파 유길준을 비롯하여 여러 친일 인사들이 힘을 보탰다. 훈련대 1대대장 우범선, 2대대장 이두황 등도 가담하였다. 흥선 대원군과 큰아들 이재면도 가담했다는 의심을 받고 있다. 두 사람은 을미사변이 일어나는 날 일본군에 이끌려 경복궁에 들어왔기 때문이다. 스스로 왔다는 주장도 있고 납치되다시피 왔다는 주장도 있다.

훈련대 지휘관들이 가담한 것은 전날 결정된 훈련대 해산 조치에 영향을 받기도 했지만, 이들이 친일 성향을 가지고 있었기 때문이다. 이두황은 청주에서 김개남 군을 물리치는 등 동학 농민군 진압에 앞장섰다. 청일 전쟁 때는 일본군에 파견되어 정찰 임무를 수행하였다. 우범선은 대대로 무관을 지낸 집안에서 태어났다. 1881년 별기군이 창설되자 참령관이 되면서 개화파와 뜻을 함께하게 되었다. 1894년에는 군국기무처 의원에 임명되었지만 아관 파천으로 정국이 바뀌자 일본에 망명하였다. 다시 돌아갈 날을 기다리다 1903년 12월 조선 정부가 보낸 자객 고영근에게 암살당하였다. 그는 동경에 살면서 일본 여성 사카이와 결혼하여 아들을 낳았다. 이 아이가 '씨 없는 수박'으로 유명한 우장춘 박사이다.

우장춘은 아버지가 죽은 뒤 가난과 편견 속에서 힘들게 살았지만 1950년 정부 초청으로 귀국해 한국농업과학연구소 소장, 중앙원예기술원 원장, 원예시험장 책임자를 역임하였다. 그는 '씨 없는 수박'을 만든 것으로 유명하지만 사실은 우리나라 육종학의 기틀을 만든 과학자로 높이 평가받는다. 그때까지 일본에 의존하던 채소 종자를 국내에서 완전히 자급할 수 있도록 하고, 병이 없는 씨감자를 생산하여 한국 전쟁 뒤 식량난을 해결하는 데 크게 이바지하였다.

전주 기린봉 자락에 있는 이두황 묘와 비
이두황도 우범선처럼 일본에 망명했다. 1907년 귀국해 통감 이토의 특사로 사면되고, 중추원 부찬의에 임명되었다. 1908년 1월 전라북도 관찰사가 되어 '남한대토벌'에 앞장섰다. 1910년 10월부터 전라북도 장관에 임명되어 1916년 3월 사망까지 재임했다. 2016년 묘로 가는 등산로 입구에 '백 년만의 단죄, 친일 반민족행위자 이두황' 단죄비를 세웠다.

11

독립 협회와
대한 제국

아관 파천, 자주성에 상처를 입다

아관 파천을 주도한 세력은 이범진, 이완용, 박정양 등 미국, 러시아와 가까운 사람들이었다. 이들이 중심이 되어 구성된 새 내각은 혼란을 수습하기 위해 의병 해산을 권유하고 단발은 개인 의사에 맡겼다. 새 내각은 개혁을 다시 추진하였지만 방법과 속도에서 조금 달랐다. 먼저 국왕의 권한을 제약했던 내각제를 폐지하고 다시 의정부로 바꾸었다. 23부로 개편했던 지방 행정 조직도 한성부와 13도로 바꾸었다. 일본인 고문관과 교관을 파면시키고 대신 러시아인 고문과 교관을 초청하였다.

아관 곧 러시아 공사관은 조선의 주권이 미치지 않는 특별한 곳이다. 여기로 국왕이 피난한 것은 러시아로 망명했다는 의미나 다름없다. 이런 비상한 조치로 조선 왕조는 일본의 간섭에서 어느 정도 벗어났다. 하지만 왕실은 체면이 말이 아니었고 국가의 자주성도 큰 손상을 입었다. 러시아는 이 기회를 이용하여 정치·경제적 이권을 차지하며 영향력을 키워 갔다. 다른 열강들도 최혜국 조항을 내세워 각종 경제적 이권을 차지하였다. 일본도 군대를 계속 주둔시키며 러시아를 견제하였다.

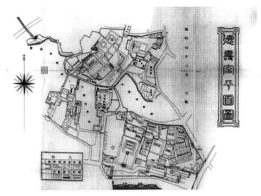

경운궁 배치도(왼쪽)와 러시아 공사관(오른쪽)

원래 경운궁은 지금보다 3배나 넓었다. 경운궁 배치도에 ▨ 표시된 곳이 러시아 공사관이 있던 자리였다. 1895년에 완공된 러시아 공사관은 지금 탑만 남아 있다. 여기서 보면 정동 일대가 다 내려다보였다. 공사관 옆에는 러시아 정교회가 세워졌다.

『독립신문』을 발간하고 독립 협회를 세우다

이런 상황 속에서 독립 국가로서 위상을 세우고 국왕의 권위를 높이기 위한 움직임이 일어났다. 민중들에게 개혁의 필요성을 알려 함께해야 한다는 생각도 더 커졌다. 정부의 정책을 알리고 국민을 계몽하기 위해 신문을 만들어야 한다는 생각은 갑오개혁 때 이미 있었다. 여기에 가장 관심을 가진 사람은 3차 김홍집 내각의 내부대신 유길준이었다. 그는 1883년 박영효와 함께 『한성순보』 창간 작업을 하였고, 서양 여러 나라를 여행한 경험으로 신문의 중요성을 잘 알고 있었다.

그는 갑신정변 뒤 미국에 망명했다 정부 초청으로 귀국하여 중추원 고문에 임명된 서재필에게 신문 창간 작업을 맡겼다. 서재필이 갑신정변과 미국 생활의 경험으로 민중을 일깨우는 데 깊은 관심을 가지고 있었기 때문이다. 두 사람은 1896년 1월 하순에 국문판 및 영문판을 동시에 발간하는 새 신문을 3월 1일 창간하기로 합의하였다.

이 계획은 아관 파천으로 유길준이 일본에 망명하면서 실천되지 않았다. 하지만 새 신문이 나와야 한다는 사람들이 많았고, 새로 성립한 내각도 신문이 필요하다고 생각하고 있었다. 마침내 1896년 4월 7일 서재필

『독립신문』

『독립신문』은 가로 22cm, 세로 33cm에 4면으로 구성되었다. 3면은 순한글로, 4면은 영문판으로 화·목·토 주 3회 발행하였다.

은 정부의 전폭적인 지원으로 새 신문을 창간하였다. 신문 이름은 모두의 열망을 담아 『독립신문』이라 하였고, 한글과 영문판으로 발간하였다. 한문을 잘 모르는 민중을 일깨우고 외국인에게 조선이 자주독립국임을 알리기 위함이었다.

민중과 함께하기 위해 한글로 펴낸 신문은 『독립신문』 외에도 더 있었다. 1898년 창간된 『황성신문』과 『제국신문』도 마찬가지였다. 이종일이 만든 『제국신문』은 순한글로 발행하여 서민층과 부녀자들을 주 독자층으로 삼았다. 남궁억, 박은식 등이 주도한 『황성신문』은 양반 지식인을 주 독자층으로 삼았음에도 국한문 혼용체로 발행하였다.

이어 7월에는 개혁 지향적인 관료들이 독립 협회를 창립하였다. 군부대신과 경무사를 지낸 안경수가 초대 회장을 맡고 외부대신 이완용이 위원장이 되었다. 일부 개화 지식인들도 뜻을 같이하였고, 서재필은 고문으로 추대되었다.

독립 협회는 첫 사업으로 영은문 자리에 독립문 건립 운동을 시작하였다. 이 터를 고른 것은 이제 청의 속국에서 완전히 벗어났음을 과시하기 위함이었다. 물론 일본과 서양 여러 나라에게 간섭을 받지 않는 자주독

영은문(왼쪽)과 독립문(오른쪽)

영은문은 중국 사신을 맞이하는 모화관 앞에 세웠다. 독립문은 영은문이 있던 자리에 정부 지원금과 국민들이 모은 성금으로 세웠다. 독립문 앞에 있는 주춧돌이 영은문 초석이다.

립국임을 보여 주려는 뜻도 있었다. 고종을 비롯한 왕실과 관료, 지식인, 민중 들의 뜨거운 호응으로 1987년 11월 독립문이 완성되었다. 독립문과 함께 청 사신이 머물던 모화관을 독립관으로 개조하였다.

원구단

원구단은 하늘에 제사를 지내는 둥근 단이다. 3층 단 가운데에 누른색으로 칠한 깔때기 모양을 한 지붕이 있었다. 둥근 모양과 누른색은 황제의 상징이었다. 따라서 원구단을 만든 것은 황제국이 되었다는 뜻이었다. 원구단 자리에는 중국의 사신을 맞이하던 남별궁이 있었다. 1912년 조선 총독부가 원구단을 헐고 철도호텔을 만들어 지금은 황궁우만 남아 있다. 여기에는 태조 이성계를 비롯한 역대 왕과 하늘신과 땅신 등의 위패를 모셨다.

대한 제국을 세우다

아관 파천 뒤 독립 국가로서 자존심을 되찾기 위해 고종이 환궁해야 한다는 요구가 빗발쳤다. 독립 협회는 물론 최익현을 비롯한 보수 유생들도 끊임없이 상소를 올렸다. 열강들도 러시아의 영향력을 약화시키기 위해 환궁을 요청하였다.

이를 외면할 수 없었던 고종은 1897년 2월 경복궁이 아닌 경운궁으로 돌아왔다. 경운궁은 경복궁에 비해 열강의 공사관으로 둘러싸여 있어 일본군이 마음대로 공격을 하기 어려웠기 때문이다. 을미사변 뒤 해체되었던 시위대를 다시 조직하여 궁궐 경비도 강화하였다. 시위대 훈련은 러시아 교관이 담당하였다.

고종이 환궁하자 열강의 간섭에서 벗어나 조선이 자주독립국임을 국내외에 알려야 한다는 움직임이 더욱 커졌다. 정부 관리와 유학자 들은 우리도 중국과 일본처럼 칭제 건원을 해야 한다는 상소를 잇달아 올렸다. 여기에는 황제국이 되어야만 자주독립국이라는 생각이 깔려 있었다. 고종도 권력을 강화하기 위해 이를 부추겼다. 일부 개화 지식인들은 여기에 찬성하였지만, 황제가 되어야만 자주권이 강화되는 것이 아니라며 반대한 사람도 있었다.

칭제 건원
군주를 황제라 칭하고 연호를 세운다는 뜻이다.

마침내 10월 고종은 원구단에서 황제 즉위식을 거행하고 대한 제국 수립을 선포하였다. 연호는 건양에서 광무로 바꾸었다. 대한 제국이 선포되자 반일 감정을 약화시키기 위해 일본이 가장 먼저 승인하였다. 이어 러시아를 비롯한 열강들도 승인하였다. 처음에 반발하였던 청도 인정하였다. 두 나라는 1899년 동등한 황제국으로서 한청 통상 조약을 맺었다.

독립 협회, 자주 국권 운동을 펼치다

독립 협회는 대한 제국 수립 무렵 국정 개혁과 민중 계몽을 위해 토론회와 공개 강연회를 본격적으로 시작하였다. 독립관이 완성되자 토론회와 강연회는 더 자주 열렸다. 서재필과 윤치호, 이상재 등 개화 지식인과 개혁적 관료들은 강사로 활동하며 민권과 자주 의식을 높이는 데 큰 역할을 하였다. 토론회 주제는 처음에는 신교육 진흥, 산업 개발, 위생 및 치안, 미신 타파, 신문 보급 등 계몽적인 것을 다루었다. 점차 국가 재정, 의회 설립, 열강의 이권 침탈, 개혁 내각 수립 등 정치 현안으로 폭을 넓혀갔다.

토론회는 주제에 따라 수백 명이 참석하는 열기 속에 진행되었다. 이들은 서로 의견을 내고 결정하면서 근대적 민권과 정치 의식을 키워 나갔다. 독립 협회는 건립 기금을 내면 누구나 회원이 될 수 있었다. 이 때문에 관료 중심에서 학생, 교사, 하급 군인, 상인, 기생 등이 참여하는 단체로 성장할 수 있었고, 민중의 입장을 대변하는 단체로 거듭날 수 있었다.

독립 협회가 정부 정책을 뒷받침하며 성장하자 『독립신문』의 영향력도 커져 갔다. 『독립신문』은 정부와 긴밀한 협조 관계를 유지하면서 국민에게 정부 시책을 설명하고 전달하였다. 정부도 『독립신문』에 실린 건의를 받아들여 정책으로 채택하였다.

그런데 1897년 후반 러시아는 한국 정부가 요청한 대로 군사 교관 수를 늘리고 재정 고문을 파견하기로 하였다. 이어 석탄 저장 기지를 만들기 위해 부산 절영도를 조차하고 한러은행을 세우자고 요구하였다. 대한 제국은 이듬해 2월 절영도 조차를 승인하려 하였다.

독립 협회는 이를 자주권에 대한 위협으로 보고 러시아 반대 운동을 강하게 전개했다. 토론회와 상소는 물론 1898년 3월에는 종로에서 역사

상 최초의 민중 대회라 할 만민 공동회를 열었다. 여기에 모인 시민, 학
생 등 1만여 명은 러시아의 요구를 거절할 것을 결의하였다.

놀란 대한 제국과 러시아는 군사 교관과 재정 고문을 철수시키기로 하
였다. 절영도 조차도 없던 일로 하고 한러은행은 문을 닫았다.

독립 협회는 열강의 내정 간섭과 지나친 이권 침탈에 강력하게 반발했
지만 외국의 자본 투자까지 무조건 반대한 것은 아니었다. 철도, 전신 등
교통 통신 시설을 확충하고 광산을 개발하기 위해서는 서양의 자본과 기
술을 받아들여야 한다고 주장하였다.

• 독립 협회의 주요 토론 주제

연도	(월)	(일)	토론 주제
1897	8	29	조선의 급선무는 인민의 교육.
	9	27	부녀를 교육하는 것이 의리상, 도리상 마땅함.
	10	17	국문을 한문보다 더 쓰는 것이 인민 교육을 일으키게 하는 것임.
	12	19	인민의 견문을 넓히려면 국내의 신문 반포를 제일로 해야 함.
1898	1	2	나라를 영원히 태평케 하기 위해서는 관·민 간에 일심 애국하는 것이 제일 긴요함.
	1	23	국가를 부유하게 하려면 금, 은, 동, 철, 석탄 등 광산을 확장하는 것이 긴요함.
	2	6	수구파 탐관오리를 비판함.
	3	6	대한의 국토를 한 치라도 남의 나라에 빌려주는 것은 선왕의 죄인이요, 동포의 원수임.
	5	8	백성의 권리가 튼튼할수록 임금의 지위가 더욱 높아지고 나라가 떨침.

토론회는 주제에 대해 찬성 2명, 반대 2명씩 각 10분 동안 찬반 토론을 하고, 참석자들이 자신의 의견을 말하였
다. 이때 한 사람이 발언하는 시간은 5분을 넘길 수 없었다. 토론이 끝나면 참석자 모두가 참여하여 다수결로 주
제에 대해 찬성인지 반대인지 결정하였다. 이런 방식은 배재학당 학생들이 협성회라는 조직을 만들어 1897년
매주 토요일에 연 토론회에서 이미 시행되고 있었다. 예를 들어 '재정과 군권을 남에게 맡기는 것은 곧 나라를 남
에게 파는 것과 같다'는 찬성이 다수였고, '청국을 각국이 분할하였으니 이웃 국가의 도리로 우리나라가 도와줘
야 한다'는 반대가 다수였다.

자유 민권 운동을 시작하다

러시아의 후퇴로 자신감을 얻은 독립 협회는 내정 개혁과 자유 민권 운동을 본격적으로 시작하였다. 이에 대해 보수 세력 사이에는 우려의 목소리가 커졌다. 독립 협회 설립을 주도하였던 정부 고위 관료들도 탈퇴를 하거나 간부직을 사임하였다. 이들은 시민, 학생, 상인 회원이 늘어나면서 독립 협회가 원래 설립한 뜻과 달라졌다고 보았기 때문이다. 『독립신문』에 대한 지원도 크게 줄이고, 1897년 12월에는 서재필을 중추원 고문에서 해고하였다. 서재필은 이듬해 5월 미국으로 돌아갔다.

하지만 독립 협회는 여기에 굴하지 않고 조직을 재정비하였다. 일본과 미국에 유학을 한 뒤 외무와 학무 협판을 지낸 윤치호가 회장을 맡고, 남궁억, 이상재 등 개화 지식인들과 개혁적 관료들이 임원직을 맡았다. 윤치호는 서재필이 돌아간 뒤 『독립신문』 운영도 맡게 되었다. 이 무렵 『독립신문』은 실질적으로 독립 협회의 주장을 대변하면서 민중을 지도, 계몽하는 역할을 담당했다. 정부와 협력 관계가 멀어지면서 정부에 대한 비판도 갈수록 강해졌다.

1898년 중반 독립 협회는 황제의 측근으로 황실 재정을 맡고 있던 이용익을 퇴진시켰다. 그가 황실 수입을 늘리기 위해 백동화를 남발하여 물가를 폭등시킨 책임을 물은 것이다. 이어 일부 보수파 대신들이 연좌법 등 봉건 악법을 부활시키려 하자 날마다 만민 공동회를 열어 사임을 요구하였다. 고종은 이를 받아들여 박정양을 수반으로 하는 개혁적 내각을 구성하였다.

민중의 정치 참여 의식이 높아지면서 자유 민권에 대한 관심은 갈수록 커졌다. 독립 협회의 영향력도 커져 여러 지방에 지회가 생겼다. 이에 독립 협회는 법률에 따라 신체 자유와 재산권 보호, 언론과 출판, 집회 및 결사의 자유를 요구하였다. 나아가 국민 참정권 운동을 펼쳐 민중의 뜻을 정치에 반영하는 근대적 개혁을 추진하였다.

백동화
1892년 조선 정부가 은본위제를 채택하고 발행한 화폐. 2전 5푼의 가치를 갖고 있었다.

마침내 독립 협회는 박정양 내각과 협의하여 중추원을 개혁하여 의회 기능을 도입하는 데 합의를 하였다. 그리고 10월 종로에서 다른 10여 개 정치 단체와 함께 정부 대신이 참석한 관민 공동회를 열어 〈헌의 6조〉를 결의하였다. 고종은 이를 승인하고 새로운 중추원 관제를 발표하여 중추원 의원 절반을 독립 협회에서 선출하게 하였다. 완전한 형태는 아니지만 역사상 처음으로 의회가 설립되게 된 것이다.

〈헌의 6조〉에서 중추원 의장은 외국과 체결하는 조약에 정부 대신과 합동 날인하는 권한을 갖는다고 규정하고 있다. 뿐만 아니라 중추원은 입법권, 정부 정책에 대한 심사권과 건의권도 가지도록 되어 있었다. 독립 협회가 중추원을 통해 황제와 의정부의 권력을 견제할 수 있는 장치가 마련된 것이다.

• 서재필, 필립 제이슨

서재필

서울 현충원 애국지사 묘역에 가면 필립 제이슨이라 적힌 묘비가 있다. 1863년 전남 보성에서 태어나 1951년 미국에서 죽은 이 사람은 누구일까? 바로 서재필이다. 그런데 왜 묘비에 미국식 이름이 있는 걸까? 그 이유를 서재필 연구의 권위자 주진오 교수는 이렇게 말한다. "서재필은 1890년 이후 자신을 서재필이라 부르지 않았다. 서재필이 서재필로 산 기간은 그의 생애에서 3분의 1도 안 되는 26년간에 불과하다."
서재필은 조선 정부의 요청으로 1895년 귀국하였을 때에도 미국 정부가 '필립 제이슨'에게 발행한 여권을 가지고 있었다. 그는 조선인이 아닌 미국인 신분으로 중추원 고문관에 임명되어 극진한 대우를 받았다. 자기 이름을 한글로 쓸 때에도 제손 박사 또는 피제선이라 적었다고 한다.
(참고 : 『시사저널 235호』 중 주진오 칼럼)

독립 협회를 해산시켜라

독립 협회의 영향력이 갈수록 커지자 보수 세력들은 독립 협회가 공화국을 세우려 한다고 공격하였다. 고종도 황제권이 약화될 것을 우려하여 독립 협회 해산을 명령하고 다시 보수파들로 내각을 구성하였다. 독립 협회는 시전 상인, 학생 들과 함께 만민 공동회를 열어 철야 농성을 하며 거세게 항의했다. 정부는 황제 측근 세력이 만든 황국 협회를 통해 보부상을 동원하여 만민 공동회를 습격하게 하였다. 그래도 시위가 계속되자 정부는 12월 군대를 동원하여 독립 협회와 만민 공동회를 강제 해산시켰다. 『독립신문』도 문을 닫게 되었다.

독립 협회는 외세로부터 자주 독립을 이루고, 자유 민권 사상을 보급하여 자강 개혁을 이루려고 하였다. 특히 민중을 참여시켜 이들과 함께 근대화 운동을 전개하여 사회를 변혁하려 했다. 이는 갑신정변과 갑오개혁의 한계를 뛰어넘으려 했다는 점에서 역사적 의미를 찾을 수 있다. 하지만 참정권을 국민에게 주어야 한다는 데까지 이르지는 못하였다.

또한 독립 협회 주도 세력은 제국주의 열강에 대해 편향적인 생각을 갖고 있었다. 이들은 러시아는 자주 독립을 위협하는 나라로 파악하고 적극적으로 견제하고 반대하였다. 그렇지만 미국, 영국, 일본 등에는 우호적인 태도를 갖고 있었다. 제국주의 열강의 진짜 모습과 그들이 갖고 있는 침략 의도를 제대로 파악하지 못한 것이다.

〈대한국 국제〉와 구본신참

독립 협회를 해산시킨 대한 제국은 1899년 8월 우리나라 최초의 헌법이라 할 〈대한국 국제〉를 발표하였다. 여기서 대한 제국은 만국 공법에 따른 세계 만국이 공인한 자주독립국이고, 대한국 황제는 입법권, 사법권, 외교권, 군사 지휘권을 가진다고 규정하였다. 독립 협회가 지향한 방향과 달리 전제 군주국임을 분명히 한 것이다.

대한 제국은 군부와 별도로 원수부를 설치하여 황제가 대원수로서 군대를 통솔하게 하였다. 궁내부와 황실 재정을 담당하는 내장원의 기능을 확대 개편하여 황실이 국가 재정과 개혁의 중심 구실을 할 수 있게 하였다. 황실 경찰 기구도 따로 두어 반대 세력을 감시하였다.

독립 협회와 결별한 대한 제국은 갑오·을미 개혁이 너무 급진적이었다고 비판하면서, '옛것을 근본으로 삼고 새것을 참고한다'는 '구본신참'을 개혁 이념으로 내세웠다. 이 원칙에 따라 황제를 중심으로 근대 국가를 만들려고 한 노력을 광무개혁이라고 한다.

광무개혁을 단행하다

광무개혁에서 가장 역점을 둔 것은 국방력 강화였다. 군사력 없이 자주 국가를 세울 수 없음을 절감하였기 때문이다. 대한 제국은 전체 예산 가운데 무려 40% 정도를 국방비로 지출하여 친위대와 진위대의 수를 대폭 늘리고 무관 학교를 세워 장교를 양성하였다. 거액을 들여 군함도 2척 구입하였다. 하지만 국방력 강화가 내실 있게 이뤄지지 않아 열강의 간섭을 벗어날 정도까지 이르지 못하였다.

경제 발전도 국방력 강화 못지않게 관심을 기울인 분야였다. 정부는 먼저 근대적 토지 소유 제도를 확립하기 위해 양전 지계 사업을 벌였다. 그동안 제대로 파악되지 않은 토지 소유 관계를 조사해야 세금도 제대로 거둘 수 있기 때문이었다. 지계는 정부가 산림, 논밭, 가옥 등 개인이 소유한 모든 토지에게 발급한 소유권 증서이다. 양전과 지계 발급으로 토지 소유권이 분명해지고, 토지 매매가 더 자유롭게 되었다. 여러 어려움 속에서도 양전은 전 국토의 2/3 정도 실시되었지만 러일 전쟁으로 중단되고 말았다. 이와 함께 외국인이 개항장을 제외한 토지를 소유하지 못하도록 금지하여 외국인의 토지 침탈을 막았다.

지계

지계 발급은 토지 소유권을 보호하고 근대적 토지 소유 제도를 수립하려는 조처다. 1903년 말까지 전국 2/3에서 토지 조사를 완료하였고, 강원도와 충청남도 지역에서 지계를 발급하였다. 지계는 총 3장이었고, 지계 아문·지방 관청·토지 소유자가 각각 한 장씩 보관했다.

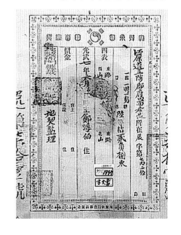

대한 제국은 서양의 기술과 기계를 도입하여 상공업을 진흥시키기 위해 노력하였다. 먼저 정부가 주도하여 섬유, 운수, 광업, 금융, 철도 등 각 분야에 근대적 회사를 설립하였다. 한성은행과 대한천일은행 등 민간 은행 설립도 적극 지원하였다. 나아가 화폐 제도를 개혁하고 중앙 은행을 창립하려 하였다. 또한 근대적 산업 기술과 과학을 배우기 위해 유학생을 외국에 보내고, 상공 학교, 광무 학교 등 실업 학교와 의학교, 외국어 학교 등을 설립하였다. 특히 한양을 근대적 도시로 바꾸고자 한 고종은 전화와 전기 등에 깊은 관심을 갖고 있었다. 이미 1887년 동양에서 처음으로 전등을 도입하였고, 1898년에는 한성전기회사를 설립하였다. 전기 부설과 함께 종로에 가로등이 켜졌고 전차가 운행되었다. 전화는 1896년 처음 경운궁에 설치하여 주로 왕이 정부 부처에 명령을 내릴 때 사용하였다. 이어 한성~인천 간에 전화가 놓였고, 1902년에는 일반인들도 사용할 수 있는 공중 전화가 개설되었다.

광무개혁의 의미와 한계

광무개혁은 열강의 세력 균형을 이용하여 비교적 자주적으로 길지 않은 기간에 상당한 성과를 거두었다. 특히 국방력 강화와 상공업 진흥, 근대적 토지 소유권 확립, 교육과 과학 기술 등에서 많은 진전이 있었다.

그러나 개혁은 자금과 기술 등을 충분히 확보하지 못하여 순조롭게 진행되지 못하였다. 무엇보다 열강의 간섭이 심하여 개혁 성과는 한계를 가질 수밖에 없었다. 황제권을 강화하고 황실을 중심으로 개혁을 추진한 보수적 지배층들이 갖고 있던 생각도 큰 문제였다. 이들은 근대 국가에 대한 이해가 부족하였고 민권에 대한 인식을 제대로 갖고 있지 않았다. 이 때문에 개혁을 뒷받침할 근대적 제도 개혁을 제대로 추진할 수 없었다. 여기에 만연한 부정부패가 개혁의 발목을 잡았다.

근대식 해군을 기르기 위해 야심차게 들여온 양무호 사건이 이런 한계

를 잘 보여 준다. 고종은 1903년 거액을 들여 들어온 첫 군함에 양무호
라는 이름을 붙이고 성대한 열병식을 거행하였다. 하지만 양무호는 화물
선을 개조하여 만든 군함으로 자주 국방에 실질적인 도움이 되지 못하였
다. 무려 정부 예산 10%가량을 들여 고철 덩어리를 사 온 셈이었다.

• 〈헌의 6조〉와 〈대한국 국제〉, 무엇이 다를까?

1. 외국에게 의존하지 않고 관민이 협심하여 전제 왕권을 견고하게 할 것.
2. 외국과 이권에 관한 계약과 조약은 각부 대신과 중추원 의장이 합동으로 서명하여 시행할 것.
3. 국가 재정은 모두 탁지부에서 관장하며, 예산·결산을 국민에게 공표할 것.
4. 중대 범죄인은 반드시 재판을 통해 판결할 것.
5. 칙임관(고위 관료)을 임명할 때 의정부에 자문하여 과반수를 얻은 자를 임명할 것.
6. 장정(홍범 14조와 각 부처가 만든 규정)을 반드시 실행할 것.

- 〈헌의 6조〉

제1조 대한국은 세계 만국이 공인한 자주 독립 제국이다.
제2조 대한국의 정치는 만세 불변의 전제 정치이다.
제3조 대한국 대황제는 무한한 군권을 누린다.
제6조 대한국 대황제는 법률을 제정하여 그 반포와 집행을 명하고, 대사·특사·감형·복권 등을 명한다.
제7조 대한국 대황제는 행정 간부의 관제를 정하고, 행정상 필요한 칙령을 발한다.
제9조 대한국 대황제는 각 조약 체결 국가에 사신을 파견하고, 선전, 강화 및 제반 조약을 체결한다.

- 〈대한국 국제〉

〈헌의 6조〉와 〈대한국 국제〉는 모두 자주독립과 왕권 강화를 주장하고 있다. 하지만 〈대한국 국제〉가 절대 왕권
을 지향하는 데 비해 〈헌의 6조〉는 왕권의 적절한 통제를 강조하고 있다. 왕실과 정부의 분리, 재정의 투명성 확
보, 사법권의 독립, 의회 제도의 도입 주장이 그것이다. 정해진 규정 즉 장정을 꼭 실행해야 한다는 것도 같은 맥
락이다. 바로 이 점에서 고종과 왕권 강화를 주장한 사람들은 독립협회를 받아들이기 힘들었을 것이다.

12

국권을
빼앗기다

대한 제국, 국외 중립을 선언하다

러시아와 일본은 삼국 간섭 뒤 만주와 한반도를 차지하기 위해 치열하게 경쟁하였다. 러시아는 삼국 간섭의 대가로 중국에게 만주 철도 부설권을 빼앗고 뤼순과 다롄을 조차했다. 1900년에는 의화단을 진압하러 제국주의 열강이 베이징에 연합군을 보낼 때 일본 다음으로 많은 군대를 보냈다. 이때 러시아는 철도 보호를 구실로 대규모 군대를 따로 보내 만주를 점령하였다.

이에 맞서 일본은 청일 전쟁 때 받은 배상금을 군수 산업에 집중 투자하여 중공업을 발전시키고 군사력을 키워 나갔다. 삼국 간섭의 치욕을 씻고 대륙 진출의 꿈을 이루기 위함이었다. 이 무렵 일본 경제는 독점 자본주의 단계에 들어갔다. 야하타 제철소, 미쓰이, 미쓰비시 등 독점 자본은 일본이 제국주의로 나가는 발판이 되었다. 또한 영국과 동맹을 맺어 두 나라가 조선과 청에서 차지한 이권을 러시아가 위협하면 공동 대응하기로 하였다.

한편 러시아와 일본은 만주와 한반도의 지배권을 놓고 협상도 벌였다.

한반도를 둘로 나누자는 제안도 이때 나왔다. 하지만 이해관계가 맞지 않아 협상은 결렬되었다. 갈수록 대립이 심해지는 가운데 1903년 9월 러시아가 압록강 하류 용암포에 군사 기지를 만들면서 갈등은 폭발 직전에 이르렀다. 전쟁 위험이 높아지자 대한 제국은 1904년 1월 국외 중립을 선언하였다.

러시아와 일본, 한반도를 놓고 전쟁하다

전쟁은 1904년 2월 일본이 러시아 군함을 공격하면서 시작되었다. 동시에 일본은 대한 제국의 중립 선언을 무시하고 서울을 점령한 뒤 한일

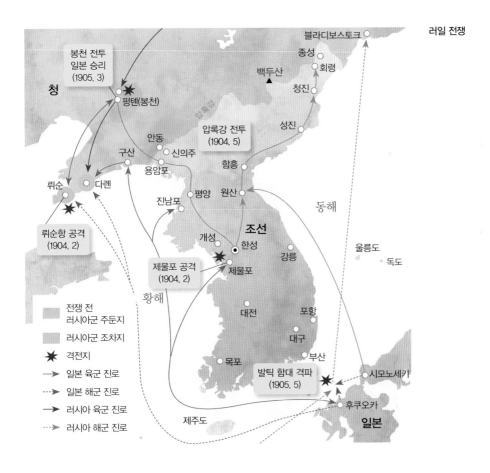

러일 전쟁

의정서를 강요하였다. 일본군이 전략상 필요한 곳을 마음대로 이용하겠다는 요구였다. 내정 개혁을 위해 일본이 충고를 하면 받아들인다는 조항도 있었다. 사실상 한국을 식민지로 만들기 위한 첫걸음을 뗀 셈이다.

일본은 의정서를 빌미로 광대한 토지를 군용지로 점령하였고, 3월 말에는 통신 기관도 군사 용도로 강제 접수하였다. 경부와 경의 철도 부설권도 넘겨받았다. 5월에는 한·러 간에 맺어졌던 모든 조약과 협정을 폐기하였고, 러시아에 넘긴 이권도 취소하였다. 6월에는 충청·황해·평안 3도 연안의 어업권을 빼앗아 일본인에게 넘겨주었다.

전쟁 초기에는 대부분 러시아가 승리할 것이라고 보았다. 그러나 예

❶ 러일 전쟁 풍자화
링 위에서 만주를 밟고 선 러시아는 여유만만하다. 일본 열도와 한반도에 한 발씩 걸친 일본은 봐 달라는 듯이 손을 벌리고 있다. 러시아가 일방적으로 승리할 것이라는 생각이 잘 드러나 있다. 링 주변에서 영국, 독일, 미국 등 열강들이 구경을 하고, 중국은 경기장 밖에서 얼굴을 내밀고 쳐다보고 있다.

❷ 등 떠미는 영국과 미국
영국이 일본 등을 밀어 러시아를 공격하라고 부추기고 미국이 뒤에서 응원하고 있다.

❸ 강화 조약을 맺는 러시아와 일본
미국 시어도어 루스벨트 대통령이 중재하고 있다.

상과 달리 전쟁은 일본에 유리하게 진행되었다. 여기에는 영국과 미국이 막대한 전쟁 비용을 지원하는 등 일본을 적극적으로 지원한 것도 큰 힘이 되었다.

전세가 유리해지자 일본은 1904년 8월 대한 제국에 제1차 한일 협약을 강요하였다. 이에 따라 외교 고문에 미국인 스티븐스가, 재정 고문에 일본인 메가타가 왔다. 스티븐스는 오랫동안 일본 정부에서 일을 하였고 메가타는 대장성 고위 관리였다. 협약에 따라 대한 제국은 외교와 재무에 관한 모든 사항을 두 사람의 의견에 따라 시행해야 했다. 일본은 군대 주둔 범위도 확대하고 통신망과 경부 및 경의 철도 등을 부설하여 전쟁에 이용하였다.

한편 일본은 한반도의 지배권을 얻기 위해 미국과 영국 등 열강과 외교적 교섭도 추진했다. 일본은 1905년 7월 미국과 가쓰라·태프트 밀약을 맺고, 8월에는 제2차 영일 동맹을 체결하여 한국에 대한 지배권을 인정받았다. 대신 미국이 필리핀을 차지하고 영국이 인도를 지배하는 권리를 인정하였다.

포츠머스 강화 조약을 체결하다

일본군은 1904년 9월 랴오양을 점령하고 이듬해 1월 뤼순을 함락하였다. 5월에는 대한 해협에서 세계 최강의 전력을 자랑하던 발틱 함대를 격파하였다. 하지만 전쟁이 장기화되면서 일본 쪽에서는 10만이 훨씬 넘는 엄청난 군인이 죽었고, 더 이상 전쟁 비용도 감당하기 힘들었다. 러시아도 혁명의 기운이 팽배하였고 재정이 바닥을 드러내고 있었다.

러일 전쟁에서 일본 편을 든 영국과 미국도 어느 한쪽의 일방적인 승리로 끝나는 것을 원하지 않았다. 마침내 1905년 9월 두 나라는 미국의 중재로 포츠머스 조약을 맺었다. 러시아는 일본이 한국을 지도·보호할 권리를 인정하고 랴오둥반도 및 만주 남부 지방에 대한 지배권도 넘겨주었다. 사할린섬 남부도 넘겼다. 하지만 러시아는 패전을 인정하지 않았고, 배상금도 지불하지 않았다. 만주 북부에 대한 지배권도 유지하고 있었다. 조약을 주선한 미국 대통령 루스벨트는 세계 평화에 기여한 업적을 인정받아 노벨 평화상을 받았다.

을사조약을 체결하다

열강에게 한반도 지배를 인정받은 일본은 지체 없이 11월 을사조약을 강요하여 대한 제국을 보호국으로 만들었다. 이에 따라 일본은 이듬해 2월 통감부를 설치하여 대한 제국의 외교권을 빼앗았다. 열강들은 주한 공사관을 철수시켜 이를 인정하였다. 초대 통감에는 일본 총리를 4번이나 지낸 이토 히로부미가 임명되었다. 그는 외교뿐만 아니라 사실상 내정도 장악하였다.

을사조약이 체결되자 전·현직 관리들과 많은 지사들은 앞다투어 반대 상소를 올렸다. 상소문은 바로 『황성신문』과 『대한매일신보』 등에 실려 전국에 알려졌다. 특히 이상설은 "나라가 이래도 망하고 저래도 망할 바에는 차라리 사직을 위해 단연코 거부의 뜻을 결정하여 열성조가 폐하에

을사조약 체결 직후
앞줄 한가운데가 이토 히로부미이고, 왼쪽이 조선 주둔군 사령관 하세가와다. 이때 한국은 계엄령을 내린 것이나 다름없었다.

게 내려 주신 중임을 저버리지 않는 것이 낫지 않겠습니까"라며 고종에게 순국하라는 요구를 하였다. 분노하여 목숨을 끊는 사람도 적지 않았다. 자결한 사람은 가옥 중개업을 하던 평민을 비롯하여 조병세, 송병선, 민영환 등 고관과 하급 관리 등 다양하였다.

• 을사조약은 원천 무효이다

을사조약은 공식 조약 이름이 없다. 조약에 서명한 사람도 고종이 아닌 외무 대신 박제순이다. 국가와 국가 사이에 조약이 성립하려면 보통 위임 · 조인 · 비준의 세 단계를 거쳐야 한다. 위임이란 조약을 체결하는 권한을 위임하는 것이다. 그런데 고종 황제는 외무 대신에게 조약 체결권을 위임하지 않았다. 조인은 두 나라 대표가 정당한 과정을 거쳐 도장을 찍는 절차이다. 조약에 찍힌 도장은 대한 제국 정부의 도장이 아니라 외무 대신 직인이다. 그것도 일제가 군대를 앞세워 강제로 찍었기 때문에 정상적인 절차라고 할 수 없다. 비준은 합법적인 절차에 따라 조인된 조약을 인정하는 것이다. 황제국인 대한 제국은 고종이 비준 자격을 갖는다. 고종은 끝까지 을사조약을 재가하지 않았다. 이 때문에 을사조약은 조약으로써 효력을 가질 수 없는 것이다.

을사조약을 끝까지 반대한 참정 대신 한규설
한규설(1856~1930)은 무과에 급제한 뒤 포도대장, 의정부 찬성 등을 거쳐 1905년에 의정부 참정 대신(현재 국무총리)이 되었다. 이토 히로부미가 여러 대신들에게 을사조약 체결에 대한 가부를 물었을 때 끝까지 반대하였다. 국권 강탈 뒤 일본이 남작 작위를 주었지만 끝내 거절하였다. 칩거 생활을 하다가 1920년 이상재 등과 함께 조선 교육회를 창립하였고, 민립 대학 설립 운동에 참여하였다.

을사오적
왼쪽부터 박제순(외부대신), 이지용(내부대신), 이근택(군부대신), 이완용(학부대신), 권중현(농상부대신)이다. 일본은 군대를 동원하여 궁궐을 에워싸고 조약 체결을 강요하였다. 고종을 비롯하여 참정대신 한규설, 탁지부 대신 민영기, 법부대신 이하영 등은 끝까지 반대하였다. 하지만 사진 속 다섯 사람은 찬성하였고, 이들을 을사오적이라 부른다.

고종도 이듬해 1월 조약이 무효임을 선언하고 열강에 지원을 요청하였다. 가장 큰 기대를 가졌던 나라는 미국이었다. 하지만 미국은 아무런 도움도 주지 않았다. 조미 수호 통상 조약에 거중 조정 조항이 있었지만 이미 일본 손을 들어준 미국은 고종이 보낸 특사를 만나지도 않았다. 이는 어느 나라보다 먼저 주한 공사관을 철수시킨 미국으로서는 당연한 조처였다.

1907년 고종은 네덜란드 헤이그에 이상설, 이준, 이위종을 특사로 파견하였다. 군비 축소와 세계 평화를 논의하기 위해 열리고 있던 제2차 만국 평화 회의에서 조약의 무효와 부당함을 국제 사회에 알리기 위함이었다. 하지만 외교권이 없다는 이유로 회의에 참석조차 하지 못하였다. 남몰래 초청장을 보낸 러시아가 도와주었지만 일본과 영국을 비롯한 열강들은 이를 인정하지 않았다. 특사 활동이 현지 신문에 보도되면서 상당한 반향을 일으켰지만 원래 목적을 이루지 못하였다. 분노한 이준은 현지에서 병이 나 죽음을 맞이하였다.

국권을 빼앗기다

일본은 헤이그 특사 파견이 을사조약 위반이라며 전쟁을 일으킬 수도 있다고 고종을 협박하여 왕위를 내놓게 하였다. 이어 7월에는 한일 신협약정미 7조약을 강제로 체결하였다. 조약에 따라 통감은 일본인들을 차관을 비롯한 주요 관직에 임명하여 내정을 완전히 틀어쥐었다. 이어 국권 강탈을 막을 수 있는 마지막 보루였던 대한 제국 군대가 강제로 해산당했다. 일부 군인들은 해산 조치에 저항하거나 의병에 가담하였다.

국권을 빼앗길 위기를 맞아 애국 계몽 운동과 의병 활동이 활발히 일어났다. 일제는 신문지법과 보안법을 만들게 하여 언론, 출판, 집회, 결사의 자유를 막고, 대규모 병력을 동원하여 의병을 무자비하게 진압하였다.

일본은 1909년에는 사법권을 빼앗아 항일 세력에 대한 탄압과 감시를 훨씬 강화하였다. 여기에 경찰을 해산하고 일본군이 치안을 담당하게 하였다. 이듬해에는 3대 통감에 현역 육군 대장 데라우치를 임명하였다. 10월 안중근 의사가 이토 히로부미를 사살하자 국권 강탈 속도가 더 빨라졌다.

일본은 일진회에게 합방 청원 운동을 벌이게 하고, 1910년 초에는 러시아와 영국, 프랑스, 미국 등 열강에게 합방에 대한 승인을 얻어 냈다. 국내외에 걸친 병합 작업이 상당 부분 이뤄졌다고 판단한 일제는 8월 29일 병합 조약을 공식 선포하였다. 서명은 일본 군대가 서울과 전국 주요 지역을 감시하고 있는 가운데 이완용과 데라우치가 하였다. 이로서 대한 제국은 사라지고 한반도는 일본의 식민지가 되고 말았다.

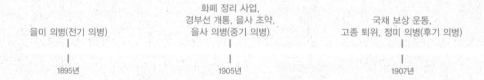

을미 의병(전기 의병)   화폐 정리 사업,   국채 보상 운동,
경부선 개통, 을사 조약,   고종 퇴위, 정미 의병(후기 의병)
을사 의병(중기 의병)

1895년   1905년   1907년

1919년   1917년

2 · 8독립 선언 발표,   대동단결 선언
3 · 1운동,
임시 정부 수립,
의열단 조직

3

자주독립을 향한 꿈과 3·1운동

의병 투쟁에서 3 · 1운동까지

❶ 의병, 온몸으로 저항하다 ❷ 자강 계몽 운동을 일으키다 ❸ 열강의 경제 침탈 ❹ 경제 자주권을 지키자 ❺ 조선, 근대 사회로 나아가다 ❻ 근대 문물, 세상을 바꾸다 ❼ 제1차 세계 대전이 일어나다 ❽ 대공황과 전체주의, 그리고 제2차 세계 대전 ❾ 조선 총독부, 총칼로 식민지를 다스리다 ❿ 한국인들, 나라 안팎에서 일제에 저항하다 ⓫ 3 · 1운동을 일으키다

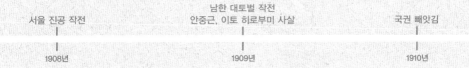

서울 진공 작전

남한 대토벌 작전
안중근, 이토 히로부미 사살

국권 빼앗김

1908년   1909년   1910년

1915년   1914년

대한 광복회 결성
이상설, 신한 혁명당 결성

이상설 · 이동휘,
대한 광복군 정부 수립

1

의병,
온몸으로 저항하다

항일 의병을 일으키다

항일 의병이 처음 일어난 때는 1895년이었다. 일본군의 경복궁 무단 점령으로 시작된 의병 운동은 을미사변과 단발령으로 전국으로 확산되었다. 을미 의병^{전기 의병}은 유인석, 이소응 등 위정척사 사상을 가진 유학자들이 이끌고, 농민이나 포수, 지방 관리 등이 뜻을 함께하였다. 이들은 개화 정책을 시행하던 지방 관청과 일본군 수비대를 공격하여 친일 관리와 일본인을 처단하였다.

전기 의병은 의병장들이 갖고 있는 봉건적 신분 차별 의식으로 의병 구성원끼리 결집력이 약하였다. 여기에 아관 파천 뒤 강제적인 단발령을 철회하고 왕이 의병 해산을 권유하자 의병장 대부분은 스스로 부대를 해산하였다. 그러나 의병 활동에 가담했던 일부 농민들은 활빈당 등 무장 결사를 만들어 반봉건 반외세 투쟁을 계속하였다. 활빈당은 1905년 무렵 지도부가 대부분 체포되었고 남은 세력들은 을사 의병^{중기 의병}에 합류하였다.

의병 운동은 1905년 다시 일어났다. 을사조약 체결 소식에 전기 의병이 가장 활발하게 활동하였던 원주·제천·단양을 시작으로 전국에서 의병들이 다시 봉기하였다. 의병 가운데에는 전직 관리였던 민종식과 최익현이 이끄는 부대처럼 천 명이 넘는 대규모 부대도 있었다. 민종식 부대는 충청남도 서부의 중심지 홍주성을 점령하고, 최익현과 임병찬이 이끈 부대는 정읍, 순창 일대를 장악하면서 기세를 떨쳤다. 하지만 두 부대는 결국 우수한 전술과 무기를 갖춘 일본군과 관군을 당해 내지 못하였다. 남규진, 유준근 등 민종식 부대의 주요 간부와 최익현, 임병찬은 쓰시마 섬에 끌려갔다. 74세 고령이던 최익현은 끌려간 지 4개월 만에 감옥에서 생을 마감하였다. 남은 의병장들은 6개월에서 2년 6개월간 억류당하다 1909년 2월 유준근을 마지막으로 모두 돌아왔다

중기 의병의 의병장은 유학자들이 대부분이었지만 평민 출신도 있었다. 평민 의병장이 이끄는 부대는 봉건적 신분 의식에 얽매이지 않아 더

• 김백선 처형 사건

의병은 대부분 같은 지역, 학통, 혈연으로 이뤄졌다. 이 때문에 의병은 기반이 없는 다른 지역으로 가서 활동하기 어려웠다. 여러 지역 의병을 하나로 묶는 것도 쉽지 않았다. 심지어 부대 안에서 연고가 없는 사람이 대장을 맡으면 대원들이 흩어지기도 하였다. 양반과 평민 사이 갈등도 만만치 않았다. 1896년 1월 말 제천에서 일어난 유인석 부대에도 이런 문제점이 있었다. 유인석 부대는 2월 17일 충주성을 점령하여 전기 의병 최대의 성과를 올렸다. 충주성은 중부 내륙의 교통 요충지답게 서울 친위대 400여 명과 지방 진위대 500여 명 그리고 일본 수비대 200여 명이 지키고 있었다. 하지만 의병과 손을 잡은 몇몇 관군이 성문을 열어 손쉽게 성안에 들어갈 수 있었다. 이때 사방에서 몰려든 의병이 모두 1만 명을 넘었을 것이라 한다. 병력에서 밀린 관군과 일본군이 후퇴하여 유인석 부대는 큰 피해 없이 성을 점령하고 관찰사 김규식을 처단하였다. 하지만 유인석 부대는 3월 4일 관군과 일본군에게 충주성을 다시 빼앗기고 점차 수세에 몰렸다. 몇 달 만에 세력이 이렇게 약화된 이유는 무엇보다 관군과 일본군의 공세에 밀렸기 때문이다. 여기에 선봉장 김백선 처형도 적지 않은 영향을 미쳤다. 평민 출신인 김백선은 포수 400여 명을 이끌고 유인석 부대에 합류하였다. 선봉장을 맡은 그는 충주성 전투 등에서 큰 활약을 하였다. 하지만 3월 말 가흥에 주둔한 일본군을 공격하다 원군이 제때 오지 않아 패배하고 말았다. 그는 제때 원군을 보내지 않은 양반 출신 중군장과 크게 다투자, 감히 상민이 양반에게 대들었다 하여 군기 문란으로 처형당하였다.

욱 단결된 모습을 보였다. 특히 신돌석은 경상북도와 강원도 경계 산악 지역에서 소규모 부대 형태로 유격전을 벌여 많은 전과를 올렸다.

의병 운동, 전쟁으로 발전하다

일본군과 대한 제국 군인의 탄압으로 점차 사그라지던 의병 활동은 1907년 다시 불타올랐다. 고종이 왕위에서 쫓겨나고 군대가 해산당하면서 국권 피탈에 대한 위기감이 높아졌기 때문이다. 군대 해산 당일 시위대 1연대 1대대장 박승환이 자결하였다. 이를 신호탄으로 부대원들이 무기를 들고 나가 일본군과 시가전을 벌이고 일부는 의병에 가담하였다. 지방에 있던 진위대도 속속 의병에 합류하였다. 특히 원주 진위대 장교 민긍호는 전체 부대원 250명을 이끌고 의병에 합류하여 관동 지역 의병의 핵심 세력이 되었다. 강화 진위대도 하사관 유명규, 연기우, 지홍윤 등이 중심이 되어 의병에 가담하여 황해도와 경기 지방 의병의 중추가 되었다.^{정미 의병(후기 의병)}

서울로 진공하여 국권을 되찾자

후기 의병은 강원, 경기, 충청, 경상도 일대 여러 지역을 장악하고, 12월에는 경기도 양주에서 13도 연합 의병을 결성^{13도 창의군}하였다. 이인영을 총

박승환(왼쪽)과 남대문 전투 삽화(오른쪽)
제1연대 1대대장 박승환(1869~1907)은 일본에 의한 군대 해산에 반대하며 자결했다. '군인으로서 나라를 지키지 못하고 신하로서 충성을 다하지 못했으니, 만 번 죽은들 무엇이 아깝겠는가'라는 유언을 남겼다. 오른쪽 삽화는 1907년 프랑스 『Le Petit Journal』에 실린 것으로, 박승환이 자결하자 제1연대 1대대와 제2연대 1대대를 비롯한 일부 대한 제국군이 봉기한 당시를 담아 냈다. 시가전은 남대문에서 서소문(소의문)에 걸쳐 약 3시간 동안 벌어졌다. 삽화는 군복과 무기 등에서 오류가 있지만 긴박했던 상황을 짐작할 수 있다.

대장으로, 허위를 군사장으로 뽑은 연합 의병은 서울 진공 작전을 추진하여 이듬해 1월 서울로 쳐들어갔다. 허위가 이끄는 선봉대는 동대문 부근까지 진격했지만 후속 부대가 제때 오지 않아 일본군의 공격에 밀려나고 말았다. 여기에 이인영이 부친상을 당하여 귀향하면서 연합 의병은 흩어지고 말았다. 이때 연합 의병은 각국 외교 사절에게 의병 부대를 정식 군대로, 국제법상 교전 단체로 인정해 달라고 요청하였다. 해외 동포에게도 함께 일제와 친일파를 몰아내자는 격문을 보냈다.

서울 진공 작전이 실패한 까닭은 유생 의병장이 연합 의병의 중심이 된 데에서 찾을 수 있다. 처음 연합 의병을 만들 때 경상도 의병 대표는 신돌석이었다. 그러나 양반 출신이 아니라는 이유로 다른 사람으로 바뀌었다. 함경도와 황해도에서 크게 활약한 포수 출신 홍범도와 농민이던 김수민도 신분이 낮다는 이유로 참여하지 못하였다. 이 때문에 연합 부대는 폭넓은 민중의 지지를 받지 못하였다. 결국 유생 의병장들이 갖고 있던 봉건적 의식이 전체 의병을 하나로 묶는 데 걸림돌이 되었고 전투 역량을 약화시킨 것이다.

호남 의병, 끝까지 저항하다

서울 진공 작전 뒤에도 의병들은 지방 곳곳에서 투쟁을 계속하였다. 이강년은 태백산맥 일대에서 활약하였고, 허위와 김수민은 임진강 쪽에서 일본군과 대적하였다. 민긍호는 강원도에서, 홍범도는 함경도 지역에서 투쟁을 계속하였다.

후기 의병은 시간이 갈수록 평민 출신 의병장이 늘어나면서 민중 속에 뿌리를 내렸다. 전술도 소규모 부대로 유격전을 구사하여 일본군을 끊임없이 괴롭혔다. 일본군은 의병을 누르지 않고는 국권 강탈이 힘들겠다고 판단하고 대대적 탄압에 나섰다. 의병들은 점점 수세에 몰리면서도 '노예가 되어 사느니 자유민으로 죽겠다'는 불굴의 의지로 끝까지 맞섰다.

영국 『데일리메일』 아시아 특파원 프레더릭 매켄지가 1907년 8월 군대 해산 직후 경기도 양평에서 직접 의병들을 만나 인터뷰를 하고 찍은 사진이다. 『조선의 비극』에 실려 있다.

의병 활동은 1908년을 정점으로 점차 수그러들었다. 신돌석, 이강년, 김수민 등 의병장도 암살당하거나 체포되면서 기세가 꺾였다. 하지만 호남 지역에서는 전해산, 안규홍, 심수택 등 평민과 천민 의병장이 이끄는 의병 부대가 여전히 활발하게 활동하였다. 이에 힘입어 다른 지역에서도 의병 활동을 계속할 수 있었다.

호남 의병을 놓아두고는 전체 의병 활동을 잠재울 수 없다고 본 일본군은 '남한 대토벌 작전'을 벌였다. 호남 지방에 병력을 집중하고 행정력을 총동원하여 1909년 9월부터 두 달 동안 호남 지역을 싹쓸이한 것이다. 일본군은 의병만 아니라 일반 백성들도 닥치는 대로 죽였다. 의병의 근거지가 될 만한 촌락과 집도 모두 불살라 버렸다. 이런 초토화 작전으로 의병장 100여 명, 의병 4,000여 명이 체포되거나 학살당하였다. 체포된 의병은 '폭도'라 불리며 해남에서 하동까지 가는 국도 2호 건설에 투입되었다. 그전에도 일본은 그들을 강제 동원하여 도로를 만들었다. 1904년부터 만든 광주-목포 간 국도 1호선이 바로 그 도로이다. 이 길을 따라 일본군이 남한 대토벌에 나선 것이다. 국도 1, 2호선을 일본은 '폭도 도

도별	교전 횟수(의병 수)		
	1908년	1909년	1910년
경기도	78(1,453)	165(3,453)	31(402)
충청남북도	330(14,481)	204(1,826)	6(44)
전라남북도	493(20,504)	820(23,155)	6(41)
경상남북도	311(9,030)	222(4,601)	14(185)
강원도	273(18,599)	124(2,468)	31(478)
황해도	232(7,988)	111(2,148)	20(343)
평안남북도	149(3,981)	78(663)	14(115)
함경남북도	110(6,721)	14(270)	6(224)
합계	1,976(82,767)	1,738(38,593)	128(1,832)

의병의 규모와 교전 횟수

로'라 불렀다.

무자비한 탄압과 국권 강탈로 1910년부터 의병들은 국내에서 활동하기 어려워졌다. 남은 의병 가운데 대부분은 만주와 연해주로 건너가 독립운동 기지를 마련하고 독립군이 되었다. 일부는 국내에서 비밀 결사를 만들어 투쟁을 이어 갔지만 점점 약해졌다. 마침내 1915년 평안남도 성천군에서 체포된 의병장 채응언을 마지막으로 국내 의병 활동은 사실상 막을 내렸다.

의열 투쟁을 전개하다

한편 을사조약에 앞장선 매국노와 일본 침략자를 응징하기 위한 의열 활동도 잇달았다. 1906년에는 기산도가 오적 암살단을 만들어 이근택을 습격하였고, 1907년에는 나인영, 오기호 등이 결사를 조직하여 오적을 습격하였지만 실패하였다. 1908년 3월에는 재미 교포 장인환과 전명운이 미국인 스티븐스를 샌프란시스코에서 사살하였다. 그가 대한 제국 외교 고문으로 통감부의 한국 통치를 높게 평가하였기 때문이다. 1909년 10월에는 연해주에서 의병 투쟁을 하던 안중근이 동지들과 함께 만주 하얼빈에서 한국 침략의 원흉 이토 히로부미를 사살하였다. 같은 해 12월에는 이재명이 여러 동지와 친일 매국노를 없애기로 하고 이완용을 습격하여 중상을 입혔다.

목숨을 내건 의열 투쟁은 매국노와 일제를 크게 놀라게 만들었다. 뿐만 아니라 전 세계에 한국인의 주권 수호 의지와 일제의 침략상을 알리는 계기가 되었으며 애국심을 높이는 데 크게 기여하였다.

• 매국노 처단에 목숨 바친 이재명

이재명은 1887년(고종 24) 평안북도 선천에서 태어났다. 어려서 아버지와 어머니를 잃고 어렵게 살았다. 16살 때(1904년) 미국 노동 이민사의 하와이 노동 이민자 모집에 지원해 하와이 사탕수수 농장에서 일했다. 1906년 샌프란시스코로 건너가 도산 안창호가 회장으로 있던 '한인 공립 협회'에 가입했다. 1907년 7월 이준 열사의 순국 소식을 듣고 이토와 매국노를 숙청하기로 결심하였다.

12월 12일 서울에 올라온 그는 먼저 와 있던 동지와 함께 기회를 엿보고 있었다. 이완용은 이재명이, 이용구는 김정익이, 송병준은 이동수가 맡기로 하였다. 오전 11시 30분경 이완용이 식장에서 나와 인력거를 타고 가려는 순간 이완용을 덮쳤다. 하지만 인력거꾼이 가로막는 바람에 인력거꾼이 칼에 찔려 죽었다. 다시 도망가려는 이완용을 찔렀지만 중상만 입히고 말았다.

이재명은 재판정에서도 결의에 찬 모습을 보여 주었다. 일본인 재판장이 "피고와 같이 흉행한 사람이 몇이나 되는가?"라고 묻자, 눈을 부릅뜨고, "야만 섬나라의 불학무식한 놈아! 너는 흉자만 알았지 의자는 모르느냐. 나는 흉행이 아니고 당당한 의행을 한 것이다"라고 고함을 쳤다.

재판장이 "그러면 피고가 저지른 일에 찬성한 사람은 몇이나 되는가?"라고 하자, "2천만 민족이다"라고 대답하였다. 이때 창밖에서 "옳다!" 하는 소리와 함께 흥분한 방청객들이 유리창을 부수었다. 그는 재판장에게 큰 소리로 "야만 왜종들은 퇴청시켜라. 그리고 창밖에 나열한 한국인을 모두 입장시켜라. 그렇지 않으면 나는 너의 심문에 대답하지 않겠다"고 외쳤다. 사형이 확정되자, "왜법이 불공평하여 내 생명을 빼앗을 수는 있지만 충혼은 빼앗지 못할 것이다"라고 재판장을 꾸짖었다.

대한 제국 군대, '식민지 군대'에서 애국적 군대로 바뀌다

본래 의병을 '토벌'하던 대한 제국 군대는 을사조약이 이루어지는 것을 보면서 조금씩 변화하였다. 토벌에 나선 진위대 가운데 공격 명령을 거부하거나 의병 부대와 교전을 피한 병사도 있었다. 1907년 고종이 강제 퇴위를 당하면서 대한 제국 군대는 드디어 '식민지 군대'에서 벗어나기 시작하였다. 이어 7월 19일 서울에서 맹렬하게 일어난 강제 퇴위 반대 시위에 제1연대 제3대대 소속 군인들이 병영을 뛰쳐나와 가담한 것이다.

대한 제국 군대가 더 이상 하수인이 아니라 애국적 군대가 될 가능성을 보이자 일본은 군대 해산을 서둘렀다. 대구와 평양을 비롯한 전국 주요 지역에 전투 부대를 배치하고, 서울에 사단 규모 병력을 집결시켰다. 인천에는 구축함 3척을 정박시키고 한국 연안에 제2함대를 배치하였다.

일본은 1907년 8월 1일 오전 8시 동대문 훈련원에서 군대 해산식을 열었다. 반발을 염려한 일본은 병사들에게 맨손 훈련을 한다고 총 없이 모이게 하였다. 아직 모든 부대가 모이지 않았지만 남대문 쪽에서 총성이 들려오자 서둘러 해산식을 거행하였다. 일본이 뜬금없이 은사금 몇 푼을 주고 군대 해산을 한다고 하자 군인들은 속았다는 것을 알았지만 아무런 저항도 할 수 없었다. 기관총으로 중무장한 일본군 부대가 훈련원을 이중 삼중으로 포위하고 있었기 때문이다. 지방 진위대도 비슷한 방법으로 8월 3일부터 9월 3일까지 모두 해산시켰다.

그러나 이미 애국적 군대로 탈바꿈한 군대의 저항 의식을 일본이 마음대로 꺾을 수는 없었다. 해산식 당일 서울에서는 시위대가 일본군과 4시간 넘게 장렬하게 전투를 하였고, 원주와 강화 진위대는 관동 의병과 경기 의병의 핵심 세력이 되었다.

1907년 일제의 군대 해산에 항거하여 시위대 1연대 1대대장 박승환이 자결하였다. 이 소식에 해산식에 가려던 1연대와 2연대 병사들이 무기고를 부수고 총을 꺼내 봉기하였다. 사진은 일본군과 시가전 끝에 포로가 된 병사들이다.

2

자강 계몽 운동을
일으키다

사회 진화론을 받아들이다

19세기 말에서 20세기 초 서구는 물론 아시아에도 사회 진화론이 유행하였다. 사회 진화론은 생물이 진화하듯이 인간 사회에도 다윈이 만든 진화의 법칙이 적용된다는 주장이다. 생물처럼 인간 사회도 점점 복잡한 방향으로 진화하고, 적자생존의 원칙이 적용되어 우수한 경쟁력을 갖춘 사회가 살아남는다는 이론이다. 따라서 불평등은 자연스러운 것이고, 가난한 사람은 '도태된 자'로 도움을 주어서는 안 된다고 주장하였다. 이런 주장은 강자가 되기 위해 노력해야 한다는 생각과 함께 식민지 지배와 인종 차별 정책을 합리화하는 데 이용되었다.

사회 진화론은 19세기 말 일본 사상계에 큰 영향을 주었다. 후쿠자와 유키치 등이 주장한 문명 개화론은 바로 사회 진화론에 바탕을 둔 것이었다. 캉유웨이, 량치차오 등 중국 지식인들도 이를 받아들여 변법 개혁을 주도하면서 중국을 개혁하려 하였다. 개화와 개혁을 주장하고 추진한 우리나라 관료와 지식인 들도 이들에게 많은 영향을 받아 사회 진화론을 받아들였다.

사회 진화론은 우리도 실력을 길러 강자가 되면 자주독립 국가로 거듭날 수 있다는 의지를 북돋는 데 큰 구실을 하였다. 한편 지금 우리 사회 수준이 일본에 뒤떨어져 있어 일본에게 도움을 청해야 한다는 생각도 하게 만들었다. 이광수가 처음에 독립운동에 적극적으로 참여하였다가 열등감을 느껴 민족 개조를 외치며 친일파가 된 것이 이를 잘 보여 준다.

관료와 지식인, 자강 계몽 단체를 만들어 국권 회복 운동을 벌이다

1898년 독립 협회가 해산당한 뒤에도 민중을 일깨우고 산업을 진흥시키기 위한 노력은 계속되었다. 특히 러일 전쟁과 을사조약 무렵 관료와 지식인 들은 수많은 단체와 학회를 만들어 본격적으로 자강 계몽 운동을 벌이기 시작하였다. 사회 진화론을 받아들인 이들은 지금 가장 필요한 것은 무장 투쟁이 아니라 실력을 기르는 일이라고 보았다. 이를 위해 학교를 세워 새로운 인재를 길러 냈다. 강연회를 열고 신문과 잡지를 만들어 민중을 계몽하는 데에도 힘을 쏟았다. 생산을 늘리고 상공업을 일으키는 식산흥업도 중요한 목표였다.

1904년 2월 전직 관리와 유생 들은 보안회를 만들어 일제의 토지 침탈을 막아 냈다. 일본이 러일 전쟁을 빌미로 요구한 황무지 개간권을 지켜낸 것이다. 계획이 틀어진 일본은 대한 제국 정부에 압력을 넣어 보안회를 해산시켰다.

비슷한 시기 동학 지도자 손병희와 이용구는 진보회를 만들었다. 동학에 기반을 둔 진보회는 빠른 시간 안에 전국적인 조직을 갖추었다. 진보회는 생활 개선과 국정 개혁을 내걸고 회원에게 머리를 자르고 검은 옷을 입게 하였다. 단발과 검은 옷은 상투와 흰옷으로 상징되는 조선 사회를 개혁하겠다는 뜻이 담겨 있었다. 러일 전쟁 때에는 일본과 협력이 중요하다고 보고 회원 수만 명을 동원하여 경의선 철도 부설과 군수품 운반을 도와주었다. 그러나 진보회가 동학을 이은 단체라는 것이 알려지면

송병준(왼쪽)과 이용구(오른쪽)

서 대한 제국 정부와 보수 세력의 탄압을 받았다.

8월에는 송병준이 독립 협회 계열의 윤시병, 유학주 등과 일진회를 만들었다. 송병준은 민영환의 측근으로 일본에 망명했다가 러일 전쟁 때 일본군 통역으로 국내에 들어왔다. 일본이 승기를 잡자 일제를 등에 업고 다시 정치 활동에 나섰다. 일진회는 처음에는 독립 협회와 비슷한 강령을 내세우며 민권 운동을 벌였다. 12월 전국 조직이 필요하였던 송병준과, 정부와 보수 세력의 압박을 피하려 한 이용구는 12월 두 단체를 일진회로 통합하는 데 합의하였다. 1905년 12월 통합 일진회는 회장에 이용구, 부회장에 윤시병, 지방 총회장에 송병준을 선출하였다.

일진회는 시간이 갈수록 친일 색채를 드러내어 을사조약 체결을 지지

• 의암 손병희

손병희(186~1922)는 1894년 우금치에서 패배한 뒤 최시형, 손천민과 함께 강원도 지방으로 피신하였다. 1897년 무너진 동학을 다시 일으켜 세우는 데 큰 역할을 하여 제3대 교주가 되었다. 이 무렵 손병희는 개화파 인물들과 교류하면서 근대화에 대한 필요성을 알게 되었다.

그러나 동학에 대한 탄압은 여전하였다. 1898년 최시형이, 2년 뒤에는 손병희의 조카이자 동학 최고 지도자인 손천민이 붙잡혀 처형당했다. 감시망이 좁혀 오자 손병희는 중국으로 피신하였고 1901년에는 이용구, 오세창 등과 함께 일본으로 망명했다.

손병희는 상하이와 도쿄를 보면서 인재 양성이 시급함을 깨닫고, 1903년부터 청년들을 일본에 불러 유학을 시켰다. 1904년에는 진보회를 만들어 조선 사회를 개혁하기 위한 운동을 벌였다. '흑의단발'로 상징되는 운동을 이끌기 위해 이용구를 국내로 보내 진보회를 관할하게 하였다. 하지만 진보회가 일진회와 통합한 뒤 친일 활동을 가속화하자 1905년 12월 동학을 천도교로 고치고 이듬해 1월 귀국하였다. 손병희는 한때 이용구와 송병준을 천도교 고위직 간부로 임명하였지만 결국 이들을 내쫓고 교단을 장악하였다. 여기에 반발하여 이용구는 시천교를 창립하여 교주가 되었다.

앞줄 왼쪽에서 세 번째가 손병희이다.

하고 고종 퇴위를 주장하였다. 일본의 보호 아래 갖가지 행패를 부리고 자위대를 조직하여 의병을 공격하기도 하였다. 국권 강탈 무렵에는 합방에 찬성하는 성명서를 발표하였다. 일진회가 친일 단체로 성격을 드러내자 손병희는 1905년 12월 동학을 천도교로 이름을 바꾸고 이용구를 내쫓았다.

1905년에는 이준, 윤효정 등이 일진회를 비판하면서 헌정 연구회를 만들었다. 헌정 연구회는 독립 협회 출신들이 중심이 되어 법을 강조하며 입헌 군주제를 목표로 활동하였다. 이들은 황실과 정부도 헌법과 법률에 따라야 하고 백성은 법이 보장하는 권리를 누려야 한다고 주장하였다. 하지만 을사조약 체결을 반대하다 사실상 활동을 할 수 없게 되었다.

1906년에는 헌정 연구회를 계승하여 윤효정, 장지연 등이 대한 자강회를 창립하였다. 대한 자강회는 독립 주권을 되찾기 위해서는 교육과 산업을 진흥시켜 스스로 강해져야 한다고 주장하였다. 이를 위해 대한 자강회 월보를 간행하고 강연회를 열어 대중 계몽 활동을 적극적으로 펼쳤다. 대한 자강회는 정치 활동을 자제하고 일본인 고문도 두었다. 을사조약 뒤 심해진 일제의 압박을 피하기 위해서였다. 대한 자강회는 전국에 지회를 설치하며 활동 범위를 넓혀 갔지만 고종의 강제 퇴위를 반대하다 해산당하고 말았다. 그 뒤 윤효정, 장지연 등 대한 자강회 간부와 권동진, 오세창 등 천도교 지도자들이 교육 진흥, 산업 개발, 민권 신장 등을 내걸고 대한 협회를 창립하였다. 그러나 일본인 고문의 영향력이 커지면서 일본에 대한 대응을 제대로 하지 못하였다.

지식인들, 학회를 설립하고 교육 운동을 하다

계몽 운동가들은 정치 활동 못지않게 교육에 깊은 관심을 가지고 있었다. 민중을 일깨우고 신교육을 보급해야 언젠가 국권을 되찾을 수 있다고 보았기 때문이다. 일제가 정치 활동을 하기 어렵게 압박한 것도 교육에 관심을 갖게 하는 데 영향을 미쳤다.

1906년 10월 평안도와 황해도 출신 지식인들이 만든 서우 학회를 시작으로 한북 흥학회, 호서 학회, 관동 학회, 기호 학회 등이 각 지역에서 조직되었다. 이들 학회는 기관지를 펴내고 친목회, 운동회, 토론회 등을

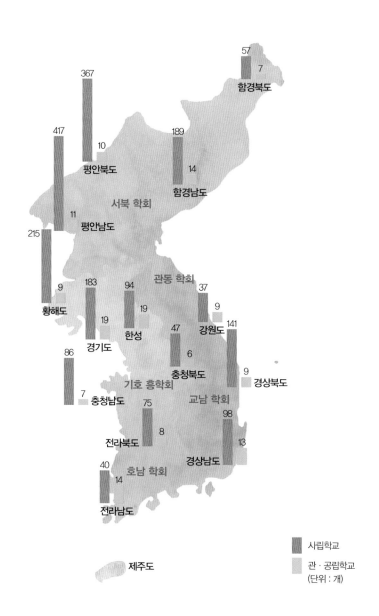

지역별 학회와 학교 수

57
7
함경북도

367
417
10
평안북도

189
14
함경남도

서북 학회

11
평안남도

215

관동 학회

9
183
94
37
황해도
19
9
11
한성
47
강원도
141
경기도
6
충청북도
86
9
경상북도
기호 흥학회
교남 학회
7
충청남도
75
98
전라북도
8
경상남도
13
40
호남 학회
14
전라남도

제주도

사립학교
관·공립학교
(단위 : 개)

열어 교육과 계몽 활동에 나섰다. 지역민의 지원에 힘입어 학회 활동이 뿌리를 내리면서 학회를 통합하려는 움직임이 나타났다. 이는 일제의 압박에 힘을 모아 대응하기 위한 조처이기도 하였다. 1909년 1월 서우 학회와 함경도를 기반으로 한 한북 흥학회가 서북 학회로 통합되었다. 서북 학회는 계몽 및 교육 활동과 함께 농림 강습소를 만들어 농업 기술 교육을 실시하고 실업부를 만들어 기금을 모았다. 산업을 발전시키려는 이런 노력은 다른 단체들도 벌여 나갔다.

학회 설립과 함께 전국에는 수많은 사립 학교가 세워졌다. 학교 가운데에는 학회를 만든 지식인들이 세운 학교가 많았지만 관료 및 선교사가 세운 학교도 적지 않았다. 불교계와 천도교계, 유학자 등도 힘을 보탰다. 이들 학교는 서양 근대 문물을 가르치고 애국심을 기르기 위한 교육을 실시하였다. 물론 신교육을 받고 출세하여 계층 상승을 하려는 목적도 있었다. 상공업이 발전하였던 서북 지역에 많은 학교가 세워진 것은 이와 깊은 관련이 있다. 서북 지역은 개항 뒤 다른 곳에 비해 상공업이 발전하였다. 상공업에 종사하던 이들은 사회 변화에 따라 자녀에게 새로운 교육을 시켜 계층 상승을 이루려고 한 것이다.

이를 억누르기 위해 일본은 학부에서 만든 교과서만 사용하게 하였다. 1908년에는 사립 학교령을 발표해 학교 설립과 학회 활동 등을 규제하였다. 또 민족 정신을 일으킬 수 있는 내용을 교과서에서 제외하였다. 이에 맞서 계몽 운동가들은 국사와 국어 등 여러 교과서를 직접 편찬하여 수업에 사용하였다. 나아가 이들은 모든 국민이 신교육을 받을 수 있도록 보통 교육을 강조하였다. 그 방안으로 의무 교육 제도를 실시해야 한다고 주장하였다. 1910년 무렵 전국에 3천여 개나 세워진 학교는 새로운 문물을 보급하고 민족 운동가를 길러 내는 데 큰 구실을 하였다.

언론과 출판, 국학 운동을 전개하다

계몽 운동가들은 교육과 함께 언론·출판에도 큰 관심을 갖고 신문을 펴냈다. 1904년 양기탁은 영국인 베델과 함께 『대한매일신보』를 창간하였다. 각 단체와 종교에서도 신문을 만들었다. 천도교는 『만세보』를, 천주교는 『경향신문』을, 개신교는 『그리스도교신문』을 발간하고, 일진회도 『국민신보』를 발행하였다. 『대한매일신보』는 국한문을 사용한 다른 신문과 달리 국한문, 영문과 함께 순한글판을 따로 찍었다. 이들 신문들은 『황성신문』, 『제국신문』과 함께 계몽과 애국심을 높이기 위해 활발하게 활동하였다. 당시 신문들은 사건 보도보다 논설에 힘을 쏟아 민중들에게 국권 회복 운동에 함께할 것을 호소하였다.

이에 일본은 러일 전쟁을 핑계로 사회 질서를 유지하기 위해 신문을 사전 검열하고, 치안에 방해되면 정간시키겠다고 대한 제국에 통고했다. 하지만 언론인들은 『제국신문』이 정간을 당하는 핍박에 굴하지 않고 을사조약이 체결되자 여기에 항거하였다. 신문들은 전국 각지에서 일어난 조약 반대 운동을 상세히 보도하고 민영환과 조병세 등의 순국을 찬양하면서 반일 감정을 높였다. 특히 『황성신문』은 사전 검열을 받지 않고 장지연이 쓴 「시일야방성대곡」이라는 논설을 실어 조약이 부당하게 맺어진 것임을 알렸다. 『대한매일신보』는 신문사 정문에 '일본인 출입 금지'라고 써 붙이고, 을사조약을 승인한 적이 없다는 고종의 친서를 실었다. 『황성신문』은 정간을 당하고 장지연은 구속되었지만 『대한매일신보』는 영국인 베델이 경영을 맡고 있어 일본의 검열과 탄압을 피할 수 있었다. 『대한매일신보』는 보도와 논평이 사실에 근거하고 정확해 가장 많은 독자를 확보한 신문이기도 하였다.

한글 신문이 보급되고 한글 사용이 점점 늘어나면서 우리말 표기법에 대한 관심이 높아졌다. 정부도 국문연구소를 세워 우리말 표기법을 통일하려 하였다. 위원장 윤치호를 비롯하여 이능화, 지석영, 주시경 등이 위원으로 활동하였다. 국문연구소는 국권 강탈로 해체되었지만 국문을 정리하여 오늘날 한글 맞춤법의 토대를 마련하였다.

국권을 빼앗길 위기가 닥치자 역사에 대한 관심도 커졌다. 신채호는 『대한매일신보』에 이순신에 대한 전기를 연재하여 애국심을 높이려 하였다. 신채호, 박은식, 장지연 등이 을지문덕, 강감찬 등 외적에 맞서 싸운 위인전을 펴낸 것도 이 때문이었다. 『월남망국사』, 『미국 독립사』, 『이태리 건국 삼걸전』, 『워싱턴 전기』 등도 번역 출판되었다. 다른 나라의 건국사나 흥망사, 위인전 들을 읽고 위기를 이겨 낼 민족 정신을 일깨우기 위해서였다. 신채호는 민족을 중심으로 역사를 서술한 『독사신론』을 발표하여 민족주의 역사학의 연구 방향을 제시하였다.

신민회를 결성하다

회유와 탄압에도 계몽 운동의 열기가 식지 않자 일제는 대한 제국 정부를 압박하여 1907년 신문지법과 보안법 등을 만들게 하였다. 신문지법으로 신문 등 정기 간행물 발행이 어려워졌고 많은 신문이 정간, 폐간되었다. 보안법은 사회 안녕과 질서를 지키기 위해 집회 결사를 막거나해산할 수 있게 한 법이다. 일제가 조선 탄압을 더욱 강력하게 합법적으로 하기 위한 조치였다.

이 법에 따라 고종의 퇴위를 반대하던 대한 자강회를 비롯한 계몽 운동 단체들이 강제 해산되었다. 계몽 운동가들은 여기에 굴하지 않고 활동을 계속하였지만 경제적 어려움과 일제의 압박과 회유는 갈수록 이들을 옥죄었다. 대한 자강회를 이어 1907년 11월에 창립된 대한 협회가 일진회와 연합을 하려 한 것이 이를 잘 보여 준다. 비록 일본인 고문과 일진회 회장 이용구의 술책에 넘어갔다고 하지만 그만큼 상황이 어려워진 것이다.

자강 계몽 운동가들은 일본과 대한 제국의 탄압으로 합법적인 활동에 한계를 느끼자 새로운 방법을 찾아 나섰다. 바로 신민회를 비롯한 비밀 결사를 조직하여 새로운 길을 찾으려 한 것이다. 1907년 안창호, 양기탁, 신채호 등을 중심으로 창립된 신민회는 언론인, 종교인, 교사, 학생 등이 참여하였다. 하지만 공개 조직이 아니기 때문에 누가 회원인지 서로 알지 못하였다.

신민회는 국권을 되찾고 새로운 나라를 만들기 위해 정치는 물론 문화까지 모든 부분을 개혁해야 하고 이를 위해 모두 새로운 정신을 갖게 하는 것이 중요하다고 주장하였다. '신민'이라는 이름도 이런 이유로 붙인 것이었다. 새로운 정신을 갖게 하기 위해 신민회는 곳곳에서 강연회를 열었다. 인재를 기르기 위해 대성 학교, 오산 학교 등 여러 학교도 세웠다. 이와 함께 태극 서관을 만들어 계몽 서적을 출판하여 보급하고 평양에는 자기를 제조하는 회사를 세웠다. 민족 산업을 일으켜 경제적 자립을 꾀한 것이다. 양기탁이 주필로 있던 『대한매일신보』는 신민회를 적극 지원하였다. 사실상 기관지나 다름없었다. 신민회는 정치 체제에서도 공화정에 바탕을 둔 근대 국민 국가를 만들려 하였다. 입헌 군주제를 내세운 독립 협회와 비교하면 한 걸음 더 나간 것이다.

신민회는 1909년 무렵 일제가 노골적으로 국권을 침탈하자 실력 양성으로는 한계를 가질 수밖에 없음을 인식하였다. 사실상 기관지 구실을 하던 『대한매일신보』도 실력을 양성해야 독립을 할 수 있는 것이 아니라, 독립이 실력 양성의 전제 조건이라는 점을 강조하기 시작했다. 그동안 비판적이었던 무장 투쟁 노선을 받아들인 것이다.

이에 일부 회원들은 나라 밖에 독립운동 기지를 만들어 독립 전쟁을 준비하기 위해 망명하였다. 이렇게 해서 남만주 삼원보에 세운 신흥무관 학교는 수많은 독립군을 길러 내 독립운동에 탄탄한 기반이 되었다. 당시 조선에서 내로라하는 명문가이자 갑부였던 이회영과 이상룡 집안은 서울과 안동에 있던 전 재산을 쏟아부어 이를 뒷받침하였다.

신민회가 무장 투쟁에 나선 것은 역사적으로 큰 의미를 갖는다. 계몽 운동을 하던 일부 지식인들은 사회 진화론에 빠져 지금은 일본의 지배를 받을 수밖에 없다고 생각하였다. 근대화를 위해서는 일본의 도움이 필요하고, 지금은 경제·문화적으로 실력을 기를 때라는 것이었다. 이 때문에 의병 투쟁을 섣부른 행동으로 치부하면서 비난하였다. 심지어 일부 신문은 의병 운동을 보도하면서 '폭도'라고 하기도 하였다. 한편 의병 운동을 하던 사람들은 개화와 계몽 운동을 친일 행위로 비판하였다. 안동에서는 신식 교육을 하던 학교를 습격하여 교사를 죽이기도 하였다. 신민회는 계몽 운동 단체로 출발하였지만 의병에 대해 점차 긍정적으로 평가하고 독립운동 기지를 건설하였다. 서로 비난하고 갈등하던 두 흐름을 하나로 아울러 새로운 길을 제시한 것이다.

신민회는 1911년 일제가 총독 암살 미수 사건을 조작하고 애국지사 수백 명을 검거하면서 사실상 해체되고 말았다.

105명이 구속된 이 사건[105인 사건]으로 비밀 조직이 드러나고 만 것이다. 하지만 신민회에 참여하였던 사람들은 그 뒤에도 국내외에서 활발하게 민족 운동을 전개하였다.

3

열강의
경제 침탈

개항장이 열리고 거류지 무역이 시작되다

문호가 개방되면서 부산, 인천, 원산 등에 개항장이 열렸다. 열강들은 개항장에 영사관이나 업무 담당자를 두어 자국의 권익을 확보하고 자국민을 보호하였다. 조선 정부도 감리서를 두고 개항장 업무를 처리하게 하였다. 하지만 개항장은 치외 법권이 적용되었기 때문에 외국인을 감독할 수는 없었다.

개항장에는 외국인들이 살면서 무역을 할 수 있었다. 다만 개항 초기에는 외국인들의 활동 범위가 개항장 주변 10리까지로 제한되어 있었다. 이 때문에 조선인 객주, 여각, 보부상 등을 통해 내륙 시장과 거래할 수밖에 없었다. 이를 거류지 무역이라 한다.

거류지 무역을 할 수 있는 지역은 갈수록 넓어졌고, 조청 상민 수륙 무역 장정으로 사실상 제한이 없어졌다. 외국 상인들이 한양을 비롯한 각 고을 장시까지 들어갈 수 있게 된 것이다. 거류지 무역으로 돈을 벌던 상인은 물론 한양 시전 상인을 비롯한 상인 대부분은 큰 타격을 입을 수밖에 없었다.

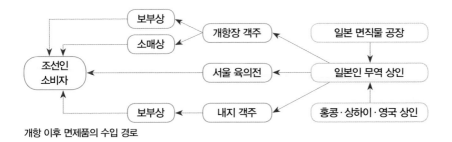

개항 이후 면제품의 수입 경로

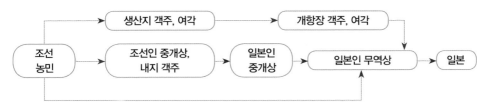

개항 이후 곡물의 수출 경로

외국과 무역 규모는 시간이 갈수록 커져 갔다. 그럴수록 무역 수지는 나빠졌다. 위정척사파가 걱정했듯이 이 무렵 조선의 경제 상황에서 수출보다 수입이 많을 수밖에 없었기 때문이다. 1893년에는 수입액이 수출액보다 2배 이상 많아지게 되었다.

일본과 청 상인이 상권을 놓고 경쟁하다

개항장이 열리자 일본 상인들이 가장 먼저 조선과 무역에 뛰어들었다. 일본 상인들은 처음에는 중국에서 영국산 면제품을 싸게 가지고 와서 비싸게 팔았다. 여기서 얻은 이익으로 쇠가죽, 쌀, 콩, 금 등을 사 갔다. 일본 상인들은 강화도 조약과 조일 무역 규칙에 따라 일본 화폐를 사용하고 관세도 없이 거래할 수 있었다. 불법 행위를 하여도 조선 관리의 처벌을 받지 않았기 때문에 약탈 무역도 서슴지 않았다.

일본 상인들이 조선 상권을 장악해 가는 것을 지켜보던 청 상인들은 조청 상민 수륙 무역 장정이 체결되자 조선으로 몰려오기 시작하였다.

치외 법권은 물론 내륙 시장에서 장사할 수 있는 권리를 얻고 한양에 점포를 열 수 있게 되었기 때문이다. 물론 이런 권리는 최혜국 조항에 따라 다른 열강들도 보장받았다.

하지만 청 상인에게는 갑신정변 뒤 영향력이 더욱 커진 청 정부의 든든한 지원이 있었다. 여기에 힘입어 막강한 자본력으로 청 상인은 조선의 상권을 장악해 갔다. 일본 정부도 일본 제일은행을 시켜 자국 상인에게 돈을 빌려주었지만 흐름을 막지는 못하였다. 1893년에는 조선이 청과 일본에서 수입한 물품 총액이 비슷해졌다. 1885년에 일본이 80%를 차지하던 때와 비교하면 엄청난 변화였다. 최대 무역항도 부산에서 청과 가까운 인천으로 바뀌었다. 이것이 1894년 일본이 청과 전쟁을 일으킨 중요한 원인으로 작용하였다. 청일 전쟁에서 패배한 뒤 청 상인들은 점점 세력을 잃었고, 일본 상인들이 조선 무역을 독점하게 되었다.

일본, 조선에 면제품을 수출하고 쌀을 수입하다

처음 일본이 조선에서 가장 많이 수입한 물품은 쇠가죽이었다. 군복, 군화 등 군수 산업의 원료였던 쇠가죽은 1885년 전체 수출액에서 약 73%를 차지하였다. 다음으로 쌀과 콩이 11% 정도였다. 그런데 1894년이 되면 쇠가죽은 약 15%로 줄고 쌀과 콩이 64%가 넘었다. 이 기간 동안

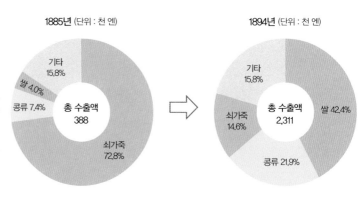

대일 수출 품목 구성비의 변화
개항 초기 가장 많이 수출한 품목은 쇠가죽이다. 1890년대가 되면 쌀, 콩, 등 곡물이 압도적으로 늘었다. 일본에서 쇠가죽은 군복, 군화 등에 쓰였고 곡물은 일본이 산업화에 힘을 쏟으면서 수입할 필요성이 커졌다. 낮은 임금을 유지하기 위해서는 값싼 농산물이 필요했기 때문이다.

1885년 (단위 : 천 엔)
기타 15.8%
쌀 4.0%
콩류 7.4%
총 수출액 388
쇠가죽 72.8%

1894년 (단위 : 천 엔)
기타 15.8%
쇠가죽 14.6%
총 수출액 2,311
쌀 42.4%
콩류 21.9%

총 수출액이 6배 이상 증가한 것을 감안하면 곡물 수출량이 엄청나게 늘어난 것이다.

이 때문에 쌀값이 폭등하였다. 그렇지 않아도 어려웠던 가난한 농민과 도시 빈민 들은 살기가 더욱 힘들어졌다. 이를 이용하여 일본 상인들은 갖가지 불법을 저질렀다. 벼를 추수하기 전에 미리 헐값으로 사들이거나, 봄에 비싼 이

일본 도미오카 제사 공장
1872년부터 실 생산을 하기 시작했다.

자로 돈을 빌려주고 가을에 곡물로 갚게 하였다. 곡물이 상품으로 가치가 높아지고 가격이 올라가자 일부 조선인 지주나 상인도 많은 돈을 벌었다. 지주들은 더 많은 쌀을 확보하기 위해 소작인을 옥죄고, 토지를 사들였다.

반면 일본이 조선에 가장 많이 수출한 물품은 면제품이었다. 면제품 원산지는 처음에는 영국산이었지만 점점 일본산이 많아졌다. 청일 전쟁 무렵이 되면 일본의 섬유 산업이 크게 발달하였기 때문이다. 영국산 면제품은 품질은 좋지만 가격이 비싸고 질기지 않았다. 일본산은 이런 문

• 일본이 조선에서 쌀을 수입한 까닭

일본은 개항 뒤 서양에서 근대 공장 시설과 기술자들을 적극적으로 받아들여 산업을 발전시켰다. 청일 전쟁 무렵에는 산업 혁명이 상당한 성과를 거두고 있었다. 하지만 후발 자본주의 국가였던 일본이 당장 영국과 프랑스를 따라잡기는 힘들었다. 자본과 기술에서 월등히 앞선 선진국 제품과 경쟁에서 이길 수 있는 유일한 방법은 제품 가격을 낮추는 것이었다. 가격을 낮추려면 임금을 적게 줘야 하지만 노동자들이 최소한 먹고살 수 있게는 해야 했다.

일본은 일찍부터 논농사가 발전하여 쌀이 모자라지 않았다. 당시 일본은 많은 쌀을 생산하여 수출하고 있었다. 문제는 쌀값이 비싸 저임금 노동자들이 마음 놓고 쌀을 사 먹을 수 없다는 점이었다. 이 문제를 조선에서 쌀을 값싸게 수입하여 해결하였던 것이다. 대신 이들 저임금 노동자들이 생산한 일본산 면제품을 대량 수출하여 쌀 수입액보다 훨씬 많은 이익을 올렸다.

제점을 개선하여 얇고 질겼다. 가격도 영국산은 물론 국산보다 저렴하였다. 영국산 면제품에 맞서 어렵게 유지되고 있던 농촌 면직물 공업은 일본산이 들어오면서 뿌리째 흔들리게 되었다. 면직물 생산을 그만두는 농민들이 늘어나고 국산 면제품을 판매하던 상인들도 대부분 상점 문을 닫았다.

제국주의 열강, 이권을 빼앗다

제국주의 열강은 무역뿐 아니라 각종 이권에도 관심이 많았다. 가장 관심이 많았던 분야는 광산, 산림 등 자원과 교통, 통신이었다. 개항 뒤 청과 일본은 본국에서 한양까지 전신선을 놓기 위해 치열하게 경쟁하였다. 조선에 진출하기 위해서는 무엇보다 본국과 원활한 연락이 중요하였기 때문이다.

일본은 1884년 2월 일본에서 부산까지 해저 전신을 개통하였다. 이 전선을 한양까지 연결할 계획이었다. 청도 한양과 인천, 의주를 잇는 전신선 부설권을 노리고 있었다. 이 경쟁에서 승리한 나라는 임오군란과 갑신정변으로 주도권을 잡은 청이었다. 전신 가설권을 얻은 청은 1884년 서둘러 공사를 시작하여 1885년 8월 한양과 인천 전신선을 개통하였다. 이어 의주선도 완공하였다. 이 전신선은 청의 정치적 영향력을 강화하는 역할뿐만 아니라 청 상인들이 빠른 정보를 얻어 조선의 상권을 장악하는 데에도 큰 역할을 하였다.

이권 침탈은 청일 전쟁이 시작되면서 더욱 심해졌다. 이때 열강들이 가장 치열하게 경쟁을 벌인 것은 철도 부설권이었다. 철도는 식민지 지배에 반드시 필요했기 때문이다. 청일 전쟁이 일어나자 일본은 서울-부산, 서울-인천 간 철도 부설권을 요구하였다. 하지만 조선 정부와 열강의 반대로 결국 경

민중의 고혈로 완성된 전신선
한양-인천, 한양-의주 사이 전선은 청 기술자들이 와서 건설하였다. 하지만 아름드리 나무를 잘라 전봇대를 마련하고, 산과 강을 지나 길을 만들어 전봇대를 세우는 일은 조선 민중이 하였다. 조선 정부는 전선이 지나는 길에 사는 농민들을 사실상 무상으로 동원하였고, 수리를 할 때도 마찬가지였다.

인선은 미국이, 경의선은 프랑스가, 경부선은 일본이 차지하였다. 조선으로서는 어느 한 나라가 아니라 여러 나라에 나눠 주어 균형을 찾으려 한 셈이다.

이권 경쟁은 아관 파천으로 불이 붙었다. 먼저 러시아가 친러 내각을 앞세워 압록강과 두만강 산림 벌채권, 종성 광산 채굴권 등을 차지하였다. 이에 질세라 다른 열강들도 최혜국 대우 조항을 내세워 경쟁적으로 이권을 가져갔다. 러시아도 다른 열강과 관계를 생각하여 이를 막지 않았다.

미국은 운산 금광 채굴권을 비롯하여 경인 철도 부설권, 전기 전차 부설권을 차지하였다. 영국, 독일, 프랑스도 광산 채굴권과 철도 부설권 등 이권을 챙겼다. 채굴권은 광산을 새롭게 개발할 수 있는 권리가 아니다. 이미 개발되어 채굴되고 있는 광산의 운영권이다. 열강들은 개발 비용 한 푼 들이지 않고 조선의 광산을 차지한 것이다.

일본도 가만히 있지 않았다. 금광 채굴권과 연해 어업권을 비롯하여 1898년 러시아를 제치고 경부 철도 부설권을 차지하였다. 1897년 경인선 부설권을 미국에게 사들인 일본은 러일 전쟁을 시작하면서 경의선 부설권마저 넘겨받았다. 일본은 1899년 경인선을 완공하고, 경부선과 경의선을 차례로 개통하였다. 조선의 주요 간선 철도를 완전히 장악한 것이다. 이 과정에서 일본은 철도 부지나 군용지로 필요하다면서 엄청난 면적의 토지를 빼앗았다. 러일 전쟁 뒤에는 러시아가 차지한 산림 벌채권도 넘겨받았다.

일본, 대한 제국의 재정을 장악하다

제국주의 열강은 이권과 함께 조선의 재정과 금융을 손에 넣으려고 치열하게 경쟁하였다. 경제를 장악하면 내정 간섭이 훨씬 쉬워지기 때문이다. 러시아가 한러은행을 세운 것도, 프랑스가 대한 제국에 차관을 제공

메가타 다네타로(1853~1926)
일본인 최초로 하버드 로스쿨을 졸업하였다. 1894년부터 10년간 대장성 주세 국장으로 근대적 세제를 정비했다. 대한 제국 화폐 정리 사업과 세금 제도 개혁에 세운 공로를 인정받아 1907년 남작이 되었고, 1910년 9월까지 통감부 재정 감사 장관을 맡았다.

하려 한 것도 이런 이유였다. 물론 가장 적극적으로 나선 나라는 일본이었다. 청일 전쟁 무렵 대규모 차관을 제공한 일본은 프랑스 차관 도입을 막았다. 차관 제공을 독점하여 대한 제국을 경제적으로 묶어 두려는 의도였다.

일본은 러시아와 전쟁을 하면서 대한 제국의 재정을 본격적으로 장악해 갔다. 우선 1904년 제1차 한일 협약을 강제하여 메가타를 재정 고문으로 앉히고, 1906년까지 차관 1,150만 원을 제공하였다. 메가타는 국가 재정의 투명성과 합리성을 높여야 한다는 명분으로 조세 체제를 개혁하였다. 그는 황실 업무비 소관 부서인 궁내부가 관리하던 세목을 재정 담당 관청인 탁지부로 돌리고, 세무관을 따로 임명하여 지방관을 대신해 세금 징수를 맡게 하였다. 이는 반일 성향을 보이고 있던 황실을 약화시키고 대한 제국의 국가 재정을 장악하기 위한 조처였다. 을사조약 뒤에는 통감부가 세금 징수 업무를 관장하며 정부 재정을 틀어쥐었다.

또한 메가타는 화폐 정리 사업을 벌였다. 이 무렵 사용된 화폐는 상평통보, 백동화부터 일본 동전, 멕시코 은화 등 여러 종류였다. 화폐 가치도 들쑥날쑥하여 정비가 필요했다. 문제는 대한 제국이 아니라 일본이 그것을 주도했다는 점이다. 메가타는 일본 제일은행 한성 지점을 대한 제국의 중앙은행으로 삼고, 일본 제일은행권을 본위 화폐로 삼아 새로 보조 화폐를 발행하였다. 그럴듯한 명분을 내세워 화폐 발행권을 빼앗아 대한 제국의 화폐를 일본 화폐에 흡수, 통합하려는 속셈이었다.

이에 따라 상평통보와 백동화 등을 제일은행권으로 바꿔야 했다. 그런데 백동화는 너무 많이 찍어서 가치가 떨어졌고 위조품도 많았다. 이를 빌미로 일본은 백동화를 가치에 따라 갑·을·병으로 나눠 교환 비율을 다르게 정하였다. 갑은 제값을 다 쳐주었지만 병은 교환해 주지 않았다. 이 때문에 병종 백동화를 많이 가지고 있던 조선 상인과 은행, 농민 들이 큰 타격을 입었다. 애지중지하던 돈이 하루아침에 고철이 되어 버린 것이다. 반면 일본과 청 상인들은 미리 정보를 알고 병종 백동화를 처분하여 큰 이익을 얻었다. 결국 많은 조선 상인들이 몰락하고 조선인 은행은 파산하거나 일본 은행에 흡수되고 말았다.

청일 전쟁 무렵 일본인들은 불법적으로 토지를 사들여 농장을 경영하였다. 러일 전쟁 때에는 철도를 건설하면서 국유지는 물론 개인 사유지까지 철도 부지로 편입시켰다. 철도 부지는 무상으로 제공한다는 협약을 이용하여 일본은 필요 이상으로 넓은 땅을 차지할 수 있었다. 여기에 군주둔지 근처에 있는 토지도 군용지라는 이유로 빼앗았다. 1906년부터는 외국인 토지 소유 금지법을 없애 일본인들은 합법적으로 토지를 소유할 수 있게 되었다. 나아가 일본인을 조선에 이주시키는 정책을 시행하였다. 1908년 세워진 동양 척식 주식회사는 이들에게 국유지나 싼값에 사들인 토지를 불하하였다. 이 때문에 일본인 이주 인구가 빠르게 늘었고 전국 각지에는 일본인 농장이 생겨났다.

조선, 이권 침탈의 아픔을 겪다

• 조선 정부가 이권을 넘긴 까닭은?

아관 파천은 어쩔 수 없는 선택이라고 하겠지만 왕실의 권위에 먹칠을 한 것이다. 혼자 힘으로 독립을 유지할 수 없음을 만천하에 드러낸 것이기도 하다. 이런 상황에서 러시아를 비롯한 제국주의 열강들이 왕실 보호와 독립 보장을 조건으로 이권을 요구하였다.

아무리 어려운 처지에 빠졌다고 해도 조선 왕실과 정부도 이들이 한 말을 곧이곧대로 믿지는 않았다. 하지만 열강에게 이권을 주면 그것을 지키기 위해서라도 왕실을 보호하고 독립을 보장할 것이라는 생각은 했을지도 모르겠다. 이권을 넘기는 것이 침탈이 아니라 산업을 발전시킬 수 있는 기회라고 여긴 사람도 적지 않았다. 정부와 왕실도 이권을 주면 산업이 개발되고 이익을 낼 수 있다고 하였다. 하지만 실제로 조선 정부에 들어오는 이익은 많지 않았다. 그나마 대부분은 황실로 들어갔다.

사실 운산 금광의 경우, 미국이 새롭게 개발한 것이 아니다. 이미 조선이 채굴하고 있던 금광이었다. 그것도 조선 전체 금 생산량의 1/4을 차지하고 있던 알짜배기 금광이었다. 1902년 운산 금광에서 미국이 거둔 순이익금은 90만 원이었다. 이 가운데 조선에 낸 돈은 3,500원뿐이었다. 1897년 채굴권을 차지한 뒤 1915년 일본에 채굴권을 팔 때까지 생산한 금은 약 4,950만 원이었다. 국채 보상 운동을 벌일 때 대한 제국의 총 외채가 4,500만 원이었다는 것을 생각하면 엄청난 금액이다. 운산 금광 채굴권을 넘기지 않았다면 국채 보상 운동은 할 필요도 없지 않았을까?

• 노다지는 '노 터치(no touch)'가 아니라고?

노다지는 캐내려고 하는 광물이 많이 묻혀 있는 광맥을 가리키는 말이다. 많은 사람들은 노다지가 영어 '노 터치(no touch)'에서 왔다고 알고 있다. (운산) 금광을 경영하던 미국인들이 조선인 인부들이 금광석을 만지려 하면 "No touch!(노 터치)"라고 외쳤다고 한다. 이 말이 '노다지'가 되었다는 것이다.

그럴듯하지만 사실이 아닐 가능성이 높다. 미국 사람들이 '만지지 마'라고 할 때는 "No touch"가 아니라 "Don't touch"라고 한다. 아마도 누군가 이권 침탈의 아픈 역사를 잊지 않기 위해 만들어 냈을 가능성이 높다.

노다지의 어원에 관한 가장 유력한 설은 노두와 지가 합쳐진 노두지에서 왔다는 주장이다. 노두(露頭)는 광산에서 사용하는 말로 '광맥, 암석이나 지층, 석탄층 따위가 땅거죽에 드러난 부분'을 가리킨다. 여기에 지(地)가 합쳐지면 '노두지(露頭地)'가 되어 '노두(露頭)가 있는 땅'이 된다. 이 말이 노다지로 바뀌어 지금과 같은 뜻으로 사용되고 있다는 것이다.

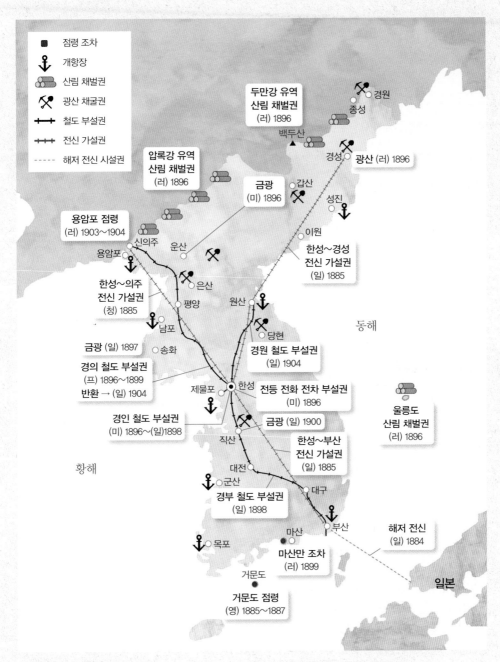

점령 조차

개항장

산림 채벌권

광산 채굴권

철도 부설권

전신 가설권

해저 전신 시설권

두만강 유역
산림 채벌권
(러) 1896

경원

종성

백두산

경성

광산 (러) 1896

압록강 유역
산림 채벌권
(러) 1896

금광
(미) 1896

갑산

성진

용암포 점령
(러) 1903~1904

신의주

운산

이원

한성~경성
전신 가설권
(일) 1885

용암포

한성~의주
전신 가설권
(청) 1885

은산

평양

원산

동해

금광 (일) 1897

남포

송화

당현

경의 철도 부설권
(프) 1896~1899
반환 → (일) 1904

경인 철도 부설권
(미) 1896~(일)1898

제물포

한성

경원 철도 부설권
(일) 1904

전등 전화 전차 부설권
(미) 1896

울릉도
산림 채벌권
(러) 1896

금광 (일) 1900

직산

한성~부산
전신 가설권
(일) 1885

대전

대구

경부 철도 부설권
(일) 1898

군산

마산

부산

해저 전신
(일) 1884

목포

마산만 조차
(러) 1899

황해

거문도

일본

거문도 점령
(영) 1885~1887

서양 열강의 이권 침탈

4

경제 자주권을
지키자

상회사를 만들다

개항을 하고 수출입이 활기를 띠면서 무역 규모가 갈수록 커져 갔다. 수출입 시장은 청과 일본 상인들이 독점했다. 이들은 본국의 지원은 물론 든든한 자본력, 선진 기업 운영 기법, 기선을 이용한 운송 능력 등으로 조선 상인들을 누르고 수출입 시장을 장악하였다. 물론 개항 초기에는 거류지 무역으로 외국 상인들이 국내 시장에 들어올 수는 없었다. 이를 이용하여 개항장 객주를 비롯한 조선 상인들은 외국 상인과 국내 시장을 연결하며 이익을 챙겼다.

하지만 조청 상민 수륙 무역 장정으로 상황이 달라졌다. 외국 상인이 국내 시장에 들어오면서 국내 상권마저 위협받게 된 것이다. 이런 위기를 타개하기 위해 상인들은 동업 조합을 만들어 뭉친 힘으로 상권을 지키려 하였다. 일부는 자본을 모아 튼튼한 자본력을 가진 상회사를 만들어 외국 상인에 맞서려 하였다. 상회사는 1883년 무렵 설립되기 시작하여 갑오개혁 때까지 전국에 30개가 넘게 세워졌다. 이 가운데 평양과 서울에 설립된 대동 상회와 장통 상회가 가장 규모가 컸다. 이 회사는 전국에 지점을 두고 직원을 보냈다.

상회사는 정부의 허가를 받으면 영업세 외에 다른 비합법적 세금은 내지 않았다. 이 무렵 중앙과 지방의 각 권력 기구들은 제멋대로 세금을 거둬들였다. 이중 삼중으로 내야 하는 세금은 상인들에게 큰 부담이었고 자유로운 상업 발전을 가로막고 있었다. 정부도 이를 알고 국내 상인을 보호하고 상권을 지키기 위해 상회사에 특권을 준 것이다.

상회사는 무허가로 동일 업종의 상품을 취급하는 상인을 고발할 수도 있었다. 이 점에서 상회사는 합자 회사의 성격을 가진 근대적인 면모와 함께 특권에 의지하여 상권 침탈에 대응했다는 한계도 갖고 있다. 하지만 상회사가 특권을 갖고 활동해도 외국 상인들에게는 별다른 영향을 미치지 못하였다. 열강의 눈치를 보던 조선 정부가 외국 상인을 통제할 수 없었기 때문이다.

시전 상인들, 상권 수호 투쟁에 나서다

상권을 지키려는 움직임은 외국 상인들이 한양에 들어오면서 더욱 절박해졌다. 1886년이 되면 사대문 안에도 외국 상점들이 점점 늘어나면서 상점 경영이 어렵게 되었다. 시전 상인만 아니라 영세한 난전 상인들도 외국 상인들이 취급하는 품목이 늘어나면서 점점 힘들어졌다.

• 대동 상회

대동 상회는 평안도 상인 20명이 수십만 냥 넘는 자금을 출자해 설립한 유통 회사이다. 전국에 지점을 설치하고 선박을 소유하고 있었다. 처음에는 국내 시장에서 쌀·쇠가죽·목화 등을 사고팔았다. 1886년부터 인천에 지점을 설치했으며 목화를 상하이에 수출하고 수입품을 사들여 국내 시장에 판매하였다.

정부는 전국 지방관에게 대동 상회의 영업 활동을 보호하고 잡세를 걷지 말라고 지시하였다. 이 덕분에 대동 상회 사원들은 통리아문에서 발급한 증명서를 가지고 전국 장시에서 마음 놓고 장사를 할 수 있었다. 그러나 국내 시장에서 유통을 지배하던 객주와 잦은 다툼을 벌였고, 시전 상인과 마찰을 빚기도 하였다.

마침내 시전 상인들은 상권을 지키기 위해 단체 행동에 나섰다. 이들은 정부에 외국 상인이 한양에 연 점포를 철수시키라고 요구하였다. 이것이 받아들여지지 않자 1887년 점포 문을 닫는 철시 투쟁에 나섰다. 1890년까지 몇 차례 일어난 철시 투쟁은 이틀 정도에 끝나기도 하고 일주일 동안 계속하기도 하였다. 철시 투쟁에는 난전 상인과 술집, 음식점 등도 동참하였다.

　1890년 1월 마지막 철시 투쟁 때에는 서울 상인 수천 명이 3일간 궁성 앞에서 시위를 벌였다. 정부는 상인들에게 청 및 일본과 협상하여 요구를 들어주겠다고 약속하고 교섭에 들어갔다. 그러나 두 나라는 서로 상대국 상인이 먼저 철수해야 한다는 핑계로 교섭에 응하지 않았다. 외국 상인을 철수시키는 데 들어가는 비용 부담도 만만치 않아 교섭은 실패하였다. 게다가 상인들도 생계를 돌보아야 하기 때문에 투쟁을 계속하기 어려웠다.

　철시 투쟁을 접은 시전 상인들은 1898년 황국 중앙 총상회를 만들어 더욱 조직적으로 상권 수호 운동을 전개하였다. 이들은 외국 상인이 활동할 수 있는 지역을 제한하고, 국내 상인들만 장사할 수 있는 시장을 지정해 달라고 요구하였다.

　독점 판매권을 얻어서 상권을 지키려는 방법은 문호를 개방한 상황에서 한계가 있을 수밖에 없었다. 시대 변화에 맞춰 새로운 상거래 방법을 도입하는 대신 전통적 방법에 기대어 특권을 유지하려고 했기 때문이다. 이런 방법으로는 외국 상인에게 맞서기 어려웠다. 특권을 얻지 못한 국내 소상인들만 장사를 마음대로 못하게 되어 피해를 입을 뿐이었다.

　하지만 이 방식은 당시 상황에서 최선의 조처이기도 했다. 우리 상인들 힘만으로는 자본 규모와 회사 운영 능력 등에서 열강을 등에 업은 외국 회사와 상인에게 밀릴 수밖에 없었다. 우리 상인들이 성장하기 위해서는 특권을 주어서 보호할 필요도 있었던 것이다.

황국 중앙 총상회는 독립 협회가 추진하던 자강 개혁 운동을 뒷받침하며 활발하게 활동하였다. 1898년 10월에는 독립 협회와 함께 외국 상인의 침투를 저지하는 상권 수호 운동을 본격적으로 전개하였다. 그러나 12월 독립 협회와 함께 해산당하면서 상권 수호 운동도 끝나고 말았다.

정부, 관세 자주권을 되찾기 위해 노력하다

조선 정부는 개항과 함께 일본 상인에게 무관세 특권을 인정하였다. 처음 조선 정부는 이 조항이 미칠 영향을 잘 이해하지 못하였다. 그동안 일본과 해 온 왜관 무역 정도로 여겼기 때문이다. 하지만 국제 교류가 늘어나면서 근대 경제 체제를 이해하고 관세 자주권이 중요함을 알게 되었다. 무관세로 들여온 수입품이 국내 산업에 입힌 피해가 이런 인식 변화에 영향을 끼쳤다. 부산 두모포에 해관^{세관}을 설치하여 일본 상인과

• **두모포 왜관 수세 사건**

〈동래부지도〉의 일부
구관은 두모포 왜관이 있던 곳이고 바로 위 두모진이 해관을 설치한 곳이다. 두모포는 수심이 얕고 부지가 좁아 1678년 용두산 일대 초량으로 왜관을 옮겼다. 이때부터 구관이라 불렸다.

조선 정부는 개항 뒤 수출입 규모가 커지면서 무관세 무역의 문제점을 알게 되었다. 하지만 조약을 어기고 일본 상인에게 관세를 물릴 수는 없었다. 대신 1878년 부산 두모포에 해관(세관)을 설치하여 대일 무역을 하는 조선 상인에게 세금을 징수하였다.

일본은 이 조치가 일본 상인에게 간접적으로 영향을 미치고 무관세 규정에 어긋난다면서 철폐를 요구하였다. 조선 정부는 개항장 밖 과세는 전통적으로 해 오던 수세 행위라며 맞섰다. 협상에 진전이 없자 일본 상인들은 일본 군인들과 함께 세관 철폐를 요구하며 무력 시위를 벌이고 난동을 부렸다. 결국 조선 정부는 무력 시위에 굴복하여 해관을 폐쇄하고 말았다. 이 사건 뒤 일본은 걸핏하면 무력 시위로 조선의 양보를 받아내었다.

거래하던 조선 상인에게 세금을 거두려다 일어난 갈등도 중요한 구실을 하였다.

조선 정부는 일본과 이 조항을 조정하기 위해 교섭을 시작하였다. 교섭은 일본의 소극적 태도로 별다른 성과가 없었다. 상황은 1882년 조미 수호 조약에 관세 조항을 넣으면서 조금씩 달라졌다. 더 이상 모른 체할 수 없었던 일본은 1883년 조일 통상 장정을 맺어 관세 자주권을 인정하였다. 하지만 완전한 것은 아니었고, 최혜국 조항이 새로 들어가면서 불평등이 오히려 심화되었다. 조청 상민 수륙 무역 장정의 특혜를 일본 상인들도 가지게 되었기 때문이다. 이제 일본 상인들은 공식적으로 내륙과 한양에서 장사를 할 수 있게 되었다.

방곡령을 선포하다

방곡령은 조선 후기, 지방관이 자신이 다스리던 고을에서 생산된 곡물을 반출하지 못하게 한 조처였다. 상품 화폐 경제가 발전하면서 상인들은 더 많은 이익을 올리기 위해 대규모로 곡물을 거래하였다. 이 과정에서 특정 지역의 곡물 가격이 올라가거나 품귀 현상을 빚기도 하였다. 그러면 해당 지역 지방관은 곡물을 확보하고 곡물 가격을 안정시키기 위해 방곡령을 내렸다. 물론 사리사욕을 채우기 위해 이를 이용하는 지방관도 있었다.

개항 뒤 일본 상인들이 곡물을 대량으로 수입해 가면서 값이 크게 올랐다. 지주들은 이를 이용하여 많은 이익을 남겼지만 도시 빈민과 소작농 들은 살기가 더욱 어려워졌다. 여기에 흉년이 들면 곡물 가격이 더 올라 이들을 괴롭혔다. 민심이 나빠지자 조선 정부는 조일 통상 장정을 맺으며 곡물 수출을 금지할 수 있는 조항을 넣었다. 이에 따라 각 지방관들은 자연재해나 변란 등으로 곡식이 모자라게 되면 방곡령을 내려 곡물 수출을 막을 수 있게 되었다. 다만 1개월 전에 일본 영사관에 미리 알려야 했다.

지방관들이 1904년까지 내린 방곡령은 100차례가 넘었다. 하지만 단서 조항을 문제 삼은 일본이 항의하여 번번이 해제되고 말았다. 이 가운데 1889년과 1890년 함경도와 황해도 관찰사가 내린 방곡령이 한일 두나라 사이에 큰 문제가 되었다. 이 무렵 일본도 대흉작으로 쌀 소동이 일어났다. 여기에 조선에서 곡물 수입이 줄어들면 저곡가로 공업을 발전시키려는 정책에 타격을 입을 수밖에 없었다. 이에 일본은 단서 조항을 들어 방곡령을 바로 철회하고, 일본 상인이 입은 피해를 배상하라고 요구하였다.

방곡령이 외교 문제가 된 데에는 일본의 억지가 크게 작용하였다. 하지만 조선이 미숙하게 대처한 면도 있었다. 함경도 관찰사 조병식은 1개월 전에 외교 담당 관청에 미리 통고를 하였다. 문제는 외교 관청이 일본 영사관에 제때 통보를 하지 않았던 것이다. 이를 빌미로 일본이 강력하게 압박을 하자 조선 정부는 결국 방곡령을 철회시키고 배상금까지 물어주었다. 이후 방곡령 발동 횟수가 크게 줄어들었고 곡물 수출도 제대로 막을 수 없게 되었다.

이권 수호 운동을 벌이다

아관 파천으로 제국주의 열강들이 앞다투어 이권을 빼앗아 가자 이권을 지키자는 운동이 일어났다. 독립 협회는 러시아가 요구한 부산 영도구 절영도 조차를 좌절시킨 것에 이어 한러은행을 폐쇄시키는 데 성공하였다. 프랑스, 독일 등이 요구한 광산 채굴권도 막아 냈다. 한걸음 더 나아가 독립 협회는 이권 침탈을 제도적으로 막으려 하였다. 1898년 10월 관민 공동회에서 결의한 〈헌의 6조〉에 있는, "외국과 이권에 관한 계약과 조약은 각 대신과 중추원 의장이 합동 날인하여 시행할 것"이라는 조항이 바로 그것이다.

이날 대회에는 지식인부터 기생, 광대, 백정까지 무려 1만 명이 넘는 사람들이 몰렸다. 이권을 지켜야 한다는 열망이 그만큼 높았던 것이다. 비록 대한 제국이 독립 협회를 해산시켰지만 민중의 뜻을 무시할 수는 없었다. 고종은 앞으로 궁내부가 모든 광산을 관할하고 광산 채굴권을 더 이상 넘기기 않겠다고 선언하였다. 1900년에는 궁내부에 철도원을 설치하고 경의선과 경원선 철도 부설 계획을 세웠다.

민족 자본을 육성하자

열강의 경제 침탈은 시간이 갈수록 심해졌다. 자본 규모도 광산, 철도 등을 차지하면서 더욱 커졌다. 이에 맞서 1890년대 중반부터 왕실을 비롯한 전 현직 관료와 상인 들이 근대적 기업을 설립하여 민족 자본을 키우려 하였다. 이런 노력은 당시 대한 제국이 적극적으로 추진한 상공업 진흥 정책에 힘입은 바가 컸다. 이때 설립한 회사들은 상업, 제조업, 운수업 등 다양한 분야에 걸쳐 있었다. 은행, 해운, 철도 등 대규모 자본이 필요한 분야는 거의 왕실과 관료 출신들이 주도하였다.

일본은 개항하자 바로 조선에 금융 기관을 세워 조선 경제에 영향력을 키워 나갔다. 일본인들도 고리대금업으로 큰돈을 벌었다. 이에 안경수,

1899년 설립한 대한천일은행(왼쪽)은 1911년 조선상업은행으로 이름이 바뀌었고, 해방 뒤 한국산업은행, 한빛은행을 거쳐 우리은행이 되었다. 오른쪽 사진은 청원서와 인가서이다. 탁지부 대신에게 제출한 것으로 근대 은행의 창립 과정과 인허가 내용을 알려 주는 기록물이다. 당시 최대 주주는 16주 8천 원을 보유한 영친왕이었다.

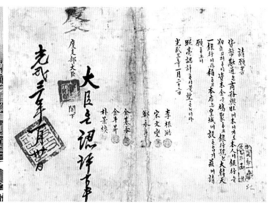

이완용 등 관료들이 중심이 되어 1896년 한성에 조선은행을 세우고 이듬해 영업을 시작하였다. 국고 출납 업무를 대행하면서 몇몇 주요 도시에 지점을 두기도 하였다. 하지만 영업이 잘되지 않아 3년을 넘기지 못하고 사실상 문을 닫았다. 이어 한성은행, 대한천일은행 등이 설립되었다. 특히 대한천일은행은 왕실의 적극적 지원을 받아 영친왕이 은행장을 맡기도 하였다. 이들 은행은 자본금이 모자라 운영에 어려움을 겪었고 화폐 정리 사업을 계기로 몰락하거나 자주성을 잃어버렸다.

이 무렵 세워진 제조업 공장 가운데 가장 관심을 끌었던 분야는 방직 공업이었다. 영국산과 일본산 면제품으로 국내 면포 산업이 위기를 맞았기 때문이었다. 이를 타개하기 위해 시전 상인을 비롯한 자산가들은 근대식 직기를 들여와 대한 방직 공장, 종로 직조사, 한성 제직 회사 등을 세웠다. 이 밖에 근대식 기계로 운영하는 정미소, 제분업, 담배 제조 공장 등이 세워졌다.

이런 노력으로 근대식 공장이 세워지고 근대적 산업 자본이 조금씩 성장하였다. 하지만 민족 자본으로 산업화를 이루려는 노력은 뜻한 바 성과를 거두지 못하였다. 자본과 기술의 뒷받침 없이 성장하는 데에는 한계가 있었기 때문이다. 우리 힘으로 진행하려 한 철도 부설 사업이 좌절된 것이 이를 잘 보여 준다. 여기에 제국주의 열강 특히 일본의 간섭을 막을 수 없었고 정부가 정책적으로 제대로 지원하지 못한 점도 중요한 원인으로 작용하였다.

국채를 갚아 나라를 살리자

일본에서 들여온 차관은 통감부 설치 뒤 빠르게 늘어나 1907년에는 1,300만 원이 되었다. 대한 제국의 1년 예산에 맞먹는 엄청난 금액이었다. 막대한 차관이 주권을 위협한다고 판단한 김광제, 서상돈 등 대구 지역 지식인들은 국민 성금으로 국채를 갚자는 운동을 일으켰다. 이들은

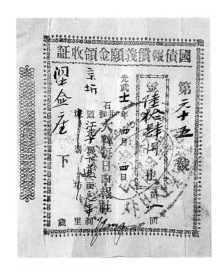

국채 보상 의연금 영수증
대한매일신보사에서 발행한 의연금 영수증. 국채 보상 운동 기록물은 2017년 세계 기록 유산으로 등재되었다.

1907년 2월 21일 『대한매일신보』에 "국채 1천 3백만 원은 바로 우리 대한 제국의 존망에 직결되는 것으로 갚지 못하면 나라가 망할 것인데, 국고로는 해결할 도리가 없으므로 2천만 인민들이 3개월 동안 흡연을 폐지하고 그 대금으로 국고를 갚아 국가의 위기를 구하자"는 취지문을 실었다. 이 취지문이 『황성신문』, 『제국신문』 등에 보도되면서 신분과 직업, 성별과 나이를 가리지 않고 각계 각층 사람들이 호응하였다. 이에 힘입어 서울에서 창립한 국채 보상 기성회를 비롯해 전국에 20개가 넘는 국채 보상 단체가 조직되었다. 하지만 이들을 하나로 묶어 전국적인 조직망을 갖추지는 못하였다.

모금 운동은 국채 보상 기성회를 중심으로 『대한매일신보』, 대한 자강회 등 언론과 계몽 단체들이 이끌었다. 남자는 술과 담배를 끊고 여자는 반지와 비녀를 빼서 보상금으로 냈다. 노인과 아이 들도 여기에 참여하였고, 일본 유학생들과 러시아와 미주 동포들도 성금을 보냈다. 고종도 담배를 끊겠다고 밝혔고, 정부 대신들도 소극적이지만 동참하였다. 일부 외국인들도 성금을 냈다.

국채 보상 운동의 엄청난 열기 속에서 몇 달 지나지 않아 20만 원이 넘는 성금이 모였다. 당황한 일본은 국채 보상 운동을 배일 운동으로 간주하여 탄압하기 시작하였다. 통감부는 운동을 이끄는 중심 조직이 없던 약점을 파고들었다. 실질적으로 모금 운동을 주도하던 『대한매일신보』 사장 양기탁을 성금 유용 혐의로 체포하여 주도 세력을 갈라놓으려 한 것이다. 영국에 압력을 넣어 베델도 잠시 국외로 추방하였다. 양기탁은 무죄로 풀려났지만 통감부의 공작에 운동 주체들이 분열되었고, 자연재해가 겹쳐 모금 운동은 중단되고 말았다.

국채 보상 운동과 기생 '앵무'

교남학교 기부금 보도 기사

'국채 보상 운동' 하면 생각나는 사람이 있다. 출판업을 하던 광문사 부사장을 지낸 독립운동가 서상돈 (1850~1913)이다. 종이와 포목을 거래하여 큰 부자가 된 그가 낸 성금은 100원이었다. 당시 집 한 채 값에 맞먹는 큰돈이었다.

그런데 이런 어마어마한 돈을 낸 사람이 또 있었다. 세상을 놀라게 한 그 사람은 기생 '앵무'였다. 더 놀라운 것 은 18살 앵무가 성금을 내면서 한 말이었다.

> "이번 의연금을 힘에 따라 내는 것이 국민의 의무이다. 여자로서 감히 남자보다 한 푼이라도 더 낼 수 가 없으니 누구든지 1천 원을 출연하면 죽기를 무릅쓰고 따라 하겠다."

1907년 2월 6일 『대한매일신보』가 이 사실을 보도하자 많은 사람들이 감동했고, 국채 보상 운동은 삽시간에 전국으로 확산되었다.

앵무의 본명은 염농산(1889~?)이다. 한학과 시, 가무를 잘하였고, 달성 권번의 초대 회장을 지냈다. 권번은 일제 강점기에 기생들이 만든 조합이다. 그녀가 성금을 낸 것은 이것이 마지막이 아니었다. 30세 때 성주군 용암면에 홍수를 방지하기 위해 제방을 쌓아야 한다는 말을 듣고 거금을 내놓았고, 1938년에는 대구 교남학 교가 운영이 어려워져 폐교 위기에 몰리자 전 재산의 절반인 2만 원을 내놓았다.

당시 『매일신보』가 이렇게 보도하였다.

"염농산 여사가 교육 사업에 몸을 던져 만장부가 하지 못한 일을 능히 함으로써 수전노 제씨의 심장을 자극하고 있다."

5

조선,
근대 사회로 나아가다

민권 의식이 싹트다

1894년 조선 정부는 갑오개혁을 단행하면서 신분 제도를 없앴다. 수천 년 동안 이어져 오며 지배층과 피지배층을 나누던 차별이 없어진 것이다. 이와 함께 과부 재혼이 허용되고 고문과 연좌법이 폐지되었다. 봉건 질서를 무너뜨리는 이런 획기적인 조처는 하루아침에 이뤄진 것이 아니었다. 조선 후기부터 민권 의식이 점점 높아졌기 때문에 가능한 일이었다.

민권 의식은 조선 후기부터 갈수록 높아졌다. 동학을 창시한 최제우는 '모든 사람은 천주를 모신 인격체'라고 주장하였다. 남녀노소 할 것 없이 모두 사람은 똑같은 권리를 갖고 있다는 의미였다. 동학이 아주 빠른 속도로 퍼진 것은 이런 생각에 공감하는 사람들이 많았음을 보여 준다. 천주교가 수차례 탄압을 받아도 신자가 늘어난 현상 또한 마찬가지 이유였다.

개항을 하며 본격적으로 근대 문화가 들어오자 민권 의식은 더 높아졌다. 신분제를 폐지해야 한다는 공감대는 피지배층은 물론 지배층 사이에도 점점 넓어졌다. 1882년 조선 정부는 서얼, 중인을 비롯한 모든 계층이 관직에 진출할 수 있게 허용하였다. 1884년 갑신정변을 일으킨 급진 개화파도 문벌 폐지를 주장하고 인민 평등권을 선언하였다. 1886년에는 조선 정부가 노비 매매를 금지하고 노비 세습제를 폐지하였다. 이 조치는 노비를 완전 해방시킨 것은 아니지만 물건처럼 팔려가는 일을 막고 자녀들을 노비 신분에서 벗어날 수 있게 했다.

신분제 해체에 결정적인 계기를 마련한 것은 동학 농민 운동이었다. 농민들은 양반과 상민의 차별을 없애고, 여성과 천민을 해방시키라고 강력하게 요구하였다. 전주 화약으로 집강소가 만들어지자 농민들은 불량한 양반을 처벌하고 노비 문서를 불살라 스스로 평등한 사회를 열어 나갔다.

이런 움직임들이 갑오개혁 때 과거제, 신분제, 과부 재혼 금지 등을 폐지하는 획기적 조처로 나타난 것이다.

민권 의식이 확산되다

신분제는 갑오개혁을 통해 법적으로 없어졌다. 하지만 평민과 천민에 대한 차별 의식이 한순간에 없어지지는 않았다. 차별 의식은 정부와 지식인의 노력뿐 아니라 평민과 천민 들이 사회 활동에 적극 참여하면서 서서히 사라졌다.

아관 파천 뒤 정부는 새로운 호적 제도를 실시하였다. 신호적에는 지금까지와 달리 신분을 빼고 대신 직업을 적도록 하였다. 물론 양반들이 반발하였지만 호적에 신분이 사라짐에 따라 평등 사회로 한걸음 더 나갈 수 있었다.

독립 협회는 신체 자유, 재산권 보장, 언론과 집회 자유 보장을 주장하였다. 이에 힘입어 정부 고관들을 고소 고발하는 사람이 늘어났다. 평민과 천민 들은 독립 협회와 만민 공동회에 적극 참여하여 사회적 주체로 성장하였다. 백정 출신이 관민 공동회에서 연설을 하고, 상인 출신이 만민 공동회 의장으로 선출된 사실이 이를 잘 보여 준다.

신호적

신호적에는 신분을 빼고 직업을 넣었다. 하지만 직업란에 유학, 오위장 등 신분을 쓴 것은 지배층들이 특권 의식을 버리기 쉽지 않았음을 보여 주고 있다.

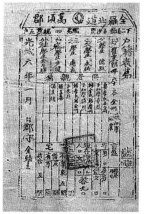

민권 의식이 높아짐에 따라 자신이 나라의 주인임을 인식한 평민과 천민 들이 늘어났다. 이들은 더욱 적극적으로 의병 운동에 가담하였고, 스스로 의병장이 되어 일제를 물리치는 데 앞장섰다. 자강 계몽 운동이 일어나자 적극 참여하여 국권 회복 운동에 앞장섰고, 국채 보상 운동이 일어나자 누구보다 적극적으로 성금을 냈다.

여성, 남녀 평등을 주장하다

민권 의식이 높아지면서 가부장적 질서에 억눌려 있던 여성들이 남성과 동등한 권리를 갖고 있다고 주장하기 시작하였다. 그러므로 여자들도 학교에 다녀야 하고 학문을 해야 한다고 목소리를 높였다. 1898년 9월에는 양반 부인을 중심으로 〈여권 통문〉을 발표하고 여성 운동 단체 '순성회'도 만들어졌다.

〈여권 통문〉은 '첫째, 문명 개화 정치를 수행함에 여성들도 참여할 권리가 있다. 둘째, 여성들도 남성과 평등하게 직업을 가질 권리가 있다. 셋째, 여성도 남성과 평등하게 교육받을 권리가 있다'고 주장하였다. 이들은 문명이 개화한 나라 여성들이 남자와 같은 권리를 갖고 있는 것은 교육을 받았기 때문이라며 관립 여학교 설립을 추진하였다. 그러나 보수층의 반발로 설립이 늦춰지자 1899년 2월 사립 순성 여학교를 세웠다.

여성의 사회 참여는 1905년 이후 점점 늘어나 여자 교육회, 진명 부인회 등 여러 여성 단체가 세워졌다. 이들은 여학교 설립을 후원하고 여성들을 깨우치는 데 힘썼다. 이에 힘입어 진명 여학교, 양규 의숙 등 170개가 넘는 여학교가 세워졌고, 1908년에는 관립 한성 고등 여학교가 설립되었다. 이 학교들은 이화 학당을 비롯하여 선교사들이 세운 여학교들과 함께 남녀 평등 의식을 확산시키고 여성이 사회로 진출하는 데

〈여권 통문〉을 보도한 『황성신문』
1899년 2월 순성 여학교를 설립한 양성당 이씨와 양현당 김씨가 1898년 9월 『황성신문』과 『독립신문』에 기고하였다. 여성들이 교육을 통해 남성과 동일한 지식을 습득하여 동일한 권리를 행사할 수 있음을 강조하는 한국 최초의 여권 선언문이다.

큰 구실을 하였다. 그 결과 교사나 전도사로 활동하는 여성들이 생겨났고 외국에 유학을 가는 여성도 나타났다.

신문, 세상을 바꾸다

아직 알려지지 않은 새로운 소식, 뉴스를 알기 위해 사람들은 신문을 본다. 라디오와 티브이가 나오고 인터넷이 보급되면서 중요성이 줄어들었지만 여전히 신문은 새로운 소식을 전한다. 뉴스를 알고 싶은 것은 조선 시대 사람들도 마찬가지였다. 조정에서 무슨 일이 있었고, 누가 과거에 합격했는지 알고 싶었다. 이를 위해 조선 정부는 『조보』를 발행하였다. 하지만 『조보』는 관리를 대상으로 한 것이었다.

민중들이 손쉽게 볼 수 있는 신문이 나온 때는 개항 뒤였다. 1883년 정부는 최초의 근대 신문이라 할 수 있는 『한성순보』를 발행하였다. 열흘에 한 번씩 발행한 『한성순보』는 개화 정책의 필요성을 알리고 서양의 정

『조보』
국왕의 지시 사항을 비롯하여 중앙 및 지방 관청이 올린 보고서, 상소와 답변, 관리 인사, 농사와 관련된 사항, 특이한 자연 현상까지 다양한 내용을 실었다. 승정원에서 하루 동안 일어난 사건을 정리하여 다음 날 아침에 관리들에게 배포하였다. 변방에 있는 관리들도 역참으로 온 『조보』를 보름이면 받아볼 수 있었다.

• 한국 최초의 여성 의사, 박에스더

박에스더는 1876년 서울 정동에서 태어났다. 원래 이름은 김점동이다. 아버지가 선교사 아펜젤러의 집에서 일한 인연으로 1887년 이화 학당에 입학하였다. 1891년 세례를 받고 김에스더라 불렸는데, 박유산과 결혼하면서 박에스더가 되었다. 1895년, 조선에 온 의료 선교사 로제타 셔우드 홀의 도움으로 미국으로 건너가 볼티모어 여자 의과 대학에 입학하였다. 학교를 졸업할 무렵 남편이 폐결핵으로 죽었다.

의사가 된 그녀는 귀국하여 여성 전용 병원인 보구여관에서 환자를 돌보았다. 홀이 평양에 병원을 세우자 자리를 옮겨 진료를 하였다. 특히 황해도와 평안도 지역의 의료 혜택을 받지 못하는 벽촌을 찾아 무료 진료를 하였다. 박에스더는 홀과 함께 의료 발전과 여성 의료 교육을 위해 간호 학교를 세우는 데 앞장섰다. 또한 위생 교육을 실시하고 장애인 교육을 위해 맹아 학교에서 교사로 일하기도 하였다. 1910년 폐결핵으로 생을 마감하였다.

세와 문화 등을 전하였다. 하지만 발행 주체가 정부이고 순한문이어서 『조보』와 같은 성격이 남아 있었다. 당연히 독자층이 한정될 수밖에 없었다. 1895년에는 한글판 3면과 일본어판 1면으로 된 『한성신보』가 발행되었다. 『한성신보』는 일본 공사 이노우에가 주도하여 창간하였다. 하지만 발행 주체가 정부이고 순한문이어서 『조보』와 같은 성격이 남아 있었다. 당연히 독자층이 한정될 수밖에 없었다.

우리 손으로 오늘날과 같은 신문이 나온 때는 1896년 4월 7일이었다. 아관 파천 뒤 새로 들어선 정부가 서재필을 후원하여 발행한 『독립신문』이 바로 그것이다. 1957년 정부는 이를 기념하여 『독립신문』 창간일을 신

• 『한성신보』

『한성신보』는 1895년 아다치 겐조가 일본 외무성의 지원을 받아 한성에서 발간한 신문이다. 처음에는 격일간으로 3면은 국한문 혼용한 한글판, 1면은 일어판으로 발행하였다. 『독립신문』 이전 서울에서 발행한 유일한 신문이다.

청일 전쟁을 일으킨 일본은 조선을 보호국으로 만들 계획을 세우고 내무대신 이노우에를 조선 공사로 보냈다. 그는 친일파를 앞세워 조선 정부를 조종하기 위해 친일파를 모으고 기르기 위한 목적으로 『한성신보』를 만들었다.

『한성신보』는 처음에는 조선 사람들에게 비교적 좋은 평가를 받았다. 침략 의지를 숨기고 개화가 필요하다는 점을 강조하였기 때문이다. 하지만 을미사변이 일어나면서 본색을 드러냈다. 일본인이 아니라 대원군과 훈련대가 왕비 시해를 주도한 것처럼 보도한 것이다. 이듬해 2월에는 조선을 모독하는 기사를 싣고, 4월에는 아관 파천을 비웃는 동요를 실어 조선인을 격분케 하였다.

게다가 사장 아다치를 비롯한 신문사 사원들은 순수한 언론인이 아니었다. 이들은 일본이 한반도와 대륙을 침략하는 데 앞장선 지식인들이었다. 을미사변 때도 신문사를 비밀 아지트로 삼아 일인 낭인들과 함께 적극 가담하였다. 이 때문에 사건 진상이 드러나자 아다치를 비롯한 신문사 관계자 등 50여 명은 일본에 불려가 재판을 받았다. 물론 모두 증거 불충분으로 풀려났다.

『한성신보』는 사실상 일본 외무성의 기관지로 일본의 주장과 이익을 대변하였다. 하지만 다양한 기사 및 뛰어난 편집과 인쇄로 『독립신문』을 비롯한 한국 근대 신문에 적지 않은 영향을 미쳤다. 『독립신문』이 한글판과 영문판을 발행한 것도 『한성신보』의 지면 구성을 참고한 것으로 보인다.

1906년 8월 통감부가 일본인이 운영하던 『대동신보』와 통합하여 『경성일보』로 이름을 바꾸었다.

문의 날로 정하였다.

『독립신문』은 정부의 개혁 정책을 널리 알리고 여론을 수렴하여 정부 정책에 반영하려고 하였다. 서양 문물과 제도를 대중들에게 전파하는 것도 중요한 목적이었다.

이어 대한 제국 때 『황성신문』, 『제국신문』, 『대한매일신보』 등 여러 신문이 발간되었다. 이 신문들은 민권을 신장하고 관민의 단결을 강조하였다. 제국주의 열강의 침략을 비판하였으나 서양 문물을 받아들일 것도 주장하였다.

『독립신문』

『독립신문』은 정부와 민중을 연결하는 구실과 함께 서양 문물과 제도를 민중에게 알렸다. 민권과 민주주의를 퍼뜨리는 데에도 많은 관심을 가졌다. 개혁을 성공하기 위해서는 민중을 깨우쳐 함께해야 한다고 생각하였기 때문이다.

한글로 신문을 만든 이유가 바로 여기에 있었다. 영어판을 함께 발행한 이유는 이 무렵 나라를 지키기 위해서 열강들에게 국내 사정을 알리는 일이 대단히 중요하다고 보았기 때문이다.

『황성신문』

『황성신문』은 1898년에 남궁억이 중심이 되어 최초로 합자 회사 형태로 창간하였다. 한자에 토를 다는 정도로 한글을 사용하여 지식인에게 환영을 받았다. 박은식, 장지연, 신채호 등이 활약하였다. 1904년 2월 한일 의정서에 대한 기사를 싣지 못하게 하자 항의 표시로 활자를 뒤집어 인쇄하였다. 그 모습이 마치 벽돌을 쌓은 것처럼 보인다 하여 '벽돌신문'이라 불렀다.

6월에는 보안회 활동을 지지하여 일본의 황무지 개척권 요구를 철회

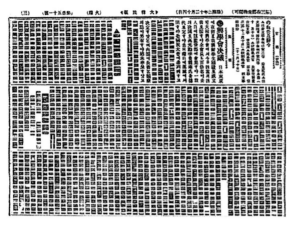

벽돌신문

시키는 데 힘을 보탰다. 1905년 11월에는 「시일야방성대곡」을 실어 정간 당하고, 사장 장지연을 비롯하여 10여 명이 체포되었다.

『황성신문』은 일제와 대한 제국의 압박과 자본금 부족으로 여러 차례 어려움을 겪었고, 신문값도 제대로 걷히지 않아 경영이 매우 어려웠다. 이를 메우기 위해 광고가 전체 지면에서 절반을 차지하는 경우가 적지 않았다. 국권 강탈 뒤『한성신문』으로 이름을 바꾸었다가 9월 14일 문을 닫았다.

『제국신문』

『제국신문』은 1898년 8월 이종일이 창간하였다. 자주정신을 기르고 민중을 일깨워 새로운 나라를 만들어야 한다는 취지로 하층민과 부녀자를 주요 독자층으로 삼았다.『황성신문』과 달리 순한글로 신문을 발행한 것은 이 때문이었다. 과감한 논조로 정부와 관리의 무능, 부패 및 일본의 국권 침탈을 비판하다 자주 정간되고 기자들도 구속당했다. 다른 신문처럼 경영에 큰 어려움을 겪었지만 창간 취지를 꺾지 않았다.

하지만 1907년 신문지법으로 경영이 더욱 어려워져 결국 1907년 9월 휴간할 수밖에 없었다. 뜻있는 사람들과 독자들이 성금을 모아 그해 10월 겨우 복간하였지만 1910년 8월 폐간되고 말았다.

『대한매일신보』

『대한매일신보』는 1904년 7월 영국인 베델을 발행인으로, 양기탁이 총무를 맡아 창간하였다. 박은식, 신채호가 필진으로 참가하였다. 창간 목적은 갈수록 심해지는 일본의 국권 침탈을 막아 국가를 지켜 내는 것이었다. 애국지사들이 적극적으로 지원했고, 고종도 남몰래 후원하였다고 한다. 국한문판, 영문판, 순한글판 등 세 종류를 발행하였고, 발행 부수가 1만 부를 넘었다. 많아야 수천 부를 넘지 않았던 다른 신문에 비하면 구독자가 많았음을 알 수 있다. 인기 비결은 발행인이 베델이어서 일본이 사전 검열을 못 해 보도와 논평이 정확하였기 때문이다. 통감부는 갖가지 방법으로 압력을 행사하고 회유와 매수를 하려 했지만 소용이 없었다.

마침내 일본은 외국인이 발행하는 신문도 압수 판매 금지를 할 수 있게 신문지법을 고치고 본격적으로 『대한매일신보』를 압박하기 시작하였다. 일본은 영국에 베델을 추방하라고 끈질기게 요청하여 결국 베델은 1908년 6월 상하이에 3주간 구금되었다. 7월 베델이 돌아오자 이번에는 양기탁을 국채 보상 의연금을 횡령했다는 혐의로 구속하였다. 양기탁은 증거 불충분으로 풀려났지만 두 사람은 일본의 압박에 신문사에서 나올 수밖에 없었다. 베델은 1909년 5월 심장병으로 세상을 떠나며 양기탁에게 "나는 죽을지라도 신보는 영생케 하여 한국 동포를 구하라"고 유언하였다.

하지만 베델에게 사장직을 물려받은 영국인 비서 만함이 신문사를 팔아 버렸고, 국권 강탈 다음 날에는 '대한' 두 자를 떼어 낸 『매일신보』란 이름으로 총독부 기관지가 되었다.

『국민신보』

『국민신보』는 1906년 1월 이용구, 송병준이 일진회의 기관지로 창간하였다. 일진회에서 자본을 후원하고 창간 초기에는 지방 관청에 강제로 신문을 보내 구독하게 하였다. 하지만 구독료가 걷히지 않고 독자를 확보하지 못해 재정난으로 발행을 못 하는 일도 있었다. 일제 통감부 정치를 열렬히 지지하여 시위 군중에게 공격을 받아 인쇄 시설이 파괴당하

신문	간행 연도	문자	특징
한성순보	1883~1884	한문	최초의 신문
독립신문	1896~1899	한글, 영문	최초의 민간 신문
제국신문	1898~1910	한글	주로 여성과 하층민 대상
황성신문	1898~1910	국한문	개신 유학자 대상
대한매일신보	1904~1910	국한문, 한글, 영문	의병 투쟁에 호의적
국민신보	1906~1910	국한문	일진회 기관지
만세보	1906~1907	국한문	천도교 기관지

한말 신문의 설립 시기와 특징

기도 했다. 그러나 친일 논조는 계속되어 『대한매일신보』, 『만세보』 등과 여러 차례의 논전을 벌였다. 국채 보상금 유용 사건을 크게 보도하였고, 1909년 12월에는 한일합방을 해야 한다는 성명서를 발표하였다. 국권 강탈 뒤 일진회 해산과 함께 1910년 11월 폐간되었다.

『만세보』

『만세보』는 1906년 천도교가 후원하여 창간되었다. 국한문을 사용하면서 한자 옆에 한글로 음을 달았다. 신문사를 만든 목적이 민중을 교육하는 데 있음을 밝히고, 여성 교육에도 깊은 관심을 갖고 있었다. 일진회를 강경한 논설로 공격하였고, 내부 대신 이지용, 군부 대신 이근택 등도 강력히 규탄하였다. 우리나라 신문에서는 최초로 이인직이 쓴 신소설 『혈의 누』를 연재하는 등 지면을 다양하게 구성하려 노력하였다. 하지만 천도교의 지원에도 경영난을 이기지 못하고 1907년 6월 문을 닫았다.

근대 교육 기관

조선 정부와 사대부들은 서당에서 서원, 향교에서 성균관까지 다양한 사립·국립 학교를 세웠다. 이들 학교에서 가르친 것은 마음을 닦고 과거 시험을 준비하는 교육이었다.

개항 뒤 서양식 학교 교육이 시작되었다. 처음 세워진 서양식 근대 교육 기관은 육영 공원과 원산 학사였다. 두 학교 학생들은 외국어와 법률 등 근대 서양 학문을 배웠다. 서양 선교사들은 배재 학당을 비롯하여 이화 학당, 제중원 의학당, 경신 학교 등을 설립하였다.

대한 제국은 갑오개혁 때 발표한 학제에 따라 사범 학교와 주요 도시에 소학교를 세워 보통 교육의 기초를 다졌다. 또한 경성 의학교, 철도 학교, 광무 학교 등 각종 전문 학교를 설립하여 근대 문물을 받아들이려하였다.

을사조약 무렵 민족 지도자들은 민중을 일깨우고 강한 나라를 만들기 위해 전국에 사립 학교를 세워 학생들을 가르쳤다. 여성을 위한 학교도 세워졌다. 이화 학당을 시작으로 세워진 여학교들은 남녀 차별 의식을 이겨 내고 여성의 사회적 지위와 활동에 대한 인식을 바꿔 나갔다.

원산 학사

1883년 8월 함경도 덕원부 주민은 부사 정현석과 힘을 모아 원산 학사를 설립하였다. 1880년 4월 원산이 개항하면서 일본인 거류지가 만들어지고 일본 상인들이 활동하면서 근대식 교육 기관을 세울 필요성을 느꼈기 때문이었다. 학생들은 『기기도설』, 『영환지략』, 『일본외국어학』, 『만국공법』, 『농정신편』 등을 교재로 일본어를 비롯한 외국어와 법률, 지리 등 근대 학문을 배웠다.

육영 공원

육영 공원은 정부가 최초로 세운 관립 근대 학교이다. 1883년 보빙사의 건의로 설립하려 하였지만 갑신정변으로 1886년에야 문을 열었다. 설립 목적은 외교를 위해 외국어를 잘하는 관리를 기르는 데 있었다. 이 때문에 학생들은 영어를 주로 배웠지만 산수, 지리, 역사, 정치 등도 공부하였다. 육영 공원은 현직 관리와 양반 자제를 위한 특수 학교로, 교수는 헐버트, 길모어 등 미국인과 허치슨 등 영국인이었다. 1894년 정부의 재정난으로 문을 닫았다.

배재 학당

배재 학당은 미국인 선교사 아펜젤러가 세운 근대 학교이다. 외국인이 만든 최초의 사립 학교로 1885년 8월 한옥 두 칸을 헐어 만든 작은 교실에서 학생 2명으로 시작하였다. 이듬해 6월 고종이 '배재 학당'이라는 교명이 적힌 학교 간판을 내려 주었다. 이에 힘입어 학생 숫자가 20명까지 늘어났다. 학생이 늘어나자 미국 시민의 후원으로 르네상스식 벽돌집을 지었다.

배재 학당은 기독교 정신을 가진 근대적 인재를 길러 내기 위해 성경과 영어·한문·지리·수학·생물 등을 가르쳤다. 체육 시간에는 야구·축구·정구·농구 등을 하였고, 연설회와 토론회 등도 장려하였다.

이화 학당

이화 학당은 미국인 선교사 스크랜턴이 이 땅에 처음으로 여성을 위해 세운 학교이다. 그녀는 1885년 6월 한국에 오자 학교를 열었지만 이듬해 봄까지 아무도 오지 않았다. 여자들이 학교에 가서 공부하지 않던 당시에는 자연스러운 일이었다. 드디어 5월 첫 번째 여학생이 왔다. 1887년에는 7명으로 늘었다. 학생 숫자는 왕비가 '이화 학당'이라는 현판을 내려 주면서 크게 늘어나 1888년에는 18명이 되었다.

이화 학당은 기독교 신앙을 가진 훌륭한 한국인을 만드는 것이 교육 목표였다. 선생님은 대부분 여자 선교사였지만 한문은 남자가 맡았다. 그런데 이 무렵 여자가 남자 선생한테 배운다는 것은 상상할 수 없었다. 이 때

배재 학당의 교육 내용
· 교과목
성경, 영어, 한문, 지리, 수학, 물리, 화학, 공작, 체육, 위생, 생리(1886)
↓
실기 교육, 음악 교육, 미술 교육, 특별 활동 도입, 학칙 제정(1890)
↓
역사 과목 편성(1903)

· 교육 방법
생리학 시간에 쇠머리 표본을 사용(1893)
화학 실험 실시(1893)

이화 학당의 교육 내용
· 교과목
성경, 영어(1886)
↓
국어, 생리학 추가(1890)
↓
한문, 수학, 지리, 역사, 과학, 체조, 노래 추가(1892)
↓
가사(재봉, 자수) 추가(1896)

· 교육 방법
학생 서클 활동을 통한 자율성 강조

문에 한문 선생은 뒤로 돌아앉아 학생들과 등을 지고 수업하였다.

이렇듯 남녀 차별적인 생각이 강하게 남아 있던 사회에서 여성이 교육받기는 쉽지 않았다. 특히 체육 시간에 손을 번쩍 들고 뜀박질을 시키자 큰 사회 문제가 되었다. 여자들은 조신하게 걸어야 된다는 관습 속에서 뜀박질은 생각할 수도 없었기 때문이다. 부모들은 딸을 집으로 데리고 갔고, 가문을 망쳤다고 가족회의를 여는 집안도 있었다. 이화 학당에 다닌 여학생은 며느리를 삼지 않겠다는 여론이 형성되기도 하였다. 심지어 한성부에서는 공문을 보내 체조를 중단하라고 통고하였다. 이런 제약과 어려움 속에서 이화 학당은 꽃놀이를 나가고 운동회를 열면서 남녀 차별적인 관습을 하나씩 깨뜨려 나갔다.

경성 의학교

경성 의학교는 1899년에 정부가 의사를 기르기 위해 설립한 의학교이다. 김홍집이 살던 집을 교사로 사용하였다. 지석영이 교장을 맡고 동물·식물·화학·물리·해부·생리·약물·진단·외과·안과·위생·종두 등을 가르쳤다. 3년제로, 학비가 무료였고 생활비를 지급하였다. 하지만 의술을 천시하던 분위기로 지원자가 적어 8년 동안 졸업생은 모두 36명뿐이었다. 1907년 대한 의원 교육부가 되고 일본인 사토가 원장을 맡았다. 비슷한 시기에 설립된 철도 학교, 광무 학교, 농상 공학교 등 각종 전문학교도 기술을 하찮게 여기던 당시 풍조 때문에 지원자가 많지 않았다.

안창호와 대성 학교

안창호는 평안남도 강서에서 태어났다. 8살까지 집에서 한학을 배우다 9살부터 서당에 다녔다. 여기서 몇 살 위 선배 필대은을 만나 사회를 개혁해 보겠다는 큰 꿈을 갖게 되었다. 1895년 청일 전쟁을 경험하고 한양에 올라와 언더우드가 세운 구세 학당에 입학하였다. 이곳에서 3년간 서양 문물을 배웠고 기독교를 받아들였다.

1897년 독립 협회에 가입하여 필대은과 함께 평안도 지부 조직을 맡았다. 평양 지회를 결성하는 날 평양 감사 조민희를 비롯한 수백 명이 모였다. 이 자리에서 정부와 관리를 비판하고 민중들이 깨어나야 하다는 연설로 명성을 얻었다. 1898년 서울 종로에서 이상재, 윤치호, 이승만 등과 함께 만민 공동회를 주도하였다. 1899년 강서 지방에서 처음으로 근대 초등학교인 점진 학교를 세웠다. 이 학교는 공부와 수양을 함께하여 민족의 힘을 기른다는 목표를 세웠다.

안창호와 대성학교

안창호는 1902년에 미국으로 건너가 샌프란시스코에서 대한인 공립 협회를 설립하였다. 여기에서 야학을 만들어 회원들을 교육시켰다. 『공립신보』도 발행하여 교포들의 생활 향상 및 의식 계몽에 힘썼다. 을사조약 체결 소식을 듣고 나라를 구하기 위해 이듬해에 귀국하였다. 1907년에는 이갑, 양기탁, 신채호 등과 함께 신민회를 조직하였다.

안창호는 민족 혁신과 민족 개조를 위해서는 무엇보다 교육이 절실함을 느끼고 있었다. 이를 위해 전국 각 도에 1개씩 학교를 세우고, 이 학교 출신들이 각 군·면의 초등학교를 지도하게 하겠다는 웅대한 계획을 세웠다. 이 꿈은 실현되지 못했지만 평양 김진후, 선천 오치은, 철산 오희원 등의 후원으로 평양에 대성 학교를 세우는 데 성공하였다.

1908년 9월에 세워진 대성 학교는 민족 사학으로 크게 기대를 모아 입학 지원자가 500명이 넘기도 하였다. 교장에 윤치호를 비롯하여 차이석, 문일평, 황의돈, 이상재 등이 교사를 맡았다. 중등학교 과정이었으나 수학을 중심으로 한 4학년 과정은 전문학교 수준이었고, 학교 시설도 좋았다. 안창호는 '주인 정신'을 교훈으로 독립 및 책임 정신을 강조하였다. 체육 시간에는 나라를 구하기 위한 힘을 기르기 위해 군대식 훈련을 받게 하였다.

1909년 대성 학교는 여러 사립 학교들과 일본 국기 불매 운동을 벌이다 폐교 위기를 맞았다. 여기에 안창호가 1910년 4월 105인 사건 등으로 망명하면서 결정적인 타격을 입었다. 결국 1912년 제1회 졸업생 19명을 배출한 뒤 문을 닫고 말았다.

6

근대 문물,
세상을 바꾸다

서양 과학 기술을 받아들이다

조선 후기 청을 통해 서양 과학 기술이 들어왔다. 하지만 실학자를 비롯한 일부 사람들을 제외하면 큰 관심은 없었다. 서양 과학 기술에 대한 태도가 바뀐 시기는 개항 무렵이었다. 개화파만 아니라 보수 유학자들 가운데 '정신은 지키되 과학 기술은 받아들여야 한다^{동도서기}'고 주장하는 사람들이 나타났다. 동도서기론이 점점 힘을 얻고 있는 가운데 정부도 적극적으로 서양 과학 기술을 받아들이는 정책을 펼쳤다.

조선 정부는 강화도 조약을 맺은 뒤 일본에 수신사를 두 차례 파견하였다. 이어 1881년에는 청과 일본에 영선사와 조사 시찰단을 보냈다. 그 결과 기기창, 전환국, 박문국 등을 설치하여 서양식 무기를 만들고, 백동화를 주조하였으며 『한성순보』를 발행하였다. 1883년 미국에 파견한 보빙사도 신식 우편 제도를 실시하고 육영 공원 및 농무 목축 시험장을 만드는 계기를 마련하였다.

1890년대에는 교육 제도를 개혁하여 더욱 적극적으로 서양 과학 기술을 배우려 하였다. 이에 따라 경성 의학교, 철도 학교, 광업 학교 등을 세워 근대적 전문 기술과 지식을 가르쳤다. 아울러 농업, 양잠, 방직, 제지, 광산 등에 필요한 근대 기계도 도입하였다. 또한 유학생을 파견하고 외국인 기술자와 교사도 초빙하였다.

그러나 이런 노력은 크게 성공하지 못하였다. 우선 국가 재정 부족으로 정부 정책이 제대로 이뤄지지 않았다. 보수층의 반발은 물론 근대 과학 기술에 대한 이해 부족으로 많은 시행착오를 겪은 점도 중요한 이유였다.

전등, 밤을 밝히다

1883년 미국에 간 보빙사는 깜깜한 밤을 대낮처럼 바꾼 전등을 보고 완전히 넋이 나갔다. 밀랍으로 만든 촛불과 호롱불에 익숙했던 이들에게 백열등은 커다란 충격이었다. 이들이 본 백열등은 바로 에디슨이 4년 전에 발명한 신제품이었다. 보빙사는 에디슨 전기 회사를 방문하여 수입 상담을 하였다. 한양을 근대 도시로 바꾸려고 한 고종이 전기에 관심을 갖고 알아보라 하였기 때문이다.

고종은 이듬해 귀국한 보빙사에게 보고를 받자 바로 경복궁에 전등을 설치하라고 명령하였다. 경복궁 전체에 전등을 700개 넘게 켜는 사업은 간단한 일이 아니었다. 발전기를 들여와야 하고 전선을 놓아야 하는 대형 사업이었다. 여러 어려움 속에서 1887년 경복궁에 전등이 놓이고, 1900년 4월에는 종로 사거리에 가로등이 설치되었다. 이어 진고개에 있던 일본 상점에 전등이 설치되면서 한양의 밤을 밝혔다. 이를 위해 1898년에는 대규모의 중앙 발전소 설비를 갖춘 한성 전기 회사를 설립하였다.

한성 전기 회사

이 회사는 왕실이 자금을 지원하였지만 경영은 미국인이 맡았다. 전기 기술에 대한 지원이 필요하였고, 일본과 청, 러시아를 견제하기 위함이 었다.

전등은 조선 사람들에게 새로운 세상을 여는 빛이었다. 이제 해가 져도 사람들은 서둘러 집으로 돌아가지 않고 밤거리를 돌아다닐 수 있게 된 것이다. 하지만 전등 사업은 순조롭게 진행되지 못했다. 우선 엄청난 비용이 들었다. 발전기를 도입하고 운영하는 비용에 기술자를 초빙하는 비용도 필요했기 때문이다. 게다가 툭하면 발전기가 고장이 나서 전등이 꺼졌다. 전선에 감전되어 목숨을 잃는 사람도 생겼다.

전차, 서울을 넓히다

사실 한성 전기 회사는 전등이 아니라 전차를 운영하기 위해 만든 회사였다. 광무개혁을 추진하던 대한 제국은 근대 도시의 상징으로 전차를 운행하려 하였다. 한성 전기 회사는 1898년 말 서대문에서 종로를 거쳐 청량리까지 전차 노선을 깔고, 1899년 5월 준공식을 거행하였다.

말과 소도 없이 달리는 전차에 사람들은 놀랍고 신기해했다. 전차를 타기 위해 가게 문을 닫거나 시골에서 올라오는 사람도 적지 않았다. 서대문에서 청량리를 몇 번씩이나 왔다 갔다 하는 사람도 있었다.

전차는 사람들의 생활 모습도 바꿔 놓았다. 이제 사람들은 굳이 성곽 안에서 살 필요가 없어졌다. 성 밖으로 나가도 사는 데 불편함이 없어진 것이다. 한양은 더욱 커졌고, 그럴수록 사람들은 한양으로 몰려들었다. 정부도 전차 종점에 택지를 마련하여 주었다.

전차가 다니면서 양반들은 더 이상 팔자걸음을 고집할 수 없었다. 우마차와 달리 전차는 양반을 무서워하지도 피하지도 않았기 때문이다. 전차표를 사면 누구나 탈 수 있었고, 전차 안에서는 양반이라고 특별한 대우를 받을 수도 없었다.

하지만 전차에 대한 반감도 컸다. 개통 무렵 가뭄이 계속되자 사람들은 전차 탓을 하였다. 용 허리에 해당하는 부분을 끊고 동대문에 발전소를 세워 비가 오지 않는다고 생각한 것이다. 길가에 늘어선 전선과 전차 선로가 물기를 다 빨아들였다고 믿기도 했다. 무식해서가 아니었다. 전차에 가려진 제국

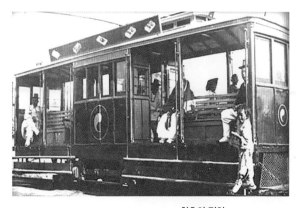

최초의 전차
전차는 세 칸으로 나눠졌다. 가운데 칸은 특실이었고, 좌우 일반실에는 나무 의자가 놓여 있었다.

주의의 참모습을 보았기 때문이다. 인력거꾼은 생계를 위협받았고, 심심찮게 일어난 탈선과 충돌 사고로 길을 걸을 때도 긴장을 해야 했다. 분노는 개통 일주일 만에 일본인 운전사가 몰던 전차에 어린아이가 치여 죽자 폭발하였다. 사람들은 전차를 불태우고 승차 거부 운동을 벌였다.

전신과 전화, 그리고 우편

우리나라 전기 통신 시대는 1885년 서울과 인천 사이에 전신선이 건설되면서 시작되었다. 이어 서울~의주 사이 전신선이 완공되었다. 서로 전신선이라 불리는 두 전선은 청이 주도하여 만들었고 이용하였다. 전신의 자주성은 대한 제국 정부가 1888년 서울에서 부산까지 남로 전신선을 개통하면서 어느 정도 되찾았다. 이어 1891년에는 한양에서 원산까지 북로 전신선을 개통하였다.

대한 제국은 남로 전신선을 만들면서 한글 전신 부호를 만들었다. 하지만 전신은 한동안 주로 외국인들이 사용하였다. 대부분 민중들은 논밭을 가로질러 설치한 전봇대와 전깃줄로 생활에 불편을 느꼈을 뿐 전신과 관계가 없었다.

전화 사업은 1897년에 경운궁과 정부 부처를 연결하는 전화가 놓이면서 시작되었다. 1902년에는 서울과 인천을 연결하는 시외 전화 사업이

전화 교환수
최초의 전화 교환수는 남자였다.

본격적으로 시작되었고, 이어 서울을 시작으로 인천, 개성, 평양, 수원 등에 시내 전화가 개통되었다. 전화는 자석식 교환기로 상대방과 연결되었다.

근대 우편 업무는 1884년 홍영식을 책임자로 한 우정총국을 설치하며 시작하였다. 인천을 비롯한 지방에는 우정 분국과 우정 수취소 등을 설치하도록 계획되었다. 우정총국은 갑신정변으로 폐지되었지만 우편 업무는 계속되었다. 1900년에는 만국 우편 연맹에 가입하여 여러 나라와 우편물을 교환하였다.

전신, 전화선을 끊어라

대한 제국은 1905년 4월 한일 통신 협정으로 우편, 전신, 전화 사업 관할권을 일본에 빼앗겼다. 게다가 일본의 강요로 53만 원이 넘는 큰돈을 들여 경비 전화를 가설하였다. 경비 전화는 주로 의병 항쟁이 활발한 지역에 놓여 의병을 탄압하는 수단으로 활용되었다.

전화와 전신 사업이 일본에게 넘어가면서 의병 항쟁을 비롯한 저항 운동이 큰 타격을 입었다. 이 때문에 의병을 비롯한 항일 운동가들은 을사조약에서 강제 병합까지 전기 통신 시설을 중요한 공격 목표로 삼았다. 이들은 우편 청사를 습격하여 우편물을 불태우고 공금을 빼앗았으며 전신주를 부수고 전선을 끊어 통신을 못 하게 하였다.

두 얼굴을 가진 철도

철도는 근대 산업 혁명의 상징이었다. 철도 산업은 과학 기술뿐 아니라 자본과 노동력, 자원 등이 뒷받침되어야 했기 때문이다. 철도는 지금까지 어떤 교통 수단도 할 수 없던 대규모 물자 이동을 가능케 하였다. 이제 자본가들은 지역과 국경을 뛰어넘어 원료를 조달하고 제품을 팔 수 있게 되었다. 이로써 고립된 지역 공동체는 완전히 무너지고 단일 경제 체제를 갖춘 국민 국가가 탄생하였다.

한편 철도는 제국주의 침략의 상징이기도 하였다. 식민지 지배를 위해서는 통신과 함께 교통 수단을 장악해야 했기 때문이다. 저항을 누를 군대를 보낼 때도 철도만 한 것은 없었다. 제국주의 국가들이 철도 부설권을 차지하기 위해 치열하게 경쟁을 벌인 이유도 바로 여기에 있었다.

일본, 조선의 철도를 장악하다

조선의 철도에 가장 먼저 관심을 보인 나라는 일본이었다. 1885년 이미 철도 부설 지역을 샅샅이 조사하여 1892년에는 상세한 부설 도면을 만들었다. 마침내 1894년 청일 전쟁에서 승리한 여세를 몰아 경인, 경부 철도 부설권을 얻었다. 다른 열강의 반대로 경인 철도 부설권은 미국에 넘어갔지만 일본은 집요하게 매수 공작을 벌여 부설권을 넘겨받아 1899년 완공하였다. 이제 일본은 인천항에서 서울까지 곧바로 들어갈 수 있는 길을 확보한 것이다. 1905년에는 경부선과 경의선을 완공하여 식민 지배를 위한 토대를 확고하게 마련하였다. 일본에게 철도는 조선을 지배하는 핵심이자 중국과 러시아로 뻗어 나가기 위한 디딤돌이기도 하였다.

대한 제국도 철도가 갖는 중요성을 알고 우리 힘으로 철도를 만들려고 노력하였다. 1898년에는 서울에서 목포까지 철도를 만들 계획을 세웠고, 1902년에는 경의 철도 기공식을 거행하였다. 하지만 일본의 압박과 자본과 기술 부족으로 결국 일본에게 부설권을 빼앗기고 말았다.

일본이 철도를 건설하는 과정은 말 그대로 약탈이었다. 『대한매일신보』는 '철도가 통과하는 지역은 온전한 땅이 없고, 기력이 남아 있는 사람이 없으며, 열 집에 아홉 집은 텅 비었고, 천 리 길에 닭과 돼지가 멸종하였다'고 보도했다.

일본군이 1904년 철도 부설을
방해했다며 한국인을 총살했다.

당연히 조선 사람들은 철도에 대해 좋지 못한 감정을 가질 수밖에 없었다. 철길 주변 주민들과 공사에 동원된 농민들은 철길을 부수고 큰 돌을 놓아 열차 운행을 방해하였다. 이를 막기 위해 일본은 철도와 전신선이 통과하는 지역을 일본 군법이 적용되는 지역으로 만들었다. 사실상 조선인 지방관들을 일본군 지휘 아래에 두었고, 철도 부설과 운행을 방해하는 사람들을 군법으로 공개 처형했다.

철도가 가져온 새로운 사회

한편 철도는 조선 사람들에게 근대 사회라는 새로움과 마주 대하게 하였다. 부산에서 일어난 사건 소식은 하루 만에 신의주까지 퍼져 나갔다. 날마다 새로운 소식을 담은 신문들이 철도로 전국에 빠르게 배달되었다. 이제 부산과 신의주에 사는 사람들이 거의 같은 시간에 같은 소식을 알 수 있게 된 것이다.

철도는 화물을 빠르게 운송하였을 뿐 아니라 사람들도 쉽게 다른 지역으로 오갈 수 있게 하였다. 일본과 만주, 중국으로 떠나는 여행도 옛날보다 훨씬 쉽게 할 수 있었다. 산과 강을 지나야 갈 수 있던 마을에 대한 생각도 자연히 달라졌다. 이웃 마을이라는 범위가 확대되면서 새로운 공간의식이 생겨났다.

철도는 새로운 도시를 만들기도 하고 전통 도시를 몰락하게 하기도 하였다. 한가한 촌락이었던 대전과 충청 감영이 있던 공주는 경부선이 놓이면서 운명이 바뀌었다. 대전은 새로운 행정 및 상업과 교통의 요지로 떠오른 반면 공주는 평범한 고을로 바뀌어 갔다.

철도는 시간에 대한 생각도 바꾸었다. 정해진 시각을 놓치면 기차를

탈 수 없었기 때문이다. 아무리 신분이 높고 부자라고 해도 피해 갈 수 없는 원칙이었다. 해가 저 나무에 걸칠 때쯤 만나자는 시간 약속은 이제 할 수 없게 된 것이다.

양복을 입고 모자를 쓰다

1880년대 초 일본에 갔다 온 개화파들은 하나둘 양복을 입기 시작하였다. 양복은 사회적으로 큰 파장을 가져와 복장 개혁에 대해 뜨거운 논쟁을 불러일으켰다. 1884년에는 양복을 입어도 된다는 법령이 공포되었다. 갑오개혁 때 복식 개혁 조치로 관복이 간소화되었고, 1900년에는 관리 복장을 서양식 제복으로 바꿨다. 황제를 비롯하여 관리들이 서양식 제복을 입으면서 일반인들도 양복을 입기 시작하였다. 평상시 입는 한복도 간소화되어 갔다. 남자들은 신분을 가리지 않고 두루마기를 입었고, 여성들은 장옷, 쓰개치마로 얼굴을 가리지 않고 외출하기 시작하였다.

양복과 함께 단발을 하는 사람도 점점 늘어 갔다. 황제를 비롯한 관리들은 물론 개화파 지식인들도 스스로 상투를 잘랐다. 자주독립을 지키려면 단발로 상징되는 근대 문명을 적극적으로 받아들여야 한다는 생각이

고종의 후궁, 엄비가 양산을 든 모습(왼쪽)과 단발한 배재 학당 학생들과 교사들(오른쪽).

퍼졌기 때문이다. 1898년 배재 학당 학생들이 토론회에서 단발을 결정한 일이 이를 뒷받침한다. 단발을 하면서 갓도 사라져 갔다. 대신 다양한 모자가 유행하였다.

의복과 머리 모양이 바뀐 것은 단순히 겉모습의 변화만을 의미하지 않는다. 개인과 사회가 달라졌음을 보여 주는 것이다. 이 때문에 보수층은 물론 많은 민중들도 양복과 단발을 전통을 잃어버리고 일본의 침략에 굴복하는 것으로 간주하여 강력하게 거부하였다.

커피를 마시고, 자장면과 초밥을 먹다

청과 일본을 비롯한 여러 나라에서 외국인들이 들어오면서 새로운 음식도 유입되었다. 개항을 한 뒤 가장 많이 들어온 사람들은 청과 일본 사람이었다. 이들이 개항장과 서울에 살게 되면서 그 지역을 중심으로 청과 일본 음식이 전파되었고, 음식점도 문을 열었다. 이에 따라 자장면, 만두를 비롯한 호떡 같은 중국 음식과 우동, 어묵, 초밥 등을 즐겨 먹는 조선 사람들이 나타났다.

외교 사절을 위한 연회를 열면서 서양 음식도 점점 관리들 사이에 흥미를 끌게 되었다. 특히 고종은 러시아 공사관에 있을 때 커피와 서양 음식을 자주 접했다. 고종은 경운궁에 돌아와서도 커피를 즐겨 마셨고 관리들에게 선물로 주기도 하였다. 커피는 개화 지식인은 물론 관리와 지방 양반 들에게까지 퍼지면서 기호 식품이 되어 갔다. 이와 함께 서양식 과자와 빵, 그리고 서양 요리를 좋아하는 사람도 점차 늘어났다.

유리 창문을 한 벽돌집에서 산다

주거 문화도 달라졌다. 개항장과 한양에는 외국 공사관, 은행, 병원, 성당, 교회 등 서양식 건축물이 하나둘 지어졌다. 특히 경운궁이 자리 잡은 정동 일대는 대한 제국의 중심 지역으로, 방사형 도로와 함께 많은 서

양식 건축물이 들어섰다. 경운궁 안에는 정관
헌, 석조전, 중명전 등이 있었고, 주변에 영국
과 러시아 공사관을 비롯하여 손탁 호텔, 정동
교회 등이 세워졌다. 개항장과 한양 등 일본인
과 중국인 들이 모여 산 지역에는 일본식과 중
국식 건축물이 세워졌다. 벽돌과 유리를 사용
하고 창문을 서양식으로 만든 한옥도 나오기

손탁 호텔 커피숍

시작하였다. 이런 변화는 신분에 따라 주택 규모와 재료 등을 제한하던
규정이 사라지면서 더욱 빨라졌다.

서양 의학이 들어오다

의식주와 함께 의학도 변화하였다. 서양 의학과 의료 시설을 소개한
사람들은 일본인과 서양 선교사 들이었다. 서양 의학에 관심이 높아지면
서 정부는 서양식 병원 설립을 추진하였다. 이 계획은 1884년 갑신정변
으로 가속화되었다. 우정국에서 중상을 입은 민영익을 의료 선교사 알렌
이 서양 의술로 살려 냈기 때문이다.

이듬해 조선 정부는 홍영식의 집에 광혜원을 설립하고 알렌에게 운영
을 맡겼다. 얼마 뒤 제중원으로 이름을 바꾸어 왕실은 물론 일반 환자도
돌보게 하였다. 1886년에는 부인부를 신설하고 미국에서 온 여의사 엘러
스에게 진료를 맡겼다. 이와 함께 의학 교육부를 두고 서양 의학 교육을
시작해 1908년 최초로 김필순, 박서양 등 서양 의사 7명을 배출하였다.

하지만 담당 관리의 부정으로 관리가 제대로 되지 않자 설립 9년 만에
미국 선교사에게 경영권을 넘겼다. 1904년에는 서울역 앞에 새로 현대
식 병원을 짓고 후원자의 이름을 따서 세브란스 병원으로 고쳤다. 제중
원 의학교도 세브란스 의학교로 바뀌었다.

제중원 경영권이 넘어간 뒤 대한 제국은 1899년 국립 병원인 광제원

을 만들고, 경성 의학교를 세워 전통 한의학과 함께 근대 의학을 가르치려 하였다. 광제원은 1907년 대한 의원으로 이름을 바꾸었고, 경성 의학교는 대한 의원 부속 학교가 되었다. 국권을 빼앗긴 뒤 대한 의원은 조선 총독부 의원이 되었다. 일본은 대한 제국과 달리 전통 의학을 철저히 배제하고 서양 의학을 중심으로 식민지 의료 체계를 만들어 갔다.

또한 조선 정부는 공중위생을 향상시키기 위한 노력도 하였다. 갑오개혁 때에는 위생국을 두고 종두와 전염병 예방 업무를 맡겼다.

• 지석영, 종두법을 들여오다

지석영(1855~1935)

지석영은 서울 낙원동 중인 집안에서 태어났다. 일찍이 서양 의학에 관심이 많아 중국에서 들어온 서양 의학책을 읽었다. 특히 종두법을 배우고 싶어 하였다. 지금까지 한의학은 천연두를 치료하는 방법만 알아냈을 뿐이었다. 정약용이 쓴 『마과회통』도 처방서였다. 이런 현실에서 지석영은 우두를 맞으면 천연두를 예방할 수 있다는 사실을 알고 관심을 기울였다.

1879년 일본 해군이 부산에 세운 부산 제생 의원에서 종두법을 배우고, 1880년에는 2차 수신사 수행원으로 가서 종두 기술을 익혀 두묘의 제조와 저장법을 공부하고 왔다. 당시에는 우두에 대한 이해가 부족해 친일파로 몰려 접종 사업을 실시하던 종두장이 불타는 시련을 겪기도 하였다. 이런 시련에도 그는 우두 보급에 힘을 쏟았고, 1885년 그동안 쌓은 지식과 경험을 종합하여 『우두신설』을 펴냈다. 『한성순보』에 외국에서 실시되고 있는 종두법이 실리면서 우두에 대한 인식도 점점 좋아졌다. 1894년 갑오개혁과 함께 위생국의 종두를 관장하게 되었다. 김홍집 내각에서 형조 참의·승지를 거쳐 동래 부사를 지내면서도 늘 우두에 관심을 갖고 있었다. 독립 협회에 가입하여 주요 회원으로 활약한 그는 1899년 경성 의학교가 만들어지자 초대 교장이 되었다. 1907년 경성 의학교가 대한 의원 교육부로 개편되자 학감에 취임하여 1910년까지 근무하였다.

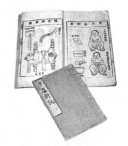

지석영이 쓴 종두 책

지석영은 의학과 함께 한글 연구에도 힘을 쏟았다. 개화가 늦어지는 까닭을 어려운 한문을 쓰기 때문이라 보았기 때문이다. 그는 주시경과 더불어 한글 가로쓰기를 주장하고 1908년 국문 연구소 위원에 임명되었다. 국권을 빼앗긴 뒤에는 초야에 묻혀 살다가 80세를 일기로 일생을 마쳤다.

문학에 새로운 바람이 불다

개화를 추진하면서 들어온 근대 서양 문화는 문학과 예술, 건축 등에 큰 변화를 가져왔다. 문학에 나타난 새로운 변화를 잘 보여 주는 장르는 신체시와 신소설이다. 신소설과 신체시는 전통 문학 형식에서 완전히 벗어나지는 못하였다. 그렇지만 언문일치 문장에 실제적인 삶과 경험을 존중하려 한 작품으로 근대 문학으로 발전하는 디딤돌 구실을 하였다. 신소설과 신체시는 대체로 신식 교육, 여권 신장, 계급 타파, 자유 결혼, 자주독립 등을 주제로 삼아 민중을 일깨우려 하였다.

신소설과 함께 중국과 일본의 침략을 물리쳤거나 민족의 자존심을 지킨 사람들에 대한 전기 소설이 유행하였다. 대표적인 작품은 신채호의 『을지문덕전』, 박은식의 『동명성왕실기』 등이다. 또한 『성경』을 비롯하여 『걸리버 여행기』, 『이솝우화』 등 많은 외국 책들이 번역되었다.

전통을 잇되 시대 흐름에 맞춰 내용을 바꾼 시가도 많이 만들어졌다. 〈애국가〉, 〈독립가〉, 〈권학가〉 등이 바로 그것이다. 이들 시가들은 전통 형식을 따랐지만, 내용으로는 제국주의 침탈에 맞서 나라를 지켜야 한다거나 새로운 시대를 맞이하여 배워야 한다는 점을 강조하였다.

남포등은 램프가 일본을 거쳐 들어오면서 만들어진 말이다. 램프는 석유를 넣은 그릇에 유리로 만든 등피를 놓고 불을 밝힌 휴대용 등이다. 신소설을 사서 읽은 사람들은 대부분 중산층 부녀자들이었다. 봉건적 가치관에 갇혀 있던 이들은 『혈의 누』의 옥련처럼 자유 결혼과 남녀 평등을 실천하고 있는 주인공에 열광하였다. 때마침 보급된 남포등으로 밤에도 책을 읽을 수 있었다.

음악과 미술, 연극도 크게 변화하다

개항과 함께 음악에도 변화의 물결이 일었다. 1883년 독일 해군 군악대가 통상 조약 체결을 축하하는 연주회를 열었다. 이를 시작으로 여러 나라 군악대가 행진곡을 연주하거나 의장대가 퍼레이드를 열어 서양 음악에 대한 관심을 높였다. 기독교 계통의 학교에서 찬송가가 보급되고, 1901년 대한 제국이 서양식 군악대를 창설하면서 서양 음악은 더 널리 알려졌다.

서양식 악곡에 우리말로 가사를 붙인 창가가 유행하기도 했다. 대표적인 창가는 〈학도가〉, 〈권학가〉, 〈독립가〉, 〈애국가〉 등이었다. 청년 학생

서울 시내를 행진하고 있는
군악대

들에게 열심히 공부하고 깨우쳐 독립 자강과 문명 개화에 앞장서라는 내용을 담았다. 〈의병 창의가〉, 〈용병가〉 등 민요 형식을 빌려 의병 투쟁을 북돋우는 창가도 많이 만들어졌다. 물론 조선 후기에 크게 유행했던 판소리도 여전히 인기를 끌었다. 신재효는 여러 갈래로 내려오던 판소리를 일정한 형식으로 정리하고 이론을 정립하였다.

서양 연극도 들어와 최초의 서양식 극장인 원각사에서 공연되었다. 원각사에서는 판소리와 전통 무용은 물론 창극도 공연되었다. 창극은 판소리가 중국의 경극과 서양 연극에 자극을 받아 발전한 음악극이다.

회화에서도 영사관 등에 걸린 유화를 볼 수 있게 되었고, 1899년에는 고종과 황태자가 서 있는 모습을 유화로 그려 화제가 되었다.

종교계, 근대 종교로 거듭나다

개항 뒤 본격적으로 들어온 기독교는 조선 사회에 큰 영향을 주었다. 천주교는 여러 차례 박해를 받았지만 1886년 프랑스와 수교하며 포교의 자유를 인정받았다. 개신교는 미국과 수교 뒤 본격적으로 선교사들이 들어오면서 신자를 늘려 나갔다. 기독교가 본격적으로 포교 활동에 나서면서 민중과 갈등을 빚기도 하였다. 하지만 포교 활동과 함께 학교와 병원 및 고아원과 양로원을 세워 교육과 의료, 복지 사업을 벌이면서 점차 뿌리를 내렸다. 신자들도 여러 지역에서 학교를 세워 민족 교육을 실시하고 국민 계몽 활동을 전개하였다.

여기에 자극을 받아 유교계와 불교계에서 혁신 운동이 일어났다. 조선 사회를 이끌던 유학은 봉건적 사상에 사로잡혀 변화하는 사회를 이끌 힘을 잃어 가고 있었다. 이에 박은식은 유학을 일부 지식인이 아니라 민중과 함께하는 실천적인 사상으로 새롭게 만들어야 한다고 주장하였다. 불교계에서는 갈수록 강해지는 일본 불교의 영향력에서 벗어나 자주성을 지키기 위한 움직임이 일어났다. 이를 위해 한용운은 불교를 쇄신하고 근대적으로 개혁해야 한다고 주장하였다.

동학은 대한 제국에서도 여전히 박해를 받고 있었다. 여기에 손병희를 대신하여 교단 조직을 이끌던 이용구 등이 친일 행위를 하면서 위기를 맞았다. 이에 손병희는 동학이 순수한 종교 단체로 거듭나겠다고 선언하고, 이름을 천도교로 바꾸었다. 쫓겨난 이용구는 시천교를 만들어 교주가 되어 대놓고 친일 행위를 하였다. 천도교는 포교 활동과 함께 교육과 문화 사업에 힘을 쏟아 근대 민족 종교로 자리를 잡았다.

한편 5적 암살단을 조직하였던 나철, 오기호 등은 정치 활동이 힘들어지자 민족 종교 운동에 나섰다. 이들은 1909년 단군 신앙을 바탕으로 대종교를 창시하였다. 대종교는 일제의 탄압을 피해 간도와 연해주로 활동 무대를 옮겨 민족 의식을 높이고 항일 의지를 굳건히 하였다. 1916년 교조 나철이 일제의 압박으로 자결을 하는 시련을 겪었지만 많은 애국 지사들이 대종교에 들어와 활발하게 독립운동을 벌였다.

7

제1차 세계 대전이
일어나다

통일 제국 독일, 삼국 동맹과 3B 정책을 추진하다

1871년 독일은 프랑스와 전쟁에서 승리하고 통일 제국을 수립하였다. 그 후 산업과 경제력이 급성장하면서 강력한 군사력을 갖춰 나갔다.

새롭게 강대국으로 떠오른 독일은 이탈리아, 오스트리아와 동맹^{삼국 동맹}을 맺고 적극적으로 대외 팽창 정책을 펼쳤다. 특히 발칸반도와 서아시아 지역에 대한 영향력을 강화하려고 베를린과 비잔티움, 바그다드를 잇는 철도를 건설하려 하였다.^{3B정책} 무엇보다 2차 산업 혁명으로 중요성이 더욱 커진 석유를 확보하기 위해서였다.

삼국 동맹과 3B정책은 국제 질서를 주도하고 있던 영국과 프랑스를 위협하였고, 발칸반도와 지중해로 진출하려는 러시아를 자극하였다. 세 나라가 협상을 맺어 삼국 동맹에 맞서자 두 세력은 곳곳에서 대립하게 되었다. 특히 여러 민족과 종교가 뒤섞인 발칸반도는 '유럽의 화약고'로 불리며 태풍의 눈이 되었다.

전쟁의 먹구름이 몰려오다

발칸반도는 15세기 중반부터 오스만 제국이 지배하고 있었다. 강력한 힘을 자랑하던 오스만 제국은 19세기 전반 무렵 눈에 띄게 약화되었다. 이 틈을 타 오스만 제국의 지배를 받던 여러 민족들은 독립을 쟁취하거나 자치권을 얻어 냈다. 그나마 남아 있던 오스만 제국의 지배력은 1877년 러시아와 치른 전쟁에서 패배함으로써 거의 잃어버렸다. 발칸반도가 사실상 러시아의 영향력 아래 들어가자 영국과 오스트리아 등이 제동을 걸었다. 독일의 중재로 러시아는 한발 물러났지만 슬라브 민족주의를 내세워 영향력을 강화하려 하였다. 오스트리아와 독일은 게르만 민족주의로 여기에 맞섰다.

제1차 세계 대전 관련 만평
왼쪽부터 세르비아, 오스트리아, 러시아, 독일, 영국, 미국을 상징한다. 서로 자기 친구를 치면 가만두지 않겠다고 하고 있다.

결국 두 세력 사이 갈등은 1914년 보스니아 사라예보에서 오스트리아 황태자가 암살당하면서 폭발하였다. 황태자를 죽인 범인은 세르비아 청년이었다. 세르비아는 보스니아, 헤르체고비나, 몬테네그로 등 슬라브족 국가를 하나로 묶어 대세르비아를 건설하려 했다. 하지만 오스트리아가 보스니아 헤르체고비나를 합병하여 좌절되자 황태자를 죽인 것이다.

제1차 세계 대전이 일어나다

오스트리아가 세르비아에 선전 포고를 하자 '슬라브족의 맏형'을 자처하던 러시아가 세르비아를 지원하였다. 여기에 '게르만족의 맹주' 독일이 참전하면서 세계 대전이 시작되었다. 전쟁이 일어나자 세계 여러 나라들은 이해관계에 따라 동맹국과 협상국 측에 가담하였다. 오스만 제국은 동맹국 측에, 일본은 협상국 측에 힘을 보탰다. 이탈리아는 상황을 지켜보다 오스트리아 남부 국경 일부 지역을 차지한다는 조건으로 동맹국에서 나와 협상국에 가담하였다.

전쟁이 일어나자 대부분 독일과 동맹국 측이 빠른 시간 안에 승리할 것으로 예상하였다. 하지만 전쟁은 예상과 달리 장기화되었다.

참전국들이 인적 물적 자원을 총동원하여 총력전을 벌이며 피해는 갈수록 늘어났다. 탱크, 비행기, 독가스 등 신무기들은 피해 규모를 더욱 키웠다. 전쟁 피해는 지금까지 전쟁과 비교할 수 없을 정도로 커졌다. 식민지에 대한 압박과 수탈은 훨씬 강화되었고, 식민지 민중들도 전쟁에 동원되었다.

교착 상태에 빠진 전쟁 양상은 미국이 협상국 측에 가담하면서 바뀌었다. 동맹국은 사회주의 혁명에 성공한 러시아와 1918년 강화 조약을 맺었지만 전쟁 양상을 바꾸지는 못하였다. 상황이 점점 불리해지자 1918년 10월 오스만 제국이, 11월에 오스트리아가 차례로 항복하였다. 마침내 독일도 11월 혁명으로 제국이 무너지면서 항복했다. 1919년 8월에는 사회 민주당^{SPD}을 중심으로 바이마르 공화국이 성립하였다.

러시아 혁명이 일어나다

러시아는 19세기 후반 산업화가 본격적으로 진행되었다. 경제 발전과 함께 노동 운동이 활발해지고 지식인과 학생 들 사이에는 인민주의가 번졌다. 이들은 '브나로드^{인민 속으로}' 운동을 벌여 농민을 일깨워 전제 정치를 타도하고 공화 정부를 수립하려 하였다. 이 운동은 차르^{황제} 정부의 탄압과 농민의 외면으로 실패했지만 이념은 사회 혁명당으로 이어졌다. 마르크스주의에 대한 관심도 높아져 사회주의 혁명을 이루려는 사회 민주 노동당도 만들어졌다. 하지만 차르 니콜라스 2세는 개혁 요구를 묵살하였다. 차르 중심의 전제 정치도 바꿀 생각이 없었다.

체제에 대한 불만은 러일 전쟁을 계기로 한꺼번에 터져 나왔다. 파업과 소요가 잇따르는 가운데 1905년 1월 러시아 수도 상트페테르부르크에는 20만이 넘는 노동자가 몰려들었다. '빵과 평화'를 외치며 궁전으로 향하던 시위대는 총칼로 무자비하게 진압당하였다.

이 피의 일요일 사건으로 차르에 대한 불만이 봇물처럼 터져 나왔다. 총파업이 수도와 산업 중심지에서 잇달아 일어나고 혁명 열기가 전국적으로 퍼져 나갔다. 놀란 차르는 한편으로 시위를 진압하고 한편으로 개혁을 약속하였다. 입헌 군주제 헌법을 만들고 의회인 듀마를 열겠다고 약속한 것이다. 하지만 미온적인 개혁 조치는 노동자와 농민뿐 아니라 온건파 자유주의자들도 만족시키지 못하였다.

피의 일요일
상트페테르부르크 겨울궁전으로 행진하던 노동자들이 총탄에 쓰러지고 있다.

혁명 열기가 높아지는 가운데 제1차 세계 대전이 일어났다. 차르 정부는 혁명 열기를 잠재우기 위해 서둘러 전쟁에 뛰어들었다. 물론 발칸반도에 세력을 확장하려는 목적도 있었다. 하지만 러시아군은 패전을 거듭했고 경제는 갈수록 나빠졌다. 전쟁 반대에 대한 목소리가 높아졌지만 차르 정부는 이를 무시하였다. 더 이상 참을 수 없게 된 노동자와 농민, 병사 들은 소비에트^{대표자 회의, 평의회}를 만들어 차르 타도에 나섰다. 마침내 1917년 3월 민중들은 식량 배급, 전쟁 중지를 외치며 궁궐로 몰려가 차르를 쫓아냈다. 새롭게 만들어진 임시 정부를 이끈 세력은 사회 혁명당이었다. 사회 민주 노동당은 다수파였던 멘셰비키는 참여하였지만 소수파였던 볼셰비키는 거부하였다. 그런데 임시 정부가 민중의 요구와 달리 전쟁을 계속하였다. 실망한 민중들은 임시 정부에 등을 돌렸고, 볼셰비키가 전국적으로 지지를 얻게 되었다. 여기에 힘입어 11월 레닌과 트로츠키는 볼셰비키와 함께 무력으로 임시 정부를 무너뜨렸다.

혁명 정부는 전쟁 중지와 토지 사유 폐지, 주요 산업 국유화 등 사회주의 개혁을 단행하였다. 이에 차르를 지지하던 세력을 중심으로 반혁명이 일어나 러시아는 내전에 휩싸였다. 영국, 프랑스, 미국, 일본 등 제국주의 열강들이 반혁명 세력을 적극적으로 후원하였다. 혁명 정부는 내전 초기에 많은 어려움을 겪었다. 하지만 민중의 지지를 바탕으로 내전에서 승리하고, 1922년 소비에트 사회주의 공화국 연방^{소련}을 수립하였다.

러시아 혁명과 세계 최초로 수립된 사회주의 국가 소련은 식민지 독립운동에 큰 영향을 끼쳤다. 혁명에 성공하자 레닌이 '민족 자결의 원칙'을 주장하였기 때문이다. 그는 식민지 약소 민족들은 독립해야 하며, 이들이 벌이는 독립 투쟁을 지원하겠다고 약속하였다. 여기에 1919년에는 전 세계 사회주의자들을 하나로 묶는 코민테른을 조직하여 각국의 노동 운동과 식민지 해방 운동에 대한 지원을 강화하였다. 그 결과 사회주의가 전 세계로 퍼져 나갔다. 아시아 각국의 지식인들도 반제국주의 민족 운동의 새로운 이념으로 적극 받아들였다.

미국 대통령 윌슨, 파리 강화 회의의 원칙을 제시하다

승전국들은 1919년 파리에서 전쟁을 마무리하기 위해 강화 회의를 열었다. 파리 강화 회의는 1918년 1월 미국 대통령 윌슨이 제안한 '14개조 평화 원칙'을 전후 처리 원칙으로 삼았다. 평화 원칙의 주요 내용은 공개 외교, 자유 무역과 군비 축소, 민족 자결, 평화를 담보할 국제기구 창설 등이었다. 공개 외교는 지금껏 유럽 열강들이 해 오던 비밀 외교 관행을 버리겠다는 선언이었다. 이제 미국이 공개적으로 세계 외교를 이끌겠다는 의지를 나타낸 것이다.

미국은 제1차 세계 대전이 끝나면서 영국을 대신하여 세계 경제와 정치의 주도권을 잡았다. 이 때문에 이 제안은 큰 영향력을 가질 수밖에 없었다. 승전국들은 윌슨의 평화 원칙을 토대로 전쟁이 없는 세계를 만들자고 다짐하면서 패전국들과 강화 조약을 맺었다. 이렇게 만들어진 새로운 국제 질서를 독일과 맺은 베르사유 조약의 이름을 따서 베르사유 체제라 부른다.

불안한 베르사유 체제

베르사유 체제는 시작부터 큰 문제를 안고 있었다. 우선 승전국들은 진정한 평화 체제를 만드는 일에 관심이 없었다. 패전국을 철저히 응징하고 자국의 이익을 챙기기에 바빴을 뿐이었다. 예를 들어 프랑스는 1871년 프로이센에 빼앗겼던 알자스로렌을 되찾았고, 라인란트 지역을 비무장 지대로 만들어 독일 영토지만 독일군이 들어오지 못하게 하였다. 영국, 일본, 미국과 함께 독일의 해외 식민지도 나눠 가졌다. 독일이 물어야 할 전쟁 배상금 1,320억 마르크 가운데 상당 부분도 차지하였다. 이 액수는 당시 독일 국민 총생산의 2년치에 해당하는 엄청난 금액이었다. 패전국에 대한 가혹한 조치는 베르사유 체제를 불안하게 만든 중요한 원인이 되었다.

민족 자결주의는 어디로⋯⋯

전쟁이 진행되면서 민족의 운명은 스스로 결정해야 한다는 열기가 높아졌다. 레닌에 이어 윌슨도 민족 자결을 내세운 것이 이를 잘 보여 준다. 하지만 승전국들은 이런 요구를 들어줄 생각이 없었다. 동맹국이 지배하던 지역을 민족 자결이라는 이름으로 해방시켜 동맹국의 세력을 약화시키기 위해 이용하였을 뿐이다. 이 때문에 폴란드, 헝가리를 비롯한 발칸 반도 여러 민족들은 독립을 이루거나 안전과 독자적 발전을 보장받았지만 아시아와 아프리카 식민지들은 독립하지 못하였다. 식민지 민족들은 반제국주의 민족 운동을 일으켰지만 가혹한 탄압을 받았을 뿐이다.

세계 평화를 지키기 위해 최초로 만든 국제 연맹도 제구실을 못하였다. 미국이 국내 반대로 가입하지 않았고, 패전국인 독일과 사회주의 국가인 소련은 가입하지 못하였다. 국제 연맹은 어떤 나라가 침략 행위를 했을 때 막을 수 있는 수단도 없었다.

민주주의가 확산되다

제1차 세계 대전은 유럽을 쑥대밭으로 만들었고 엄청난 사람들이 죽거나 다쳤다. 상상을 뛰어넘는 피해에 전쟁을 주도한 전제 군주정에 대한 불만이 커졌다. 대신 자유와 평등에 대한 관심이 높아지고 평화를 지키기 위해 민주주의가 필요하다는 생각이 싹텄다. 여기에는 러시아 혁명과 총력전으로 시민의 역할이 커진 것이 큰 영향을 미쳤다.

민주주의를 향한 바람은 영국과 미국, 프랑스는 물론 일본에도 거세게 불었다. 무엇보다 보통 선거권이 확산된 것이 이를 잘 보여 준다. 재산과 지식 등으로 제한하던 선거권을 모든 성인 남성이 갖게 된 것이다. 곧 대부분의 나라에서 성인 여성들도 선거권을 얻게 되었다. 독일과 오스트리아, 오스만 제국은 제정이 무너지고 공화정이 세워졌다. 새로 독립한 신생국들도 대부분 공화정을 채택하였다. 공화정이 늘어나면서 시민의 정치 참여도 확대되었다.

하지만 식민지 민중은 어떤 혜택도 받지 못하였다. 제국주의 열강은 전후 식민지 정책을 조금 바꾸기는 하였지만 본질은 변하지 않았다. 식민지 민중들은 여전히 제국주의 압제에 시달렸고 고문, 투옥 등 민족적 차별을 당하였다.

일본, 강대국으로 우뚝 서다

제1차 세계 대전은 주로 유럽에서 진행되었다. 하지만 독일의 식민지가 있던 아시아와 아프리카, 태평양 등에서도 전투가 벌어졌다. 전쟁이 일어날 무렵 일본 경제는 불황이었고 무역 수지는 계속 적자를 내고 있었다. 이 때문에 일본 정치가들은 다시 도약할 수 있는 절호의 기회가 왔다고 판단하였다.

일본은 1914년 8월 영일 동맹을 명분으로 독일에 선전 포고를 하였다. 원래 영국은 일본에게 독일의 발목을 잡는 역할 정도만 요청하였다. 하지만 일본은 전면 참전을 통고하고 독일의 조차지였던 산둥반도를 점령하였다. 이어 1915년에 중국 베이징 정부에 21개조를 강요하여 중국

21개조
제1차 세계 대전 중 일본이 중국에 요구한 특혜 사항. 남만주 철도 권익 기한 연장. 만주 남부와 동부 내몽골에서 우월권 확립 등을 주장했다.

본토만 아니라 만주와 몽골까지 세력을 뻗치려 하였다. 뿐만 아니라 태평양 지역에 있던 독일령 섬들도 점령하였다. 또한 러시아 반혁명 세력을 지원한다는 구실로 시베리아에 대규모로 군대를 보냈다.

전쟁은 일본 경제를 단숨에 되살려 놓았다. 수출이 크게 늘어나면서 무역 수지는 흑자로 돌아섰고, 조선업과 해운업이 비약적으로 성장하였다. 여기에 유럽에서 수입이 어렵게 되면서 철강업, 화학 공업, 전력 사업 등 중화학 공업이 발전하였다. 이에 힘입어 일본은 강력한 군사력을 갖추고 서구 열강과 어깨를 나란히 하게 되었다. 국제 연맹에서 상임 이사국 가운데 한 자리를 차지한 것이 이를 잘 보여 준다.

미국, 워싱턴 체제를 이끌어 내다

중국 베이징 정부는 전쟁 초기 중립을 선언하였다가 뒤늦게 참전하였다. 파리 강화 회의가 열리자 중국은 일본과 함께 승전국으로 참여하였다. 중국은 산둥의 주권을 되찾고 21개조를 폐지해야 한다고 제안하였다. 하지만 열강들은 일본의 손을 들어주었다. 중국 정부도 동의하였다. 이 소식이 알려지자 중국에서는 반일 여론이 들끓는 가운데 5·4운동이 일어났다. 여론에 굴복하여 중국 정부도 21개조 요구를 거부하였다.

동아시아 정세는 또다시 불안정해졌다. 전쟁으로 한발 물러섰던 영국과 프랑스 등 유럽 열강들이 영향력을 확대하려 했고, 미국도 일본의 부상을 지켜보고만 있지 않았다. 여기에 미국과 영국, 일본 사이에 불붙은 군함 건조 경쟁으로 국제 평화를 위협할 수도 있다는 우려가 커졌다. 마침내 1921년 미국은 일본과 중국, 유럽 열강 들을 워싱턴으로 불러 모았다. 일본은 세계 경제를 이끌게 된 미국의 협조가 필요하였을 뿐 아니라 미국, 영국과 군함 건조 경쟁으로 경제적 압박을 받고 있어 참가하지 않을 수 없었다. 재정 압박은 다른 열강들도 마찬가지였다.

워싱턴 체제, 새로운 동아시아 국제 질서를 만들다

워싱턴 회의 결과 제국주의 열강들이 중국에서 갖고 있던 이권은 그대로 인정되었다. 다만 산둥반도는 중국에 반환되었다. 군함 건조를 비롯한 군비도 줄이기로 하였다. 일본군은 시베리아에서 철수하기로 약속하였다. 이렇게 성립한 동아시아 국제 질서를 워싱턴 체제라고 부른다. 일본은 군부의 반대에도 다른 열강과 협조 관계를 유지하기 위해 조약에 서명하였다. 비록 산둥반도는 돌려주었지만 영국의 동맹국이 아니라 독자적으로 열강들에게 인정받은 것도 큰 성과였다.

워싱턴 체제로 영국 중심의 동아시아 국제 질서는 무너졌다. 대신 미국이 그 자리를 대신하게 되었고, 일본도 미국에 버금가는 지위를 확보하게 되었다. 워싱턴 체제는 베르사유 체제처럼 큰 결함을 갖고 있었다. 우선 동아시아 세력 판도에 한 축을 차지하고 있던 소련의 동의를 얻지 못하였다. 참가국이 약속을 위반하면 마땅히 제재할 수단도 없었다.

아시아에서 민족 해방과 독립운동이 일어나다

제1차 세계 대전 뒤 아시아·아프리카 지역에서는 민족 해방과 독립운동에 대한 열기가 들불처럼 번졌다. 러시아 혁명과 민족 자결주의는 여기에 기름을 부은 격이었다. 한국인들은 전국에서 3·1운동을 일으키고 임시 정부를 세웠다. 국경 지역에서는 무장 운동 단체들이 국내 진공 작전을 벌여 일본의 식민 통치에 맞섰다.

중국에서는 5·4운동이 일어났다. 베이징 대학생들이 시작한 시위는 노동자와 상인 들이 적극 가담하면서 전국으로 번져 나갔다. 이를 계기로 천두슈, 마오쩌둥 등은 공산당을 만들었고, 쑨원은 광둥에 국민당 정부를 세웠다. 두 당은 1924년 소련의 지원을 받아 군벌 타도와 반제국주의를 목표로 손을 잡았다. 이듬해 쑨원이 죽었지만 장제스가 북벌을 계속하여 1928년 베이징을 점령하고 중국을 통일하였다. 이 과정에서 장제스가 공산당을 탄압하는 바람에 제1차 국공 합작은 깨졌다.

인도는 영국이 자치권을 준다는 약속을 믿고 전쟁에 뛰어들었다. 하지만 돌아온 것은 아무것도 없었다. 이에 간디를 중심으로 하나로 뭉친 인도인들은 비폭력 불복종 운동을 벌여 영국에 대항하였다. 1929년 네루는 투쟁 목표를 자치가 아니라 완전 독립으로 바꾸었다.

베트남은 프랑스에 협력하는 대가로 독립을 약속받았다. 이 약속이 지켜지지 않자 호찌민은 베트남 공산당을 만들어 프랑스에 맞서 독립 투쟁에 나섰다. 인도네시아에서는 수카르노가 인도네시아 국민당을 만들어 네덜란드에 저항하여 독립운동을 하였다.

• 다이쇼 데모크라시

일본은 제1차 세계 대전으로 경제가 비약적으로 성장하였다. 전쟁 기간 동안 주요 공업 생산액이 약 5배, 무역액은 약 4배로 늘었다. 각종 공장이 세워지고 기업 규모가 커지면서 1917년에는 공업 부문 생산액이 전체 생산액 가운데 절반이 넘었다. 이에 따라 노동자가 크게 늘어났고, 노동 운동이 활발하게 일어났다.

또한 이 시기에 근대적 중산 계층이 광범위하게 형성되어 시민 사회가 성립되었다. 도시 지식인층이 늘어나면서 다양한 문화가 등장했고 저널리즘도 크게 발전하였으며 각종 서적도 출판되었다. 이런 문화의 대중화는 개인주의, 자유주의, 민주주의를 발전시키는 토양이 되었다.

여기에 1918년에 일어난 쌀 소동은 민주주의 발전에 기폭제가 되었다. 쌀 소동은 쌀값 폭등에 따른 생활고로 시작되어 반정부 투쟁으로 번졌다. 쌀 소동 뒤 노동 운동은 임금 인상, 해고 반대에서 참정권, 노동3권 등을 획득하기 위한 정치적 운동으로 발전하였다. 또한 노동 운동은 사회주의 운동과 결합하여 1920년 12월 일본 사회주의 동맹을 결성하였다. 이어 1922년 7월에는 일본 공산당을 창당하였다.

이 시기 일본 천황은 메이지를 이은 다이쇼였다. 다이쇼 시대(1912~1926)에 나타난 이런 민주주의 발전을 다이쇼 데모크라시라고 한다. 일본은 1889년 제국 헌법이 만들어지고 다음 해 제국 의회가 구성되었다. 하지만 권력은 여전히 사쓰마 번과 죠슈 번 출신들이 장악한 군대와 관료들이 차지하고 있었다. 민주주의의 꽃이라 할 정당 정치는 이루어지지 않았고 선거권도 재산세를 내는 25세 이상 남자만 가지고 있었다. 그런데 다이쇼 시대에는 정당 정치가 이루어지고 25세 이상 모든 남자에게 선거권을 부여하는 보통선거법이 제정되었다.

그러나 정당 정치는 뿌리를 내리지 못하였고, 군부와 관료, 우익 단체 등이 '혁신'을 내걸고 다이쇼 데모크라시를 무너뜨렸다. 1925년에는 치안 유지법을 만들어 사회주의, 노동 운동을 비롯하여 언론과 종교 등을 탄압하면서 일본은 전체주의의 길로 나갔다.

8

대공황과 전체주의,
그리고 제2차 세계 대전

대공황이 일어나다

제1차 세계 대전이 끝나면서 세계 경제는 다시 살아났다. 특히 세계 경제의 중심으로 자리 잡은 미국 기업들은 엄청난 이익을 냈다. 이들은 미국은 물론 유럽과 일본에 진출해 더 많은 공장을 짓고 제품을 생산하는 데 열을 올렸다. 하지만 민중의 생활은 그다지 나아지지 않았고 임금도 조금밖에 오르지 않았다. 유럽 여러 나라도 관세 장벽을 높여 수출마저 점점 어렵게 되었다. 소비가 생산을 따라가지 못하자 재고품은 창고에 쌓이기 시작하였다. 그럼에도 미국 정부는 다른 나라 정부처럼 자유주의 경제 정책을 고수하여 기업 생산 활동에 간섭하지 않았다.

마침내 1929년 10월 미국 뉴욕의 증권 거래소에서 주식 가격이 폭락하면서 대공황이 시작되었다. 5천 개가 넘는 은행이 부도를 내고 기업 수만 개가 파산하였다. 농산물 값이 폭락하고 미국 인구 가운데 1/4은 직장을 잃었다. 대공황은 곧 유럽과 아시아로 퍼져 자본주의 경제는 큰 위기를 맞게 되었다. 이미 세계 경제가 서로 깊이 관련을 맺고 있었고 미국 경제에 의존하고 있었기 때문이다.

대공황 당시 '아이를 팝니다'라고 걸어 놓은 한 미국인 가정.

대공황에 그다지 영향을 받지 않은 유일한 나라는 소련이었다. 소련은 자본주의 시장 경제와 달리 국가에서 생산과 투자를 결정하였기 때문이었다. 스탈린이 1928년에 시작한 국민 경제 발전 5개년 계획으로 소련 경제는 크게 발전하여 1938년에는 세계 2위의 경제 대국이 되었다.

뉴딜 정책과 블록 경제

대공황으로 자유주의 경제 정책의 한계가 드러나자 각국은 새로운 경제 정책으로 위기를 타개하려 하였다.

미국은 국가가 시장에 적극 개입하는 뉴딜 정책을 펼쳤다. 대규모 공공 사업으로 일자리를 만들고 독점 기업 활동을 규제하였다. 노동자에게 단결권과 단체 교섭권을 주고, 최저 임금제와 사회 보장제를 실시하였다. 미국과 중남미를 묶는 달러 블록도 만들어 시장을 확보하였다. 뉴딜 정책으로 경기가 회복되고 노동자의 소득이 안정되면서 미국은 점차 공황에서 벗어났다.

영국과 프랑스도 정부가 앞장서서 투자를 늘리고 공업과 농업을 통제하는 정책을 실시하였다. 노동자의 불만을 누그러뜨리기 위해 노동 시간을 줄이고 단체 교섭권을 인정하였다. 그리고 본국과 식민지를 배타적 경제 블록으로 묶는 보호 무역 정책을 추진하였다. 외국 상품에 높은 관세를 매겨 식민지의 자원과 시장을 독점한 것이다. 블록 경제 체제로 영국과 프랑스는 경제가 점점 나아졌다. 반면 식민지와 종속국의 경제는 더욱 어려워졌고 세계 무역은 위축되었다.

블록 경제는 종주국과 식민지를 하나로 묶어 형성된 경제권을 말한다. 1932년 영국이 영국 본토와 식민지 사이에 특혜 관세를 만들면서 시작되었다.

프랑 블록
프랑스

파운드 블록
영국

달러 블록
미국

전체주의가 대두하다

제1차 세계 대전이 끝나고 민주주의가 확산되면서 사람들은 생활이 안정되고 더 나아질 것으로 생각하였다. 그렇지만 민중의 삶은 그다지 좋아지지 않았다. 다시 살아난 경제의 혜택은 일부 국가와 자본가에게 돌아갔고, 각국 정부도 자유방임주의를 내세워 빈부 차이와 노동자의 어려움을 해결하려는 노력을 하지 않았기 때문이다.

이런 상황에서 빈부 차이와 노동 환경을 개선하기 위한 파업과 시위가 잇달아 일어났다. 무정부 상태와 같은 사태가 벌어지자 적지 않은 사람들이 불안감을 가지게 되었다. 특히 보수 정치인들과 군인, 자본가 들이 느끼는 위기감은 더욱 컸다.

불안과 위기 의식이 높아질수록 사회 질서를 되찾아야 한다는 목소리가 점점 커졌다. 파쇼^{결속과 단결}를 강조하며 개인보다 집단의 이익을 먼저 생각해야 한다는 이런 생각을 파시즘이라고 한다. 사회주의 혁명이 성공하여 소련이 세워진 것도 파시즘 등장에 큰 영향을 주었다. 대공황이 일어나자 파시즘은 더욱 세력을 넓혀 나갔다. 유럽은 물론 미국과 브라질, 아르헨티나, 남아프리카 공화국, 일본 등에 파시스트 정당이 생겨나 활발하게 활동하였다.

특히 민주주의가 뿌리를 내리지 못한 패전국과 신생국에서 파시즘이 크게 세력을 떨치게 되었다. 유럽에서 파시스트가 정권을 잡은 나라만 해도 이탈리아를 시작으로 헝가리, 폴란드, 포르투갈, 핀란드, 독일, 에스파냐 등 7개국이나 되었다.

무솔리니, 로마 진군으로 권력을 잡다

유럽에서 처음으로 파시스트가 정권을 잡은 나라는 이탈리아였다. 이탈리아는 제1차 세계 대전에서 협상국에 가담하며 승전국이 됐지만 별다른 이익을 챙기지 못하였다. 전쟁 뒤 물가가 크게 오르고 실업자가 늘어나 경제가 혼란에 빠졌다. 여기에 노동 운동이 크게 일어나고 사회주의 세력이 확산되자 파시즘이 퍼져 나갔다.

이런 분위기 속에서 무솔리니는 1919년 강력한 이탈리아를 만드는 길은 파시즘에 있다며 파시스트당을 만들었다. 파시스트당은 사회 질서를 바로잡을 것이라는 기대로 세력을 급속히 키웠다. 마침내 1922년 무솔리니는 로마로 진군하여 자유주의자와 사회주의자로 이뤄진 정부를 무너뜨렸다. 자본가, 대지주, 군인과 공무원 들이 쿠데타를 지원하였고, 많은 민중들도 무솔리니를 지지하였다. 정권을 잡자 무솔리니는 반대 세력을 폭력으로 제압하고 파시스트 일당 독재 체제를 만들었다.

히틀러, 나치 일당 독재 체제를 확립하다

독일 바이마르 공화국은 온갖 어려움 속에서 정치적, 경제적 위기를 극복해 나갔다. 1920년대 중반 무렵에는 경제가 안정되면서 국제 연맹에 가입하여 상임 이사국이 되었다. 하지만 애써 이룬 성과를 대공황이 물거품으로 만들고 말았다. 전체 노동자 가운데 40%가 넘는 사람들이 직장을 잃었다. 한편에서는 러시아 혁명을 뒤따르자는 사람들이 늘어났고, 다른 한편에서는 잃어버린 자존심을 되찾고 독일의 영광을 위해 뭉치자는 나치당이 점점 세력을 키웠다.

마침내 1932년 나치당은 자본가와 군부, 중소 시민층의 지지로 제1당이 되었다. 1933년 총리가 된 히틀러는 공산주의 및 사회주의 정당들을 대대적으로 탄압하였다. 이듬해 힌덴부르크 대통령이 죽자 히틀러는 총통이 되어 나치 일당 독재 체제를 확립하였다. 바이마르 공화국이 무너지고 나치 독일제3제국이 시작된 것이다. 군수 산업에 대한 투자와 침략 전쟁으로 나치 독일에서 실업이 줄고 경제가 살아나자 파시즘은 사회 갈등을 겪고 있는 유럽 국가로 더욱 빠르게 확산되었다.

일본, 군국주의 체제를 확립하다

파시즘은 유럽을 넘어 전 세계에 영향을 주었다. 일본은 제1차 세계 대전으로 민주주의가 발전하였다. 보통 선거 운동으로 대표되는 민주화에 대한 열망은 갈수록 높아졌다. 그럴수록 이를 불안해하는 세력도 커졌다. 러시아 혁명의 영향으로 노동 운동이 활발해지고 사회주의에 대한 관심이 높아지면서 불안감은 더 강해졌다. 여기에 전쟁 뒤 경제가 어려워지고 1923년 간토 대지진이 일어나면서 질서가 먼저라는 목소리가 커졌다. 마침내 일본 정부는 1925년 보통 선거법과 함께 치안 유지법을 만들었다. 한편으로 회유를 하면서 한편으로 통제를 강화하는 파시즘적 법으로 자유를 억압한 것이다.

대공황으로 일본 경제가 침체에 빠지면서 파시즘은 더욱 기승을 부렸다. 영국과 프랑스가 블록 경제 체제를 만들자 일본은 1932년 만주를 장악하여 일본 경제권을 넓혀 나갔다. 이어 군부가 쿠데타로 정권을 장악하여 군국주의 체제를 확립하였다. 일본은 군비를 확장하고 수출 제품 가격을 낮춰 수출이 크게 늘면서 공황에서 벗어났다. 하지만 이는 일본과 식민지 민중의 희생 위에서 가능한 것이었다. 당연히 식민지는 물론 일본 사회의 통제도 더욱 강화했다.

제2차 세계 대전이 일어나다

1932년 일본은 만주를 침략하여 만주국을 세웠다. 이듬해 국제 연맹이 만주국을 괴뢰 정권으로 규정하자 국제 연맹을 탈퇴하였다. 1935년에는 이탈리아가 에티오피아를 침략하고 독일은 재군비를 선언하면서 국제 연맹을 탈퇴하였다.

이로써 제1차 세계 대전 뒤 만들어졌던 베르사유와 워싱턴 체제가 깨져 버렸다. 독일은 1936년 라인란트에 군대를 진주시켰고, 1938년 4월에는 오스트리아를 합병하였다. 9월에는 체코슬로바키아를 압박하여 독

재군비
일단 없앴던 군사 시설이나 장비를 다시 갖춤.

일인이 많이 살고 있던 수데텐 지역을 빼앗았다.

이탈리아와 독일은 1936년 에스파냐에서 일어난 파시스트 반란군을 지원하였다. 이듬해 독일은 일본, 이탈리아와 함께 코민테른과 소련의 위협에 대항하여 방공 협정을 맺었다. 이 협정에는 헝가리, 스페인, 터키 등 11개국이 참여하였다. 전체주의 국가들을 결속시킨 세 나라는 추축국이 되어 본격적으로 대외 침략에 나섰다. 대공황 뒤 세계를 몇 개 경제 블록으로 나눠 지배하고 있던 선진 제국주의 국가들이 여기에 맞서면서 세계는 다시 전쟁 위기에 휩싸이게 되었다.

1939년 독일은 소련과 불가침 조약을 맺고, 북유럽과 동유럽을 나눠 갖기로 합의하였다. 다음 달 독일은 폴란드를 침략하였다. 앞서 오스트리아 합병, 체코슬로바키아 수데텐 지방 점령을 인정한 영국과 프랑스는 마침내 독일에 선전 포고를 하였다. 제2차 세계 대전이 시작된 것이다. 폴란드는 독일과 소련의 연합 공격에 한 달도 안 되어 분할 점령당했다. 독일은 1940년 4월 북유럽에 손을 뻗쳤고, 6월 하순에는 프랑스를 비롯한 서유럽을 장악하였다. 7월에는 영국을 점령하기 위해 공습을 시작하였다. 한편 소련은 1939년 11월 핀란드를 공격하였고, 이듬해 8월에는 독일의 비호 아래 발트해 3국을 합병하였다.

연합군, 전세를 뒤집다

하지만 영국은 끈질기게 맞섰고, 우세한 해군력으로 독일군의 상륙을 저지하였다. 독일은 이탈리아와 함께 발칸반도와 아프리카로 전선을 확대하여 영국을 압박하였다. 영국 점령은 시간문제라 여겨지던 1941년 6월 독일은 갑자기 불가침 조약을 깨고 소련을 공격하였다. 전쟁 초기 독일군은 우세한 화력으로 소련군을 밀어붙여 모스크바 부근까지 진격하였다. 그러나 소련은 엄청난 희생에도 거세게 저항하여 독일군을 곤경에 빠뜨렸다. 1942년 여름에는 스탈린그라드에서 독일군을 크게 격파하여 전세를 역전시키는 계기를 마련하였다. 이어 1943년 7월부터 8월까지 쿠르스크에서 독일군에 결정적 타격을 입혔다. 두 나라는 이 전투에 병력 약 200만 명, 전차 약 6,000대, 항공기 약 5,000대라는 엄청난 전력을 동원하였다. 인류 역사상 최대 규모로 벌어진 전투에서 승리한 소련군은 동부 전선에서 주도권을 완전히 장악하였다. 이런 상황에서 서부 유럽에 대규모 군대를 상륙시킨다면 독일을 더욱 곤경에 빠뜨릴 수 있었다. 하지만 영국은 반독일 연합에 합류한 소련의 거듭된 요청에 응하지 않았다.

영국군은 1940년 동부 아프리카에서 이탈리아군을 물리쳤고, 1942년에는 북부 아프리카에서 미군과 함께 이탈리아를 도와주러 온 독일군을 격파하였다. 1943년에는 연합군이 이탈리아에 상륙하여 파시스트 정권을 무너뜨렸다. 이듬해에는 노르망디 상륙 작전에 성공하여 파리를 해방시켰다. 마침내 1945년 5월 베를린을 점령하여 독일을 항복시켰다.

한편 전쟁이 일어난 뒤 중립적 태도를 보이던 미국은 1941년 전선이 확대되자 영국과 소련, 중국을 지원하기로 결정하였다. 영국은 소련과 반독일 동맹을 맺어 연합군 진용을 갖추었다. 연합국은 전쟁 상황이 유리해지자 종전 후를 위한 준비도 하였다. 1941년 영국과 미국 두 나라 정상은 〈대서양 헌장〉을 발표하여 전후 평화 수립 원칙을 세웠다. 여기에는 영토의 불확대, 불침략, 무역과 자원에서 기회 균등, 경제 협력, 공포와 가난으로부터의 자유, 해양의 자유, 군비 축소, 집단 안전 보장 체제 확립 등이 들어 있었다.

1943년 11월에는 이집트 카이로에서 미국과 영국, 중국 정상이 일본이 차지한 땅을 모두 빼앗고 일본의 지배를 받던 한국을 독립시킨다는 데 합의하였다. 1945년 2월 얄타 회담에서는 미국, 영국, 소련 정상이 독일에 대한 전후 처리에 합의하고 독일을 분할 점령하기로 한 약속을 다시 확인하였다. 또한 소련은 러일 전쟁 때 잃은 영토를 돌려받는 조건으로 일본과의 전쟁에 참여한다고 결정하였다. 7월에는 독일 포츠담에서 미국, 영국, 소련 정상이 모여 일본에게 무조건 항복을 요구하였다.

태평양 전쟁이 벌어지다

유럽에서 제2차 세계 대전이 시작되기 전인 1937년 일본은 중국 본토를 침략하였다. 일본은 압도적인 군사력으로 국민당 정부의 수도 난징을 비롯한 중국 동남부를 점령하였다. 하지만 중국은 국민당과 공산당이 다시 손을 잡고 수도를 충칭으로 옮기며 끈질기게 저항하였다. 전쟁이 장기화되면서 곤경에 빠진 일본은 1940년 동남아시아를 침략하였다. 중국을 압박하고 지하자원을 확보하기 위해서였다. 이때 내세운 것이 이른바 대동아 공영권이다. 아시아가 서구 제국주의에서 해방되기 위해서는 일본을 중심으로 뭉쳐야 한다는 논리이다.

이에 식민지를 빼앗긴 서구 열강들은 일본에 압력을 가하였고, 미국은 철강과 석유 등 전략 물자 수출을 금지하였다. 그러자 일본은 1941년 하와이 진주만을 공격하여 미국 태평양 함대에 큰 타격을 입혔다. 태평양 전쟁 초기 일본군은 승승장구하여 태평양 서부 지역까지 세력권을 넓혔다. 하지만 1942년 6월 미드웨이 해전에서 패배하면서 전쟁 주도권은 미국으로 넘어갔다.

여세를 몰아 미국은 태평양 여러 섬에서 일본군을 격파하고 일본 본토를 공습하였다. 1945년 6월에는 오키나와를 점령하여 일본 본토 상륙을 준비하였다. 일본 본토에 대한 공습을 강화한 미국은 8월 6일과 9일, 히로시마와 나가사키에 원자 폭탄을 투하하였다. 8월 8일에는 소련이 얄타 회담에서 약속한 대로 1941년 일본과 맺은 중립 조약을 깨고 만주를 공격하였다. 더 이상 견딜 수 없다고 판단한 일본은 15일 무조건 항복을 선언하였다.

일본은 중일 전쟁과 태평양 전쟁을 치르기 위해 총동원령을 내려 일본

일본 천왕 항복 선언
1945년 8월 15일 정오 라디오 방송으로 발표되었다. 종전에 반대하는 일본 군부를 피해 궁전 비밀 지하실에서 녹음하였다.

국민들을 전쟁에 몰아넣었다. 뿐만 아니라 조선과 대만 등 식민지를 병참 기지로 삼았고, 수백만 명을 군인과 노동자로 강제 동원하였다.

여기에 맞서 중국과 베트남 등 아시아 여러 나라와 민족은 일본에 대항하여 독립운동을 벌였다. 한국인들도 만주와 중국 본토에서 중국인들과 함께 항일전을 치열하게 전개하였고, 대한민국 임시 정부는 일본에 선전 포고를 하기도 했다.

파시즘은 몰락하였지만……

제2차 세계 대전은 파시즘과 민주주의의 대결이었다. 파시스트들은 전쟁 중에도 칠레, 브라질, 아르헨티나 등 남미에서 정권을 잡으며 맹위를 떨쳤다. 하지만 연합국이 승리하면서 파시즘은 몰락하였다. 민주주의가 승리한 것이다.

연합국은 전쟁이 끝난 뒤 전쟁을 일으킨 파시스트들을 전범으로 처벌하고, 독일과 일본 등 파시스트 국가를 민주 국가로 바꾸려고 하였다. 하지만 자본주의와 사회주의 국가는 민주주의에 대한 이해가 서로 달랐다. 자본주의 국가는 자유 민주주의를, 사회주의 국가는 인민 민주주의를 내세웠다. 이 차이는 두 진영이 독일과 일본의 전후 처리를 놓고 갈라져 대립하는 계기가 되었다. 결국 두 진영은 미국과 소련을 중심으로 나뉘어 새로운 국제 질서를 만들었다. 이 과정에서 독일은 서독과 동독으로 분할되고 말았다. 미국, 영국, 프랑스가 점령한 지역에는 독일 연방 공화국서독이, 소련이 점령한 지역에는 독일 민주 공화국동독이 세워진 것이다.

독일 분단이 상징하듯 유럽 또한 동서로 쪼개졌다. '민주주의 병기창'으로 불린 미국은 최대 최강의 자본주의 국가로 서유럽 자본주의 국가를 지원하였다. 대독 전쟁 승리에 가장 큰 기여를 한 소련은 국내외에 사회주의에 대한 신뢰를 높이고 국제적 발언권을 강화하였다. 이를 바탕으로 동유럽에는 소련의 후원으로 사회주의 국가들이 세워졌다. 두 진영은 서로를 경계하면서 전 세계로 영향력을 키우기 위해 경쟁을 벌였다. 대립은 갈수록 날카로워져 무력 충돌도 서슴지 않았다.

제2차 세계 대전이 남긴 것

제2차 세계 대전은 말 그대로 전 세계 거의 모든 나라가 가담한 전쟁이었다. 연합국에 가담한 나라가 49개국, 동맹국 측이 8개국이었다. 중립국은 스위스 등 6개국뿐이었다. 동원 병력 1억 1,000만 명에 전사자만 2,700만 명이었다. 민간인 희생자도 2,500만 명이나 되었다. 가장 희생자가 많은 나라는 독일과 소련이었다. 두 나라는 전 인구의 1/10에 해당하는 550만 명과 2,000만 명이 희생되었다. 일본은 전 인구의 약 1/40에 해당하는 250만 명이 죽었다. 제1차 세계 대전과 비교하면 동원 병력수는 약 2배, 전사자는 약 5배가 늘어난 규모다. 민간인 희생자는 무려 50배 가까이 많아졌다. 민간인까지 무차별로 죽였고 나치가 유대인과 집시 등을 조직적으로 처형한 것도 큰 이유였다. 전쟁 비용과 전쟁으로 파괴된 물적 손실은 셀 수 없을 정도였다.

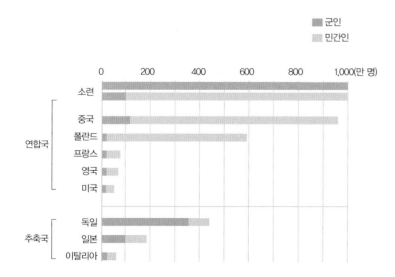

제2차 세계 대전 인명 피해

9

조선 총독부,
총칼로 식민지를 다스리다

조선 총독부, 조선을 장악하다

1910년 일제는 대한 제국 국권을 강제로 빼앗고 조선 총독부를 설치하였다. 현역 군인으로 임명된 총독은 행정, 입법, 사법권을 비롯하여 군대 통수권을 한 손에 틀어쥐고 있었다. 게다가 일본 천황에 직속되어 일본 의회와 내각의 통제마저 거의 받지 않는 절대 권력자였다. 총독 아래 정무총감과 경무총감이 내무부, 탁지부, 사법부 등 행정 부서와 치안을 나눠 맡았다. 총독을 자문하는 기구로 친일 한국인으로 구성된 중추원이 있었다. 친일파를 대우하고 한국인이 식민 통치에 참여하고 있음을 보여 주기 위한 것이었다.

일제는 식민 통치를 원활하게 하기 위해 지방 행정 조직도 개편하였다. 대한 제국 때 13도를 그대로 두고 전국을 군, 면으로 재편하였다. 그리고 경성, 부산, 신의주 등 주요 거점 도시에 부를 설치하였다. 부에는 일본인들이 많이 살았고, 이들은 거류민단이라는 자치 기구를 만들었다. 도지사, 부윤, 군수 등은 일본인과 함께 한국인도 임명하여 식민 통치에 끌어들였다. 도에는 내무, 재무 등 행정 조직과 함께 경무부를 두고 치안을 담당하게 하였다.

초창기 조선 총독부에 근무하는 직원은 15,000명이 조금 넘었다. 이 가운데 태반은 한국인을 탄압하기 위한 치안 유지, 경제 수탈 관련 부서에 배치되었다. 여기에 순사보, 헌병 보조원, 밀정 등 치안 담당 보조 관리가 약 15,000명이 있었다. 이들을 합치면 조선 총독부 전체 관리 가운데 2/3 이상이 치안 부서에 근무한 셈이다. 한마디로 조선 총독부는 식민지를 통제하고 수탈하기 위한 기관이었다.

조선 총독부 관리 가운데 절반 이상은 한국인이었지만 대부분 하급직이었다. 그나마 같은 직급이라 해도 한국인 관리는 일본인 관리보다 월급을 1/2~1/3밖에 받지 못하였다.

총독부 기구표
총독부는 총독 아래 정무총감과 경무총감이 내무부, 탁지부, 사법부 등 행정 부서와 치안을 나눠 맡았다. 총독부 관리는 총독이 추천하거나 임명하였다. 하지만 정무총감은 총독처럼 천황이 직접 임명하였다. 절대 권력자 총독을 견제할 수 있는 장치라 할 수 있다.

헌병을 앞세워 무단 통치를 하다

일제는 국권 강탈 뒤 주요 지역에 군대를 주둔시키고, 전국 곳곳에는 경찰과 헌병을 배치하였다. 그리고 일본군 헌병대 사령관이 경무총감을 맡고, 각 도 헌병 대장을 각 도 경무부장에 임명하였다. 헌병이 경찰을 지휘하게 하여 두 치안 기구의 지휘권을 일원화한 것이다.

헌병은 본래 군대에서 경찰 업무를 맡은 군인이다. 그런데 일제는 헌병에게 군인이 아닌 일반인을 대상으로 한 경찰 업무도 맡겼다. 조선을 군대처럼, 조선인을 군인처럼 통제하겠다는 뜻이다. 이렇게 헌병을 앞세운 무력 통치 방식을 무단 통치 또는 헌병 경찰 통치라 한다. 일제는 산간 벽지까지 설치된 헌병 분견소와 경찰 출장소에 한국인을 순사보나 헌병 보조원, 밀정 등으로 고용하여 물샐틈없는 감시망을 쳤다. 때론 105인 사건처럼 사건을 조작하여 독립 운동가들을 체포하는 일도 서슴지 않았다.

헌병 경찰은 치안은 물론 세금 징수, 산림 감시, 일본어 보급, 정치 사찰, 학교 감시, 예방 접종 등 모든 일상생활에 관여하였다. 이들은 3개월 이하의 징역에 해당하는 범죄는 정식으로 법적인 절차나 재판을 거치지 않고 구류나 태형으로 처벌할 수 있었다. 특히 한국인에게만 적용된 태형은 경찰을 두려움의 대상이 되게 하였다. 경찰에게 까닭도 없이 맞을 수 있었고, 불구가 되거나 죽기도 하였기 때문이다.

★ 경성 헌병대
경성 제1분대
– 경성 제2분대
◉ 경찰 총감부
○ 경기도 경찰부
■ 북부서
■ 창덕궁서
■ 남부서
■ 용산서

★ 헌병대
– 헌병분대(경찰서)
◉ 도경찰부
○ 경찰서

청진
함흥
신의주
평양
해주
경성   춘천
청주
공주
전주   대구
광주   진주
부산
제주

헌병 배치 현황(왼쪽)과 헌병 부원들(오른쪽)
사진은 함경북도 경무부와 함경북도 경성 헌병대 본부에 근무하는 헌병과 경찰이 함께 찍은 것이다. 같은 건물에 나란히 세워진 간판에서 헌병대가 경찰 업무까지 맡고 있었음을 보여 준다.

언론과 집회 자유를 빼앗고, 노예 교육을 강요하다

조선 총독부는 군인, 경찰뿐만 아니라 관리와 교원 들도 제복을 입고 칼을 차게 하였다. 위압적 분위기를 만들어 저항을 하지 못하게 만들려 한 속셈이었다. 또한 언론·출판·집회·결사의 자유도 철저하게 빼앗았다. 한국인이 발행하는 신문과 잡지는 모두 폐간하였고, 민족의식을 북돋우는 역사서 출판도 금지하였다. 자강 계몽 단체와 학회는 반일과 친일을 가리지 않고 모두 해산시켰다. '합방'에 앞장섰던 일진회도 마찬가지였다.

1910년대 칼을 찬 교사

교육은 보통 교육 위주로 편성하였다. 그나마 교육 기간을 일본과 달리 6년이 아닌 4년으로 줄였다. 여기에 일본어 교육을 강화하였다. 한국인을 천황에 충성하는 신민으로 기른다는 교육 목표를 이루기 위함이었다. 당연히 고등 교육을 받을 기회는 거의 없었다. 과학 교육에 관심을 두지 않은 것도 같은 이유 때문이었다. 한국인에게는 높은 수준의 과학 이론이 아니라 일본에게 필요한 노동력을 발휘할 수 있을 정도의 기술만 배우는 실업 교육이면 충분하다고 생각한 것이다. 이런 교육 정책에 따르지 않은 사립 학교는 결국 문을 닫았고, 서당도 이를 피해 갈 수 없었다.

조선 총독부, 토지와 인구를 조사하다

조선 총독부는 국권 강탈 뒤 바로 토지, 호구 등을 조사하여 식민 통치의 기반을 닦았다. 1910년에 시작한 토지 조사 사업에는 무려 8년 동안 엄청난 돈과 인력이 동원되었다. 이렇게 심혈을 기울인 이유는 농업이 주요 산업인 상황에서 토지 경계선과 종류, 소유자 등을 분명히 해야 재정 기반을 안정시킬 수 있기 때문이었다. 그 결과 1910년에 비해 농지 면적은 81%, 지세 수입은 2배 가까이 늘어났다.

토지 측량

또한 일본인들이 갖고 있던 토지 점유를 합법화하기 위한 목적도 있었다. 대한 제국은 법적으로 외국인 토지 소유를 금지하였다. 이 때문에 개항 뒤 일본인들이 여러 방법으로 점유한 토지는 법적으로는 불법이었다. 이를 해결하여 일본인들이 토지 소유를 마음껏 하게 하려는 것이었다.

토지 조사 사업을 하면서 총독부는 근대적 토지 소유권을 확립한다고 선전하였다. 당시 토지에는 소유권과 함께 도지권 등 여러 권리가 있었다. 도지권을 가진 소작농은 그 땅을 영원히 소작할 수 있었고, 도지권을 자기 마음대로 팔거나 넘길 수 있었고 상속할 수도 있었다. 그만큼의 지대를 받을 수도 있었다. 사실상 부분 소유권이라 할 수 있다. 지주로서는 소유권을 행사하는 데 제약을 받을 수밖에 없었고, 도지권이 없는 땅에 비해 지대도 제대로 받지 못하였다.

그런데 총독부는 자주의 소유권만 인정하였다. 도지권 등 농민들이 관습적으로 가진 권리를 모두 부정한 것이다. 이 조치로 농민들은 영구적으로 소작할 수 있는 권리를 빼앗겨 버렸다. 대신 정해진 기간 동안 소작 계약을 해야 하는 처지가 되어 버렸다. 반면 지주들은 아무런 제약 없이 소유권을 마음대로 행사할 수 있게 되었다. 매매와 저당이 손쉬워지자 토지에 투자하려는 사람들이 늘어났다. 이를 이용하여 일본인은 물론 일

조선 총독부가 거둔 직접세 비중 도표이다. 토지세를 보면 1917년에는 1910년에 비해 60% 가까이 늘어났고, 총 세금 가운데 차지하는 비중이 60%가 넘었다. 식민 지배 말기로 갈수록 지세 비중은 낮아졌다. 식민지 공업화로 개인과 법인이 내는 소득세가 늘어났기 때문이다. (『명치 대정 재정사』, 제18권)

연도	직접세				
	토지세	인지세	소득세	기타	소계
1910	6,001	344	–	573	6,918
1917	10,226	4,224	404	2,005	16,859
1920	11,453	8,848	1,599	1,327	23,227
1942	13,086	34,726	82,326	87,030	284,332

부 한국인도 대지주로 성장할 수 있었다. 그럴수록 농민들은 살기가 어려워져 화전민이 되거나 만주와 일본 등으로 떠났다.

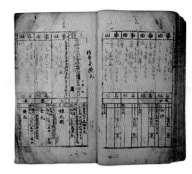

민적부

토지 조사 사업으로 국가와 왕실, 관청이 소유한 토지, 주인 없이 마을이나 문중이 소유한 토지, 황무지와 미개간지 등이 국유지가 되었다. 조선 최대 지주가 된 조선 총독부는 국유지 일부를 동양 척식 주식회사를 비롯한 일본인 회사와 일본인에게 헐값에 넘겨주었다.

임야 조사 사업도 같은 방식으로 진행되었다. 왕실과 국가 소유 산림을 비롯하여 소유 관계를 증명하지 못하거나 특정한 소유자가 없는 산림은 모두 국유림이 되었다. 전체 산림에서 약 60% 정도였다.

이와 함께 전국적으로 주택과 인구 조사를 하였다. 호구 조사를 하여 만든 새 호적 대장을 민적부라 하였다. 민적부에는 가족 숫자만 아니라 호주, 출생, 결혼, 분가 등 여러 정보를 담고 있어 식민 통치의 기본 자료로 활용되었다.

조선 총독부, 산업과 교통을 장악하다

조선 총독부는 식민지 조선 경제를 일본 경제권에 묶어 놓고 효율적으로 수탈하기 위해 여러 법령을 만들었다. 우선 1910년 회사령을 공포하여 회사를 세우려면 총독의 허가를 받게 했다. 이유는 첫째, 한국인 회사가 많아져 민족 자본이 성장하면 식민 통치에 부담이 되기 때문이었다. 둘째, 1910년대 일본 자본은 아직 완전히 성장하지 못하였다. 이런 상태에서 일본 기업들이 더 많은 이익을 좇아 식민지 조선으로 몰려들면 일본의 경제 기반이 흔들릴 수 있기 때문이었다. 다른 제국주의 열강의 자본이 진출하지 못하게 하려는 목적도 있었다.

그럼에도 1920년이 되면 일본인 공장 수는 약 6배, 자본금은 14.25배,

종업원 수는 3.9배, 생산액은 약 10배가 늘어났다. 그사이 한국인이 운영하는 공장 수도 크게 늘어났다. 전체 공장 수로 보면 일본인 공장 수와 거의 같았지만 자본금과 종업원 수는 크게 차이가 났다. 특히 정미업 쪽에서는 일본인 소유의 공장이 전체 23%였지만 생산액은 56%를 차지하였다.

결국 회사령은 규모가 크고 주요한 산업은 일본인 기업이 차지하는 것을 뒷받침하였다. 한국인은 주로 소규모 제조업, 매매업 등에 진출하였을 뿐이다.

이어 어업령, 산림령, 광업령 등을 공포하여 경제 활동을 통제하고 일본인에게 유리하게 개편하였다. 어업권을 새로 내주면서 주요 어장은 일본인들이 차지하였고 금, 은, 철, 석탄 등 주요 광산 개발권도 일본인에게 넘어갔다. 농민들은 국유림도 마음대로 들어가지 못하게 되어 땔감 얻기가 어려워졌다. 또한 조선 총독부는 담배, 인삼, 소금 등을 독점 판매하는 전매제로 막대한 이익을 챙겼다.

이런 경제 정책을 뒷받침하기 위해 조선 총독부는 철도, 항만, 통신, 도로 등 기간 시설을 새로 건설하고 정비하였다. 특히 경부선, 경의선에 이어 호남선, 경원선을 건설하여 ×자형 간선 철도망을 완성하였다. 이

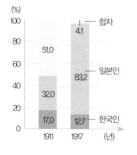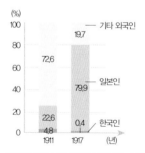

(조기준, 『한국 자본주의 성립사론』, 대왕사, 1973)

민족별 공업 회사 불입 자본액(왼쪽)과 광산 생산액(오른쪽)을 보면 회사령이 어떤 의도였는지를 알 수 있다.

로써 한국을 일본 경제권에 편입시키려는 계획에 가속도가 붙게 되었고, 대륙 진출의 발판이 마련되었다. 또한 한국에서 생산한 곡물과 자원은 일본으로, 일본 상품은 한국으로 쉽게 가져가고 들여올 수 있게 되었다.

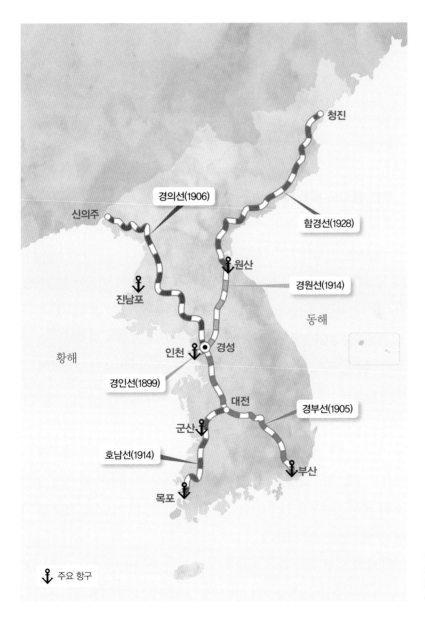

일본은 서울을 중심으로 X자형 간선 철도망을 건설하여 일본과 연결하고 대륙 침략의 발판을 마련하였다.

10

한국인들, 나라 안팎에서 일제에 저항하다

무단 통치도 두렵지 않다

우리 민족은 무단 통치 아래에서도 저항을 멈추지 않았다. 규모는 크게 줄었지만 의병들은 여전히 일본 군경과 유격전을 벌였다. 헌병 경찰의 삼엄한 감시 속에서 민족 운동가들은 비밀 결사를 만들어 활동하였다. 최익현과 함께 대마도로 끌려갔던 임병찬은 고종의 밀지를 받고 독립 의군부를 조직하였다. 그는 전국의 의병장, 유생 들과 함께 의병을 일으켜 고종을 복위시키려 하였다. 그러나 일본 총리와 조선 총독에게 국권 반환 요구서를 보내려고 준비하다 발각되고 말았다.

박상진을 총사령으로 한 대한 광복회는 친일파를 처단하고 만주에 무관 학교를 세우려 하였다. 군대식 조직을 갖춰 광산과 우편 수송차를 습격하고 친일 부호들에게 의연금을 걷다 조직이 드러났다. 박상진, 김한종 등 중심 인물들은 사형당하였고, 김좌진 등 일부 회원들은 만주로 가서 항일 투쟁을 계속하였다.

이 밖에 평양 숭실 학교 학생과 교사 들이 중심이 된 조선 국권 회복단, 여성이 중심이 된 송죽회, 박용만이 하와이에서 조직한 대조선 국민

군단의 국내 조직이었던 조선 국민회 등이 활동하였다.

농민들도 가만히 있지 않았다. 토지 조사 사업을 하면서 적지 않은 국 공유지에서 소유권 분쟁이 일어났다. 대장에는 왕실과 관청이 소유자로 되어 있지만 실질적으로 농민이 주인인 국공유지가 적지 않았기 때문이다. 조선 총독부가 이를 인정하지 않자 농민들은 소송을 벌여 소유권을 되찾으려 하였다. 또한 동양 척식 회사나 일본인 지주들이 높은 소작료를 매기면 홀로 또는 집단적으로 거부 투쟁을 하였다. 비록 헌병 경찰이 무자비하게 탄압하는 바람에 번번이 목적을 이루지 못했지만 생존권을 지키기 위해 끈질기게 맞섰다. 어민들도 잃어버린 어장을 되찾기 위한 투쟁에 나섰다. 투쟁은 무단 통치로 기대한 만큼 성과를 거두지 못하였지만 어민들은 쉽게 물러서지 않았다.

노동 운동은 아직 미약하였다. 공장이 많지 않았고 노동조합은 아직 동호회 수준에 머물렀기 때문이다. 요구 조건도 임금 인상, 대우 개선 같은 경제적 요구에 머물렀다. 하지만 노동자들은 억압에 맞서 단결하여 파업 투쟁을 벌이면서 조금씩 성장하고 있었다.

• 마지막 의병장 채응언(1879~1915)

"자기 나라를 위하고 자기 민족을 사랑하는 자를 살인·강도죄로 이름을 더럽히지 말고 내란죄로 처벌하라. 의로써 죽는 것이 기쁠 뿐, 티끌만치도 여한이 없다."

의병장 채응언이 강도·살인죄로 사형을 선고받고 한 마지막 말이다. 대한 제국 군대 부사관으로 근무하던 그는 군대가 해산당한 뒤 의병에 가담하였다. 의병 대부분이 만주와 연해주로 이동한 뒤에도 그는 부하 300~400명을 이끌고 국내에서 활동을 계속하였다. 평안도, 황해도, 강원도를 돌아다니며 헌병 주재소나 파견소를 습격하여 일본 군경을 사살하고 무기를 빼앗았다. 일제 앞잡이도 처단하고 통신 시설을 파괴하기도 하였다. 가끔 학교를 방문하여 학생들에게 군사 훈련을 보여 주기도 하였다. 1915년 군자금을 조달하기 위해 부호를 찾아갔다가 밀고로 붙잡히고 말았다. 그해 11월 평양 형무소에서 순국했다. 1962년 건국 훈장 독립장이 추서되었다.

채응언(오른쪽)
맨발에 일본 군복을 입었다. 눈 주위가 부어 있다.

나라 밖에 독립운동 기지를 건설하자

북간도

민족 지도자들은 국내에서 독립운동이 힘들어지자 나라 밖으로 눈을 돌렸다. 만주와 연해주는 일찍이 가난한 농민들이 건너가 함께 모여서 살고 있었다. 국권 강탈 무렵 이주민들은 더욱 늘어났고, 민족 지도자들도 독립운동 기지를 건설하기 위해 이곳으로 왔다. 유인석, 홍범도 등 의병장들도 부대를 이끌고 왔다.

북간도에는 용정촌, 명동촌 등 많은 한인 집단촌이 있었다. 이상설, 이동휘, 김약연 등은 여기에 학교를 세우고 자치 단체를 만들어 동포 사회를 이끌었다. 1906년 이상설은 여준, 이동녕 등과 함께 용정촌에 서전 서숙을 세웠다. 학교 운영비와 수업료는 모두 이상설이 책임졌다. 역사·지리·수학·정치학·국제 공법 등 신학문을 가르쳤고, 독립사상을 높이는 데 힘을 쏟았다. 하지만 이상설이 헤이그 특사로 가고 통감부가 설치한 간도 파출소의 감시와 압박으로 1년 만에 문을 닫았다. 1908년 여준, 김약연 등이 명동 학교로 이름을 바꿔 다시 학교를 열었다. 명동 학교는 1920년 간도 참변 때 학교 건물이 불탔고, 일제의 압박으로 어려움을 겪었지만 1930년 초까지 유지하였다. 서전 서숙과 명동 학교는 수많은 독립운동가를 배출하였다. 영화 〈아리랑〉을 만든 나운규, 시인 윤동주와 송몽규, 문익환 목사 등도 명동 학교 출신이다.

명동 학교를 나온 마진, 남세극 등은 김약연과 함께 1913년 간민회를 만들었다. 간민회는 동포와 관련이 있는 크고 작은 일들을 자치적으로 해결한 조직이었다. 간민회는 중국의 견제 속에서 법률·교육·교섭 등 12부를 두고 각 지역 한인촌에 지회를 만들었다. 중국 관리들도 한인 문제가 생기면 협의할 정도로 영향력이 있었다. 간민회는 일제가 만주에 세력을 뻗치며 중국의 압력이 커지고 보수 유림 단체와 갈등이 겹쳐 해체되고 말았다. 하지만 간민회는 남몰래 활동을 이어 갔고, 3·1운동 뒤 국민회로 이어졌다.

이 밖에도 민족 지도자와 한인 동포 들이 만든 많은 단체들이 있었다. 서일 등 대종교 간부들도 일제의 탄압을 피해 이곳으로 와서 무장 단체 중광단을 만들었다. 중광단은 3·1운동 뒤 북로 군정서로 개편하고, 사관 양성소를 세워 독립군을 길러 냈다.

중국과 러시아의 접경 항카호 남쪽 밀산에도 독립운동 기지가 건설되었다. 1909년 이상설, 이승희 등은 이곳에 땅을 사들여 동포 1백여 호를 이주시켜 한흥동을 만들었다.

남만주

남만주 지역에는 이회영, 이상룡을 비롯한 신민회 회원들이 중심이 되어 독립운동 단체 경학사를 만들었다. 특히 조선 제일의 명문가 이회영 6형제는 모든 것을 버리고 독립 기지 건설에 헌신하였다. 당시 이회영 집안이 처분한 재산은 지금 화폐 가치로 수천억 원이 넘는 거액이었다. 이상룡은 이회영 집안 못지않은 명문가 출신으로 의병에 가담하고 자강 계몽 운동으로 나라를 지키려 하였다. 하지만 국권을 강탈당하자 이회영처럼 노비를 모두 풀어주고 가산을 몽땅 팔아서 서간도로 망명하였다. 숱한 어려움을 뚫고 삼원보에 터를 잡은 이들은 1912년 경학사를 부민단으로 개편하고 신흥 학교를 세웠다. 신흥 학교는 신흥 무관 학교로 발전하여 수많은 독립군을 길러 낸 독립군 사관 양성 학교가 되었다. 부민단은 한인 자치 기관으로 3·1운동 뒤 한족회로 개편되면서 서로 군정서를 조직하였다.

임청각
이상룡은 경학사 사장과 한족회 회장을 지냈고, 1925년에는 내각제로 개편한 임시 정부 초대 국무령에 취임하였다. 이상룡 집안에서 건국 훈장을 받은 사람은 동생, 아들, 조카 등 무려 13명이다. 이상룡이 태어난 임청각은 99칸 대저택이었다. 조선 총독부가 이 집을 훼손하기 위해 중앙선 철길을 만들면서 집은 반토막이 나고, 기차가 바로 집 앞을 지나가게 되었다. 2019년에는 임청각 복원 사업이 확정되었다.

국외 독립운동 기지 건설
독립운동가들은 만주와 연해주에 이주한 많은 한인 동포의 지원으로 독립운동 기지를 건설하였다.

연해주

연해주 지역에는 19세기 후반 무렵 많은 동포들이 먹고살기 위해 이주하였다. 블라디보스토크에는 1911년 한인 집단 거주지인 신한촌이 건설되고, 최재형을 비롯하여 홍범도, 이상설, 유인석 등은 한인 자치 단체 권업회를 만들었다. 권업회는 연해주 항일 독립운동의 중심 기관으로 한인의 단결과 지위 향상에 노력하였다. 1914년에는 이상설과 이동휘를 정부통령으로 하는 대한 광복군 정부를 조직하여 독립 전쟁을 준비하였다. 하지만 한인을 지원하던 러시아가 제1차 세계 대전이 일어나면서 일본과 동맹을 맺게 되자 상황이 바뀌었다. 독립군은 활동을 금지당하고 권업회도 강제 해산당하고 말았다.

연해주 지역 독립운동은 러시아 혁명으로 다시 활기를 찾게 되었다. 1917년 연해주 한인 단체들은 권업회의 전통을 이어받아 전로 한족회 중앙 총회를 만들었다. 총회는 3·1운동 뒤 대한 국민 의회로 발전하였다. 국민 의회는 러시아 혁명 때 만들어진 소비에트 형태로 입법과 함께 행정과 사법 기능을 수행하였다. 한편 하바롭스크에서는 이동휘를 중심으로 러시아에 귀화한 한인 사회주의자들이 한인 사회당을 결성하였다.

이런 활동에 힘입어 만주와 연해주 지방은 1920년대 항일 무장 독립 운동의 중심지가 될 수 있었다.

상하이와 베이징

중국 상하이에는 신해 혁명 뒤 민족 운동가들이 모여들었다. 일부는 중국 혁명 운동에 뛰어들기도 하였다. 1911년 3월 신규식은 박은식·신채호·조소앙·문일평 등과 함께 동제사를 만들었다. 신규식은 한국군 장교를 지내고 자강 계몽 운동을 하다 중국에 망명하여 중국 혁명 운동에 힘을 보태고 있었다.

동제사는 독립운동을 위해 청년을 교육하는 데 힘을 쏟았다. 1913년 박달 학원을 세웠고, 한국 젊은이들을 중국 바오딩 군관학교·난징 해군 학교 등에서 배울 수 있게 하였다. 중국 혁명 세력과 협조 관계를 유지하기 위해 1912년 말 혁명파의 중심 인물이었던 천치메이·쑹자오런 등과 함께 신아 동제사를 조직했다. 1915년에는 베이징의 독립운동가와 함께 신한 혁명당을 만들었다.

제1차 세계 대전이 시작될 무렵 러시아는 일본과 관계를 고려하여 한국 독립운동가들을 홀대하였다. 이상설은 자신이 주도하였던 권업회가 러시아의 압력으로 해산되자 상하이로 와서 새로운 활로를 찾으려 하였다. 그는 신규식, 박은식 등과 함께 국외 각 지역의 독립운동 세력을 하나로 묶고자 하였다. 이렇게 탄생한 것이 베이징에 본부를 두고 상하이와 창춘, 펑텐 등에 지부를 둔 신한 혁명당이다. 상하이가 아닌 베이징에 본부를 둔 것은 중국과 독일의 지지를 얻기 위해서였다. 이 무렵 베이징에는 위안스카이가 이끄는 정부가 있었고, 유럽 열강들은 베이징 정부를 지지하고 있었다. 특히 중국은 일본과 대치 관계에 있던 독일과 긴밀한 관계를 맺고 있었다.

신한 혁명당은 1차 대전에서 독일이 이길 것으로 예상하였다. 승리를 하면 틀림없이 일본을 공격할 것이고, 중국 민중의 반일본 정서로 볼 때 중국도 여기에 합세할 것으로 예상하였다. 러시아를 비롯한 열강들도 동조할 것으로 판단하였다. 이런 상황이 오면 독일과 중국의 지원으로 독립을 쟁취할 수 있다고 생각하여 고종을 탈출시켜 망명 정부를 수립하려 하였다. 하지만 서울에 갔던 외교 부장 성낙형이 붙잡히면서 계획이 틀어지고 말았다.

게다가 신한 혁명당의 예상과 달리 1917년 미국이 참전하면서 연합군이 승기를 잡았다. 독일 편이었던 중국도 연합국으로 기울어졌다. 여기에 독립운동의 구심점 역할을 하던 이상설이 1917년 3월 병으로 죽고 말았다.

이런 안팎의 변화에 따라 독립운동에 새로운 활로를 찾아야 한다는 공감대가 형성되었다. 특히 황실에 대한 기대를 접어야 한다는 생각이 커졌다. 러시아 혁명과 제1차 세계 대전에서 공화정 국가들이 군주제 국가에 승리한 것도 영향을 미쳤다.

이에 신규식을 비롯하여 중국, 만주, 연해주 지역 독립운동가들은 〈대동 단결 선언〉을 발표하여 독립운동이 나갈 바를 밝혔다. 미주에 있던 박용만도 뜻을 함께하였다. 〈대동 단결 선언〉에서 주권은 민족 내부에서만 주고받을 수 있다며 '병합 조약이 무효임을 밝혔다. 그리고 융희 황제^{순종}가 포기한 주권은 2천만 동포에게 있음을 분명히 하고, 해외 독립운동가들이 이 권한을 위임받아 임시 정부를 만들 권리와 책임이 있다고 주장하였다. 이 선언은 그동안 여러 독립운동가들이 주장한 바를 하나로 모았고, 임시 정부가 공화정 체제로 탄생하는 밑거름이 되었다.

대동 단결 선언을 주도한 동제사는 1917년 스톡홀름 만국 사회당 대회에 참가하기 위해 조선 사회당으로 이름을 바꾸었다. 1918년 여운형

등 동제사 소장파들이 신한 청년단을 결성했다. 신한 청년단은 파리 강화 회의가 열리자 김규식을 대표로 파견하였다.

미주 지역

미주 지역은 1903년 하와이 이민을 시작으로 한인 수가 늘어나면서 동포 사회가 형성되었다. 이들은 열악한 환경 속에서 자신들의 권리를 지키고 모국의 독립을 위해 각종 단체를 만들었다. 1908년 장인환과 전명운이 스티븐스를 사살하자 동포들 사이에 애국심이 높아지면서 단체를 통합하려는 움직임이 일어났다. 마침내 1910년 대한인 국민회가 만들어졌다. 국민회는 샌프란시스코에 본부를, 하와이, 멕시코 등에 지부를 두고 성금을 모아 만주와 연해주에서 활동하던 독립군을 지원하였다. 또한 『신한민보』를 발행하여 동포들의 권익을 보호하고 민족 의식을 높이려 하였다.

이 밖에 안창호는 흥사단을 조직하여 민족의 실력을 기르려고 하였고, 박용만은 하와이에 대조선 국민 군단을 조직하여 군사 훈련을 실시하였다. 멕시코 이주민들도 숭무 학교를 세워 무장 투쟁을 준비하였다.

재미 한인 지도자들은 국제 외교에도 관심이 많았다. 1917년 박용만이 뉴욕에서 열린 세계 약소국 동맹 회의에 대표로 참가하였고, 파리 강화 회의에는 이승만을 보내려고 하였다.

꼭 기억해야 할 독립운동의 대부들

• 이회영(1876~1932)

8월 초에 여러 형제분이 모여서 같이 만주로 갈 준비를 하였다. 비밀리에 땅과 집을 파는데, 여러 집을 한꺼번에 처분하니 얼마나 어려우리요. 그때만 해도 여러 형제분 집은 예전 대갓집이 그렇듯이 종살이를 하는 사람이 수없이 많았고 우리 집 어른(이회영)은 예나 범절을 따지지 않고 위아래 구분 없이 뜻만 같으면 악수하여 동지로 대접하였다. (중략) 1만여 석의 재산과 가옥을 모두 팔고 경술년(1910년) 12월 30일에 큰집, 작은집이 함께 압록강을 건너 떠났다.

이회영과 아이들. 1920년대 이회영이 북경에서 활동하던 무렵으로 추측된다.

위 글은 이회영의 아내 이은숙이 쓴 자서전의 일부이다. 이회영 집안은 내로라하는 명문가로 조선 제일의 갑부였다. 이회영 6형제가 처분한 재산은 오늘날 화폐 가치로 적어도 600억은 될 것이라고 한다. 만약 급히 서둘지 않고 제대로 처분했으면 수천억에서 수조 원은 되었을 것이다. 누구보다 부귀영화를 누릴 수 있었지만 이회영 형제들은 전 재산을 쏟아부어 독립운동에 투신하였다. 이회영이 노비 문서를 불태워 해방시켜 준 노비 가운데 20여 명도 스스로 따라가겠다고 나섰다.

나라를 잃어버리고 다른 나라에 가서 사는 것은 쉬운 일이 아니다. 돈이 있다고 해도 땅을 쉽게 살 수 있는 것도 아니다. 게다가 자국을 되찾기 위해 독립군을 기르겠다고 한다면 아마도 그것을 순순히 들어줄 나라는 없을 것이다. 중국도 일본에 시달리고 있었으니 두 손을 들어 환영하였을까? 절대 그럴 리 없다.

이런 어려움을 딛고 우리 동포들이 삼원보에 자리를 잡을 수 있었던 것은 이회영 형제들 덕분이라고 할 수 있다. 우선 땅을 살 수 있는 큰돈을 가져왔고, 이회영이 베이징 정부를 이끌던 총통 위안스카이를 만나 정착을 허락받았기 때문이다. 위안스카이가 '조선의 총독'이라 불리던 시절 이회영은 그와 개인적으로 친분을 쌓았다. 이 덕분에 만주 지역을 관할하던 총독에게 토지 매입과 무관 학교 설립을 허가하라는 지시를 얻어 낼 수 있었다. 그렇다고 중국 생활이 편했던 것은 결코 아니다. 추운 날씨와 흉년에, 만주에서 갈수록 강해지는 일본의 영향력도 걱정거리였다. 아무리 위안스카이의 허락을 받았다고 해도 베이징 정부도 일본에 시달리고 있었기 때문이다.

이회영을 비롯한 6형제는 독립운동의 가시밭길 속에서 결국 하나둘 죽음을 맞이하였다. 1940년 죽은 첫째 이건영의 둘째 아들(규면)은 신흥 무관 학교를 졸업하고 독립운동을 하다 병사했다. 이건영의 셋째 아들 규훈은 독립운동을 하다 해방 후 공군에 근무했는데, 한국 전쟁 때 실종됐다. 가산을 정리할 때 가장 많은 재산을 내놓은 둘째 이석영은 1934년 중국 빈민가를 떠돌다 굶어 죽었고 셋째 이철영은 신흥 무관 학교 교장을 맡아 일하다 1925년 세상을 떠났다. 다섯째 이시영은 형제 가운데 유일하게 살아서 해방을 맞아 대한민국 초대 부통령이 되었다. 하지만 이승만 대통령의 독재에 환멸을 느껴 사임하였다. 막내 이호영도 1933년 독립운동을 하다 온 가족이 베이징에서 행방불명되었다. 이회영은 1932년 11월 만주로 활동 범위를 넓히기 위해 상하이에서 다롄으로 가다 일본 경찰에 잡혀 옥사하였다. 이때 나이가 65세였다.

• 최재형(1858~1920)

최재형은 1858년 함경북도 경원에서 태어났다. 1869년 아버지 최홍백을 따라 러시아 노우키예프스크로 이주하여 귀화하였다. 러시아 이름은 최 표트르 세묘노비치이다. 최재형은 연해주에서 군수업으로 큰돈을 벌었다. 그는 자신이 모은 재산 대부분을 항일 운동을 위해 사용하였다. 이 덕분에 연해주 의병들은 소련이 제2차 세계 대전 때까지 사용할 정도로 뛰어난 성능을 가진 소총으로 무장할 수 있었다.

1910년 블라디보스토크에서 발간되던 『대동공보』가 재정난에 빠지자 이를 인수하여 동포들을 일깨우고 항일 사상을 높였다. 또한 노우키예프스크에 한인 중학교를 세우고 한족 민회를 조직하였다. 이런 헌신으로 연해주 독립 단체들은 하나로 뭉쳐 활발하게 활동할 수 있었다.

1910년대 블라디보스토크에서 형(왼쪽), 조카(가운데)와 기념 사진을 찍은 최재형.

1909년에는 전 간도 관리사 이범윤과 함께 국내 진공 작전을 벌여 함경북도 경원의 신아산, 회령 영산에서 일본 수비대를 궤멸시켰다. 또한 안중근 의사가 그를 찾아와 이토 히로부미를 사살하겠다고 하자 거사 장소를 하얼빈으로 정하게 하였다. 일본이 아닌 러시아 법정에서 재판을 받을 수 있기 때문이었다. 그는 러시아인 변호사도 미리 준비해 놓았지만 러시아가 안중근을 일본에 넘기는 바람에 계획대로 되지 못하였다.

1911년 연해주 신한촌에서 홍범도, 이상설 등과 함께 권업회를 조직하여 회장에 뽑혔다. 1913년 최재형은 사절단을 이끌고 로마노프 왕조 300주년 기념식에 참석했고, 1914년에는 블라디보스토크에서 열린 한인 러시아 이주 50주년 기념 행사 준비 위원장으로 선출되었다. 하지만 러시아가 일본과 가까워지면서 연해주의 한인들에 대한 감시가 강화되었고, 최재형도 간첩으로 몰려 체포되었다. 일본 측의 음모가 드러나 석방되었지만 러시아 정부는 더 이상 그와 거래를 하지 않아 경제적으로 어려운 처지가 되었다.

1919년 3·1운동이 일어나자 파리 강화 회의에 대표를 파견할 것을 추진했다. 그해 4월 상하이 임시 정부가 수립되자 재무 부장에 선임되었으나 사양했다. 1920년 4월 초 일본군이 시베리아에 출병하자 재러 한인 독립군 부대를 모두 모아 사단장이 되어 러시아 혁명군과 함께 시가전을 전개하다가 체포되었다. 헤이룽장성 일본 헌병 본부로 압송되는 도중 탈출했지만 니콜스크시 남쪽 군사 경계선 근처에서 일본군 추격대에 살해되었다. 지금 최재형의 후손들은 러시아 모스크바와 카자흐스탄 알마티 등에서 살고 있다. 1962년 건국 훈장을 받았다.

11

3·1운동을
일으키다

파리 강화 회의에 대표를 보내다

제1차 세계 대전이 끝날 무렵 전 세계에 민족 자결주의 열풍이 불었다. 특히 월슨의 14개조를 토대로 파리 강화 회의가 열리자 피압박 민족들은 독립을 향한 희망을 갖게 되었다. 여기에 고무되어 아시아, 아프리카 여러 민족과 나라에서는 민족 해방과 독립운동을 일으켰다.

우리 민족 지도자들도 이런 상황을 이용하여 독립을 이루려 하였다. 임시 정부는 파리에 외교 부서로 파리 위원부를 설치하고 파리 강화 회의에 참석한 각국 대표단에게 한국 문제를 안건으로 올려 줄 것을 요청하였다. 제1차 세계 대전 승전국이었던 일본이 가로막고 열강들도 외면해 실패로 돌아갔지만 파리 위원부는 선전 활동을 활발하게 벌였다. 8월에는 스위스 루체른에서 열린 제2차 인터내셔널회만국사회당대회에 이관용과 조소앙을 파견하여 '한국 민족 독립 결정서'를 채택하게 하는 성과를 거두었다. 중국 상하이에서는 신한 청년단

임시 정부 파리 위원부 대표단과 이들을 도운 프랑스 사람들. 앞줄 왼쪽부터 여운홍, 파리 위원부 고문 블레베씨 부부, 위원장 김규식이다. 뒷줄 두 번째가 부위원장 이관용, 세 번째가 조소앙, 맨 끝이 황계환이다.

〈대한 독립 선언서〉
국한문 혼용체로 35행 1723자
로 된 〈대한 독립 선언서〉는 조
소앙(1887~1958)이 기초하였
다. 선언서는 2월 초에 만들어
졌고, 3·1운동이 일어난 뒤 배
포되었다.

이 김규식을 대표로 보내 독립 청원서를 제출하게 하였다. 연해주에서는 윤해, 고창일을 파리에 보내 독립을 호소하였다. 미주에서도 이승만, 정한경을 파리에 파견하려고 하였으나 뜻을 이루지 못하였다.

만주에서는 해외에서 활동하고 있던 저명한 민족 지도자들이 대부분 참여하여 〈대한 독립 선언서〉를 발표하였다. [무오 독립 선언] 여기서 이들은 한일 병합이 무효임을 선포하고, "섬은 섬으로 돌아가고, 반도는 반도로 돌아오게 할 것"을 요구했다. 이를 위해 2천만 동포에게 '육탄 혈전'으로 독립을 완성하자고 호소하였다. 선언서에서 눈여겨봐야 할 대목은 민주와 평등을 선언했다는 점이다. 국권 강탈 뒤에도 왕을 복위시켜야 한다는 복벽주의를 주장하는 독립운동가들이 적지 않았다. 이런 분위기에서 왕정이 아닌 민주 독립 국가를 세우겠다는 선언은 역사적으로 의미가 크다.

일본 도쿄에서는 최팔용을 비롯한 유학생들이 조선 청년 독립단을 조직하고 독립 선언서를 발표하였다. [2·8독립 선언] 선언서 결의문에서 이들은 한일 병합 조약을 폐기하고 조선은 민족 자결의 원칙에 따라 독립국이 되어야 한다, 만약 일본이 거부하면 끝까지 혈전을 벌일 것을 결의하였다. 발표장에 들이닥친 일본 경찰은 이들을 강제 해산시키고 약 60명을 검거하였다. 하지만 유학생들은 여기에 굴하지 않고 2월 한 달 내내 독립운동을 이어 나갔다. 또한 국내와 연해주에 대표를 보내 연대를 모색하였다.

• 〈2 · 8독립선언서〉와 결의문

〈2 · 8독립 선언서〉

우리 겨레는 아득히 뛰어난 문화를 가졌고 반만년간 국가 생활의 경험을 가진 자라. 비록 많은 세월 전제 정치의 해독과 경우의 불행이 우리 겨레의 오늘로 이르게 하였다 하더라도 정의와 자유를 기초로 한 민주주의 위에 선진국의 본보기를 따라 새로운 국가를 건설한 뒤에는 건국 이래 문화와 정의와 평화를 애호하는 우리 겨레는 반드시 세계의 평화와 인류의 문화에 공헌할지라.

이에 우리 겨레는 일본이나 혹은 세계 각국이 우리 겨레에게 민족 자결의 기회를 주기를 요구하며 만일 그렇지 아니하면 우리 겨레는 생존을 위하여 자유 행동을 취하여서 우리 겨레의 독립을 이루기를 선언하노라.

– 〈2·8독립 선언서〉

재일 유학생들은 1919년 1월 6일 도쿄 간다에 있는 조선기독교청년회관에서 "오늘의 정세는 우리 조선민족의 독립운동에 가장 적당한 시기이며, 해외의 동포들도 이미 실행 운동에 착수하고 있으므로 우리도 마땅히 구체적 운동을 개시하여야 한다"고 결의하였다. 이들은 2월 8일 아침 10시 도쿄 주재 각국 대사관 · 공사관과 일본 정부 각 대신, 일본 귀족원 · 중의원, 조선총독 및 각 신문사에 독립선언서를 보냈다. 오후 2시에는 기독교청년회관에서 유학생대회를 열어 600여 유학생들이 열렬한 환호 속에 〈2 · 8독립 선언서〉를 발표하였다.

조선독립청년단 2 · 8독립 선언 주역들

2 · 8독립 선언 주역들이 1920년 3월 도쿄형무소에서 나온 뒤 찍은 기념사진. 가운데 줄 맨 왼쪽이 독립단 대표 최팔용이고 맨 오른쪽이 1월에 국내에 들어와 선언서 초안을 전달한 송계백이다. 두 사람은 1922년 감옥에서 겪은 고초 때문에 숨졌다. 선언문을 기초한 이광수는 1월에 중국에 건너가 체포되지 않았다.

3·1운동을 준비하다

국내에서는 1919년에 들어 종교계와 학생들을 중심으로 국제 정세 변화에 따른 대응 방법을 찾고 있었다. 천도교, 기독교, 학생층에서 따로따로 독립 만세 운동을 계획하던 가운데 1월 21일 고종이 갑자기 서거하였다. 고종이 일제에 독살당했다는 소문에 반일 감정이 크게 높아졌다. 여기에 상하이, 만주의 움직임과 특히 일본 유학생들이 2·8독립 선언을 했다는 소식이 전해지자 천도교 측이 다른 세력들에게 연대를 제안하였다. 이번이 다 함께 대규모 만세 시위를 벌여 우리의 독립 의지를 온 세계에 알릴 좋은 기회라는 것이었다. 기독교계와 불교계, 학생들이 여기에 호응을 하여 종교계 인사로 민족 대표를 구성하였다. 독립 선언서에 서명한 민족 대표는 천도교에서 손병희, 권동진 등 15명, 기독교에서 이승훈, 박희도 등 16명, 불교에서 한용운과 백용성 등 2명이었다. 여러 사정으로 유림들과의 연대는 이뤄지지 않았다. 유림들은 3·1운동이 일어난 뒤 따로 파리 강화 회의에 독립을 요청하는 청원서를 보냈다.

연대를 하면서 이들은 '파리 강화 회의와 일본, 미국에 독립을 청원하고, 국내에서 독립 만세 시위를 한다'는 운동 방침을 정하였다. 그리고 군중이 많이 모일 고종의 국장일에 즈음하여 대규모 시위로 전 세계에 우리 민족의 독립 의지를 과시하려고 하였다. 민족 대표들은 '대중화·일원화·비폭력'을 행동 강령으로 삼고 독립 선언서를 전국 주요 도시에 비밀리에 배포하였다.

만세 소리가 온 나라를 뒤덮다

1919년 3월 1일 민족 대표들은 본래 계획된 탑골 공원 대신 태화관에서 독립 선언식을 하였다. 예상보다 많은 사람들이 모이자 군중들이 흥분하여 평화 시위 원칙이 깨지는 것을 염려하였기 때문이었다. 만약 폭력 사태가 벌어지면 독립 청원이 받아들여지기 어렵다고 생각한 것이다.

같은 시간 탑골 공원에서는 학생과 시민 들이 따로 독립 선언식을 하고 거리에 나가 '독립 만세'를 외쳤다. 시위 군중은 여러 대열로 나뉘어 늦은 밤까지 만세를 불렀다. 3월 5일에는 보성 전문 학교 강기덕, 연희 전문 학교 김원벽, 경성 의학 전문 학교 한위건 등이 학생 연대를 이뤄내 남대 문 광장에서 일어난 시위를 주도하였다. 이 시위는 1일보다 훨씬 크게 일 어났고, 전국적으로 번져 나간 기폭제 구실을 하였다.

비슷한 시간에 평양, 원산, 의주 등 북한에 있는 주요 도시에서도 독립 선언식이 열렸다. 3월 14일까지 전국에서 일어난 시위 가운데 70% 이상 이 북한에서 일어났다. 이 지역은 조선 후기부터 경제가 성장하고 기독 교와 서구 문물이 빨리 보급되어 다른 지역에 비해 식민지 지배에 대한 반감이 심했다. 천도교 신자가 크게 늘어난 것도 단단히 한몫했다. 조선 총독부는 군대와 경찰을 동원해 해산에 나섰지만 시위는 빠르게 퍼져 나 갔다. 3월 중순에는 지방 중소 도시로, 4월 초에는 전국 농촌까지 확산되 었다. 농촌에서는 주로 장날을 이용하여 만세 시위를 하였다.

시위에는 모든 계층이 참여하였다. 학생들은 동맹 휴업을 하였고, 상 인들은 가게 문을 닫고, 노동자들은 파업으로 시위에 동참하였다. 기생 과 걸인 들도 함께하였다. 물론 농민들도 적극 참여하였다.

이 과정에서 시위 양상도 달라졌다. 처음에는 학생과 종교인, 비밀 결 사 단원 등 지식인들이 앞장을 섰지만 점차 노동자와 농민 들이 시위를 주도하였다. 비폭력 평화적 시위로 시작된 투쟁 방식도 적극적인 무력 투쟁으로 바뀌었다.

3·1운동이 일어나자 조선 총독부는 시위에 참여하면 엄중 처단하겠다 고 경고하였다. 그럼에도 독립 만세 소리가 온 나라를 뒤덮자 헌병 경찰, 군대, 소방대, 재향 군인회 등을 동원하여 총칼로 시위대를 진압하였다. 전국 각지의 감옥은 만세 시위 가담자들로 가득 찼다. 하지만 시위는 더 욱 격렬해졌고 총에 맞아 죽는 사람도 늘어났다. 일제는 전국 곳곳에서

수많은 주민을 학살하는 만행도 서슴지 않았다.

총독부 기록에 따르면 사망자가 가장 많았던 시위는 3월 10일 평안남도 맹산군 시위로 54명이 사망하고 13명이 부상당했다. 다음이 경기 수

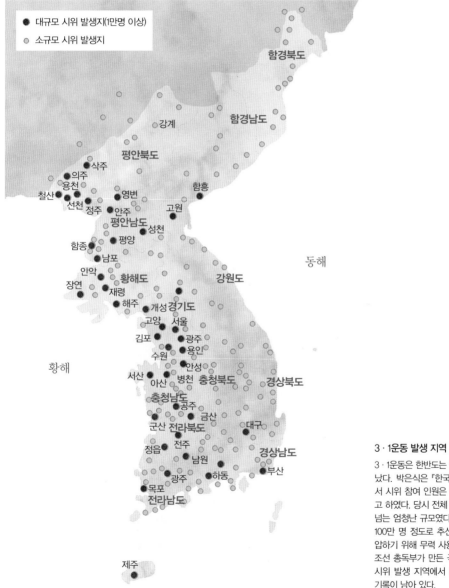

● 대규모 시위 발생지(1만명 이상)
○ 소규모 시위 발생지

함경북도

강계   함경남도

평안북도

삭주
의주
용천   영변   함흥
철산
선천 정주 안주
평안남도 성천   고원
함종 평양
남포

안악   황해도   강원도
장연
재령
해주 개성 경기도
고양 서울
김포   광주
수원 용인
안성
서산   충청북도   경상북도
아산 병천
충청남도
공주
금산
군산 전라북도   대구
정읍 전주
남원   경상남도
광주 하동   부산
목포
전라남도

제주

동해

황해

3 · 1운동 발생 지역

3 · 1운동은 한반도는 물론 만주까지 일어났다. 박은식은 『한국독립운동지혈사』에서 시위 참여 인원은 약 200여만 명이라고 하였다. 당시 전체 인구 가운데 10%가 넘는 엄청난 규모였다. 조선 총독부는 약 100만 명 정도로 추산하였다. 시위를 진압하기 위해 무력 사용도 서슴지 않았다. 조선 총독부가 만든 극비 문서에 대규모 시위 발생 지역에서 총기를 사용했다는 기록이 남아 있다.

원 제암리[29명 사망]였다. 사망자가 20명이 넘는 곳만 해도 평남 성천과 영원, 경남 함안, 군북 등 여러 곳이었다.

그렇지 않아도 강압적인 식민지 정책에 분을 삭이지 못하던 민중들은 이에 분노하였다. 이들은 면사무소를 습격하여 세금 장부를 불태우고, 헌병 주재소와 경찰 관서를 공격하였다. 동양 척식 주식회사와 일본인 지주와 상인, 고리대금 업자도 응징하였다.

나라 밖으로 번진 만세 시위

3·1운동 소식이 알려지면서 해외에 살던 동포들도 만세 시위를 일으켰다. 남만주에서는 3월 12일 부민단이 중심이 되어 수백 명이 독립 축하회를 열고 만세 시위를 하였다. 북간도에서는 3월 13일, 1만 명이 넘는 동포들이 용정에 모여 독립 선언을 하고 거리에 나가 만세를 불렀다. 이어 3월 20일 훈춘에 살던 동포들이 집집마다 태극기를 걸고 독립 만세를 외치며

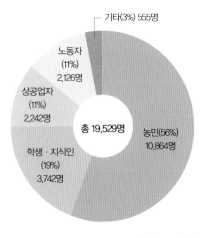

기타(3%) 555명

노동자 (11%) 2,126명

상공업자 (11%) 2,242명

총 19,529명

농민(56%) 10,864명

학생·지식인 (19%) 3,742명

시기별	발생 장소 수	투쟁 형태				투쟁 횟수 합계
		단순 시위	폭력 형태			
			일제와 충돌	일제의 발포		
3. 1~3. 10	113	97	15	15		127
3. 11~3. 20	120	103	23	8		134
3. 21~3. 31	214	164	57	24		245
4. 1~4. 10	280	173	75	51		299
4. 11~4. 20	39	27	5	7		39
4. 21~4. 30	4	3	1	–		4
계	770(곳)	567(건)	176(건)	105(건)		848(건)

3·1운동으로 검거된 사람들의 직업(왼쪽)과 시기별 투쟁 형태(오른쪽)

3·1운동에 참여한 사람들은 농민을 비롯해 학생, 지식인, 상공업자, 노동자 등 다양했다. 농민들은 토지 조사 사업으로 관습적으로 누려 온 권리를 빼앗겨 울분에 가득 차 있었다. 갈수록 늘어나는 일본 이주민들과 고리 대금업자들에게 땅을 빼앗기자 마치 민란을 일으키듯이 곳곳에서 만세 시위에 참여한 것이다. 낮은 임금과 치솟는 쌀값에 시달리던 노동자들도 마찬가지였다. 많은 사람들이 참여할 수 있었던 이유 중 하나는 파리 강화 회의에 대한 기대도 빼놓을 수 없다. 조선 독립이 승인될 것으로 기대했고 일부 지방에서는 승인되었다는 소문도 돌았다.

행진하였다. 해외의 크고 작은 만세 시위는 다음 해까지 이어졌다.

연해주에서는 3월 17일 블라디보스토크 신한촌에서 대한국 국민 회의 의장 문창범이 주도하여 만세 운동을 일으켰다. 동포 2만여 명은 독립 선언식에 참가한 뒤 신한촌 시내를 돌아다니며 독립 만세를 외쳤다. 러시아 스파스크에서도 3월 18일 동포 약 5백 명이 선언서를 뿌리고 시위를 하였다.

미주에서도 만세 운동이 일어났다. 3월 15일 미주 지역에 살던 동포들이 대한인 국민회 전체 회의를 열어 독립을 다짐하는 결의를 하였다. 4월 13일에는 필라델피아에 모여 3일 동안 한인 자유 대회를 열어 독립 선언과 함께 시가 행진을 하였다. 일본 유학생들도 도쿄, 오사카 등에서 독립 만세를 외치며 시위를 하였다.

3·1운동, 민족 독립운동에 큰 전기를 마련하다

3·1운동은 성공하지 못하였다. 가장 큰 원인은 일제의 무자비한 탄압

• 〈3·1독립 선언서〉

우리는 오늘 조선이 독립한 나라이며, 조선인이 이 나라의 주인임을 선언한다. 우리는 이를 세계 모든 나라에 알려 인류가 모두 평등하다는 큰 뜻을 분명히 하고, 우리 후손이 민족 스스로 살아갈 정당한 권리를 영원히 누리게 할 것이다.

이 선언은 오천 년 동안 이어 온 우리 역사의 힘으로 하는 것이며, 이천만 민중의 정성을 모은 것이다. 우리 민족이 영원히 자유롭게 발전하려는 것이며, 인류가 양심에 따라 만들어 가는 세계 변화의 큰 흐름에 발맞추려는 것이다. 이것은 하늘의 뜻이고 시대의 흐름이며, 전 인류가 함께 살아갈 정당한 권리에서 나온 것이다. 이 세상 어떤 것도 우리 독립을 가로막지 못한다.

〈3·1독립 선언서〉는 본래 국한문 혼용체였다. 정부는 3·1운동 100주년을 맞이하여 쉽고 바르게 읽을 수 있는 독립 선언서를 만들었다. 선언서에서 눈여겨봐야 할 부분은 〈2·8독립 선언서〉가 독립을 '이루고자' 선언했다면 〈3·1독립 선언서〉에서는 조선이 독립국임을 선언했다는 점이다.

때문이었다. 조선 총독부가 4월 말까지 검거한 사람이 26,713명이다. 이 가운데 8,027명을 태형에 처하였다. 태형 처분이 이렇게 많은 것은 감옥이 모자랄 정도로 검거한 사람이 많았기 때문이다. 태형을 현장에서 바로 시행한 경우도 적지 않았다. 물론 심한 매질로 죽는 사람도 있었다. 현장 집행으로 공포 분위기를 만들려고 한 의도였을 것이다.

제국주의 열강들이 일본을 지지한 것도 중요한 실패 요인이었다. 열강들은 파리 강화 회의에서 민족 자결주의가 자국의 식민지에 적용되는 것을 막았다. 일본의 식민지도 마찬가지였다. 당연히 열강들은 파리 강화 회의에 파견된 우리 대표단을 인정하지 않았고 3·1운동도 지원하지 않았다.

하지만 3·1운동은 결코 실패한 것만은 아니다. 우리 독립운동에 결정적인 전기를 마련하였기 때문이다. 3·1운동에는 계층과 직업, 종교에 관계없이 남녀노소 모두가 참여하였다. 전국에서 200개가 넘는 군 가운데 시위가 일어나지 않는 곳은 7군데밖에 되지 않았을 정도였다.

이런 경험은 학생뿐 아니라 노동자, 농민 들이 나라의 주인은 따로 있지 않다는 생각을 하게 만들었다. 이런 자각을 바탕으로 다양한 분야에서 사회 운동이 활발하게 일어났다.

독립운동가들도 무장 투쟁론, 외교론, 준비론 등 다양한 전략과 노선에 따라 더욱 활기차게 활동하였다. 특히 만주와 연해주에서 무장 투쟁을 준비하던 단체들은 1919년 가을부터 본격적으로 국내 진공 작전을 벌여 나갔다.

무엇보다 중요한 것은 3·1운동으로 상하이에 임시 정부가 세워졌다는 점이다. 특히 왕정이 아닌 공화정 임시 정부는 왕이 아닌 국민이 주인인 정부를 내세웠다는 점에서 의미가 있었다. 당시 공화주의는 대한 독립 선언을 계기로 점차 대세가 되었지만 왕정을 지지하는 사람도 적지 않았다. 그런데 3·1운동에서 민중들이 주체로 나서면서 공화주의가 확고하게 자리를 잡은 것이다.

3·1운동은 제1차 세계 대전 승전국 식민지에서 처음으로 일어난 반제 국주의 민족 운동이다. 3·1운동에 이어 중국의 5·4운동을 비롯해 인도의 반영 운동, 베트남과 필리핀의 독립운동 등 여러 지역에서 반제국주의 운동이 일어났다. 이 운동에 3·1운동은 크고 작은 자극을 주었다.

일제도 무단 통치를 버리고 이른바 '문화 정치'로 통치 방식을 바꿀 수밖에 없었다. 마지못해 최소한으로라도 언론, 집회, 결사의 자유를 인정한 것이다. 이를 계기로 1920년대 국내에서 민족 운동과 사회 운동이 활발히 일어났다. 바로 이점에서 1920년대 우리 민족의 활동은 3·1운동의 성과라 할 수 있다.

• 자제단, 민족의 함성을 배반하다

자제단은 친일 한국인들이 3·1운동이 확산되는 것을 막기 위해 만든 어용 조직이다. 1919년 4월 6일 중추원 참의 박중양 등 대구 지역 관료, 지역 유지, 지식인 백여 명이 처음 조직하였다. 3·1운동이 확산되면서 7월까지 충북·전북·울산·수원 등 전국으로 확대되었다. 이 가운데 수원군과 연기군, 경주군, 대구부 등에서는 동, 리별 조직까지 결성되었다. 3·1운동이 끝난 뒤 10월부터 하나둘 해산하였다.

대구 자제단의 핵심 인물인 박중양(왼쪽)과 이진호(오른쪽)

자제단은 친일 관료 외에도 개화 지식인, 계몽론자 등이 주로 참여하였다. 일부 지주들도 자발적으로 참여하였다. 지주들은 자신이 거느린 머슴이나 소작인 들을 자제단 조직원으로 가입시켰다. 이완용, 송병준 등 일부 친일파도 참여 의사를 밝혔다. 하지만 박중양은 이들이 들어오면 불에 기름을 끼얹는 꼴이 되어 도움이 안 된다며 거절하였다.

자제단원들은 전국 각지에서 해당 지역을 돌며 만세 시위에 참여하지 말라고 하거나 참여자를 설득하여 집에 돌아가게 하였다. 설득을 거부하면 지부장과 본부에 연락하고, 경찰서나 부청, 군청 등에 신고하였다.

박중양 등 자제단 간부들은 3·1운동을 진압하고 확산되는 것을 막은 공로로 일제로부터 훈장을 받았다. 박중양은 1945년 일본 천황이 선임하는 일본 제국 의회 귀족원 칙선 의원이 되었다. 1949년 1월에 반민 특별 위원회에 체포되어 서대문 형무소에 수감되었다. 이진호는 데라우치 총독에게 '민간 유지자들이 자발적으로 독립운동의 진정 방법을 마련할 필요가 있다. 유혹하는 자를 검거할 것을 서약하게 만들자'는 편지를 보냈다. 그는 일제 강점기에 전라북도 도장관과 조선인 첫 학무국장을 지냈다.

3 · 1운동 속으로

천도교 중앙 대교당은 신자들이 모은 성금으로 1918년 12월에 착공해 1921년 2월에 준공되었다. 건축비를 뺀 나머지 성금은 3·1운동에 사용하였다고 한다. 김구는 귀국하자마자 대교당을 방문하여, '이 교당이 없으면 3·1운동이 없고, 3·1운동이 없으면 상하이 임시 정부가 없고, 상하이 임정이 없으면 대한민국의 독립이 없었을 것이다'라고 하였다.

천도교 중앙 대교당

태화관은 궁중 요리와 춤, 노래를 제공한 음식점이었다. 독립 선언식은 태화관의 별관이었던 별유천지에서 열렸다. 민족 대표 33인 중 길선주, 김병조, 유여대, 정춘수는 참석하지 않았다.

태화관과 별유천지

제암리 주민들은 천도교 지도자들의 주도 아래 3월 30일 발안 장터에서 만세 운동을 일으켰다. 폭력 진압에도 굴하지 않고 주민들은 밤마다 뒷산에 올라 봉화를 올리고 장날이면 만세를 외쳤다. 4월 15일 일본군이 "만세 운동을 진압하며 너무 심한 매질을 한 것을 사과하려고 왔다"며 15세 이상 남자들을 교회에 모이라고 했다. 일본군은 출입문을 막고 사격을 한 뒤 불을 질렀다. 이어 마을을 돌아다니며 집에 불을 질러 숨어 있거나 도망 나온 주민을 살해했다.

제암리 사건

조선독립신문

조선독립신문은 3월 1일 창간했다. 창간호는 3월 1일 탑골공원에서 약 4,000부가 뿌려졌다. 이후 꾸준히 독립 선언의 취지를 알리고, 민족 대표 소식, 만세 시위 상황, 운동을 지지하는 해외 소식, 일본 군대와 경찰의 잔인한 행패 등을 실었다. 조선 총독부의 집요한 탄압에도 4월 말 27호가 발간되었고, 8월까지 10호가 추가로 발행됐다. 2호(3월 2일자)에 "근일(近日) 중에 가정부(임시 정부)를 조직하고 가대통령(임시 대통령) 선거를 할 것"이라는 놀라운 소식을 전했다.

프랭크 윌리엄 스코필드(1889~1970)

영국 태생의 캐나다 의학자이자 선교사인 스코필드는 '34번째 푸른 눈의 민족 대표'로도 불린다. 그는 1919년 3·1운동 시위 현장을 촬영했다. 특히 경기 화성시 제암리 학살의 진상을 현장 사진과 함께 세계 언론에 알렸다. 1920년 조선 총독부의 강압으로 캐나다로 돌아간 뒤에도 강연과 기고문으로 일본을 비판했다. 1958년 8월 한국으로 돌아와 서울대학교 수의대 대학교수로 재직했다. 1968년 건국 훈장 독립장을 받았고, 1970년 서울 현충원 애국 지사 묘역에 안장됐다.

한국사		세계사
1592년	임진왜란	
1597년	정유재란	
1600년		영국, 동인도 회사 설립
1603년		일본, 에도 막부 세워짐
1608년	대동법 경기에 시범 실시	
1609년	일본과 국교 재개(기유약조)	
1610년	허준, 동의보감 편찬	
1616년		후금 건국
1618년		30년 전쟁 시작(독일)
1623년	인조반정	
1627년	정묘호란	
1628년	벨테브레이, 제주도 표착	영국, 권리청원
1631년		명, 이자성의 난
		인도, 타지마할 착공
1636년	병자호란	후금, 국호를 청으로 바꿈
1640년		영국, 청교도 혁명
1644년		명 멸망
1645년	소현 세자 귀국, 과학 · 천주교 서적 가져옴	
1648년		베스트팔렌 조약
1651년		영국, 항해 조례 발표
1653년	시헌력 채택, 하멜 제주도 표착	
1659년	대동법 충청도 실시, 1차 예송	
1666년		뉴턴, 만유인력 법칙 발견
1673년		청, 삼번의 난
1678년	상평통보 발행	
1689년		청, 러시아, 네르친스크 조약
		영국, 권리장전
1694년	갑술환국	
1696년	안용복, 울릉도에서 일본 어민 쫓아냄	
1708년	대동법, 전국 실시	
1712년	백두산정계비 세움	
1713년		청, 지정은 제도 실시
1725년	영조, 탕평책 실시	
1750년	균역법 실시	

한국사	세계사
1751년	정선, 인왕제색도 그림	
1757년		플라시 전투
1762년		루소, 사회계약설 발표
1763년	조엄, 고구마 종자 가져옴	
1765년		증기 기관 개량(와트)
1776년	정조, 규장각 설치	미국, 독립 선언
1778년	박제가, 북학의 저술	
1784년	이승훈, 한국 천주교회 창설	
1785년	대전통편	
1789년		프랑스 혁명, 인권 선언 발표
1791년	금난전권 폐지(신해통공)	
1796년	화성 완공	청, 백련교도의 난
1801년	궁궐과 관청 소속 노비 해방, 신유박해	
1804년		나폴레옹 황제 즉위
1811년	홍경래의 난	
1818년	정약용, 목민심서 저술	
1821년		멕시코 독립
1823년		먼로주의 선언(미국)
1829년		그리스 독립
1838년		차티스트 운동 발발(영국)
1840년		아편 전쟁 시작
1857년		세포이 항쟁(인도)
		무굴 제국 멸망
1860년	최제우, 동학 창시	베이징 조약 체결
1861년	대동여지도 제작	남북 전쟁(미국), 양무운동(청)
		이탈리아 통일
1862년	임술 농민 봉기	
1863년	고종 즉위, 흥선대원군 집권	링컨, 노예 해방 선언
1864년	최제우 처형	
1865년	대전회통 편찬, 경복궁 중건 시작	
1866년	병인박해, 제너럴셔먼호 사건, 병인양요	
1868년	남연군(대원군 아버지) 묘 도굴 사전	일본, 메이지 유신
1869년		수에즈 운하 개통
1870년		프랑스-프로이센 전쟁

연도	한국사	세계사
1871년	신미양요	독일 제국 성립
1874년		일본, 대만 출병
1875년	운요호 사건	
1876년	강화도 조약, 1차 수신사(김기수) 파견	
1878년	두모포 해관 사건	
1879년	지석영, 서양식 종두법 시행	
1880년	2차 수신사 파견(김홍집), 조선책략 공개, 통리기무아문 설치	
1881년	영남 만인소 올림, 조사 시찰단 파견 영선사 파견, 별기군 창설	
1882년	조미 수교, 임오군란, 제물포 조약 조청 상민 수륙 무역 장정 체결	삼국 동맹(독일, 오스트리아, 이탈리아) 성립
1883년	보빙사 파견, 원산학사 설립 『한성순보』 발간, 조영 수교	
1884년	조러 수교, 우정국 설치, 갑신정변 한성 조약 체결	청프 전쟁
1885년	광혜원(제중원)·배재 학당 설립, 거문도 사건 한양–인천 전신선	인도 국민의회 결성
1886년	육영 공원, 이화 학당 설립	
1887년	경복궁 전등 설치	프랑스, 인도차이나 지배
1888년		청, 북양 해군 창설
1889년	함경도, 방곡령 실시	일본, 제국 헌법 반포
1893년	동학, 보은 집회	
1894년	동학 농민 운동, 갑오개혁	청일 전쟁
1895년	을미사변, 을미개혁, 을미의병(전기 의병) 서유견문 출판(유길준)	청·일본, 시모노세키 조약 체결, 삼국 간섭
1896년	아관파천, 독립신문 창간, 독립 협회 창립	1회 근대 올림픽 대회(아테네)
1897년	대한 제국 선포	
1898년	만민 공동회 조직, 명동 성당 준공 관민 공동회 조직, 독립 협회 해산	청, 변법자강 운동 파쇼다 사건
1899년	전차 개통, 대한국 국제 반포, 경인선 개통	제1회 만국평화 회의(헤이그) 청, 의화단 운동
1902년	서울–인천 전화 개통	1차 영일 동맹, 러시아, 시베리아 철도 개통

	한국사	세계사
1904년	한일 의정서, 제1차 한일 협약, 보안회 조직	러일 전쟁 시작
1905년	화폐 정리 사업, 경부선 개통, 을사조약	영, 인도에서 벵골 분할
	을사의병(중기 의병)	
1906년	통감부 설치, 대한자강회 출범	스와데시 · 스와라지 운동(인도)
		동유 운동(베트남)
1907년	국채보상운동, 신민회 결성,	삼국 협상(영국, 프랑스, 러시아) 성립
	헤이그 특사 파견	제2차 만국 평화 회의
	고종 퇴위, 군대 해산, 정미 의병(후기 의병)	
	한일 신협약(정미 7조약)	
	신문지법 · 보안법 실시됨	
1908년	서울진공작전 실시, 사립학교령 반포	오스만 제국, 청년튀르크당 혁명
	동양척식주식회사 설립	
1909년	사법권 빼앗김(기유각서), 남한 대토벌 작전	청–일본 간도 협약
	안중근이 이토 히로부미 사살	
1910년	국권 빼앗김, 미주에서 대한인국민회 출범	
	조선 총독부 설치, 토지조사사업 시작	
	회사령 공포	
1911년	신흥 강습소 설립, 105인 사건	
	1차 조선 교육령 공포	청, 신해혁명 일어남
1912년	조선 태형령과 토지 조사령 실시	중화민국 수립
	독립의군부 결성	다이쇼 데모크라시
1914년	이상설 · 이동휘	제1차 세계 대전 발발
	대한 광복군 정부 수립(블라디보스토크)	
1915년	대한 광복회 결성	일본, 청에 21개조 요구
	이상설, 신한혁명당 결성	중국, 신문화 운동
1917년	신규식 등 대동단결선언 작성	러시아 혁명
		러시아, 제민족의 권리선언 선포
1918년	임야조사령	윌슨, 민족자결주의 제창
1919년	대한독립선언서, 2 · 8독립 선언 발표	베르사유 조약,
	3 · 1운동, 임시 정부 수립, 의열단 조직	독일, 바이마르 공화국 수립
		중국 5 · 4운동 발발, 국민당 결성

참고 자료

『미래를 여는 한국의 역사 3 · 4』(역사문제연구소 기획, 강종훈 외 10명 지음, 웅진지식하우스, 2011)

『살아있는 한국사 교과서 2』(전국역사교사모임, 휴머니스트, 2019)

『조선정치사 : 1800~1863』(한국사연구회 19세기 정치사연구반 지음, 청년사, 1990)

『민족운동가 아내의 수기: 서간도시종기』(이은숙, 정음사, 1975)

「신기한 서양 물건을 외면한 조선」(백승찬, 경향신문, 2015. 12. 18)

「문화재 반환에 관한 국제법적 고찰」(김형만, 연세대학교 학위 논문, 1997)

「서재필 신화 왜곡된 진실들」(주진오, 『시사저널』, 1994. 4. 28)

「국채보상운동에 집 한 채 값 쾌척 18세 기생 '앵무'」(정재숙, 『중앙SUNDAY』, 2016. 9. 13)

〈SBS스페셜-한국판 '노블리스 오블리주', 우당 이회영 일가〉(SBS, 2009. 3. 2)

이미지 제공처

• 책에 실린 사진은 아래 기관 및 저작권자의 도움으로 사용할 수 있었습니다. 도와주신 분들께 감사드립니다.

• 저작권자를 찾지 못하여 게재 허락을 받지 못한 사진에 대해서는 확인되는 대로 허락을 받고 통상의 기준에 따라 사용 절차를 밟겠습니다.

간송미술관 : 〈주사거배〉(74쪽 위)

국립문화재연구소 건축문화재연구실: 〈북궐도형〉(164쪽)

리움미술관 : 〈인왕제색도〉〈금강전도〉(78~79쪽)

한국천주교순교자박물관 : 〈윤지충 바오로, 대노한 종친들〉(120쪽)

Kang Byeong Kee : 〈삼전도비〉(33쪽)

기타 제공처 : e-뮤지엄(국립중앙박물관, 민속박물관), 셔터스톡, 위키피디아